지역공동체와 평생교육

오 혁 진

집문당

저자 **오혁진(吳赫鎭)**

서울대학교 영어교육학과 졸업
서울대학교 대학원 교육학박사(평생교육 전공)
현재 동의대학교 평생교육학과 교수

지역공동체와 평생교육

2014년 2월 28일 1판 1쇄
2020년 3월 1일 1판 5쇄

저자 | 오혁진
발행인 | 임동규
발행처 | **(주)집문당**
등록 | 1971. 3. 23. 제2012-000069호
주소 | 03134 서울시 종로구 돈화문로 82, 5층
전화 | 1811-7567 팩스(02)742-4657
이메일 | sale@jipmoon.com
홈페이지 | www.jipmoon.com

ISBN 978-89-303-1637-8

가격 14,500원

이 도서의 국립중앙도서관 출판시도서목록(CIP)은 e-CIP홈페이지(http://www.nl.go.kr/ecip)와
국가자료공동목록시스템(http://www.nl.go.kr/kolisnet)에서 이용하실 수 있습니다.
(CIP제어번호: CIP2014005236)

머리말

고향 서울을 떠나 부산에 온 지 어느덧 만 10년이 훌쩍 넘었다. 부산에 내려와 개인적으로 얻은 것이 많이 있었지만 그 중에 빼놓을 수 없는 것 한 가지는 바로 '지역공동체'를 발견했다는 것이다. 전에 살던 서울은 중앙 그 자체였고 너무나도 거대한 도시였기에 지역공동체로서의 의미는 거의 느끼지 못했다. 반면 부산은 서울과 비교하면 중앙이 아닌 '지방'이요, 지방색도 분명하며, 결코 작은 도시가 아님에도 불구하고 도시의 경계가 어느 정도 한눈에 들어오는 하나의 뚜렷한 지역사회로 느껴졌다. 이곳에서는 서울에서 그 존재를 잘 느끼지 못했던 지방자치단체, 지역의회, 지역교육청 등의 역할이 직접 피부로 와 닿았다. 서울에서는 지역사회와 무관하게 느껴졌던 대학들도 이곳에서는 훨씬 책임 있고 비중 있는 위치를 차지하고 있음을 알게 되었다. 한마디로 말해 부산에 내려와 살게 됨에 따라 지역사회의 의미, 가치, 중요성 등을 실감하게 된 것이다.

평생교육과 관련하여 이전에도 이른바 '평생교육의 원형'이라 일컬어지는 '지역사회교육'에 대해서 많이 접할 수 있었다. 그러나 나 스스로 실제로 지역사회를 느끼며 살지 못했기에 지역사회교육은 내게 관념에 불과했다. 그러나 부산에 와서 '지방자치'의 의의를 발견하고, 직장 · 학교 · 교회 등 생활과 관련된 요소들이 모두 나와 거리상 매우 가까운 지역 안에 존재하며, 아직은 부족하지만 지역에 거주하는 사람들과의 관계가 넓어짐에 따라 자연히 지역사회의 의미를 실감하게 되었고 이를 평생교육과 연계시키고 싶은 학문적

욕구를 느끼게 되었다. 즉, 관념 속에 있었던 지역사회교육을 현실 속에서 본격적으로 다루게 된 것이다.

이러한 개인적 경험과 아울러 지역공동체 평생교육에 관심을 가지게 된 또 하나의 계기는 바로 우리나라에도 거세게 불어 닥치고 있는 '세계화'의 열풍 때문이었다. 최근 우리나라에서는 세계화의 영향으로 '지방화'가 강조되고, '지방분권' '지역혁신' '국가균형발전' 등의 구호 속에 지역이 새삼 부각되고 있다. 이런 맥락에서 평생교육분야도 지역인적자원개발, 지역혁신을 위한 평생교육 등이 각광을 받게 되었다. 그러나 이러한 '지방화'는 진정으로 지역의 자율성과 공동체성을 추구하기 위한 노력이라기보다는 세계화의 흐름에 효율적으로 부응하기 위한 경제적 전략으로서의 성격이 강한 것으로 보였다. 또한 세계화로 인한 지역사회 계층간 불평등, 지역의 생태파괴, 지역적 다양성의 파괴가 심각하게 인식되기 시작하였다. 이는 지역사회에서 인간이 끊임없이 추구해 온 공동체성을 파괴하는 것이다. 이런 맥락에서 필자는 세계화 시대에 지역이 나아가야 할 바는 지역주민 모두가 하나가 되어 지역정체성을 갖고 지역사회를 위해 주체적으로 참여하며 서로의 발전을 위해 상부상조하는 지역공동체의 형성이라고 생각하였다. 이것은 세계화의 대안으로서 이른바 지역화를 추구하는 것이다.

최근 '평생교육 원형으로서의 지역사회교육'이 새삼 부각되고 있지만 그 이면에는 결과적으로 세계화에 부응하기 위해 지역을 부각시키고 개발하기 위해 평생교육을 수단으로 활용하려는 전략이 작용하고 있음을 부인하기 어렵다. 이러한 접근 방식은 소외계층을 배려하고 학습자의 주체성과 자발성을 존중하며 학습공동체를 추구하는 평생교육의 원리에 역행하는 것이다. 현대사회 지역에서 필요로 하는 평생교육은 지역공동체와 맥을 같이하는 평생교육이라고 할 수 있다. 필자는 이것이 진정한 의미에서 평생교육의 원형인 지역사회교육의 원리를 회복하는 길이라고 인식하게 된 것이다. 이를 부각시키기 위해 필자는 이 책에서 기존의 '지역사회교육'이라는 용어에 대응하여 '지역공동체 평생교육'이라는 새로운 용어를 사용하고자 하였다. 물론 이전의 '지역사회교육'도 지역의 공동체성을 그 원리로 강조했지만 최근 지역의 정치적, 경제적 효율성을 중시하는 평생교육의 경향으로 그 의미가 많이 퇴색되고 있음을 부인하기 어렵다. 즉, '공동체성'보다는 단지 '지역성'만이 보다 부각되고 있는 것이다. 따라서 본래의 '지역사회교육'의 개념이 갖는 '공동체성'의 가치를 보다 부각시키고 최근 그 사용이 일반화되고 있는 '평생교육' 용어를 활용하여 '지역공동체 평생교육'이라는 용어를 사용하게 된 것이다.

그런 의미에서 이 책은 '지역공동체 평생교육학'을 형성하기 위한 시론이라고 볼 수 있다. 다시 말해 단지 지역에서 이루어지는 평생교육이 아닌 지역공동체를 지향하며 지역공동체 안에서 이루어지는 평생교육의 성격을 이론적으로 정립해 보고자 한 것이다. 이를 위해 지역공동체와 평생교육과의 관계를 선행 연구들에 대한 이론적인 검토와 사례 분석을 통해 폭넓게 다루고자 하였다.

제1부에서는 '현대 평생교육의 현황과 과제'를 다루었다. 1장에서는 현대 우리나라 평생교육의 일반적 현황과 문제점 및 그 대안의 방향성을 살펴보았다. 특히 2장에서는 현재 지역에서 이루어지고 있는 평생교육의 발전 과정과 현황, 문제점 및 대안 등을 구체적으로 다루었다. 이를 통해 현대 한국의 평생교육이 나아가야 할 방향으로 지역공동체 평생교육을 제시하고자 하였다.

제2부에서는 지역공동체 평생교육이 추구해야 할 '지역공동체의 성격과 요건'을 구체적으로 다루었다. 3장에서는 평생교육을 통해 구현하고자 하는 지역공동체의 의미와 의의, 구체적인 요건, 지역공동체 구현에 있어서의 평생교육의 의의 등에 대해 살펴보았다. 특히 4장에서는 최근 전 세계적으로 영향을 미치고 있는 세계화의 의미와

성격, 그리고 세계화가 지역공동체와 교육에 미치는 문제점 및 이를 극복하기 위해 평생교육이 추구해야 할 지역화의 과제를 살펴보았다.

제3부에서는 '지역공동체 평생교육의 성격과 원리'를 본격적으로 다루었다. 5장에서는 지역공동체 평생교육의 개념과 성격, 역사와 유형 등을 다루었으며, 6장에서는 지역공동체 평생교육의 구현 형태로서의 지역학습공동체의 성격을 다루었다. 한편, 7장에서는 지역공동체 평생교육의 실천원리를 종합적으로 다루었으며, 8장에서는 학습동아리를 활용한 지역공동체 평생교육의 구체적인 실천 방법을 다루었다.

제4부에서는 '지역공동체 평생교육의 현장'을 탐색하고 그 특징과 의의를 조망하고자 하였다. 지역시민단체(9장), 생활협동조합(10장), 지역축제(11장), 평생학습도시(12장)가 그것이다. 이 중 지역시민단체, 생활협동조합, 지역축제의 경우는 지금까지 평생교육학분야에서 크게 주목받지 못했지만 그들이 갖고 있는 지역공동체 평생교육의 풍부한 가치를 발굴하기 위해 노력하였다. 이를 통해 평생교육이 형식화된 평생교육기관을 통해서만 아니라 우리 지역 구석구석의 삶 속에서 실천되고 있음을 확인함과 동시에 평생교육의 지평이 이곳까지 확장될 수 있음을 밝히고자 하였다. 그리고 평생학습도시는 새로운 영역은 아니지만 최근 우리나라 지역 평생교육관련 정책에서 차지하는 비중이 커지고 있음을 고려하여 지역공동체 평생교육의 관점에서 그 의의와 한계 그리고 대안을 재조명해 보았다. 이를 통해 제도화되는 평생교육사업 속에서 지역공동체 평생교육의 가치를 구현하기 위한 접근방식을 모색해 보고자 하였다.

이 연구를 수행하기 위해 지역공동체 및 평생교육관련 서적과 논문 등의 분석은 물론, 현장과 관련된 신문기사, 해당 기관의 1차 자료 등을 수집하였다. 또한 현장활동가의 자문, 해당분야 전문가들과의 세미나, 관련기관 현장 견학 등을 실시하였다.

이 책이 나오기까지 많은 사람들의 도움이 있었다. 먼저 평생교육과 사회문제와의 관계에 대해 관심을 가질 수 있도록 가르쳐 주신 은사이신 김신일 교수님께 감사의 말씀을 드리고 싶다. 또한, '지역사회교육론'과 '지역공동체와 평생교육'이라는 강좌를 통해 이루어진 동의대학교 평생교육학과 학부생과 대학원생들의 만남은 이 책이 나오게 되는 실제적인 계기를 마련해 주었다. 또한 학과 내 학습동아리인 '동지평지'(동의대 지역공동체 평생교육 지킴이)와 대학원생의 모임인 '동지평연'은 이 책을 저술하는 데 많은 도움을 주었다. 이 지면을 빌려 이 모든 이에게 진심으로 감사의 마음을 전하고 싶다. 아울러 이 저술 과정을 끝까지 지켜봐 주며 원고 교정과 아울러 아이디어까지 제공해 준 아내에게도 고맙다는 말을 전하고 싶다. 그리고 책 쓰는 데 아빠를 빼앗겼던 두 딸 서영이와 서은이에게 미안하다는 말을 전하고 싶다. 그리고 이 저서를 본격적으로 준비할 수 있도록 연구비를 지원해 준 아산사회복지재단과 집문당 관계자들에게도 깊은 감사를 드린다. 그리고 무엇보다 '하나님 나라와 평생교육'의 비전을 공유하며 이 책을 쓰는 데 무언의 힘이 되어 준 신앙의 동역자들에게 깊은 감사를 드린다.

어렵사리 저술을 다 마치고 나니 이제야 비로소 시작이라는 생각이 든다. 부족한 점이 너무 많고 해야 할 일거리도 너무 많음을 실감한다. 앞으로 이 분야에 대해 보다 폭넓고 심도 있게 연구하며 실천할 것을 스스로 다짐하며, 아무쪼록 이 책이 지역공동체 평생교육을 지향하는 이론가 및 실천가들에게 작게나마 도움이 되기를 간절히 바란다.

2014년 2월
부산 엄광산 기슭에서
오혁진

차 례

제 1 부 현대 평생교육의 현황과 과제

제1장 한국 평생교육체제의 성격과 발전 과제

제2장 현대 지역 평생교육의 현황과 지향점

제 2 부 지역공동체의 성격과 요건

제3장 지역공동체의 성격과 의의

제4장 세계화시대 지역공동체의 의의와 과제

제 3 부 지역공동체 평생교육의 성격과 원리

제5장 지역공동체 평생교육의 개념과 성격

제6장 지역공동체 평생교육과 학습공동체의 구현

제7장 지역공동체 평생교육 실천의 원리와 전략

제8장 지역공동체 평생교육을 위한 학습동아리의 활용

제 4 부 지역공동체 평생교육의 현장

제9장 지역시민단체와 평생교육

第10장 생활협동조합과 평생교육

第11장 지역축제와 평생교육

표 차례

그림 차례

제 1 부

현대 평생교육의 현황과 과제

제 1 장

한국 평생교육체제의 성격과 발전 과제

1. 평생교육의 개념적 구조와 이념
2. 평생교육 제도화의 성격
3. 우리나라 평생교육체제의 발전 과정과 현황
4. 우리나라 평생교육체제의 문제점
5. 평생교육의 본질 회복을 위한 발전 과제

제 1 장 한국 평생교육체제의 성격과 발전 과제

최근 들어 우리나라에서는 빠른 속도로 평생교육체제가 구축되고 있다. 그동안 학교교육에 비해 상대적으로 국가의 관심이 미흡했던 평생교육은 최근 들어 평생학습에 대한 국민들의 관심 고조와 전 세계적인 인적자원개발 및 국가경쟁력 향상이라는 흐름에 힘입어 점차 그 틀을 구축해 가고 있다. 이는 국민들에게 보다 많은 교육의 기회를 제공해 줄 수 있다는 점에서 매우 바람직한 현상이라고 볼 수 있다. 그런데 최근 구축되고 있는 평생교육체제에는 다소 부정적인 현상도 나타나고 있다. 인적자원개발에 대한 국가의 지나친 강조, 신자유주의의 조류에 의한 교육기회의 불평등 심화, 교육공동체성의 파괴 등이 그것이다. 이러한 경향은 평생교육의 본질에 비추어 다시 검토해 봐야 할 사항들이다.

이 장에서는 우리나라 평생교육체제의 현황을 개괄적으로 살펴보고 그 과정에서 나타나고 있는 문제를 지적함으로써 평생교육의 본질이 보다 잘 구현되도록 하기 위한 평생교육체제 구축 방향을 제시해 보고자 한다.

1. 평생교육의 개념적 구조와 이념

1) 평생교육의 개념적 구조

현대사회는 이른바 학교교육의 시대를 넘어 이미 평생교육의 시대로 이행하고 있다. 학교중심의 좁은 교육관은 평생 새로운 지식과 기술을 끊임없이 습득해야 하는 정보사회의 패러다임에는 이미 맞지 않게 되었다. 또한 인간수명의 연장, 교육에 대한 시민들의 권리의식 제고, 여가시간의 확대, 경제력 향상 등으로 인해 현대인은 평생교육의 필요성을 더욱 강하게 인식하게 되었다.

비교적 최근까지 평생교육에 대한 국민들의 욕구 충족은 주로 민간 평생교육기관을 통해 이루어졌으나 최근에는 국가적인 관심에서 체계적으로 이루어지기 시작했다. 이제 평생교육은 단지 개인적인 필요성 때문만이 아니라 국가통합과 국가경쟁력 향상을 위해 국가에서 가장 우선적으로 추진해야 할 사업이 되고 있다. 이런 과정에서 빠른 속도로 평생교육체제가 성립되고 있는 것이다.

이러한 평생교육체제를 구체적으로 파악하기 위해서는 먼저 평생교육 개념의 범주를 이해할 필요가 있다. 현재 '평생교육'이라는 용어는 여러 학자들에 의해 다양한 방식으로 정의되고 있다. 그러나 보편적으로 평생교육의 사전적 의미는 '개인의 출생부터 죽을 때까지의 생애에 걸친 교육(수직적 혹은 시간적 차원)과 개인 및 사회 전체의 교육(수평적 혹은 공간적 차원)의 통합'이라고 할 수 있다(김종서 외, 2000: 2). 이러한 개념에는 시간적, 공간적, 내용적인 면 등에서 모든 유형의 교육이 통합되어 있다.

학습자의 연령면에서 볼 때 평생교육은 유아교육-아동교육-청소년교육-성인교육의 수직적인 통합이다. 여기서 '성인교육'(adult education)이란 평생교육에서 소년을 제외한 청년 이후의 교육으로서 국제사회에서 평생교육과 관련하여 가장 대표적으로 사용되는 용어이다.

한편 교육의 공간 측면에서 볼 때 평생교육은 가정교육-학교교육-사회교육의 수평적 통합이다. 여기서 '사회교육'(social education)은 일반적으로 학교교육에 의한 교육활동을 제외한 청소년 및 성인에 대한 모든 형태의 조직적인 교육활동을 말한다.

또한 기존의 학교교육을 중심으로 학교교육 이전과 학교교육 이후의 수직적인 관계로 볼 때 평생교육은 학령 전 교육-학교교육-추가교육의 수직적 통합이라고 볼 수 있다. 여기서 '추가교육'(further education)이란 의무교육을 마친 연령층을 대상으로 하는 전일제 또는 시간제의 교육을 의미한다(한숭희, 2004: 45).

또한 인생에서 중요한 부분을 차지하는 직업과의 관계성에서 볼 때 평생교육은 직업준비교육-현직교육-순환교육의 통합이라고 볼 수 있다. 여기서 '현직교육'이란 일터에서 직접적인 경험과 직무훈련을 통한 교육을 말하며, '순환교육'(recurrent education)이란 학교교육을 마치고 각자 직업생활에 종사하고 있는 성인들이 수시로 적절한 시기를 택하여 참여하는 교육을 의미한다.

이상 여러 가지 측면에서 특별히 언급된 '성인교육' '사회교육' '추가교육' '현직교육' '순환교육'은 기존의 학교중심의 교육관을 뛰어넘어 평생교육체제 속에 포함되는 새로운 영역들이라고 할 수 있다. 이와 관련하여 지금까지 언급된 평생교육의 개념 구조를 정리하면 <표 1-1>과 같다.

이러한 평생교육의 개념 구조에 입각하여 평생교육체제가 구성된다. 그런데 현실적으로 '평생교육' 개념은 결국 우리가 일상생활 속에서 일반적으로 '가르침과 배움'과 관련해서 통용하고 있는 '교육'이라는 개념 그 자체와 외연상 차이가 없음을 알 수 있다. 현대인들은 이제 더 이상 교육이 학교에서만 이루어지고 있다는 오래된

<표 1-1> 평생교육의 개념 구조

기 준	구 분
학습자의 연령	유아교육-아동교육-청소년교육-성인교육
교육의 장	가정교육-학교교육-사회교육
학교교육과의 시간적 관계	학령 전 교육-학교교육-추가교육
직업과의 관계	직업준비교육-현직교육-순환교육

신화에 빠져 있지 않다. 즉, 교육은 이제 학교 이외의 시간과 공간 속에서도 이루어져 오고 있음을 경험을 통해 일반적으로 인식하고 있는 것이다. 이른바 평생학습사회 속에 우리가 살고 있음을 누구나 실감하고 있는 것이다.

그럼에도 불구하고 '교육'이라는 용어 대신에 '평생교육'이라는 용어가 사용되고 있는 것은 그만큼 현실적으로 우리들의 인식 속에 교육은 '학교'에서만 이루어지는 것이라는 잘못된 상식이 너무나도 강하게 작용해 왔음에 대한 암묵적인 반작용이라고 볼 수 있다. 즉, '평생교육'이라는 개념 속에 원론적인 면에서 이미 지금의 '학교 안'과 '학교 밖'에서의 교육이 모두 포함되어 있음에도 불구하고 기존의 '교육' 개념이 현실적으로 너무 강하게 '학교교육'만으로 인식되고 있기에 학교 바깥에도 교육이 있음을 현실적으로 부각시키기 위해 '평생교육'이라는 용어를 사용하게 되었다고 볼 수 있다(정지웅 · 김지자, 1986: 9; 한숭희, 2004: 20-22). 이는 평생교육에 대한 논의가 주로 학교 밖 교육, 이른바 '사회교육' '성인교육' '추가교육' '순환교육' 등의 분야에 관심을 가졌던 이들로부터 활발하게 이루어져 왔던 사실을 통해서도 미루어 짐작할 수 있다. 즉, 학교 밖의 교육을 교육학적으로 논의하면서 기존의 학교교육과 학교 밖의 교육을 모두 아우를 수 있는 통합적 개념으로 '평생교육'이라는 용어를 창출해 냈다고도 볼 수 있다. 그런 의미에서 '평생교육'이라는 말 자체는 학교 밖 교육이 활성화된 결과로 나타난 산물이

<표 1-2> 평생교육의 의미 비교

구 분	원론적 의미(광의의 의미)	현실적 의미(협의의 의미)
영 역	학교교육+학교 밖 교육	학교 밖 교육(사회교육)
기본 관점	사회교육을 포함한 새로운 교육학 성립	사회교육영역의 특화, 전문화

라고 볼 수 있다.

그러나 이러한 원론적이고 학문적인 경향에도 불구하고 현실적으로 실천분야에서 평생교육은 주로 '학교 밖 교육'을 지칭하는 것이 일반적이다. 이는 현행 평생교육법이 기존의 '사회교육법'의 후신이며, 현재 평생교육에 관심을 갖는 대부분의 사람들이 학교교육을 제외한 기존의 사회교육분야에 관심을 갖고 이론적·실천적인 활동을 해 왔기 때문이다. 이러한 배경을 가지고 있는 사람들은 학교교육을 포함하는 넓은 의미의 '평생교육'에도 관심을 갖기도 하지만 일차적으로 학교교육을 제외한 교육, 즉 사회교육에 더 관심을 갖는다. 이런 맥락에서 평생교육의 원론적 의미와 현실적 의미를 비교하면 <표 1-2>와 같다.

여기서 평생교육의 원론적 의미를 '광의의 평생교육', 평생교육의 현실적 의미를 '협의의 평생교육'이라고 할 수 있다. 광의의 평생교육 개념은 주로 학계를 중심으로 기존의 학교중심 '교육' 개념의 대안으로 활용되어 왔다. 평생교육의 개념이 보편화되기 전에는 그 개념이 매우 충격적인 개념이었음에 틀림없다. 이전에는 일반인들은 물론 교육학자들도 이 정의를 받아들이는 데 익숙지 않거나 이를 무시하였기에 역설적으로 이러한 정의가 더욱 존재가치가 있었다고 볼 수 있다. 즉, 학교교육중심으로 교육을 생각하는 고정관념에 도전하는 교육의 새로운 정의로서의 존재가치가 있었던 것이다. 그러나 평생학습사회의 급격한 도래와 다양한 사회 변화에 따라 이제 교육을 평생교육의 관점에서 파악하는 것은 적어도 상식적인 사람이라면 누구나 받아들일 만한 정의가 되어 가고 있다. 즉, 학교중심의 교육관을 뛰어넘게 되자 기존의 "교육=학교교육"이라는 관점에서 "교육=평생교육"이라는 인식이 보편화되고 있는 것이다. 이런 맥락에서 역설적으로 광의의 평생교육 개념은 일반적인 '교육'의 개념과 차별성을 잃게 됨에 따라 현실적으로 그 존재가치를 잃어 가고 있는 것이다.

한편, 협의의 평생교육 개념은 주로 일상생활 속에서 현실적, 실천적인 맥락에서 계속 그 개념의 존재가치가 지속되고 있다. 예를 들어 평생교육 현장인 대학부설 '평생교육원'의 주 대상은 일반적으로 학교교육에 참여하고 있는 청소년들이 아닌 성인들이다. 일부 대학에 개설되어 있는 '평생교육학과'나 대학원의 '평생교육전공'도 대부분 학교 밖 교육에 초점을 맞추고 있다. 일상생활 속에서뿐만 아니라 우리나라의 평생교육 관련법 및 제도와 관련해서도 평생교육은 학교교육을 제외한 부분을 가리키는 협의의 개념으로 사용되고 있다. 예를 들어 현재 시행되고 있는 우리나라의 현행 '평생교육법'의 적용범위는 기존의 학교교육까지 포함한 교육 전반이 아니라 학교교육 이외의 교육이다. 대신 학교교육분야는 기존의 '교육법'이 변환된 '초중등교육법'과 '고등교육법'의 적용을 주로 받는다. 그런 면에서 현재의 '평생교육법'은 그 개념의 외연상 이전의 '사회교육법'의 개념을 거의 그대로 포함하고 있다. 또한 평생교육법에 의해 설치되어 우리나라의 평생교육에 대한 연구, 평생교육 종사자에 대한 연수, 평생교육에 관한 정보의 수집·제공 등의 업무를 총괄적으로 수행하는 '국가평생교육진흥원' '시·도 평생교육진흥원' '평생학습관'의 주 관심도 학교교육이라기보다는 학교 밖 교육이다. 학교교육에 대한 법·제도·조직이 이미 강력한 체계를 갖추고 있는 상황에서 새롭게 형성되는 평생교육의 법·제도·조직은 기존의 학교교육체제를 통합하지 못하고 다분히 학교 밖 교육을 중심으로 별도의 체계를 갖추고 있는 실정이다. 따라서 우리나라의 실제 평생교육체제는 일차적으로 정규학교교육을 제외한 좁은 의미의 평생교육 또는 기존의 사회교육분야를 주 대상으로 하고 있다고 볼 수 있다.

그런데 여기서 좁은 의미의 평생교육이 학교교육을 제외한다고 해서 학교 자체가 평생교육의 관심대상에서 제외된다는 것은 아니다. 전통적으로 학교는 중요한 '사회교육'의 장으로 인식되어 왔다. 학교의 인력과 시설을 활용한 지역사회교육은 매우 오래된 전통을 가지고 있다. 지역사회의 학교는 평생교육을 위한 매우 중요한 자산이다. 다만 전통적인 학교교육과는 다른 전통과 목적을 가지고 학교가 활용되는 것이다. 따라서 평생교육체제 속에 포함된 학교는 학교교육의 장이라기보다는 기존의 사회교육의 장, 또는 좁은 의미의 평생교육의 장인 것이다.[1)]

2) 평생교육의 이념

평생교육의 발전과정에는 수많은 선구자들의 노력이 그 기초를 이루고 있다. 이러한 선구자들의 노력은 평생교육의 역사 속에서 평생교육의 뚜렷한 이념을 형성하고 있다.

전통적으로 평생교육의 선구자들은 소외계층을 위한 교육기회의 확대, 자아실현, 지역공동체 구현 등을 위해 노력해 왔다. 예를 들

1) '평생교육'의 개념은 그 자체로 여전한 논의의 대상이다. 이 책에서의 '평생교육' 개념은 전통적인 '광의의 평생교육'의 이념을 계승하면서도 현실적으로는 교과중심, 아동 및 청소년중심, 공교육중심의 전통적인 정규 학교교육을 제외한 '협의의 평생교육', 즉 이전의 '사회교육'을 중심으로 다룬다. 물론 위에서 말한 바와 같이 물리적 공간으로서의 학교 자체가 평생교육의 장에서 제외된다는 것을 의미하는 것은 아니다. 한편, 여기서 '광의의 평생교육'은 평생교육이 보편화될수록 기존의 '교육' 개념 자체와 구별이 없어지므로 역설적으로 그 존재가치를 거의 다했다고 볼 수 있다(오혁진, 2009).

페스탈로치
(Johann Heinrich Pestalozzi: 1746-1827)
스위스 아동빈민교육자
빈민 및 고아들을 위한 대중교육을 실시함

그룬트비히(N.F.S. Grundtvig: 1783-1872)
목사, 시인, 역사가, 철학가
덴마크 국민평생교육체제의 구축자
덴마크의 대표적인 지역사회 평생교육기관인 시민대학(Volkshochschule) 설립
위기에 처한 덴마크를 국민교육을 통해 부흥시킴

일가(一家) 김용기(金容基: 1909-1988)
농민운동가
일제강점기시대부터 이상촌 운동을 벌임
가나안농군학교 설립
막사이사이상 수상
솔선수범형 리더십을 통해 농촌부흥 및 정신개혁 운동을 일으킴

모제스 코디(Moses Coady: 1882-1959)
캐나다의 가톨릭 사제
빈민지역인 안티고니쉬(Antigonish)지역을 중심으로 성인교육 및 신용협동조합 활동을 벌임

파울로 프레이리(P. Freire: 1920-1997)
성인교육이론가 및 실천가
브라질의 레시페지역을 중심으로 문해교육 실시
오랜 기간의 망명생활 후 브라질 교육부장관 역임
『억눌린 자를 위한 교육학』 등 다수의 교육서적 저술

<그림 1-1> 평생교육의 위대한 선구자들

어, 스위스 빈민어린이를 대상으로 대중교육에 힘썼던 페스탈로치(Johann Heinrich Pestalozzi)도 학교교육의 혜택을 받지 못한 소외계층을 대상으로 비형식적 교육을 실시했다는 점에서 평생교육 선구자로 파악할 수 있을 것이다. 또한 시민대학(Volkshochschule)의 건립을 통해 덴마크 부흥에 앞장섰던 그룬트비히(N.F.S. Grundtvig), 안티고니쉬 운동(Antigonish Movement)을 통해 지역사회개발에 앞장섰던 캐나다의 코디(Moses Coady), 브라질 민중을 대상으로 문해교육에 힘썼던 프레이리(Paulo Freire), 한국 국민들을 대상으로 의식개혁운동에 앞장섰던 김용기 등과 같은 평생교육 운동가들은 열악한 여건 속에서도 자발적인 평생교육사업을 실천해 왔다(Jarvis, 1987; Long, 1991; Freire, 1986; 김용기, 1998).

이상의 평생교육 선구자들은 역사적 시기, 지식 수준, 사회경제적 배경, 교육대상 등에서 모두 차이가 있었지만 교육의 혜택을 받지 못한 많은 사람들에게 교육의 기회를 제공하고 스스로 자립할 수 있도록 도와주었다는 점에서 공통점이 있다. 또한 주로 그들의 삶의 터전인 지역사회를 중심으로 평생교육활동을 실시해 왔다. 즉, 학습자들이 자신들의 구체적인 삶 속에서 문제를 스스로 인식하고 해결해 나가며, 공동체의 구현을 통해 정신적·경제적으로 보다 질 높은 삶을 살 수 있도록 이바지했던 것이다. 이와 같이 평생교육 선구자들이 지역사회를 바탕으로 공동체적 가치를 추구했다는 점에서 평생교육의 원형은 이 책에서 논의하는 바와 같이 지역공동체 평생교육이라고 말할 수 있다.

이들 외에도 수많은 무명의 평생교육 선구자들이 같은 이념을 가지고 평생교육을 위해 헌신해 왔다. 이러한 전통에 의해 평생교육은 국가별로 구체적인 양상은 달랐지만 비교적 동일한 이념에 의해 시행되었다. 평생교육의 이러한 전통은 국제적인 차원에서 UNESCO의 평생교육 정책에 반영되어 각국의 문해교육, 성인기초교육, 지역사회개발, 민주시민교육 등 개인의 전인적인 성장과 공동체의 구현을 위한 평생교육 지원으로 이어지게 되었다(김종서 외, 2000: 257; 한숭희, 2004: 47-55). 그 후 시대의 변화에 따라 다양한 이념이 평생교육의 이론과 현장에 가미되었지만 소외계층지원, 생활중심, 학습자 주체성 등의 기본 원리는 평생교육에서 여전히 가장 핵심적인 원리로 인식되고 있다고 볼 수 있다.[2)]

2. 평생교육 제도화의 성격

1) 평생교육 제도화의 기본 메커니즘

일반적으로 개인이나 민간단체 등에 의해 소규모적·자발적 운동차원에서 구현되었던 가치들이 일정 기간이 지나 사회적·국가적인 인정을 받게 되면 제도화를 이루게 된다. 이는 교육의 경우도 예외는 아니다. 민간부문의 교육적 사명을 가진 이들이 교육기회의 확대, 모든 인간을 위한 학습권 존중, 공동체 실현 등을 위해 국가의 지원을 주장하면, 국가는 차후 국가통합이나 국가경쟁력 향상이라는 국가적 필요를 위해 유용하다고 판단될 때 제도화를 추구한다. 이것이 곧 의무교육, 무상교육, 교육을 위한 행·재정적 지원 등과 같은 공교육제도의 형태로 나타나는 것이다. 이를 그림으로

---

2) 초창기의 평생교육이 비교적 동일한 이념을 갖고 있던 것에 비해 최근에는 보다 다양한 이념을 포함함에 따라 평생교육의 일관성을 찾기 어려운 측면도 있다고 볼 수 있다. 이 점에서 평생교육의 개념과 본질에 대한 논의는 계속되어야 할 것이다. 그러나 소외계층지원, 생활중심, 학습자 주체성 등의 원리는 기존의 학교교육의 대안으로 평생교육을 자리매김하는 가장 중요한 원리였기에 학교교육과 평생교육을 구분짓는 한 오늘날에도 평생교육의 가장 중요한 원리라고 볼 수 있다. 그런 의미에서 평생교육의 전통적 원리를 계승하는 개념으로 우리나라에서 사용되어 왔던 '사회교육' 용어를 재고찰하는 것도 필요하다(오혁진, 2009).

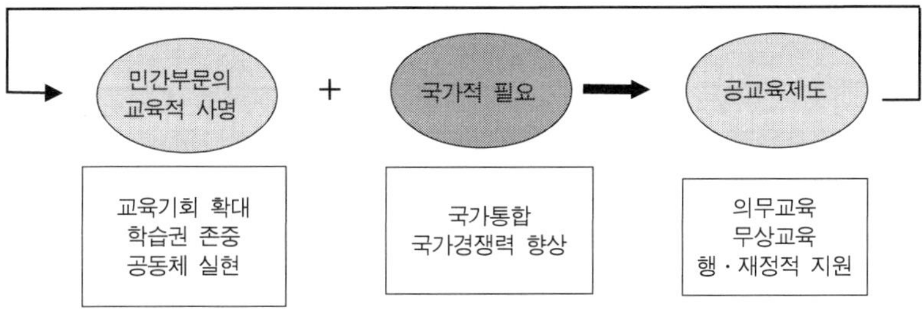

<그림 1-2> 교육적 가치의 제도화 과정

나타내면 <그림 1-2>와 같다.

이러한 제도화의 과정은 학교교육과 평생교육의 경우 모두 마찬가지이다. 먼저, 현재 매우 고도화된 체계를 갖추고 있는 학교교육의 경우를 보면 다음과 같다. 페스탈로치(Johann Heinrich Pestalozzi: 1746-1827)나 호레이스 만(Horace Mann) 등과 같은 교육운동가들에 의해 귀족이나 중산층뿐만 아니라 일반 평민자녀들에 대해서도 교육의 기회를 제공해야 한다는 사회적 인식이 확산된 이후 국가적인 차원에서 이를 제도화하는 움직임이 일어났다. 스위스의 페스탈로치는 모든 인간은 인간적 소질을 가지고 태어난다고 생각하여 그 당시 학교교육의 혜택을 받지 못하고 있었던 빈민자녀들에게도 교육의 기회를 제공해야 한다고 주장하며 이를 몸소 실천하였다(김정환, 1986). 한편, 호레이스 만은 미국 공립학교교육의 근간이 된 무상 · 보통 · 공립의 학교(free and universal public school)를 설립하는 데 가장 큰 공로를 끼친 인물이었다(梅根悟, 1990: 402-408). 그는 스스로 만인을 위한 무상 보편 초등교육을 위한 실천에 헌신했으며, 학문적인 면에서도 무상 보편교육에 관한 이론적 틀을 제공하였다. 이러한 교육 선구자들의 사상은 각각 유럽과 미국사회에 영향을 미쳐 결국에는 국가적인 차원에서 대중교육체제를 구축하는 밑거름이 되었다. 이와 같이 개인 교육자나 지역사회 차원에서 비

<표 1-3> 학교교육과 평생교육의 제도화 비교

구 분	주 대상	민간부문 개척자	확립시기
학교교육	아동	페스탈로치, 오웬, 호레이스 만	19세기
평생교육	성인	그룬트비히, 린드만 프레이리, 김용기	20세기 이후

형식적, 자발적으로 이루어졌던 대중교육 운동은 점차 국가적인 필요성에 의해 국민교육제도의 형태로 발전되어 갔다.

현대의 평생교육체제의 구축도 이와 무관하지 않다. 지금 평생교육의 체제화는 200여 년 전 학교교육체제의 도입과정과 비슷한 양상을 띠고 있다. 즉, 학교교육의 경우 페스탈로치에 비견되는 코디(Moses Coady), 프레이리(Paulo Freire: 1920～1997), 김용기 등과 같은 사회교육 운동가들이 자발적으로 사회교육을 실시한 이후 시간을 두고 점차 국가적인 필요성에 의해 사회교육이 평생교육이라는 이름으로 제도화되고 있는 추세인 것이다.[3)]

이렇게 시간적으로 보면 먼저 교육 운동가들에 의해 열악한 환경 속에서 작은 규모로 교육활동이 이루어진 후 국가에 의해 필요성이 인식됨에 따라 정치 제도화가 이루어지는 과정을 거치게 된다. 그리고 이러한 과정을 반복하게 됨에 따라 제도화의 수준이 심화되고 적용의 폭이 넓어지게 된다. 이와 관련하여 학교교육과 평생교육의 제도화를 비교하면 <표 1-3>과 같다.

그런데 여기서 교육 운동가들의 동인과 국가의 동인 사이에는 커다란 차이가 있음을 발견할 수 있다. 교육 운동가들이 주로 평등한 교육을 통한 인간의 행복과 자아실현이라는 인간주의적인 입장을 취한다면 국가는 국가통합과 국가경쟁력 향상이라는 보다 거시적인 목적을 우선적으로 추구한다는 것이다. 비록 복지국가의 개념이

3) 우리나라 경우의 한 예로 제도적 형태로 실시된 평생교육의 하나인 '새마을교육'은 일가 김용기가 설립한 가나안농군학교에서의 농민교육이 그 직접적인 모델이 되었다고 볼 수 있다(박진환, 2001: 24-25).

한때 널리 사용되어 왔지만 그러한 복지의 개념도 자국이익 우선주의와 국가경쟁력의 향상이라는 기본 토대 위에서 구현되어 왔다. 즉, 기본적으로 국가통합과 국가경쟁력 향상을 포기하면서까지 전 국민의 교육복지를 우선적으로 추구하지는 않는다는 것이다. 학교교육의 경우 페스탈로치와 같은 '인간적인' 교육자들이 국가적 차원에서 고아와 빈민들에게도 교육의 기회를 제공해야 한다고 주장했지만 그 실현은 훨씬 후대에 이르러 국가통합과 국가의 경쟁력 향상이라는 국가적 필요성이 증대될 때 비로소 이루어지게 되었다(梅根悟, 1990: 415). 근대의 대중보통교육은 산업혁명의 산물로서 당시 제국주의 국가에서 필요로 하는 기술노동자를 양성하기 위한 목적에서 비로소 본격화되었기 때문이다.

평생교육의 경우도 우리나라를 비롯한 각국에서 비정부조직들이 소외된 사람들과 학교교육의 혜택을 받지 못한 사람들을 위해 비영리적 차원에서 실시했던 바를 국가통합 및 국가경쟁력 향상이라는 필요 때문에 국가적인 교육체제를 구축하게 된 것이다. 즉, 지식과 기술의 폭발적인 증가와 계속적인 발달로 인해 학교교육만으로는 국가경쟁력 향상을 위한 인적자원을 효과적으로 개발하기 어렵게 됨에 따라 전 생애에 걸친 인적자원개발체제가 필요하게 된 것이다. 그런 의미에서 국가적인 관점에서 볼 때 현재 평생교육체제는 주로 인적자원개발의 맥락에서 그 중요성이 부각되고 있는 실정이다.

2) 평생교육제도화의 국제적 동향

이와 같은 평생교육제도화의 흐름은 국제적인 흐름과도 무관하지 않다. 여기서 그 관계를 평생교육과 밀접한 관계를 갖고 있는 두 기구인 UNESCO와 OECD의 성격을 통해 살펴볼 수 있다. 먼저, 오래 전부터 평생교육 선구자들의 이념적 전통을 이어받은 UNESCO의 입장은 개인의 전인적인 성장과 소외계층을 위한 교육기회의 확대, 공동체의 구현을 평생교육의 중요한 원리로 강조한다. 이에 반해 OECD는 유연한 노동시장에서 계속적인 고용 가능성을 확보하기 위한 직업능력의 계속적인 향상을 평생교육의 주요 목적으로 인식한다(김신일, 2000). 그 일환으로 강조한 것이 바로 순환교육이다. 이는 평생교육의 경제적 가치를 강조하는 것이다. 우리나라에서 최근 들어 인적자원개발이 강조되는 경향은 다분히 OECD의 영향을 받은 바가 크다고 볼 수 있다. UNESCO의 평생교육론과 OECD의 순환교육론은 기존의 학교중심 교육체제로부터 벗어나야 한다는 점에서는 일치하지만 전자는 전인적(全人的) 자아실현에 중점을 두고 후자는 계속적 직업능력 신장을 강조한다. 이 입장을 드러내는 진술들을 비교하면 다음과 같다(김신일, 2000: 6).

> 평생교육은 각자의 전 생애에 걸친 인격적, 사회적, 직업적 발전을 성취해 나가는 과정으로, 개인과 집단의 삶의 질을 향상시키는 데 목적이 있다(UNESCO).

> 순환교육은 의무교육 또는 기본교육 이후에 전 생애에 걸쳐 주로 직업활동과 교육에 순환적으로 참여할 수 있도록 만드는 종합적 교육 전략이라고 할 수 있다(OECD).

평생교육에 관하여 세계적으로 영향을 끼쳐 온 두 국제기구의 이러한 차이는 각 기구의 회원국들의 특성과 이념의 차이에 기인한다. UNESCO는 제3세계 국가들이 참여하고 있을 뿐만 아니라 비교적 진보적 경향을 드러내고 있는 반면, OECD는 경제적 부국들로 구성되어 경제적 논리가 비교적 강하다. 한국은 오래 전부터 UNESCO 회원국으로 활동해 왔기 때문에 교육의 논의에 그 영향을 많이 받아

<표 1-4> UNESCO와 OECD의 평생교육 관점 비교

구 분	UNESCO	OECD
중점사항	전인적 발전	계속적 직업능력 신장
접근방법	사회문화적 발전-평화, 인간화, 민주주의	경제논리-인적자본의 형성
주요 회원국	제3세계 국가	경제적 부국

오다가, 최근에 OECD 회원국으로 가입함에 따라 OECD 교육정책 노선의 영향도 받고 있다. 특히 IMF 사태 이후에 OECD의 노선이 국가정책에서 더욱 강하게 드러나고 있다.

양 기구는 설립 목적과 성격이 다른 만큼 평생교육에 대한 접근에 있어서도 많은 차이가 있음을 보여 준다. UNESCO와 OECD와 평생교육 관점을 정리하면 <표 1-4>와 같다.

UNESCO는 제3세계권의 이해관계와 인간의 삶의 질 향상, 평화, 인간화, 민주주의, 사회정의 실현이라는 사회문화적 발전면에서 접근하고 있다. 반면에 OECD는 주로 선진국의 입장을 대변하는 경제논리로써 평생교육을 이끌어 가고 있다.

현대사회에서 각국의 평생교육체제는 UNESCO와 OECD의 원리가 서로 경쟁하거나 상호 영향을 미치며 발전하고 있다고 볼 수 있다.

3. 우리나라 평생교육체제의 발전 과정과 현황

1) 우리나라 평생교육체제의 발전 과정

우리나라에서 평생교육이 실시된 것은 길게 보면 유사 이래라고 볼 수 있다. 인간의 삶이 곧 평생교육의 장이라고 볼 수 있기 때문이다.

<표 1-5> 한국 평생교육체제의 발전 과정

시기	1945년-1950년대	1960- 1970년대	1980- 1990년대	2000년대 이후
내용	· 교원 양성과 재교육 · 성인교육을 통한 문해교육과 한글 보급 · 공민학교설치(1946) · 고등공민학교 설치제정(1948) · 초등의무교육 실시: 교육제정 공포, 기술학교 및 고등기술학교 설립(1949) · 문맹퇴치 5개년 계획(1954-1958): 문교부, 내무부, 국방부 협동으로 실시	· 재건국민운동(1961): 문해교육, 향토건설 지도자 양성, 학생봉사활동 지원, 마을문고 보급, 가족계획, 농촌개발사업 · 사설강습소에 관한 법률제정(1961) · 도서관의 법제화와 정비 확충(1963): 군 단위 도서관 설치, 학교도서관과 대학도서관 의무 설치 · 새마을 교육(1972) · 산업교육진흥법(1963) · 직업훈련법(1967) · 방송통신대학(1972) · 방송통신고등학교(1974) · 근로청소년을 위한 산업체부설학교 및 특별학급 설치 직업훈련기본법(1977)	· 신헌법에 '평생교육진흥' 조항 삽입(1980) · 사회교육법 제정(1982) · 한국방송통신대학 학사과정대학으로 독립 승인(1981) · 개방대학신설(1982) · 독학에 의한 학위취득에 관한 법률제정 공포(1990) · 학점은행제 실시(1998) · 평생교육법 제정(1999) · 평생교육법에 원격대학, 사내대학, 문하생 제도 등에 관한 내용 포함(1999)	· 원격대학 설립(2000) · 한국교육개발원 평생교육센터 및 16개 지역평생교육정보센터 지정(2000) · 시군구 지역평생학습관 지정(2001) · 교육인적자원부 출범(2001) · 평생학습도시 선정 사업 실시(2001) · 전국평생학습축제 실시(2001) · 평생교육사 양성기관 지정, 인적자원개발기본법 제정 (2002) · 평생학습대상 시상(2004) · 평생교육법 전부개정 법률안 대통령 공포(2007.12.14.) · 평생교육진흥원 설립(2008.2.15.) · 광역 평생교육진흥원 설치(2011) · 전국 평생학습박람회 실시(2012)

한편 평생교육을 학교교육을 제외한 좁은 의미의 개념으로 받아들인다면 우리나라에서 평생교육체제가 구축되기 시작한 것은 해방 이후라고 볼 수 있다. 그리고 국가적인 차원에서 본격적인 관심을 가지게 된 것은 그보다 훨씬 최근인 1990년대 중반부터라고 볼 수 있다. 덴마크의 경우 18세기 말에 이미 시민대학(Volkshochschule)이 전국적인 체계를 갖추었으며, 일본의 경우에도 이미 2차대전 이후 공민관(公民館)을 중심으로 평생교육체제가 확립된 것에 비하면 우리나라의 평생교육체제 확립은 매우 늦은 편에 속한다고 볼 수 있다. 해방 이후 우리나라 평생교육체제의 발전 과정을 정리하면 <표 1-5>와 같다.

2) 우리나라 평생교육체제의 현황

1980년에 평생교육진흥조항이 헌법에 처음 명문화된 것을 계기로 사회교육법이 만들어졌지만 법적 권한이 미약하고 적용 범위가 지나치게 좁음에 따라 유명무실한 법이 되고 말았다. 그 후 1995년 교육개혁위원회가 교육개혁을 위한 기본 방향의 하나로 국민의 평생학습권 실현을 설정하고 그에 상응하는 여러 구체적 방안을 제시함으로써 한국의 평생교육은 새로운 기원을 맞이하게 되었다. 1997년 12월에는 초중등교육법, 고등교육법, 사회교육법 등을 포괄하는 교육기본법이 제정됨으로써 교육에 관한 법률체계가 갖추어졌다. 또한 1999년에는 사회교육법이 폐지되고 평생교육법이 제정되어 평생교육분야 중 다른 법률에 의해 규제를 받지 않는 평생교육분야를 포괄하게 되었다. 이와 관련하여 우리나라의 교육 관련법 체계를 표현하면 <그림 1-3>과 같다.

이러한 관련법들의 제정과 맥을 같이하여 평생교육에 대한 관심이 특히 1990년대 들어 많이 표명되고 있다. 예를 들어 독학에 의한 학위취득제와 학점은행제가 도입되었으며, 많은 대학에서 대학부설 평생교육원을 개설함으로써 교육기회의 대중화에 기여하였다.

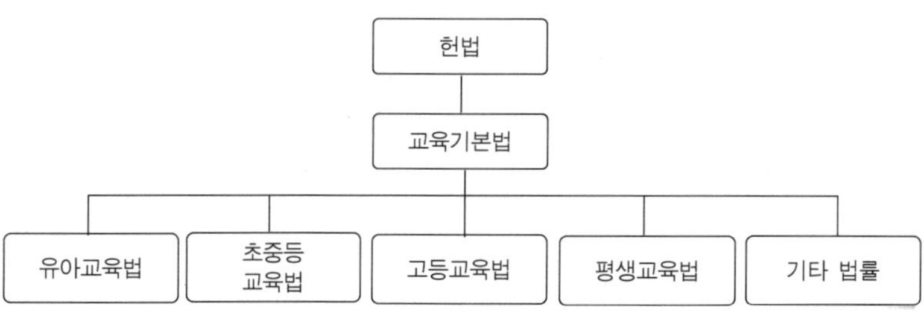

<그림 1-3> 한국의 교육관련법 체계

특히 평생교육에 관한 기본법이라고 할 수 있는 평생교육법은 평생교육에 대한 여러 가지 새로운 제도와 정책의 기초가 되고 있다. 평생교육법 제5조는 '국가 및 지방자치단체는 모든 국민에게 2007년에 전면개정된 평생교육 기회가 부여될 수 있도록 평생교육 진흥정책을 수립·추진하여야 한다. 국가 및 지방자치단체는 그 소관에 속하는 단체· 시설·사업장 등의 설치자에 대하여 평생교육의 실시를 적극 권장하여야 한다'고 규정하고 있다. 이에 따라 평생교육의 진흥도 국가 및 지방자치단체의 법적인 의무가 된 것이다. 이 밖에도 평생교육법은 학습자를 위한 유·무급의 학습 휴가 및 학습비 지원, 국가 및 지방자치단체의 경비보조 조항, 평생학습도시 사업 지원, 개인의 학습활동 결과(경험)를 종합적으로 누적 관리하는 제도인 '평생학습계좌제'에 대한 내용을 담고 있다.

또한 평생교육법은 국민의 평생학습을 조장하고 지원하기 위하여 국가와 지방자치단체가 평생교육시설을 직접 설치함과 아울러 각종 단체와 사업장에게 평생교육의 실시를 적극 권장하고 지원하도록 규정하였다. 그리고 여러 형태의 평생교육시설을 법으로 규정함으로써 법적인 인정과 진흥의 길을 열었다. 법이 열거한 평생교육시설은 학교형태, 사내대학형태, 원격대학형태, 사업장부설, 시민사회단체부설, 학교부설, 언론기관부설, 지식인력개발 관련 등이다.

평생교육법에 근거한 평생교육체제 구축과 관련하여 가장 의미 있는 것 중의 하나는 평생교육지원전담체제 구축의 근거가 마련되었다는 점이다. 이러한 평생교육지원전담체제를 표현하면 <그림 1-4>와 같다.

평생교육법에 의하면 교육부 장관은 평생교육에 대한 연구, 평생교육 종사자에 대한 연수 및 평생교육에 관한 정보의 수집·제공 등 평생교육진흥의 기능을 수행하여야 하며, 교육·연구와 관련된 법인 또는 단체로 하여금 평생교육진흥의 기능을 대행하게 할 수

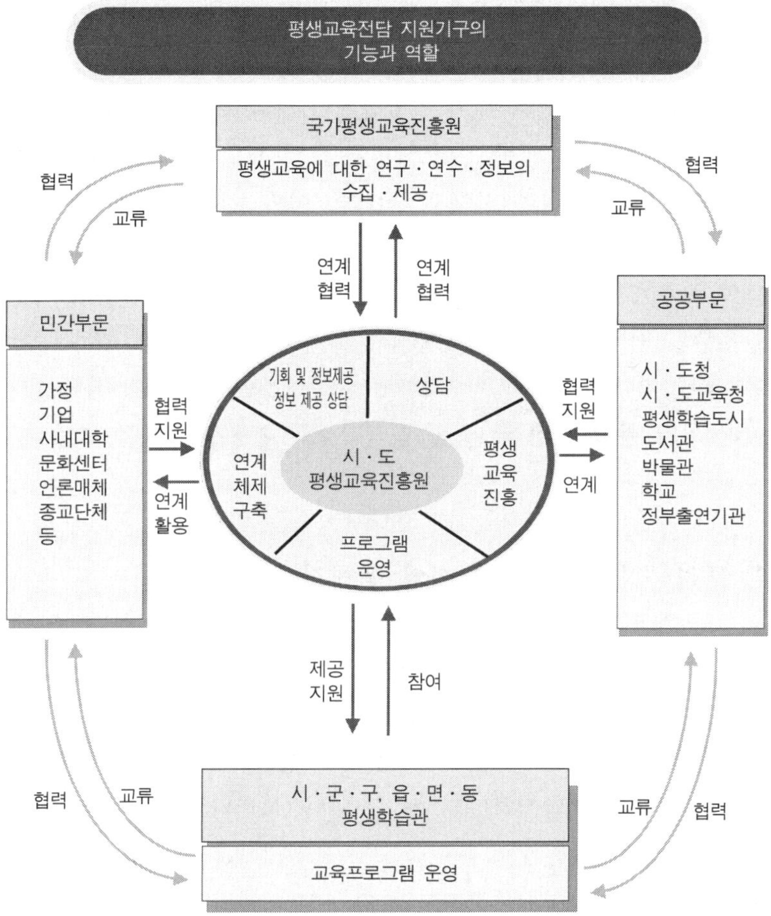

<그림 1-4> 국가평생교육진흥원 · 시 · 도평생교육진흥원 · 평생학습관의 연계체제

있도록 되어 있다. 또한 지역에는 시 · 도평생교육진흥원을 운영하여 평생학습관의 기능과 평생교육의 기회 및 정보제공, 평생학습의 상담 등을 운영하게 되어 있다. 이에 따라 중앙차원에서 국가평생교육진흥원이 설립되었다.

그 외에도 정부 각 부서와 관련된 다양한 평생교육 관련법이 존재한다. 우리나라의 평생교육은 단지 교육부에서만 실시되고 있는 것이 아니라 전 부처에 걸쳐 활발하게 실시되고 있다. 오히려 교육부나 시도교육청이 일반 성인 국민들을 위한 평생교육을 실시하기 이전부터 다른 부서와 지방자치단체는 이미 '새마을교육' '정보화교육' '문화학교' '민주시민교육' '직업훈련' '실업자 재취업교육' 등의 이름으로 다양한 평생교육 활동을 활발하게 펼쳐 왔다. 이는 교육부와 지역교육청이 학교중심의 교육에서 벗어나지 못하는 동안, 일반 정부부처와 지방자치단체는 주민들의 민생해결 차원에서 여러 가지 형태의 평생교육을 적극적으로 활용했기 때문이다.

4. 우리나라 평생교육체제의 문제점

1990년대 후반부터 우리나라에서도 평생교육 선진국과 맥을 같이하여 빠른 속도로 평생교육체제가 구축되고 있다. 이러한 평생교육 체제의 구축은 보다 많은 국민들에게 평생교육의 기회를 제공한다는 측면에서 바람직하다고 볼 수 있다. 그러나 현재의 평생교육체제는 동시에 여러 가지 문제점도 노출하고 있다. 여기서는 그 문제점을 구체적으로 살펴보고자 한다.

1) 인적자원개발중심의 평생교육 추진

먼저, 최근 우리나라의 평생교육체제의 과정에는 주로 인적자원개발중심의 지원으로 편중된 경향이 있다. 이를 앞에서 살펴본 평생교육의 국제적 동향과 관련시켜 본다면 UNESCO적인 관점보다는 OECD의 관점이 더욱 부각되고 있다고 말할 수 있다. 즉, 인간의 전인적인 발달 및 공동체 사회를 구축하려는 본래의 취지보다는 국가의 경쟁력 향상과 개인의 경제적 지위를 향상시키기 위한 목적이 더 강조되고 있는 실정이다.

학교교육 및 평생교육 전반에서 인적자원개발을 위한 정책들이 연구·시행되고 있다. 이른바 '국가 차원에서의 인적자원개발'(N-HRD) '지역사회 차원에서의 인적자원개발'(R-HRD) '인적자원개발의 효율화를 위한 교육체제의 재구조화' 등의 말들이 평생교육과 관련하여 범람하고 있다. 또한 학습자주도, 생활중심, 공동체중심의 평생교육에 대해서는 지원이 미흡한 반면, 경제 위주의 인적자원개발에 대해서는 적극적인 지원이 이루어진다. 이와 관련하여 2014년 교육부 소관 예산 및 기금운영계획 개요 중 평생교육과 관련된 부분을 살펴보면 다음과 같다. 교육부의 예산 중 평생교육과 관련된 예산은 크게 인적자원정책 기반강화 부문과 평생교육 직업체제 구축 부문으로 구성된다.

먼저, 인적자원정책 기반강화 부문은 총 2,785백만 원의 예산이 책정되었다. 여기에는 인적자원개발정책 추진활성화 관련 예산 835백만 원, 정책연구개발사업 관련 예산 1,950백만 원이 포함된다.

또한 평생교육 직업체제 구축 부문 예산은 39,482백만 원이 책정되었다. 이 중에서 평생교육 프로그램 운영 및 인프라 구축과 관련된 평생학습진흥 항목은 2.2%에 해당되는 867백만 원, 국가평생교육통계 구축 항목은 2.2%에 해당되는 886백만 원, 성인문해교육 프로그램 운영지원 항목은 7.2%에 해당되는 2,853백만 원에 불과하다. 특히 지자체의 평생학습 지원체제 구축 지원과 직결된 지역평생교육 활성화 지원 사업 항목도 12.7%에 해당되는 5,001백만 원에 불과한 실정이다. 반면, 직무능력 향상 중심의 성인친화형 대학을 육성하고자 하는 대학중심의 평생학습 활성화 지원 항목은 45.8%에 해당되는 18,083백만 원에 이른다(교육부, 2014).

이를 통해 먼저 우리나라 평생교육예산이 교육부 전체 예산에서 차지하는 비중이 아직도 절대적으로 매우 적은 것을 알 수 있다. 또한 평생교육 분야 중에서도 직업능력개발, 인적자원개발의 목적인 대학 중심의 평생학습 활성화 지원에 치중되고 있는 데 반해 평생교육 인프라 구축과 성인문해교육 분야의 지원은 매우 부족한 것을 알 수 있다. 특히 지역 평생교육 활성화를 위한 예산도 상당히 부족함을 알 수 있다.

이런 과정에서 우려되는 것은 국민 개개인의 전인적 발달을 위한 평생교육은 상대적으로 소홀히 되고 국민의 직업능력개발과 국가 차원의 경쟁력 향상에 도움이 되는 평생교육, 즉 인적자원개발을 위한 평생교육만이 교육인적자원부 및 기타 정부조직의 주요 지원대상이 될 수 있다는 것이다.

물론 여기서 직업능력 향상이 교육적으로 불필요하거나 무의미하다는 것을 의미하는 것은 아니다. 초기의 사회교육자들도 직업의 중요성을 이야기했고 직업교육은 사회교육의 중요한 전통 중의 하나였다. 그러나 그때의 직업교육은 삶의 교육, 생활교육의 일환으로 이루어진 것이다. 그리고 실직자들을 위한 직업교육과 노동자들을 대상으로 하는 노동교육이 중시된 것은 그들이 가장 사회적으로 소외되었던 사람들이었기 때문이다. 그리고 그때의 직업교육은 단지 생계수단 확보나 국가의 경쟁력 향상을 위한 수단으로서만이 아니라 커다란 인간교육의 맥락 속에서 강조되었다. 즉, 노동을 통해 삶의 의미를 깨닫게 하는 것이 궁극적인 교육 목적 중의 하나였다.[4] 문해교육, 성인기초교육과 같이 기능을 습득하는 교육도 그것

---

4) 그 한 예로 가나안농군학교의 일가 김용기는 '일하기 싫거든 먹지도 말라'는 원리가 말하는 바와 같이 근로를 강조하며 실제 농촌이 경제적으로도 잘 살 수 있는 실제적인 방법을 개발하여 보급하였지만 그 밑바탕에는 '하나님사랑, 인간사랑, 자연사랑' '근로, 봉사, 희생' 등의 원리가 의미하는 바와 같이 전인격적인 교육의 이념이 자리잡고 있었다(김용기, 1998). 이러한 전 인격적인 교육의 이념은 대부분의 초창기 평생교육 실천가와 듀이, 프레이리 등의 교육학자들에게서 공통적으로 찾아볼 수 있다.

을 통해 한 인간이 더욱 인간답게 살 수 있는 안목을 갖게 되었을 때 의미 있는 것이었다. 그러나 최근 우리나라에서 이루어지고 있는 인적자원개발은 교육의 원리보다는 경제의 원리에 의해 주도되고 있음을 부인하기 어렵다.

민간 차원에서 자발적으로 실시되었던 평생교육은 비록 재정적으로 열악했을지라도 생동감이 있는 것이었다. 이것이 국가제도 속으로 편입됨에 따라 교육이 보다 체계화되고 교육의 기회가 확대되는 면도 있지만, 다른 한편으로는 관료화·형식화되는 경향을 나타내기도 하였다. 또한 학습자 각각의 자아실현과 공동체 형성이라는 본래의 목적보다는 국가의 통합과 국가경쟁력의 향상을 위한 수단으로 활용되는 경향이 강하다. 비록 국가적인 차원에서 인적자원개발이 필요할지라도 그것은 한 인간이 인간답게 살기 위한 수단으로서의 직업능력 향상이어야 한다. 한 인간이 인간답게 살기 위해서는 단지 경제적인 능력만이 아니라 인간에 대한 자기성찰, 사회에 대한 인식, 이웃과 더불어 살아갈 수 있는 사회성 등이 요구된다. 인적자원개발은 이러한 교육의 전체적인 맥락 속에서 경제적인 능력의 향상이라는 목표에 국한되어 활용되어야 할 것이다.

또 한 가지 간과하지 말아야 할 것은 현재 OECD의 주요 국가들은 이미 UNESCO 관점의 평생교육체제를 완비하고 있다는 것이다. 예를 들어 덴마크, 독일 등의 북유럽국가들은 시민대학(Volkshochschule)을 비롯한 공공 평생교육 기본 인프라를 갖추고 있으며 일본의 경우도 공민관을 통해 교육복지적인 차원에서 국민들의 기본적인 평생교육 욕구를 충족시켜 주고 있다(한국교육개발원, 2003). 이러한 기본적인 평생교육 인프라의 토대 위에 경제적 효율성을 추구하기 위한 OECD 평생교육정책이 병행되고 있는 것이다. 반면에 우리나라의 경우는 아직 기본적인 교육복지적 차원의 평생교육 토대가 미처 갖추어지지도 못한 상황에서 경제개발 위주의 평생교육정책이 우선적으로 추구되는 실정이다. 따라서 국민들을 위한 교육복지적 차원의 평생교육체제의 정립은 그만큼 요원한 실정이다. 따라서 우리나라에서도 균형 잡힌 평생교육체제를 구축하기 위해서는 다른 OECD 국가들과 동일선상에서 인적자원개발체제를 수립할 것이 아니라 우리나라의 열악한 평생교육 인프라를 우선적으로 개선할 수 있는 제도와 정책을 실시해야 할 것이다.

2) 신자유주의 관점에 의한 교육기회의 제한 및 불평등

1990년대부터 본격화된 세계화의 소용돌이 속에서 많은 나라가 정도의 차이는 있으나 신자유주의 교육정책 노선을 따르고 있다. 신자유주의 교육정책에 대한 비판이 적지 않고, 새로운 정책노선을 추구하는 노력이 없는 것은 아니지만 대다수 유럽과 북미국가들의 교육제도와 정책은 신자유주의의 성격을 점차 강하게 띠고 있다. 우리나라의 경우도 이러한 신자유주의적 원리가 교육에 점차 큰 영향을 미치고 있다(김용일, 2002: 17-18).

유럽 및 미국 등에서 전개되고 있는 평생학습사회의 기본 논리는 직업적으로 필요한 지식과 기술을 개인들이 알아서 학습하되 비용도 될 수 있으면 자신이 부담하도록 만들자는 것이다. 자비부담의 자유학습은 이제까지의 유럽 교육제도와는 방향이 다른 정책이다. 전통적으로 유럽 교육제도의 기본은 계몽주의적 공교육이었으므로 경비는 공공부담을 원칙으로 삼아 왔다. 의무교육은 말할 필요도 없고 대학교육과 성인교육도 공공부담이 근간을 이루었다. 직업기술교육은 공공재정의 투자와 아울러 기업 자체의 부담도 큰 부분을 차지하였다. 요컨대, 정부와 기업이 교육을 제공하고 비용도 부담하는 공교육제도가 기초를 이루었다. 그런데 최근 교육비용을 학습자에게 부담시키는 쪽으로 정책전환이 이루어지고 있다. 대학교육비에 학습자부담 비율이 늘기 시작하였으며, 특히 성인들의 직업기술교육에 있어서 자비부담률이 높아지고 있다. 김신일(2000: 9-10)은 이러한 신자유주의적 평생교육체제에서 발생할 수 있는 문제점들로 자본의 교육지배 강화, 평생교육의 상업화, 평생학습기회의 불평등을 지적하였다. 이를 중심으로 신자유주의적 평생교육체제에서 발생하고 있는 문제점들을 살펴보면 다음과 같다.

첫째, 자본의 교육지배 강화이다. 경제의 세계화 추세에 대응하여 모든 나라가 경제의 국제경쟁력 강화를 최우선 정책으로 내세우고 있다. 그에 따라 교육에 대한 자본의 지배가 강화되고, 평생학습에 경제원리의 적용이 심화되고 있다. 즉, 국가경제의 경쟁력에 직결되는 교육만 존중되고 개인의 자아실현을 위한 교육은 수혜자부담의 원칙을 따라야 한다는 인식이 급속히 퍼지고 있다.

둘째, 평생교육의 상업화 확대이다. 최근 들어 점차 평생교육에 대한 관심과 수요가 높아지는 반면 정부의 지원은 여전히 미흡함으로 인해 비교적 풍부한 자본과 전문인력을 갖춘 상업적 평생교육기관, 즉 전문지식이나 기술을 가르치는 각종 사설학원이나 각종 문화센터와 같은 기관들이 급격히 늘어나고 있다. 일부 대학부설 평생교육원의 경우도 이에 해당하는 것으로 지적된다(강순원, 1997: 131-132). 이러한 영리적 성격이 강한 평생교육기관들은 경쟁사회에서 학습자들이 필요로 하는 요구를 즉각적으로 충족시키는 것을 가장 큰 장점으로 내세우되, 대신 철저히 비용의 수혜자부담원칙에 입각하여 운영되고 있는 것이 특징이다. 또한 일반적으로 학습자의 수요가 많고 공급이 부족할수록 수강료가 비싸다는 시장의 논리를 따르고 있는 것이 특징이다. 이들 기관이 비록 다른 사회적 가치를 같이 추구한다 하더라도 그것은 부차적인 의미만 가질 뿐 엄격한 의미에서 이윤의 추구를 최우선의 목적으로 할 수밖에 없다는 점에서 한계가 있다.

셋째, 평생학습기회의 불평등 경향이다. 자유경쟁원리의 강조로 인해 교육의 혜택이 중산층에 치우침에 따라 저소득층, 장애자, 학교실패자 등 사회적 약자집단이 평생교육에서 밀려난다(안상헌, 1999: 260). 엄연히 존재하는 비문해자와 기초교육실패자에 대한 무관심, 저소득층의 교육소외, 여성과 노인의 교육소외, 노동자들의 교육문제에 대한 정부의 지원정책이 강화되어야 함에도 여러 나라의 평생학습사회에서는 이들이 점점 더 소외당하는 경향을 보인다.

일반적으로 신자유주의적 교육원리에서는 그 자체로 교육철학이나 미래에 대한 인간적 전망을 찾기 어렵다(김용일, 2002: 15). 단지 공교육의 민영화나 시장화를 통해 경제적 효율성을 강화하기 위한 목적으로 시행되는 것이다. 특히 이러한 신자유주의적 교육정책은 우리나라처럼 공교육 차원의 교육복지체제가 매우 취약한 나라에서는 더욱 큰 문제를 일으킬 수 있다. 이미 상당한 정도 공교육 평생교육체제가 확립되어 있는 국가와 아직 그 기반조차 제대로 마련되어 있지 않는 국가를 동등한 선에서 비교할 수는 없다. 이미 학교교육에 상응할 정도로 평생교육분야에 대한 행・재정적 지원이 확고한 나라에서는 국가재정의 효율성을 높이기 위해 부분적으로 복지부분에 대한 지원을 줄이는 것이 수용될 수도 있다. 이는 전 세계가 무한 경쟁체제로 접어듦에 따라 일부 선진국에서 복지정책을 어느 정도 후퇴시키는 것과 맥을 같이한다. 그러나 우리나라는 평생교육에 관한 한 이제 막 그 기반을 마련해 가는 걸음마 단계에 머물러 있다고 할 수 있다. 따라서 국가적인 차원에서 국민들을 위한 평생교육의 기회를 충분히 제공하지 못하고 있다. 일반 국민은 그들의 평생학습욕구를 일부 비영리 민간사회단체에서 충족시키기도 하지만 많은 경우 학원이나 민간연수원 등과 같은 상업성 민간평생교육기관을 통해 충족시키고 있다. 이는 학교교육에 있어 엄청난 사교육비가 드는 것과 맥을 같이한다. 이에 따라 교육비를 충당할 수 없는 국민들은 원천적으로 교육의 기회를 갖지 못하는 결과를 가져온다. 따라서 학교교육에 의한 불평등을 해소하고자 했던 평생교육이 오히려 교육 불평등을 더욱 심화시키는 결과를 가져올 수 있는 것이다.

이러한 현상은 곧 국민의 기본권으로서의 평생학습권을 제한하는 것이다. 모든 국민에게 학습의 기회를 골고루 최대한 보장하는 것은 평생학습시대에 있어 국가의 새로운 의무라고 볼 수 있다. 그러므로 모든 국민들이 기본적인 평생교육의 혜택을 누릴 수 있을 때까지는 평생교육분야에 대한 교육복지적 차원의 지원 확대가 계속적으로 요구된다.

5. 평생교육의 본질 회복을 위한 발전 과제

앞에서 우리나라 평생교육체제의 발전 과정과 그 한계를 살펴보았다. 현재 우리나라 평생교육의 문제점은 학습자가 주도적으로 참여하며 공동체적 가치를 실현시켜 주는 전통적인 의미의 평생교육은 활성화되지 못한 반면, 국가경쟁력의 향상과 개인의 직업적 생존을 위한 수단으로서의 평생교육이 보다 활성화되고 있다는 것이다. 또한 복지 차원의 평생교육 인프라 부족과 이로 인한 상업적 평생교육의 활성화로 인해 평생교육은 소외계층을 위한 교육, 공동체구현을 위한 교육이라는 본질에서 벗어나 오히려 소외계층을 양산하는 교육, 공동체를 해체하는 교육의 양상마저 띠고 있는 실정이다. 이러한 문제를 해결하기 위해서는 평생교육 선구자들이 갖고 있었던 평생교육의 전통적인 이념을 회복하고 그들이 수행했던 역할을 계승하는 것이 필요하다.

현재 우리나라의 평생교육이 제도화되는 과정에서 파생되는 문제를 해결하기 위해서는 평생교육의 본질을 훼손하는 요인들에 맞서 평생교육의 본질을 보다 현실 속에서 극대화하기 위한 노력이 필요하다. 앞에서 살펴보았듯이 평생교육의 발전을 위한 제도화는 민간부문의 교육적 사명을 가진 선구자들로부터 비롯된다. 그들의 사명은 곧 교육기회의 확대, 학습자의 주체성 존중, 공동체적 가치를 구현하는 것이었다. 시대의 변화에 따라 평생교육의 본질이 구현되는 양상은 달라질 수밖에 없지만, 앞으로도 학습자의 구체적인 삶을 중심으로, 학습자 주도적으로, 공동체적 가치를 구현하기 위한 새로운 시도가 끊임없이 이루어져야 할 것이다. 이런 맥락에서 한국의 평생교육체제가 우선적으로 추진해야 할 발전 과제를 살펴보면 다음과 같다.

1) 교육적 가치를 우선시하는 평생교육체제의 구축

지금까지 현재의 평생교육체제가 국가통합 및 경제적 가치의 실현과 밀접한 관련이 있음을 논의하였다. 그러나 평생교육이 국가통합이나 인적자원개발을 위한 수단으로서의 가치만을 갖는 것은 아니다. 교육은 우선 학습자 자신에게 유의미한 것이어야 한다. 그리고 평생교육을 통해서만 얻을 수 있는 평생교육의 고유한 가치가 존중되어야 한다. 이것은 곧 평생교육이 단순히 국가적 · 경제적인 즉각적 욕구를 충족시켜 주기 위한 수단이기 전에 국민 각 개인의 자기성장을 위한 기회로 활용되어야 한다는 것을 의미한다. 이러한 입장은 평생교육의 이념적 기초를 제공했던 린드만(Lindeman, 1961: 64-65)의 언급에서도 잘 나타나 있다.

> 평생교육은 생계유지를 위한 단계를 충분히 지난 경우는 어느 경우나 예외 없이 문화적 목표를 향해 나아간다. 덴마크, 독일, 영국의 경

> 우가 모두 이러한 방향을 따랐다. 각 강의들은 경제적인 문제를 가지고 시작될 수 있다. 그러나 학습 과정이 점차 진행됨에 따라 '사람은 떡으로만 사는 것이 아니다'라는 희미한 의식이 명확해지게 된다. 학습은 '보다 질 높은 삶'을 지향해야 한다는 요구는 그들 자신의 삶을 향상시켜야 한다는 필요를 의식하지 못하는 사람들에게서도 완전히 억제될 수 있는 것이 아니다.

이러한 표현은 평생교육은 직업교육이 그 작용을 멈춘 곳에서 시작된다는 그의 표현과 맥을 같이한다(Lindeman, 1961: 7). 그에 의하면 직업교육이란 학습자들로 하여금 그들의 선별된 목적에 도달하기 위한 적절한 도구를 갖추기 위한 것이다. 여기서 그가 말하고 있는 선별된 목적이란 바로 인간으로서 질 높은 삶의 의미를 깨닫고 창조하는 것이다. 그런 의미에서 직업교육을 포함한 모든 평생교육은 단지 삶의 방편으로서만이 아니라 궁극적으로 인간이 더욱 인간답게 살 수 있는 안목을 갖고 끊임없는 성장을 통해 보람을 찾게 하는 교육 본연의 차원에서 인식되어야 한다.[5)]

전통적으로 평생교육의 원리는 자아실현을 목적으로 하고, 생활교육을 내용으로 하며, 민주주의에 근거하며, 자율학습을 그 방법으로 하는 특징을 갖고 있다(윤복남, 1990: 11). 그러므로 평생교육의 관심은 학습자에 대한 관심, 다시 말해 성인학습론·학습권 등을 주로 다루게 된다. 평생교육적 입장에 따르면, 인간이 평생에 걸쳐 삶을 영위하는 데 있어서 가장 원초적인 힘이 되어 주는 것은 삶의 의미를 발견하고 성장해 가려는 욕구라고 할 수 있다. 사람이 평생의 삶에서 끝없이 배움의 열정을 느끼게 되는 것은 바로 그러한 의미를 추구하고자 하기 때문이다. 이 경우 평생교육이 현실문

5) 이런 맥락에서 영국에서 시작된 성인교육(Adult Education)의 경우 그 대상자가 주로 노동자이었음에도 불구하고 직업교육보다는 자유교육, 즉 인문계 교육중심의 계급적이고 진보적인 교육이었다(한숭희, 2004: 44)는 점은 평생교육의 본질과 관련하여 시사하는 바가 있다.

제와 직접 관련된다는 것은 생존의 문제에 매달려 있다는 것이 아니라, 그 문제의 해결을 발판으로 삼아 보다 질 높은 삶의 체험을 하게 한다는 것이다. 그러므로 평생교육은 단지 생존을 위한 경제적 수단의 차원을 넘어 궁극적으로 인간으로서의 자아실현과 교육적 성장 자체를 지향해야 한다.

국가적인 차원에서 볼 때에도 교육적 가치를 우선적으로 추구하는 평생교육체제의 확립은 결코 국가의 인적자원개발과도 무관하지 않다. 인적자원개발이 궁극적으로 추구하는 경제적 이득은 당장 활용할 수 있는 지식이나 기술의 습득을 통해서만 이루어지는 것이 아니다. 그보다 더 근본적인 영향을 미치는 것은 인간의 태도와 도덕성 등과 같은 사회자본(social capital)이라고 볼 수 있다. 이러한 사회자본은 어떤 의도를 가지고 단기회적으로 생성되는 것이 아니라 오랫동안의 교육에 의해 자연스럽게 축적되는 것이다. 평생교육의 가치를 굳이 경제적인 관점에서 본다면 바로 이러한 사회자본을 형성하는 것이라고 볼 수 있다. 당장 생존을 위해서는 인적자원개발에 힘을 기울일 수 있지만 보다 장기적으로 인적자원개발의 효과를 얻기 위해서라도 평생교육을 통한 사회자본의 축적이 필요하다. 평생교육체제도 결국 인적자원개발의 측면에서 본다면 사회자본을 창출해 내는 기능을 한다고 볼 수 있다. 이러한 평생교육체제의 튼튼한 기초 위에 개인 및 국가적 필요에 의한 인적자원개발이 적절하게 이루어져야 한다. 이러한 기초를 방치한 상태에서 인적자원개발에만 치중하게 될 때 결과적으로 소탐대실(小貪大失)의 우를 범하게 될 것이다. 인간은 결코 경제적 가치만을 추구하는 존재가 아니다. 또한 궁극적인 경제적 가치를 추구하기 위해서라도 인간의 전인적인 발달이 요구되는 것이다. 이런 의미에서 '수신제가치국평천하'(修身齊家治國平天下)라고 하는 우리의 전통적인 생활원리는 현대사회에서 평생교육체제의 정립과 실천에도 시사하는 바가 크다고 볼 수 있다.

2) 평생교육의 공공성 강화

앞에서 살펴보았듯이 우리나라에서 평생교육은 이제 제도화가 급속히 진행되기 시작하는 단계라고 볼 수 있다. 그러나 학습에 대한 국민들의 수요는 매우 높은 데 반해 이를 지원하기 위한 공교육 차원의 평생교육체제는 매우 취약한 실정이다. 그 와중에 신자유주의적, 경제적 효율성중심의 평생교육정책의 확산은 국민들로 하여금 보다 다양하고 자유롭고 평등한 평생교육의 참여를 제한하는 결과를 가져온다. 이러한 교육 불평등의 심화는 사회적 위화감을 조성함으로써 결국 국가통합이나 국가경쟁력의 향상에도 부정적인 영향을 주게 된다. 학교교육의 경우를 보더라도 공교육 발달사를 보면 공교육제도가 시장에서 내몰린 사회적 약자들에 대한 공적 배려 차원에서 막강한 기능을 수행해 왔음을 알 수 있다(김용일, 2002: 23-24). 국가가 개입하여 제한적이나마 배분적 정의를 실현해야 한다는 자각의 결과인 셈이다. 이런 기능이 약화될 경우 계층간의 불평등이 심화되어 사회적 통합이 불가능해진다. 따라서 평생교육의 경우에도 국가는 먼저 교육복지 차원에서 공적인 인프라 확충을 위해 더욱 노력해야 한다.

또한 인적자원개발의 경우도 교육복지적 차원에서 이루어질 때 평생교육의 원리에 보다 부합된다고 볼 수 있다. 즉 사회적으로 소외되고 불리한 입장에 있는 이들에게 우선적으로 인적자원개발의 기회가 제공되어야 하는 것이다. 이는 소외계층을 위해 직업교육과 노동교육을 실시한 초기 사회교육의 전통과 맥을 같이한다. 다만 앞에서도 언급한 바와 같이 경제 그 자체만을 강조하는 것이 아니라 전인격적인 교육원리 안에서 다루어져야 할 것이다. 이러한 공공성이 강조되지 않을 때 인적자원개발은 경제적 효율성중심으로 흐르게 됨에 따라 사회적 불평등을 심화시키는 부작용을 가져오게 된다.

한편, 공교육제도는 주어진 것이 아니라 갈등과 타협의 산물이기도 하다. 교육을 통해 삶의 질을 향상시키려는 일반 국민들과 국가통합과 국가경쟁력을 향상시키려는 국가와의 갈등과 타협의 산물인 것이다. 그 사이에 교육의 순수한 가치를 구현하면서도 동시에 일반 국민과 국가의 사회적 가치를 동시에 충족시키고자 하는 교육자들의 노력도 작용한다. 이러한 과정을 통해 교육에 대한 국가의 지원이 늘어나고 일반 국민들에게도 교육의 기회가 확대되어 온 것이다. 그러므로 평생교육자들과 평생학습자로서의 국민들은 국가로부터 국민이 갖는 정당한 권리로서의 학습권을 보장받기 위해 보다 적극적으로 노력해야 할 것이다.

3) 지역사회 시민이 주체가 되는 평생교육의 활성화

앞에서 살펴본 바와 같이 평생교육의 이념을 실현하고 평생교육의 공공성을 확장하기 위해서는 일반 국민들의 주체적인 참여가 요구된다. 평생교육의 원리가 학습자의 삶을 중시하고 주체성과 참여를 강조한다고 할 때 현대사회에서 가장 중요하게 부각되는 영역은 바로 지역사회라고 할 수 있다. 즉, 지역사회를 기반으로 하는 주민들의 자발적인 평생교육활동이 시급하게 요청되는 것이다.

본래 평생교육의 역사는 시민사회의 확장과 더불어 시작되었다. 즉, 시민사회의 확장에 기초가 되었던 시민운동과 비영리 평생교육과의 동반자 관계는 조직화된 평생교육의 역사를 거쳐 진행되어 왔다. 20세기를 전후하여 많은 나라에서 평생교육을 국가정책의 일환으로 시행하기 전까지 평생교육의 대부분의 역사는 시민사회 속에서의 자원활동과 자원단체의 역사라고 해도 결코 과장이 아니다 (Jarvis, 1993). 이러한 시민사회를 구현하는 데 필요한 덕목인 주체성, 삶의 문제 해결, 공동체적 가치 등은 결국 평생교육의 이념과 일맥상통한다. 이는 인간적인 안목을 갖게 하는 교양교육, 생활인으로서 자립적으로 살아가게 하기 위한 직업교육, 공동체의 구성원으로서 더불어 살아가기 위한 시민교육의 형태로 실현되었다.

이와 같은 성격의 평생교육은 오랜 기간 동안 지역사회를 기반으로 이루어져 왔다. 산업화의 영향으로 지역공동체가 파괴되는 과정에서도 지역사회를 기반으로 하는 평생교육은 지속적으로 그 명맥을 이어 오고 있다. 특히 인간의 삶이 주로 지역사회를 중심으로 이루어져 왔음을 고려할 때 평생교육의 역사는 곧 지역사회교육의 역사라고도 볼 수 있다. 이러한 지역사회중심의 평생교육은 향약, 두레, 계 등과 같이 매우 역사가 오래된 지역공동체 활동에서 그 원형을 찾아볼 수 있음은 물론 최근에는 야학, 지역사회학교, 공부방, 기타 지역 자생적인 비영리 민간조직 등의 교육활동에서 보다 공식적이고 체계적인 형태를 찾아볼 수 있다. 이러한 지역사회중심의 평생교육은 지역공동체 주민들의 학습욕구를 충족시켜 주기 위한 취미, 건강, 교양, 여가활동, 취업 등을 위한 교양 및 직업교육에서부터 공해문제, 소비자 보호, 농촌개발, 노동자 인권, 성차별, 사회적 정의, 공동체 형성 등 사회적 모순이나 문제를 해결해 나가는 시민교육에 이르기까지 광범위한 활동을 수행하고 있다. 이렇게 지역사회에 뿌리내린 민간 비영리 평생교육기관들은 현대 시민사회가 요구하는 지역공동체의 형성에도 크게 기여하고 있다. 이러한 지역공동체중심 평생교육과 영리적인 성격의 평생교육을 비교하면 <표 1-6>과 같다.

전통적으로 평생교육의 중요한 장이었던 지역사회는 최근 들어 더욱 그 중요성이 부각되고 있다. 지방자치에 대한 관심이 높아짐

<표 1-6> 지역공동체 평생교육과 영리적 성격의 평생교육과의 비교

구 분	지역공동체중심 평생교육	영리적 성격의 평생교육[6)]
공동체와의 관계	공동체 강화	공동체 강화와 무관
이익추구의 우선순위	공익우선	영리우선
교육내용의 성격	지역문제 본위	흥미 · 인기 본위
대상	전 주민 대상	시간 · 경제적 유한자

에 따라 시민사회에 대한 관심이 지역시민사회로 확산되고 있다. 시민사회의 성숙은 결국 지역사회에서 시작되어야 하며, 삶의 문제 해결도 결국 지역에서부터 이루어져야 하기 때문이다. 특히 최근의 지방분권, 국가균형 발전, 지역혁신 등에 대한 논의는 지역의 중요성을 더욱 부각시키고 있다.

이런 맥락에서 지역을 기반으로 하는 평생교육의 발전은 시대의 큰 흐름을 반영한다고 할 수 있다. 그러나 단지 지역을 기반으로 개인의 발전만을 추구하는 것이 아니라 시민사회의 성숙을 위해 지역주민들의 공동체적인 참여를 기반으로 하는 평생교육이 필요하다. 이러한 지역공동체 지향적 평생교육의 활성화는 현대사회에서 평생교육이 국가와 자본의 지배를 벗어나 그 본질을 회복하기 위해 가장 시급하게 요청되는 과제라고 할 수 있다.

---

6) 여기서 영리적 성격의 평생교육이 공익을 무시하며 극단적인 이익을 추구한다는 것을 의미하는 것은 아니다. 영리적 성격의 평생교육기관들도 경우에 따라 공익적인 성격을 나타낼 수도 있다. 그러나 영리적 성격의 평생교육기관들은 이윤이 확보되어야만 존속이 가능하다는 점에서 필연적으로 공동체 구현보다는 영리를 우선적으로 추구할 수밖에 없다.

제 2 장

현대 지역 평생교육의 현황과 지향점

1. 지역 평생교육의 발전 과정과 현 실태
2. 지역 평생교육 발전 과정의 성격
3. 현 지역 평생교육의 한계와 새로운 지향점

제 2 장 현대 지역 평생교육의 현황과 지향점

앞의 장에서 현대사회 평생교육의 한계를 극복하고 평생교육의 본질을 구현하기 위한 과제 중의 하나로 지역공동체 지향적 평생교육의 활성화를 제시하였다. 그동안 지역사회에서는 여러 가지 유형의 평생교육활동이 수행되고 있으며, 최근에는 국가적인 차원에서 지역단위 평생교육을 지원하기 위한 여러 가지 제도가 시행되고 있다. 그러나 이러한 평생교육활동들이 과연 지역공동체 차원에서 최선의 것인지에 대해서는 의심의 여지가 있다.

이 장에서는 현재 우리나라 지역 평생교육의 현황을 살펴보고 지역공동체의 관점에서 그 의의와 한계 그리고 그 대안을 모색하고자 한다.

1. 지역 평생교육의 발전 과정과 현 실태

1) 지역 평생교육의 발전 과정

최근 빠른 속도로 평생교육이 활성화되고 있다. 평생교육에 대한 정부와 국민의 관심이 예전에 비해 매우 높아졌고, 국민의 평생학습 증진과 인적자원개발을 위한 여러 가지 제도와 정책이 실시되고 있다. 또한 중앙과 지역 차원에서 여러 가지 평생교육기관들도 많이 생겼다.

이러한 평생교육에 대한 관심은 지방화의 흐름과도 밀접한 관계를 맺고 있다. 최근 '지방분권' '국가균형 발전' '지방화시대' '지역혁신' 등 지역의 중요성을 나타내는 용어들이 매스컴에 흘러넘치고 있는 실정이다. 이런 맥락에서 '학습지역' '평생학습도시' 등 지역과 관련된 지역 평생교육[1]의 중요성이 강조되고 있다. 사실 지역과 평생교육과의 관계는 최근에 그 중요성이 강조된 것이 아니라 매우 오래된 전통을 가지고 있다. 이러한 평생교육은 삶의 터전으로서의 지역사회를 중심으로 이루어졌다. 그런 의미에서 평생교육의 원형은 지역사회교육(community education)[2]이라고 하는 것이 많은 학자들에 의해 인식되고 있다(이희수, 2002a: 71). 즉, 학교교육이 특수계층에게 독점되기 전부터 교육은 지역사회 안에서 활발하게 이루어졌으며, 그 전통이 현대에까지 이르고 있는 것이다.

그런데 여기서 평생교육의 원형이라고 일컬어지는 '지역사회교육'이 곧 현대사회에서 지역을 기반으로 이루어지는 평생교육을 통칭하는 지역 평생교육과 그 성격과 본질상 일치하는가에 대해서는 재고의 여지가 있다. 다시 말해 우리나라에서 이루어지는 지역 평생교육이 전통적인 의미의 지역사회교육의 전통을 충분히 반영하고 있는지에 대해 검토가 필요한 것이다. 여기서는 먼저 우리나라에서 지역을 기반으로 하는 평생교육이 어떤 변화를 거쳐 왔는가를 개괄적으로 살펴보고, 이러한 지역 평생교육이 평생교육의 원형이

---

1) 지역과 관련된 평생교육의 용어는 '지역사회교육' '지역 평생교육' 등으로 표현될 수 있다. 이 글에서 '지역사회교육'은 우리나라에서 '평생교육'이라는 용어와 관련 제도가 국가적인 차원에서 본격적으로 활용되기 이전부터 학계에서 일반적으로 사용되었던 지역기반 평생교육을 지칭하며, '지역 평생교육'은 최근 '평생교육' 용어와 제도의 활성화 이후 지역을 기반으로 이루어지는 평생교육의 통칭을 의미한다.

2) 현재 평생교육학계에서 사용되어 왔던 '지역사회교육'이 저자가 본 저서를 통해 강조하고자 하는 '지역공동체 평생교육'과 어떻게 비교될 수 있는지에 대해서는 5장에서 다룬다. 다만 이 장에서는 전통적인 '지역사회교육'의 원리가 현대사회 '지역 평생교육'을 통해 제대로 구현되고 있는가를 집중적으로 살펴보고자 한다.

라고 일컬어지는 '지역사회교육'의 본질과 어떻게 비교될 수 있는가를 검토해 보고자 한다.

(1) 일제강점기의 지역 평생교육

일제강점기에는 일본총독부에 의해 교화적인 차원에서 사회교육이 이루어졌으며, 민간부문에서 민족진영을 중심으로 지역주민을 대상으로 하는 평생교육사업을 실시하였다.[3] 일제는 1936년에 학무국 내에 사회교육과를 신설하여 사회교육에 관한 사업을 적극적으로 실시하였다. 그 후 태평양전쟁이 발발한 이후인 1943년에는 사회교육과가 연성과(練成課)로 개편되었으며 주로 지원병훈련, 중견청년훈련, 근로보국대 등에 관한 사무를 취급하는 한편, 원래 사회교육과의 업무이었던 종교교화사업을 분리 취급하는 교무과를 두었다. 이는 곧 원래의 사회교육의 이념에 배치되는 것으로서 일제하의 사회교육이 그 말기에 이르러서는 전쟁완수를 위한 국민총동원의 형태로 통합되고 있음을 증명한다(황종건 외, 1966: 36-37). 일제는 일본어보급운동, 순회강연, 향약의 장려, 각종 농사강습회 등을 전 지역을 대상으로 실시하였다(황종건 외, 1966: 40-46).

한편, 민간 차원에서는 민족진영에 의한 평생교육활동이 전개되었다. 1919년 3·1운동 이후 민족적 자각을 고취하고 지식 수준을 향상시켜 민족의 독립을 찾기 위한 목적으로 전국 각 지역에 마을

---

3) 이런 맥락에서 평생교육학분야 일각에서는 우리나라에서 전통적으로 사용되어 왔던 '사회교육'이라는 용어를 일본 군국주의 및 황국신민화교육의 상징으로 부정적으로 인식하는 경우가 있다. 그러나 한편에서는 이 '사회교육'이라는 용어가 이미 구한말에 우리나라 개화주의자들에 의해 도입되었다는 인식도 있다(이정연, 2003: 83-116). 오랫동안 우리나라에서 사용되었던 '사회교육'이라는 용어의 사용이 줄어들고 대신 다소 개념의 한계가 모호한 '평생교육'의 용어가 이를 대신하게 된 이유와 그 타당성에 대해서는 앞으로 많은 논의가 필요할 것으로 보인다.

을 단위로 청년회가 조직되었다. 이 청년회는 단기간의 강습회·체육회·음악회·연극·강연회·토론회 등을 통해 지역주민의 문화적 생활향상에 기여하였으며, 야학을 설립하여 마을 주민들에게 교육의 기회를 제공하였다. 그 외에도 대학생들에 의한 계몽활동이 전국적으로 활발하게 이루어졌다. 이른바 브나로드(vnarod: '민중에게 간다'는 의미의 러시아어)운동이라고 불렸던 대학생들의 귀향계몽활동을 통해 한글보급운동이 활발하게 이루어졌다.

(2) 해방 이후 1960년대의 지역 평생교육

해방 후-1960년대에는 국민들을 위한 기초교육 차원에서 평생교육이 실시되었다. 먼저, 미군정하에서는 지역주민들을 위한 국문강습소 설치가 가장 대표적이라고 할 수 있다. 미군정청은 1945년 일차로 성인교육위원회를 조직하여 전국적인 문해교육사업을 전개하였다. 1946년에는 이를 성인교육협의회로 개편하고 성인교육사를 양성하여 그들을 각 시·군과 읍·면·동·리단위까지 설치한 국문강습소에 배치하여 3개월 과정의 문해교육을 실시하도록 하였다. 강의의 내용도 공민, 국어, 국사, 교육, 실업, 위행, 음악, 생활개선, 제조, 상식, 협동조합이론, 사회주의이론, 민족주의이론, 도서관연구, 국제정세 등 다양한 것이어서 단순한 문해교육뿐만이 아니라 국민교화의 차원이었다. 이러한 국문강습소는 문해교육을 위해 해방 직후 전국적으로 확산되어 운영되었다(송병순·이영호, 2000: 280-281). 한편, 대한민국 정부수립 이후에는 정부를 중심으로 문교부, 내무부, 국방부의 협동으로 '문맹퇴치 5개년 계획'(1954-1958)을 실시하였으며, 1963년에는 도서관의 법제화와 경비 확충을 통해 군단위 도서관과 학교도서관의 의무 설치가 이루어졌다. 또한 1961년에는 문해교육, 향토건설지도자 양성, 학생봉사활동 지원, 마을문고 보급, 가족계획, 농촌개발사업 등을 실시하는 재건국민운동이 이루어졌다. 또한 학교 차원에서는 1962년부터 실시한 경제개발 5개년 계획이 추진되면서 학생들과 지역주민을 대상으로 지역사회의 문화·사회·경제의 발전을 위해 학교시설의 개방, 계몽지도, 노력봉사, 향토애의 함양 등을 주요 내용으로 하는 향토학교운동이 시작되었다.

한편 민간부문에서는 4H 클럽 운동 등을 비롯한 지역공동체운동이 활발하게 이루어졌다. 4H 클럽은 실천을 통하여 배운다는 취지 아래 1914년에 설립된 세계적인 청소년 민간단체이다. 4H 클럽 운동은 창의적인 사고와 과학적인 행동양식을 갖추고 친환경적인 체험으로 농심을 함양하여 청소년들을 건전한 미래세대로 키우는 동시에 지역사회와 국가발전에 기여하도록 하기 위한 실천적 청소년 사회교육운동이다. 4H란 두뇌(Head: 知)·마음(Heart: 德)·손(Hand: 勞)·건강(Health: 體)을 뜻한다. 우리나라에서는 1947년부터 농촌의 부락과 학교를 단위로 만 10세 이상 20세 미만의 청소년 남녀로 구성된 4-H구락부가 조직되었으며, 인격도야, 농촌지식의 함양, 체력의 향상 등의 교육활동을 수행하였다(황종건 외, 1966: 119).

민간 차원에서 실시된 평생교육의 또 하나의 예로 가나안농군학교를 들 수 있다. 일제강점기시대부터 황무지 개척운동과 정신계몽운동을 벌였던 일가 김용기와 그의 가족들은 1954년부터 제4차 개척지인 경기도 광주군의 가나안농장을 중심으로 지역주민들을 위한 지역순회강연회, 농장 내에서의 영농강습, 불우청소년들을 위한 학교운영, 마을 청년지도자교육 등을 실시하였으며, 이를 계기로 1962년에 가나안농군학교를 설립하였다. 처음에 지역청년들을 대상으로 농촌지도자 양성을 목적으로 시작된 가나안농군학교는 점차 전국적으로 영향을 끼치게 되었으며, 나중에는 새마을운동의 토대가 되었다(가나안복민연구소 편, 1997; 박진환, 2001).

또한 민간 차원의 평생교육사업의 하나로 마을문고보급운동을 들 수 있다. 마을문고보급운동이란 농어촌 마을에 작은 도서실을 꾸밀 수 있도록 지원하는 사업을 말한다. 이 사업의 궁극적인 목적은 책을 구해 보기 어려운 우리나라 농어촌주민들에게 책을 읽을 수 있는 기회를 제공함으로써 지역주민들의 사회적, 문화적, 경제적인 수준을 보다 향상하는 것이었다. 마을문고 자체는 여러 가지 이름으로 이미 존재해 왔지만 체계적인 마을문고보급사업은 1961년에 경북 경주시 주변 농촌에서 조직된 '농촌마을문고보급회'에서 비롯되었다. 그 후 1962년 농촌마을문고보급회는 사단법인 마을문고진흥회로 이름을 변경하고, 정부와 일간신문사·방송국 등의 협조를 얻어 마을문고보급운동을 확대하였다(황종건 외, 1966: 139-140). 이러한 마을문고운동은 단순한 독서운동의 차원을 넘어 중요한 지역 평생교육의 역할을 담당하였다.

(3) 1970년-1980년대의 지역 평생교육

1970년-1980년대에는 정부를 중심으로 새마을운동이 활발하게 이루어졌다. 평생교육의 차원에서는 지역주민들을 대상으로 하는 새마을교육이 활성화된 시기라고 볼 수 있다. 1972년부터 본격화된 새마을운동과 궤를 같이하여 전 지역의 학교에서 지역주민을 대상으로 정기적인 새마을교육이 이루어졌으며, 근면·자조·협동의 새마을운동정신과 생활개선 및 생산증대 방법을 주요 내용으로 다루었다(정지웅·김지자, 1986; 송병순·이영호, 2000: 285-286).

한편 민간부문에서는 1969년에 설립된 한국지역사회학교후원회가 활발한 지역사회학교사업을 전개하였다. 한국지역사회학교후원회는 미국 미시간주 프린트시의 지역사회학교활동의 영향을 받아 설립되었으며, 학생들만의 학교가 아닌 전 지역사회주민의 학교가 되기 위한 노력을 기울였다. 우리나라에서는 1969년에 최초로 서울 가회동의 재동초등학교가 학교 문을 열고 주민을 위한 교실을 만들었다. 그 후 1970년대에 들어 지역사회학교의 수가 크게 증가하여 현재에 이르고 있다.

(4) 1990년대 이후의 지역 평생교육

1990년대 들어서는 범정부적인 차원에서 평생교육에 대한 관심이 매우 높아지게 되었다. 먼저, 문화관광부의 경우를 보면, 1994년 이후 균형 있는 지방문화진흥에 이바지함을 목적으로 법인인 지방문화원을 지정하여 지원하고 있다. 한편, 1999년 이후 행정자치부는 기존의 읍면동제도를 주민자치센터로 정비하면서 주민의 복리증진과 지역공동체 형성 촉진, 주민참여의 보장 및 자치활동의 조장을 추구하고 있다. 주민자치센터는 15-25명의 주민대표로 구성된 주민자치위원회를 두어 지역주민의 참여에 의한 주체적 운영을 유도하고 있으며, 주민자치 · 문화여가 · 지역복지 · 주민편익 · 시민교육 · 지역사회 진흥 등의 교육프로그램을 운영하고 있다. 특히 2000년 평생교육법의 시행으로 교육인적자원부가 평생교육에 대해 본격적인 정책을 수립하게 되었다. 지역과 관련해서는 16개 광역별로 지역평생교육정보센터가 지정되었으며, 2007년 평생교육법의 전면개정이후에는 광역자치단체 중심의 지역평생교육진흥원이 설립 또는 지정되고 있다. 또한 시군구단위에서는 교육감에 의해 지역평생학습관이 지정되고 있으며 이와 별도로 기초자치단체장에 의해 평생학습관이 설치 및 지정되고 있다. 또한 2001년도부터는 시군구단위의 지자체를 대상으로 평생학습도시사업이 실시되고 있는 실정이다. 특히 최근에는 보다 작은 단위의 지역 평생교육기관의 뿌리라고 할 수 있는 행복학습센터 운영사업이 시범적으로 운영되고 있다. 그 이외에 학교, 구민회관, 문화원, 공공도서관 등 여러 종류의 공공 평생교육 관련기관들을 통해 지역의 평생교육이 확산되고 있다.

2011년도부터는 시·도평생교육 진흥원의 설치와 대학 평생교육 활성화 지원 사업 등을 통해 지역 단위의 평생교육진흥을 위한 각종 사업이 실시되고 있는 실정이다.

한편 민간부문에서는 여러 유형의 지역기반 민간조직들이 활성화되었다. 예를 들어, 지방자치에 대한 관심으로 인해 각종 지역기반 시민단체들이 활성화되고 있으며, 지역주민들을 조합원으로 하는 각종 생활협동조합도 활성화되고 있다. 또한 성미산학교, 마리교육생활협동조합 등 지역주민들이 설립한 대안학교도 증가하고

<표 2-1> 지역 평생교육의 발전 과정

구분	일제하	해방 후-1960년대	1970-1980년대	1990년대 이후
정부 부문	· 교화활동 차원의 사회교육 · 시국순회강연 · 지방중견청년강습회	· 미군정의 국문강습소 (1946-1947) · 문맹퇴치 5개년 계획 (1954-1958) · 도서관의 법제화와 경비 확충(1963) · 재건국민운동(1961) · 향토학교운동(1962)	· 새마을교육(1972)	· 주민자치센터 설립(2000) · 지역평생교육정보센터 지정 · 시군구 지역평생학습관 지정 · 전국평생학습축제 개최 · 평생학습도시 · 평생교육시범학교 · 지역평생교육진흥원 설립(현재 8개) · 대학 평생교육 활성화 지원 사업 · 학습동아리 지원사업 · 마을만들기 사업 · 배달강좌 · 시·도 평생교육 네트워크 구축사업 · 행복학습센터 운영사업 · 다모아 평생교육 정보망 구축사업
비정부 부문	· 각종 계몽활동 · 각종 강습소 · 야학	· 4H 운동(1947) · 가나안농군학교(1962) · 마을문고보급운동(1962)	· 지역사회학교후원회 · 지역주민조직 · 생활협동조합	· 지역시민단체 · 지역대안학교 · 교육생활협동조합 · 지역학습동아리활동

있는 중이다. 한편, 여가시간의 확대, 지식기반사회의 도래 등으로 인해 주민들에 의한 자생적인 학습동아리활동이 보다 본격적으로 이루어지기 시작하였다.[4]

지금까지 살펴본 우리나라 지역 평생교육의 발전 과정을 정리하면 <표 2-1>과 같다.

2) 현 지역단위 평생교육의 현황

전통적으로 지역사회에서는 자생적인 평생교육기관이나 조직들이 지역공동체의 형성을 위한 활동을 수행해 왔다. 최근에는 평생교육에 대한 국가와 지방자치단체의 관심이 높아짐에 따라 지역평생교육 발전을 위한 여러 조직들이 생겨나고 있다. 여기서는 현재 우리나라의 주요 지역 평생교육의 현황을 보다 자세히 살펴보고자 한다.

먼저, 교육부와 직접 관련된 지역 평생교육조직으로 시 · 도평생교육진흥원, 평생학습관, 평생학습도시를 들 수 있다. 시 · 도평생교육진흥원은 중앙단위의 국가평생교육진흥원과 상호연계체제 구축, 지역 평생교육단체 및 평생교육시설의 상호연계체제 구축, 평생교육의 정보 제공 및 평생학습의 상담, 평생교육기관 종사자의 연수, 지역주민을 위한 평생교육프로그램 개발 · 운영 등의 역할을 하도록 되어 있다. 2013년 현재 전국 16개 시도에서 총 11개 기관이 설치 · 지정되어 있다. 평생학습관은 지역주민과 보다 밀착된 평생교육서비스를 제공하도록 되어 있으며 2013년 현재 교육감이 지정한 평생학습관 421개와 시군구에서 자체적으로 설치한 102개 기관이 존재하고 있다(2013 평생교육통계). 또한 2001년부터 지방자치단체와 평생학습과의 통합이라 할 수 있는 평생학습도시가 선정되어 확

4) 현재 우리나라 지역사회에서 지역시민단체나 생활협동조합 등을 통해 실시되는 지역공동체 평생교육의 구체적인 사례는 이 책의 4부에서 다루고 있다.

산되고 있는 실정이다. 평생학습도시는 지역주민을 위한 평생학습 기회의 제공, 지역 평생교육기관에 대한 지원, 평생교육 프로그램의 개발과 정보 제공 등의 기능을 수행한다. 2013년도까지 전국에 118개의 평생학습도시가 선정되었다.

지역단위의 평생교육은 교육부 이외의 다른 부처에 의해서도 활발하게 이루어지고 있다. 먼저, 지방문화원은 「지방문화원 진흥법」에 의거하여 지역문화진흥을 위한 지역문화사업 수행을 목적으로 설립된 비영리법인이다. 지방문화원은 지역사회개발 및 문화부흥을 위해 지역주민들의 향토문화에 대한 이해와 애정을 증진시키며 지역주민의 문화예술적 감성을 개발·향상시킴을 목적으로 설립되었다. 그런 의미에서 지방문화원은 지역사회의 역사나 문화를 연구, 보급하는 활동을 가장 적극적으로 하는 지역 평생교육기관이라고 할 수 있다. 지방문화원의 주요 사업으로는, ① 지역 고유문화의 개발·보급·보존·전승 및 선양사업, ② 향토사의 조사개발 및 사료의 수집, 보존 및 보급, ③ 지역문화행사의 개최, ④ 문화에 관한 자료의 수집, 보존 및 보급, ⑤ 지역전통문화의 국내외 교류, ⑥ 지역문화에 관한 사회교육활동, ⑦ 지역환경 보존 등 지역사회 발전을 위한 문화활동, ⑧ 기타 지역문화 발전에 기여할 수 있는 사업 등이 있다. 지방문화원은 2012년 현재 전국적으로 228개 기관이 지정되어 있다.

한편, 공공도서관은 도서관 및 독서진흥법에 의해 그 자체로 평생교육을 진흥함을 목적으로 하는 기관으로서 2012년 일반 지역주민이 자유롭게 이용할 수 있는 공공도서관의 수는 828개이다. 이러한 숫자는 인구비례로 볼 때 약 6만 명당 1개관에 해당되는 것으로, 3만 명당 1개관(미국), 3만 9천 명당 1개관(일본), 1만 4천 명당 1개관(영국)에 훨씬 못 미치는 수준이다(국가도서관통계시스템).

한편, 1999년 이후 행정자치부가 기존의 읍면동제도를 지역주민을 위한 공간으로 정비한 주민자치센터는 2012년 현재 2,699개가 운영되고 있다. 이외에도 많은 부서들이 지역을 기반으로 하는 평생교육 관련사업을 실시하고 있다.

이와 같이 정부의 직간접적인 지원을 받는 평생교육조직들 외에도 수많은 자생적 지역 평생교육조직들이 활동하고 있다. 지역단위의 민간 평생교육기관으로서 가장 오래되고 체계를 갖춘 조직은 지역사회학교라고 할 수 있다. 지역사회학교는 한국지역사회교육중앙협의회와 일선 공공학교와의 연계를 통해 지역사회교육을 실시하는 기관이라고 할 수 있다. 2012년 현재 지역사회학교는 전국적으로 1,780개가 운영되고 있다.

다음은 작은도서관을 들 수 있다. 작은도서관은 지역주민의 지식정보 접근성을 높이고 생활 친화적 도서관문화의 향상에 이바지함을 목적으로 하는 소규모 도서관으로 2012년에 작은도서관 진흥법이 제정되었다. 공공도서관의 접근성과 활용 부족의 한계로 설치된 작은도서관은 기본적인 도서관 기능뿐만 아니라 다양한 문화 프로그램을 운영함으로써 지역주민의 독서진흥과 배움 및 소통의 장으로 활용되는 사회적 인식이 확대되었으며, 작은도서관의 수가 크게 늘어났다. 2014년 현재 4,007개소로 조사되었다(작은도서관 통합 홈페이지).

그러나 대부분의 자생적인 민간 지역 평생교육기관들은 아직 그 실상이 정확하게 파악되지 못하고 있는 실정이다. 일반적으로 그러한 조직들의 교육적 활동은 아직 체계화되지 못한 경우가 많다. 즉,

<표 2-2> 지역단위 주요 평생교육조직의 현황 (단위: 개)

시도평생교육 진흥원	평생 학습관	평생 학습도시	주민자치 센터	지방 문화원	공공 도서관	지역사회 학교	작은 도서관
11 (2013)	421 (교육감지정) 102개 (시군구 자체설치) (2013)	118 (2013)	2,699 (2012년)	228 (2012)	828 (2012)	1,780 (2012)	4,007 (2014)

출처: 교육부, 평생교육센터, 문화관광부, 국가평생교육진흥원 등 관계기관 자료 활용.

교육프로그램으로 체계화되지 못하고 평생교육사 등 자격증을 갖춘 교육인력이 부재한 경우도 많다. 그러나 이러한 조직들이 지역사회에서 주민들의 삶의 문제와 관련된 교육적 요구에 민감하게 반응하며 활동하고 있다는 측면에서 관심을 기울여야 할 것이다.

이상의 주요 지역 평생교육조직들의 통계 현황을 정리하면 <표 2-2>와 같다.

2. 지역 평생교육 발전 과정의 성격

1) 지역 평생교육 발전 과정의 메커니즘

앞에서 다룬 우리나라 지역 평생교육의 발전 과정을 자세히 살펴보면 몇 가지 특징을 발견할 수 있다.

먼저, 이러한 발전 과정이 1장에서 살펴본 평생교육제도화의 메커니즘을 전형적으로 따르고 있음을 알 수 있다. 즉, 민간의 비영리부문에 해당되는 교육활동가들이 시대적 요구에 민감하게 반응하여 교육기회의 확대와 자아실현, 공동체 구현의 목적을 위해 앞서 실시하면 다음에 국가에 의해 제도화되는 단계를 거치는 것이다. 물론 국가의 경우 그러한 평생교육의 제도화가 국가통합과 국가의 경쟁력 향상에 도움이 된다고 판단되어야 한다. 예를 들어 민간부문에서 4H운동이나 가나안농군학교가 지역농민들을 위한 교육을 선구적으로 실시한 것을 바탕으로 후에 정부 차원의 전국적인 새마을교육이 실시된 경우를 들 수 있다. 보다 최근에는 지역사회학교후원회와 같은 민간 차원의 지역사회학교 운동이 벌어진 후 1990년대 이후 정부 차원에서 학교시설을 이용한 평생교육사업인 평생교육시범학교사업이 활성화된 것 등을 들 수 있다. 이러한 제도화 과정을 거쳐 지역사회에 보다 다양한 평생교육사업이 활성화되는 발전을 이룬 측면도 있다. 그러나 한편으로는 제도화의 과정을 통해 본래 평생교육의 자발성과 융통성이 훼손되는 측면도 생각해 볼 수 있다.

다음 또 한 가지 특징은 지역공동체 지향적 평생교육활동이 새로운 시대적 상황에 끊임없이 대응하며 발전해 왔다는 것이다. 즉, 시대에 따라 구체적인 성격은 달랐지만 지역주민들이 주체가 되어 삶의 전 영역에서 제기되는 문제들을 주도적으로 해결하고 지역공동체를 형성하기 위한 평생교육활동들이 꾸준히 이어져 왔던 것이다. 1970년대까지 주로 비문해와 절대적인 빈곤과 관련된 문제를 해결하기 위한 평생교육이 지역사회에서 이루어졌다면 1980년대 이후에는 경제뿐만 아니라 정치, 사회, 교육, 육아, 환경 등 다양한 분야의 지역문제 해결을 위한 평생교육이 활성화되고 있다.

이와 같이 지역에서는 시대별로 새롭게 제기되는 중요한 문제를 해결하기 위한 평생교육이 끊임없이 이어져 오고 있다. 그리고 새롭게 제기되는 문제들을 먼저 민감하게 느끼고 신속하게 반응하는 분야는 민간 차원의 지역 평생교육조직들이며, 이를 보편적·체계적으로 확대시키는 것은 정부 주도의 공공 평생교육조직의 역할이었다고 볼 수 있다. 그러나 이러한 제도화 과정에서 민간 차원 지역 평생교육의 특징인 자발성과 공동체적 성격은 다소 약화되고 형식화, 관료화되는 경향이 나타나고 있음을 부인하기는 어렵다. 그럼에도 불구하고 지역사회 일각에서는 새롭게 제기되는 문제를 해결하고 지역공동체를 형성하기 위한 민간 차원의 평생교육활동이 끊임없이 생성된다. 이러한 끊임없는 생성을 통해 지역 평생교육의 생명력이 계속 유지되어 왔다고 볼 수 있다. 이런 맥락에서 앞으로도 지역을 기반으로 보다 건전하고 생명력 있는 새로운 평생교육이 이어질 것으로 기대할 수 있다.

2) 지역 평생교육에 대한 관점의 변화

앞에서 살펴본 바와 같이 여러 가지 유형의 평생교육조직들이 지역에서 활동을 하고 있다. 그런데 이러한 평생교육조직들은 지역에 대한 나름대로의 고유한 관점을 갖고 활동을 하게 된다. 이러한 관점들은 대체로 시대적 흐름을 반영하여 순차적으로 성립되었으며, 현재에도 서로 혼재해 있는 실정이다. 지역 평생교육의 기본 전제가 되었던 이러한 관점들을 구체적으로 살펴보면 다음과 같다.

첫째, 전통적 생활공동체의 장으로서 지역을 보는 관점이다. 평생교육분야에서 특정한 제도화가 이루어지기 전까지 지역에서는 주로 지역공동체를 기반으로 하는 생활교육 차원의 비형식적, 무형식적 평생교육이 주류를 이루었다고 할 수 있다. 마을 단위의 공동사업을 통한 비형식적 학습 등이 그것이다. 그런 의미에서 이 경우의 지역은 곧 생활공동체 평생교육의 장이라고 할 수 있다. 전통적으로 향약, 계, 두레 등은 지역을 기반으로 하는 지역공동체 평생교육의 원형이라 할 수 있다. 또한 소설 상록수의 예와 같이 각종 농촌계몽운동, 가나안농군학교운동, 4H운동 등과 같은 순수 민간 차원의 지역 평생교육도 이러한 관점에 기초한다고 할 수 있다.

둘째, 행정공간으로서 지역을 보는 관점이다. 산업화 과정에서 전통적인 지역공동체의 중요성이 약해지는 한편 국가에 의한 행정체계가 확립되어 감에 따라 지역은 행정단위로서의 의미를 갖게 되었다. 이에 따라 평생교육도 행정단위로서의 지역을 중심으로 전개된다. 최근 평생교육법의 규정에 의해 교육행정 차원의 지역 평생교육정보센터, 평생학습관이 지정·운영되고, 지역교육청별로 평생교육시범학교가 지정되는 것이 그 예라고 할 수 있다. 그 이외의 각종 평생교육 관련법률에 의거 문화행정, 복지행정 차원에서 지역 공공도서관, 박물관, 문화원, 사회복지관 등의 평생교육 유관시설들이 지역행정단위별로 건립되었다.

이 관점에 입각한 지역 평생교육의 특징은 그 지역의 공동체성을 추구하기보다는 지역행정 차원에서 평생교육사업을 추진한다는 것이다. 이는 다분히 중앙집권적인 성격을 반영한다. 즉, 지역의 평생교육기관들은 중앙정부나 중앙기관의 관리를 받는 지부의 성격을 띤다고 볼 수 있다. 이러한 관점에 입각한 지역 평생교육은 주민에 의해 주도적으로 운영되기보다는 중앙에서 개발한 비교적 표준화된 평생교육사업이나 프로그램을 지역에 적용하는 방식으로 운영된다. 따라서 지역의 고유한 특성을 반영하고 지역공동체를 지향하는 평생교육이 활성화되기 어렵다.

셋째, 지방자치의 장으로서 지역을 보는 관점이다. 1990년대 초반부터 지방자치제도가 정비되고 단체장과 지역의원들에 대한 직선제가 도입됨에 따라 지역사회에 있어 평생교육의 위상에 새로운 전기를 맞게 되었다. 평생학습시대에 교육에 대한 지역주민들의 강하고 다양한 욕구에 부응함으로써 지역주민들의 지지를 얻기 위한 지자체의 관심이 높아지고 있다. 그 대표적인 예가 평생학습도시사업의 활성화라고 할 수 있다. 평생학습도시사업은 풀뿌리 민주주의 지역학습공동체운동을 추구하는 민간 차원 평생교육조직의 노력이 지역통합 및 지역발전을 추구하는 정부 및 지방자치단체의 의지와 결합되어 제도화된 경우라고 볼 수 있다. 이러한 관점에 입각한 평생교육사업과 프로그램은 이전에 비해 훨씬 지역의 특성을 고려하고 지역주민들의 교육적 요구를 중시한다고 볼 수 있다. 그러나 이러한 관점에 입각한 평생교육사업은 지역 평생교육의 다양화와 활성화에 기여한 측면이 있지만 아직은 지역주민 주도적이라기보다는 지자체 주도적으로 이루어지고 있는 실정이다. 그리고 여기에 지자체의 정치적 의지의 개입도 부인하기 어렵다. 이는 아직 우리나라에서 진정한 의미의 주민자치적 성격의 지방자치제도가 뿌리를 내리지 못하고 있는 현실과 맥을 같이한다.

넷째, 경제발전의 장으로서 지역을 보는 관점이다. 1990년대 후반 신자유주의의 팽창에 따른 세계화의 부상에 따라 중앙국가의 위상은 약화되고 세계화의 효율적인 주체로서의 지역의 중요성이 부각되고 있다(성경륭, 2004). 즉, 세계화와 맥을 같이하는 지방화인 것이다. 이른바 세계화와 지방화는 모순이 없으며, 동시에 추구되어야 한다는 세방화(glocalization)의 논리가 강조되고 있다.

이런 맥락에서 국가적인 차원에서 지역의 균형발전과 지역혁신을 위한 노력이 평생교육과도 밀접한 관계를 갖게 되었다. 최근에는 서구를 중심으로 지역사회교육을 통한 '지역재생'(neighbourhood renewal)이 강조되고 있다(Thomson, 2002; Turner, 2003). 이러한 접근방식은 국가적인 차원에서 지역의 경제적 성장을 위해 교육을 적극적으로 활용하는 것이다. 이는 지역의 경제를 교육적인 노력으로 성장, 회복시키기 위한 새로운 접근법이라고 할 수 있다. 이러한 관점들과 맥을 같이하여 우리나라에도 지역혁신을 위한 인적자원개발이 국가적인 차원에서 적극적으로 실시되고 있으며, 기존 지방자치차원의 평생학습도시는 인적자원개발의 관점에서 다시 해석되기도 한다. 이러한 관점은 다음의 언급들에서도 잘 나타난다.

> 요람에서 무덤까지 생애에 걸친 인적자원개발과 효율적인 관리가 개인과 국가의 성장과 발전을 위한 전제조건이 된 것이다. 이러한 흐름과 더불어 평생학습마을/도시 만들기는 지역을 기반으로 다양하게 분포한 인적자원을 효율적으로 관리, 통합하여 새로운 가치를 창출하고 인적자원을 사회적 자본으로 활용하기 위한 하나의 구체적 방안으로 최근 관심이 증가하고 있다(김영식, 2002: 3).

> 지식기반사회, 학습경제시대에 들어서면서 학습경제(learning economy)에 상응하는 '학습지역'(learning region), 학습마을/도시 만들기 운동이

> 가시화되면서 지역사회에 주목하고 있다. 국가의 경제적 경쟁력과 활력은 지역경제의 경쟁력과 활력의 총합으로 나타나며, 지역은 경제성장의 견인차로 인식되고 있다. 산업사회가 점점 더 지식기반사회로 이행됨에 따라 앞으로의 지역발전에 있어서 인적자원이 차지하는 역할이 더욱더 중요해진다. 학습경제(learning economy)에 상응하는 지역혁신시스템(RIS)인 학습지역(learning region)의 시대가 도래한 것이다 (이희수, 2002a: 71).

그런데 이러한 관점에 입각한 지역 평생교육의 일차적인 목적은 지역자산의 공유와 공동체의 형성이 아니라 세계화시대에 효율적으로 대처하기 위해 지역을 활용하는 것이다. 따라서 일반 주민중심이기보다는 그 지역의 대학, 연구소, 기업 등과 같은 전문적·고부가가치적 지식을 창출할 수 있는 엘리트계층중심의 평생교육으로 치우칠 우려가 있다. 이러한 현상이 심화된다면 경제발전에 직접적으로 도움이 되지 않는 지역의 주체들은 평생교육의 기회에서 소외될 우려가 있다. 또한 그 지역의 각종 자원이나 자산들도 지역의 경제적 발전에 직접적으로 활용할 수 없는 것은 교육적으로 유용하지 못한 것으로 인식될 여지가 있다. 이와 같이 경제개발의 장으로 지역을 파악하는 평생교육은 자칫 소외계층에 대한 배려와 공동체성을 강조하는 평생교육의 기본 원리에서 어긋날 우려가 존재한다.

이상에서 살펴 본 내용을 정리하면 <표 2-3>과 같다. 이상에서 살펴본 바와 같이 전통적인 촌락공동체에서는 강한 지역공동체적 유대관계 속에서 자생적인 지역주민조직을 통해 직간접적인 평생교육이 이루어졌다. 그 후 국가의 정치적, 경제적 환경의 변화에 따라 중앙정부의 지역행정중심적 평생교육, 지방자치단체중심적 평생교육, 세계화에 적응하기 위한 지역경제중심적 평생교육이 발전하게 되었다. 현재에도 이러한 제 관점들은 서로 혼재된 상태에서

<표 2-3> 지역에 관한 관점의 차이에 따른 지역 평생교육의 성격

지역에 대한 관점	전통적 생활공동체	행정단위	지방자치의 장	경제개발 공간
평생교육의 성격	·지역공동체성이 강함 ·체계적인 평생교육체제 부재	·지역공동체성이 약함 ·행정편의적인 차원에서의 평생교육	·지역 특성의 강화 ·지자체 주도적 평생교육의 체계화	·인적자원개발중심의 평생교육 ·지역의 자원 중시 ·엘리트중심
주요 사례	·두레, 계, 향약 ·자생적 지역조직을 통한 자연스런 학습	·지역평생교육정보센터, 평생학습관, 지역교육청 ·지역공공도서관, 지방문화원 등	·평생학습도시 ·주민자치센터교육	지역혁신을 위한 인적자원개발

통합되거나 경쟁하고 있다고 볼 수 있다. 그럼에도 불구하고 주목할 점은 국가의 특별한 의도와 필요에 의해 평생교육제도가 형성되는 과정에서도 지역주민들의 새로운 교육요구를 가장 민감하게 인식하고 신속하게 충족시키기 위한 전통적 생활공동체 지향적 지역평생교육조직들의 노력이 끊임없이 이어져 오고 있다는 것이다.

3. 현 지역 평생교육의 한계와 새로운 지향점

1) 기존 지역 평생교육의 문제점

앞의 여러 가지 관점을 살펴보았듯이 지역은 새롭게 평생교육의 주된 정책대상이자 관심영역으로 부상하였다. 그러나 이러한 관점들에 입각해 이루어지고 있는 현재의 지역단위 평생교육은 몇 가지 점에서 한계를 가진다. 이를 살펴보면 다음과 같다.

첫째, 교육복지를 위한 지역 공공평생교육기관의 기반이 미흡하다. 우리나라에서는 지역단위에서 지역평생교육진흥원, 평생학습관을 비롯하여 평생학습도시가 선정되었다. 이러한 지역단위 평생교육기관들은 짧은 기간에 큰 성장을 이루기는 했지만 아직 지역주민들의 다양한 평생교육욕구를 충족시켜 주기에는 매우 부족한 실정이다. 또한 풀뿌리 지역주민들의 삶과 보다 밀접한 관계를 맺고 지역주민들의 폭넓은 참여를 이끌어 내는 지역공동체적 공공 평생교육 관점은 더욱 미흡한 실정이다.

둘째, 국가목표 지향적 지역 평생교육의 전개이다. 평생교육이 제도화되는 과정에서 지역 평생교육은 지역주민들의 교육적 성장과 지역공동체 형성이라는 궁극적인 목적보다는 국가의 정치적, 경제적 목적에 더 강조점이 주어진 측면이 있다. 평생교육과 지방자치의 만남이라고 할 수 있는 평생학습도시사업, 평생교육과 지역경제의 만남이라고 할 수 있는 지역인적자원개발과 지역혁신사업까지 그 규모와 범위면에서는 차이가 있었지만 결국 국가 주도적인 차원에서 국가의 정책적인 목적을 지역에서 구현하기 위한 인위적 수단으로 평생교육을 활용코자 한다는 점에서는 일치한다.

셋째, 영리적 평생교육기관의 지역확산 증대이다. 최근 들어 점차 평생교육에 대한 관심과 수요는 높아지는 반면 정부의 지원은 여전히 미흡함으로 인해 비교적 풍부한 자본과 전문인력을 갖춘 상업적 평생교육기관, 즉 전문지식이나 기술을 가르치는 각종 사설학원이나 각종 문화센터와 같은 기관들이 급격히 늘어나고 있다. 이러한 영리적 평생교육기관은 지역공동체의 형성과 발전보다는 학습자의 즉각적인 필요를 충족시켜 줌으로써 이익을 추구하는 데 일차적인 목적을 둔다. 또한 이러한 영리적 평생교육기관의 팽배는 지역공동체 내에서 계층간의 위화감과 교육기회의 불평등을 초래할 위험을 가진다.

넷째, 자생적인 지역공동체 평생교육 관련조직들에 대한 관심의 부족이다. 현재 지역주민에 의한 자생적인 평생교육 관련조직들이 많이 생성되고 있으나 대부분 열악한 조건 속에서 활동이 이루어지고 있다. 또한 프로그램 및 학습자료 개발을 통해 주민들의 지역문화학습운동을 지원할 수 있는 교육전문가가 부족한 실정이다. 그러나 이러한 자생적 지역 평생교육조직들은 아직 정부의 지원이 미치지 못하는 부분에서 지역주민들의 평생교육 요구를 충족시켜 주기 위해 활발하게 활동하고 있다. 지역사회에서 발생하는 새로운 교육적 요구들을 제일 먼저 파악하는 곳이 바로 이러한 자생적 지역 평생교육조직들이라고 할 수 있다. 왜냐하면 이러한 조직들이 지역주민들과 가장 가까이 있기 때문이다. 이러한 조직들은 지역주민들의 전체 삶과 밀접한 관계를 가지며 그들의 삶을 교육적으로 돕기 위한 방법을 모색한다. 그러나 이러한 자생적 지역 평생교육 관련조직들에 대해서는 아직 평생교육학적인 차원에서 심도 있는 연구가 이루어지지 않고 있다. 또한 정부 차원에서 관심과 지원도 활발하지 못한 실정이다. 따라서 이러한 조직들에 대해서도 지역 평생교육의 관점에서 많은 학문적 연구와 정책적인 관심이 기울어져야 할 것이다.

2) 현대 지역 평생교육의 새로운 지향성

지역 평생교육이 갖는 이러한 문제점들은 진정한 의미의 지역 평생교육이 추구해야 할 가치가 무엇인가에 대한 진지한 검토를 요구한다. 이는 지역사회교육이 곧 평생교육의 원형이라는 주제와 관련된다. 최근 지역단위의 평생교육이 사회적으로 부각되면서 지역사회교육이 곧 평생교육의 원형임이 강조되기도 한다. 평생교육의 원형으로서의 지역사회교육의 부활을 주장하는 입장에 따르면 평생학습의 시작과 끝은 지역에 있으며, 평생교육이란 말이 대두되기 전에 '지역사회교육'은 인간 본연의 자연스런 활동으로 존재했다는 것이다(이희수, 2002a: 70; 윤여각 · 이희수 · 양병찬, 2004: 72). 이는 그만큼 지역을 기반으로 하는 평생교육의 중요성을 강조하는 강력한 표현이라고 할 수 있다.

그러나 여기서 주의할 것은 평생교육의 원형으로서 인식될 수 있는 지역사회교육의 진정한 본질이 무엇인가라는 점이다. 이는 곧 지역사회교육이 부활되어야 한다면 그것은 주로 어떤 관점을 우선적으로 부활시켜야 하는가의 문제이다. 앞에서 살펴보았듯이 현재 지역 평생교육이 가지고 있는 지역에 대한 관점은 주로 물리적, 경제적 기반으로서의 지역성이라고 할 수 있다. '지역사회교육이 곧 평생교육의 원형'이라고 할 때 중요한 것은 평생교육이 단지 삶의 공간으로서의 '지역'을 중심으로 이루어졌다는 것만이 아니다. 오히려 더 중요한 것은 과거에 지역사회교육을 통해서도 '공동체 지향성'이 강조되었다는 것이다. 즉, 평생교육의 원형으로서의 지역사회교육의 핵심은 '지역성'보다는 '공동체성'에 있다고 볼 수 있다. 동서양을 막론하고 초창기 평생교육의 역사나 이념을 돌아볼 때 공통적으로 강조되고 있는 것 중의 하나가 곧 공동체성인 것이다(가나안복민연구소 편, 1997; 한숭희, 2001; Jarvis, 1987; Long, 1991; 오혁진, 2007; 오혁진, 2008). 단지 과거에는 인간의 삶이 주로 지역을 중심으로 이루어졌기에 평생교육이 주로 지역사회교육의 형태로 나타났다고 볼 수 있다. 그러나 산업화를 거치면서 지역의 중요성이 약해짐에 따라 지역사회교육의 비중도 약화되었다. 그럼에도 불구하고 우리 사회에서 공동체를 지향하는 평생교육의 전통은 다른 형태로 계속 이어졌다. 즉, 학습동아리, 가상학습공동체, 직장에서의 학습공동체활동 등이 그 예이다(오혁진, 2005). 그러나 최근 지역의 중요성이 시대적으로 다시 부각됨에 따라 지역사회를 기반으로 하는 평생교육도 다시 강조되기 시작한다. 여기서 새롭게 지역을 기반으로 하는 '지역 평생교육'은 전통적인 '지역사회교육'과 동일한 것으로 인식되기도 한다. 따라서 현대사회에서 '지역 평생교육'의 중요성을 강조하면서 '지역사회교육이 곧 평생교육의 원형'임이 부각되고 있는 것이다.

그러나 앞에서 살펴보았듯이 현대의 지역 평생교육이 전통적인 의미의 지역사회교육의 전통을 그대로 계승하고 있다고 보기는 어렵다. 이른바 '평생교육 원형'으로서의 지역사회교육의 의의는 단지 정치적, 경제적 가치가 부각되고 있는 지역을 기반으로 했다는 데 있다기보다는 지역주민들의 자발적 참여를 통해 지역공동체를 추구했다는 데 있다. 이와 관련하여 지역사회교육의 가장 대표적인 개념 정의를 살펴보면 다음과 같다.

> 지역사회교육이란 지역사회 모든 주민들의 교육적 필요에 대비함으로써 전체 지역사회에 봉사하는 철학적 개념이다. 그것은 긍정적인 공동체 개념을 발전시키고 지역사회생활을 개선하며 지역사회의 실현을 목적으로 지향하면서 지역사회의 과정을 발전시키고자 노력한다. 그리하여 지니고 있는 지역사회의 자원을 지역의 문제해결에 효과적으로 관련시키는 촉매기관으로 봉사할 수 있도록 지역의 학교를 활용하는 것이다(이순형 편저, 1989: 180).

그 외에도 지역사회교육의 핵심원리로서 공동체에 대한 주장이 강조되고 있다(김남선, 2003: 17-18; 정득진, 2002: 94). 이런 맥락에서 볼 때 하나의 원리로서의 지역사회교육은 곧 공동체를 지향하며 지역사회와 더불어 이루어지는 교육이라고 할 수 있다. 여기에는 공동체 형성과 지역사회의 주체적 참여라는 의미가 담겨 있다. 지역이 정치적, 경제적 활용가치가 있는가는 부차적인 문제였던 것이다. 물론 지역이 갖는 정치적, 경제적 가치는 매우 중시되어야 한다. 공동체로서의 지역은 정치적 자치와 경제적 자립의 기본이 되어야 한다. 그러나 이러한 정치적 자치와 경제적 자립은 일차적으로 공동체를 형성하고 지탱하는 데 이바지해야 한다. 그러나 그동안 우리나라에서 존재해 왔던 여러 형태의 지역 평생교육은 주민들의 자발성이나 공동체성을 우선적으로 추구하기보다는 지역이 가지고 있는 실용적인 가치를 우선적으로 활용하는 데 관심을 두었다고 할 수 있다. 지역주민을 대상으로 하고 지역의 자원을 활용하려고 하지만, 지역주민이 주체가 되지 못하고 있으며 지역을 행정적·정치적·경제적 목적으로 이용하려 한다. 그리고 특정한 지역을 그 자체로 정체성을 가진 독자적인 존재로 발전시키기보다는 탈지역화를 통해 세계화와 연관시키려고 한다. 즉, 지역 그 자체가 사회적·자연적·문화적·교육적으로 의미 있는 것이 아니라 정치적, 경제적 발달단계 중 현 단계에서 지역이 필요하기 때문에 활용하는 것이다. 그 중 최근의 것은 바로 지역혁신을 위한 평생교육이라고 할 수 있다. 최근 논의되고 있는 지역혁신, 지역학습력 증진 등의 논의에는 인간관계의 공동체적 측면이 비중 있게 다루어지지 못하고 있다. 평생교육의 역사적 뿌리를 살펴보면 평생교육은 곧 지역주민들의 공동체에서 비롯되었다고 볼 수 있다. 그러나 그 후 평생교육이 제도화되는 과정에서 지역은 국가나 자본 등 제도를 움직여 나갈 수 있는 이들의 관점에서 다루어지는 대상일 뿐 진정한 의미에서 주체로 나서지 못했다. 그런 의미에서 평생교육의 원형으로서의 지역사회교육은 현대사회에서 세계화와 지방화를 결합한 세방화(世方化: glocalization)를 강조하는 지역에 대한 새로운 관점에 의해 위협을 받고 있다. 이러한 관점에는 '지역'은 있어도 '지역공동체'는 없다. 이에 따라 '지역사회교육'이 전통적으로 강조하고 있는 공동체성도 점차 그 의미가 퇴색되고 있는 실정이다.[5]

---

5) 이런 의미에서 이 책에서는 현대사회에서 지역성과 공동체성을 실질적으로 반영하는 데 한계를 가지고 있는 '지역사회교육' 대신에 '지역공동체 평생교육'이라는 새로운 용어를 제시하고자 한다. 이 책에서 사용되는 '지역공동체 평생교육'은 일반적인 '지역 평생교육'과 혼동됨으로써 그 본질 중의 하나인 '공동체성'의 의미가 퇴색되고 있는 '지역사회교육'을 대체하여 그 본래적 의미를 현대적으로 되살리기 위한 용어라고 볼 수 있다.

따라서 지역사회교육을 원형으로 추구하는 평생교육은 지역을 활용하는 것 이상으로 공동체의 추구에 관심을 가져야 할 것이다. 즉, 지역을 기반으로, 지역의 주민들이, 지역을 위해 앞장서고 지역 안에서 성장하며, 지역 안에서 상부상조할 수 있도록 하는 지역공동체 지향적 평생교육의 정립이 시급히 요청된다. 사실, 이러한 지역공동체 지향적 평생교육은 그동안 우리들 삶의 밑바닥 속에서 그 생명력을 끈질기게 유지해 왔다. 그러한 지역공동체 지향적 평생교육은 우리가 다시 되살려야 할 평생교육의 진정한 원형이자 현대사회의 여러 문제를 해결하기 위한 중요한 매개가 될 수 있다. 이른바 평생교육의 붐 속에서 인간소외, 환경파괴, 계층간 갈등과 불평등의 심화에 의식적·무의식적으로 이바지하는 지역 평생교육이 아니라 당장은 힘든 여건 속에서도 인류의 진정한 행복과 공존에 이바지하기 위한 지역공동체 평생교육자의 도전이 필요한 때이다. 이것이 또한 이름도 없이 척박한 시대에 한 줄기의 빛으로 살아갔던 위대한 평생교육 선구자들의 길을 따라가는 것이기도 할 것이다.

제 2 부

지역공동체의 성격과 요건

제 3 장

지역공동체의 성격과 의의

1. 지역공동체의 개념과 일반적 요건
2. 현대사회에서 지역공동체의 의의
3. 현대사회 지역공동체의 지향점
4. 지역공동체운동과 평생교육과의 관계

제 3 장 지역공동체의 성격과 의의

앞에서 우리나라 평생교육 동향에 대한 반성을 통해 지역공동체 지향적 평생교육의 의의와 필요성을 살펴보았다. 현대사회에서 공동체의 여러 가지 유형 중에서 지역공동체의 중요성이 다시 부각되고 있다. 인간은 지속적으로 공동체를 추구해 왔다. 산업사회에서는 지역공동체의 비중이 약화되었으나 최근에는 지역의 중요성이 다시 부각됨에 따라 지역공동체의 중요성도 커지고 있다. 지역공동체 평생교육은 바로 이러한 지역공동체를 기반으로 하며, 지역공동체의 형성을 주요 목적으로 한다.

이 장에서는 먼저 현대사회에서 지역 평생교육이 추구해야 할 지역공동체의 개념 · 요건과 의의를 전통적인 공동체 논의의 맥락에서 살펴보고, 현대사회에서 지역공동체가 중시되는 새로운 배경, 지역공동체를 형성하기 위한 운동의 유형과 현대사회 지역공동체의 바람직한 요건들에 대해 구체적으로 살펴보고자 한다.

1. 지역공동체의 개념과 일반적 요건

1) 지역공동체의 일반적 의미

지역공동체의 의미를 파악하기 위해서는 그에 앞서 먼저 공동체 자체에 대한 인식이 필요하다. 전통적으로 공동체는 교육학을 비롯

〈표 3-1〉 **공동사회와 이익사회의 비교**

공동사회(게마인샤프트)	이익사회(게젤샤프트)
공동체 정신으로 집단성원이 상호결합된 부락공동체	자본주의 경제체제의 발달에 의한 도시의 출현으로 성립
출생시부터 유기적으로 결합	인위적 계약 또는 합의에 의해 조직
무계획적, 무의식적으로 조직(성원은 전체적 인격으로서 상호결합)	사회 또는 집단은 자신의 개인적 목적달성의 수단으로 결합
최초의 단계는 통일이고 그 후의 단계는 분리	일시적 통일이 있을 수 있지만 언제나 분리가 우선
강한 연대성과 동일성, 친밀성과 신뢰	고립과 적대관계(인간성의 상실과 인간적 소외가 심화됨)
가장 순수한 형태는 가족	지역성은 있어도 공동성은 없음

한 여러 학문분야에서 매우 중요하게 다루어 온 주제였다. 그리고 공동체에 대한 접근방식이나 공동체의 정의도 매우 다양한 방식으로 이루어졌다. 그럼에도 불구하고 공동체에 대한 본격적인 논의는 퇴니스(F. Tönnies)로부터 비롯되었다는 점에 큰 이의가 없다.

공동체에 대한 연구와 관련하여 퇴니스는 '공동사회'(게마인샤프트: Gemeinschaft)와 '이익사회'(게젤샤프트: Gesellschaft) 개념을 비교하며 접근하였다. 공동사회란 자적으로 생성되어 고의성이 없는 본질의지에 입각하여 형성된 사회를 의미하며 이익사회란 인위적으로 생성된 합리적 선택의지에 따라 결합하는 사회를 말한다(강대기, 2001; Sergiovanni, 2004). 퇴니스가 제시한 공동사회와 이익사회의 여러 특징을 종합적으로 정리하면 <표 3-1>과 같다.

퇴니스는 공동사회를 종족에 의한 게마인샤프트, 장소의 게마인샤프트, 정신의 게마인샤프트의 세 가지 유형으로 나누었다. 먼저, 종족에 의한 게마인샤프트는 가족과 대가족을 의미한다. 또한 장소의 게마인샤프트는 공통된 삶의 터전, 지역공유, 협력이 필요한 생활공동체를 의미한다. 또한 정신의 게마인샤프트는 공동의 목표, 공유하는 가치, 공유하는 존재의 개념에 대한 상호결속에서 발생하는 사람들 사이의 연대를 의미한다(Sergiovanni, 2004: 32).

퇴니스에게 있어 가장 전형적인 공동사회 중의 하나가 바로 전통적인 촌락공동체라고 할 수 있다. 전통적인 촌락공동체는 공동성과 지역성을 동시에 내포하고 있다. 공동성이란 집단의 구성원들이 공동의 유대감과 목적의식을 가지고 있음을 의미하며, 지역성이란 일정한 물리적 공간을 생활의 기반으로 공유하고 있음을 의미한다. 또한 전통적인 촌락공동체는 혈연적으로 가까운 사람들이 모여 사는 곳이기도 하다. 이런 의미에서 촌락공동체는 장소의 게마인샤프트, 정신의 게마인샤프트, 종족의 게마인샤프트의 속성이 모두 통합적으로 나타나는 가장 전형적인 공동사회인 것이다.

퇴니스의 게마인샤프트와 더불어 지역 또는 공동체와 밀접한 관련을 가지고 있는 영어식 표현은 'community'라고 할 수 있다. 전통적으로 community는 일정한 장소를 기반으로 하는 지역공동체를 의미하였으나 점차 그 개념의 범위가 확장되면서 복잡한 양상을 띠게 되었다. 그러나 일반적으로 community는 '지리적 영역'(geographic area), '사회적 상호작용'(social interaction), '공동유대감'(common ties)을 공통의 요소를 포함하고 있는 것으로 인식된다(이순형 편저, 1989: 284; 강대기, 2001: 24; 김남선, 2003: 28-30). 여기서 지리적 영역은 community를 가능케 하는 물리적 조건, 사회적 상호작용은 공동체를 출현시키는 과정, 공동유대감은 앞의 두 요소의 결과라고 할 수 있는 집단결속과 공유가치를 의미한다고 볼 수 있다(강대기, 2001: 21).

그러나 산업화의 영향으로 community를 구성하는 요소 중 지리적 영역의 중요성이 약해짐에 따라 개념상의 혼란이 오기 시작하였다. 이에 따라 community는 우리나라 말로 보통 '지역사회'로 번역되기도 하고, 맥락에 따라 '공동체'로 번역되기도 한다. 이는 'community'가 공동체로서의 community와 지역사회로서의 community

의 이중성을 가지고 있음을 의미한다. 공동체로서의 community는 공동의 유대감, 공동의 목적의식을 기본 요소로 하는 것에 비해, 지역사회로서의 community는 일정한 지역생활권을 기본 요소로 한다. 따라서 'community'가 지역성을 주로 반영할 때는 '지역사회'로, 공동성을 주로 반영할 때는 '공동체'로 번역되는 경향이 있다.

우리나라 말로 '공동체'로 번역될 경우 '공동체' 개념은 매우 정의하기 어려운 개념이지만 공동체 구성원들의 사회적 결속과 집단 전체의 공동체 의식이 공동체의 핵심 요소로 인식되고 있다. Nisbet은 이러한 공동체 의식을 우리의식(we-feeling), 역할의식, 의존의식 등으로 표현했다. 진정한 의미의 공동체는 형식적인 사회적 관계 외에 이 형식적 관계를 엮어 줄 수 있는 차원, 곧 개인적 친교, 정서적 심오함, 도덕적 헌신, 사회적 응집력, 시간적 영속성 등을 총괄하는 단위이다(송재룡, 2001: 112에서 재인용).

이런 맥락에서 지역공동체란 여러 유형의 공동체 중에서도 지역을 기반으로 하는 공동체라고 볼 수 있다. 그런 의미에서 보다 분명한 영어식 표현은 'local community'라고 할 수 있다. 공동체 중에서는 특별히 지역을 기반으로 하지 않는 '관심공동체'(community of interest)도 존재한다. 그러나 지역공동체는 물리적 공간으로서의 지역을 공동기반으로 하는 특수한 공동체를 의미한다. 한편, 지역공동체는 현대사회 지역사회에서 보편적으로 볼 수 있는 근린(neighborhood)과는 그 의미가 다르다. 근린은 동일지역에 거주하는 사람들로 구성된 집단으로서 혈연관계나 공동의 이념, 종교, 목적 등에 의해서라기보다는 같은 지역에 살고 있다는 연대감에 의해 형성된 집단이라고 할 수 있다. 그런 의미에서 근린은 정주공동체라고 할 수 있다(한국도시연구소 편, 2003: 121). 그러나 지역공동체는 단지 일정한 지역의 공유에 의한 연대감만이 아니라 공동의 목표, 가치의 공유를 통해 연대감을 갖고 있는 공동체를 의미한다.

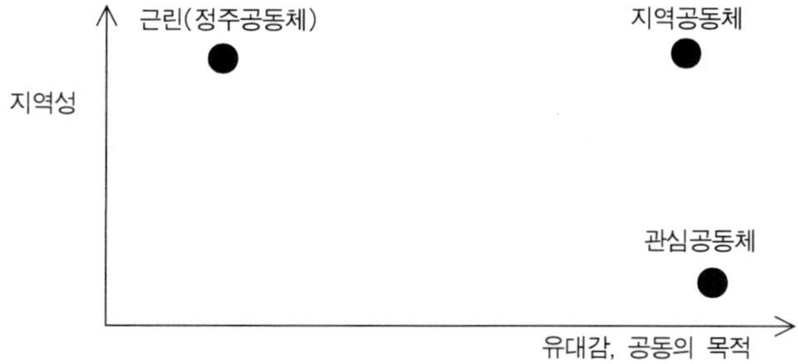

<그림 3-1> 지역공동체의 위상

이러한 성격을 그림으로 표현하면 <그림 3-1>과 같다.

그런데 여기서 주의할 것은 일정한 장소를 공유하며 구성원 사이의 지속적, 총체적인 상호작용이 이루어진다고 해서 그 자체로 모두 지역공동체라고 보기는 어렵다는 점이다. 일정한 장소를 지속적으로 공유하고, 그 안에서 사회적 상호작용이 이루어지며, 공동의 유대감을 갖는다고 하더라도 인근지역주민과의 상호작용이 활발하지 못하고 지역정체성을 공유하지 못한다면 이는 그 자체로 지역공동체라기보다는 일종의 특수한 생활공동체라고 볼 수 있다. 즉, 생활공동체는 비교적 소수의 사람들이 작은 범위의 지역에 함께 모여 공동의 가치관과 신념을 갖고 공동의 목적을 추구하며 생활하는 관심공동체의 일종이라고 할 수 있다. 이때의 지역은 공동의 역사와 문화 등 지역성을 반영하는 장소가 아니라 단지 물리적 공간인 경우가 많으며 일반적으로 외부와 성격상 뚜렷하게 구별되는 공간이다. 예를 들면 강원도의 예수원은 특정한 지역에 위치한 공동체이긴 하지만 그 자체로 지역공동체라기보다는 기독교 정신에 입각한 특수한 생활공동체라고 할 수 있다. 반면, 지역공동체는 비교적 넓은 지역에서 많은 주민들이 특정한 이념이나 신앙의 장벽을 넘어 지역의 역사와 문화에 대한 정체성을 공유하며 정치・경제・

<표 3-2> **국내외 주요 생활공동체 사례**

구 분	생활공동체
한 국	예수원, 풀무원 농장, 두레마을, 다일공동체 등
외 국	아쉬람(인도), 오웬·푸리에 등의 유토피아 사회주의 공동체, 떼제공동체(프랑스), 핀드혼공동체(영국), 라브리공동체(스위스), 토요사토(일본), 브루더호프(영국), 트윈오크스(미국) 등

사회·문화·교육 등 생활 전 영역에 걸쳐 지속적으로 서로 긴밀하게 상호작용하는 공동체라고 할 수 있다. 국내외 생활공동체의 예를 제시하면 <표 3-2>와 같다(이근행, 2004; 조연현, 2003; Bloesch, 1992).

그러나 생활공동체들도 점차 기존의 지역사회와 연관을 맺으면서 지역 전체를 지역공동체로 변화시켜 나가는 데 영향을 미치기도 한다. 예를 들면, 처음 풀무학교형태의 공동체는 홍동면 전체를 마을공동체로 활성화시키는 데 기여했으며, 경기도 화성의 산안마을이라고 하는 특수공동체는 점차 지역사회에 파급되어 그 영향력을 나타내고 있다(이근행, 2004).

그런 의미에서 볼 때 생활공동체들은 그 자체로 지역공동체로 보기는 어렵지만 그 영역이 확대되고 지역사회와의 관련성이 커짐에 따라 지역공동체의 중요 기반이 될 수 있다. 따라서 가장 바람직한 의미의 지역공동체는 다양한 성격의 생활공동체들이 서로 밀접한 관계를 맺으며 구성되는 경우라고 할 수 있다. 이와 같이 한 지역 안에 여러 개의 다양한 일반공동체가 존재한다는 점을 고려할 때 지역공동체가 된다는 것은 ① 지역 내에 다양한 공동체 모임들이 존재한다는 것, ② 그 공동체들이 서로 연계하며 교류한다는 것, ③ 그 공동체들이 서로 지역 안에서 공동의 유대감을 갖고 공동의 목적으로 협력한다는 것을 의미한다고 볼 수 있다.

2) 지역공동체의 성립요건과 주요 기능

앞에서 살펴보았듯이 지역공동체는 개념상 지역성과 공동성을 겸비한 공동체라고 할 수 있다. 현실적인 차원에서 지역공동체가 성립되기 위한 요건들을 살펴보면 다음과 같다.

Olsen은 지역공동체의 특성을 생태적·자연적 특성, 경제적 특성, 심리적 특성, 문화적 특성으로 대별하고 각 특성별로 지역공동체의 요건을 제시하였다. 생태적·자연적 특성의 측면에서 볼 때 지역공동체는 자연에 의하여 성립되며, 일정한 토지 위에, 지리적인 일정한 장소를 공유한다. 경제적 특성의 측면에서 볼 때 지역공동체는 물품의 생산, 판매, 구입 등에서 어느 정도 자립할 수 있는 범위를 포함한다. 심리적 특성의 측면에서 지역공동체는 그 구성원들이 심리적, 사회적 통일을 이루고 있다. 또한 문화적 특성의 측면에서 볼 때 지역공동체는 일상생활의 현장에서 이루어지는 혼인, 사교, 오락, 예술활동 등이 이루어지는 영역이다(정지웅 외, 2000: 17에서 재인용).

또한 Cook은 이러한 지역공동체가 형성되기 위해서 다음의 조건들이 갖추어져 있어야 한다고 하였다(정지웅 외, 2000: 13-14에서 재인용).

① 인구의 집합체로서 어느 정도의 인구가 있어야 하며 인구의 동질성이 있어야 한다.

② 제한되고 인접된 지역 내에 거주하는 주민으로 성립한다.

③ 역사적 유산을 공유한다. 이러한 역사의 공유는 지역사회의 공동성을 강화시키는 중요한 역할을 한다.

④ 기본적 봉사기관을 소유한다. 예를 들면, 학교·은행·교회·시상 등이나.

⑤ 공동생활양식에 참여한다. 지역적 단결로써 우리 의식을 가지

게 하는 사회이다.

⑥ 하나의 집단으로서 행동할 수 있는 통일된 정신을 가진다.

⑦ 협동생활의 가능성을 가진 상호협동사회이다.

이러한 요건들을 고려할 때 지역공동체는 단순한 생활공동체보다 대체로 인구와 지리적인 면에서 더 규모가 크고, 생활 전반에 걸쳐 자립기반을 가지고 있으며, 집단 상호간에 활발한 교류가 이루어지는 공동체라고 할 수 있다. 한편, 현대사회에서 대다수 인구를 차지하고 있는 도시의 경우 지역공동체가 이루어지기 위해서는 다음과 같은 요건이 중시된다.

> 직장과 주거지가 근접하고, 교육으로부터 소비·여가활동과 같은 재생산활동이 상대적으로 완결될 수 있는 시설과 제도적 조건이 해당공동체 내에서 구비되어야 하고, 또한 해당공동체가 표방하는 이념과 상징을 구성원들이 공유해야 한다. 장소적 정체성을 공유하는 것은 해당공동체의 정신적, 정서적 결속을 유지하고 또한 공동체의 성원으로서의 주인의식 및 자율의식을 불러내는 중요한 조건이 된다(한국도시연구소 편, 2003: 89).

이런 측면에서 지역공동체가 성립되기 위해서는 매우 다양한 요건들이 충족되어야 함을 알 수 있다. 즉, 지역공동체는 인접한 토지에 살고 있는 일정 규모의 주민들로 구성되고, 지역주민들이 지역정체성과 공동유대감을 갖고 있으며, 서비스기관을 소유하며, 위기나 문제를 해결해 나갈 수 있는 단합된 행동방식과 장치를 가지고 있어야 한다는 것이다.

한편, 모든 지역공동체는 기본적으로 그 안에 정치적·경제적·사회적·문화적·교육적 기능 등을 수행한다. 정치적 기능이란 구성원 간의 사회통합 및 통제가 이루어짐을 의미한다. 경제적 기능이란 공동체 내에서 생산, 분배 및 소비 활동이 수행됨을 의미한다. 사회적 기능이란 구성원간의 상부상조 및 사회화가 이루어짐을 의미한다. 문화적 기능이란 문화유산의 전수 및 문화창조가 이루어짐을 말한다. 한편, 교육적 기능이란 공동체 내에서 형식적·비형식적·무형식적으로 구성원들에게 학습이 이루어짐을 의미한다. 지역공동체는 이러한 공동체의 기능이 지역이라고 하는 특수한 맥락 속에서 이루어진다. 즉, 지역의 인간, 자연, 전통, 자원, 문화 등을 내용과 매개로 한 정치적·경제적·사회적·문화적·교육적 기능인 것이다. 이와 같이 지역공동체는 그 자체로 하나의 생활단위로서 지역주민들의 삶과 밀접한 관련된 복합적인 기능을 가진 생활공동체라고 할 수 있다.

3) 지역공동체의 위계

지역공동체는 '지역'을 어느 정도까지 인식하느냐에 따라 그 범위가 달라진다. 이와 관련하여 Olsen은 지역사회를 일정한 지리적 한계 속에 국한시키려는 태도를 지양하고 하나의 세계에까지 확장·연결시키려는 입장을 취한다. 그는 'community'를 'local community' 'regional community' 'national community' 'international community'의 네 단계로 구분하였다(정지웅 외, 2000에서 재인용). 이러한 용어들은 각각 향토지역사회·지구(地區)지역사회·국가지역사회·국제지역사회로 번역되기도 하고(정지웅 외, 2000: 37-38), 향토사회·지방사회·국가사회·국제사회로 번역되기도 하였다(이규환, 최정숙, 2003: 14-15).

여기에서는 그 의미를 현대적 어법에 맞게 재적용하고 공동체라는 의미를 부각시킴으로써 각각 향토공동체·광역공동체·국가공동체·국제공동체로 번역하고자 한다. 이러한 맥락에서 이러한 지역

<표 3-3> 지역공동체의 위계

위 계	내 용
향토공동체 (local community)	동네, 읍·면·동, 시·군·구에 해당되는 기초 사회
광역공동체 (regional community)	향토사회에서 확장된 사회이며 우리나라의 기준으로는 광역시·도에 해당함
국가공동체 (national community)	국민 전체를 공동체로 보는 관점
국제공동체 (international community)	세계 전체를 하나의 공동체로 보는 관점

공동체의 위계별 의미를 정리하면 <표 3-3>과 같다.

한편 일본에서는 평생교육활동의 실행범위와 관련하여 지역사회의 수준을 그 크기에 따라 근린거주구·일상생활권·제2차 생활권·광역권의 순서로 구분한다. 근린거주구는 매우 근접한 지역으로 일반적으로 초등학교구와 일치한다. 여기에는 정내회관(町內會館)과 자치회관이 설치된다. 일상생활권은 일반적으로 중학교구와 일치하며 공민관이 하나씩 설치된다. 한편, 2차 생활권은 일반적으로 행정구와 일치하며 시민관이 1개 기관씩 설치된다. 한편 가장 넓은 단위인 광역권은 시 전체를 포괄하며 사회교육센터가 설치된다(한영혜, 2004: 127).

일반적으로 지역공동체를 논의할 때의 지역의 의미는 좁은 의미의 향토공동체나 일상생활권 정도를 함의하는 경우가 많다. 그러나 최근에 세계화의 영향으로 지역사회의 유의미한 단위가 점차 광역화되어 가는 추세이다. 최근 이루어지고 있는 지역혁신(regional innovation)의 경우 대체로 광역단위에서 주도적으로 이루어짐을 알 수 있다. 이는 지역혁신사업을 보다 효율적·체계적·포괄적으로 수행하기에 광역단위가 적정하기 때문이라고 볼 수 있다. 그러나 지역공동체의 성립 가능성 차원에서 본다면 구성원들 사이의 실제적인 관계망을 형성할 수 있고, 일상적으로 익숙하게 인식할 수 있으며, 주민들의 참여를 통해 직접 민주주의의 실현이 가능한 작은 단위의 지역이 보다 의미가 있다고 할 수 있다.

2. 현대사회에서 지역공동체의 의의

1) 지역공동체 본질적 가치의 재인식

앞에서 살펴본 바와 같이 전통적으로 지역공동체는 여러 가지 중요한 기능을 한다. 그러나 산업화의 영향으로 지역사회는 점차 이와 같은 기능을 상당히 잃게 되었다. 삶의 터와 일터가 분리되는 산업사회의 성격에 따라 지역사회는 단지 거주지로서의 의미만을 갖게 되었으며, 지역중심보다는 직업·공동의 관심 등이 더 기본적인 공동체의 구성요소가 되었다. 현대인들은 자신의 거주지역을 떠나 거리가 먼 일터에서 대부분의 시간을 보내게 됨에 따라 거주 지역에서 이웃들과의 인간관계는 점차 소원해지게 되었다. 현대사회에서 공간적 장애를 획기적으로 극복하는 교통 및 통신기술의 발전은 지리적 영역으로서의 공동체를 거의 모두 소멸시키고 있으며, 이를 대체하여 컴퓨터를 통한 가상적 관계가 일상화되고 있다(강대기, 2001: 26-27). 이러한 가상적 관계로 인해 인간의 활동영역은 장소중심에서 추상적인 공간중심으로 옮아가게 되었다.

또한 이전에는 주민들이 의식주와 관련된 대부분의 경제활동을 하나의 지역사회 안에서 자립적으로 행했던 것에 비해 현대인들은 거주지역 이외의 여러 지역과 복합적인 관계를 맺고 살아갈 수밖에 없다. 또한 산업화의 결과로 전통적인 지역공동체에서 이루어진 자연과의 일차적인 관계도 거의 찾아보기 어렵게 되었다. 이제 현대인들은 자연을 접하기 위해서도 거주지역을 떠나 특정 지역을 찾아가는 지경에 이르게 되었다. 즉, 현대인에게 있어 지역은 본인의 생계를 위한 자립적인 경제활동의 공간도 아니고, 자연과의 교류가 이루어지는 생태환경도 아닌 단지 거주지, 행정상의 주민등록지 이상의 큰 의미를 갖지 못하게 된 것이다.

그러나 최근 들어 몇 가지 요인들로 인해 지역공동체의 중요성이 다시 부각되고 있다. 특히 산업화의 산물이며, 익명성 · 비인격성을 특징으로 하는 도시의 경우에도 지역공동체의 필요성과 가능성이 엿보인다.

> 이질적인 배경과 이해관계로 얽혀져 있는 도시사회가 부과하는 익명성, 비인격성, 탈주체성을 극복하려는 의식이 싹트면서 도시인들은 함께 살아가는 울타리의 원리와 방식에 관심을 갖게 되고 그 결과 도시공동체의 복원을 모색하게 된다. 따라서 도시에서 공동체는 사라져야 할 과거의 유제가 아니라 도시사회 내에서 인간의 본원적인 삶을 유지하기 위해 지속시켜야 할 도시발전의 필수조건이다(한국도시연구소 편, 2003: 86).

이와 같이 현대사회에서 대부분의 인구를 차지하고 있는 도시에서도 지역공동체의 중요성이 다시 강조되고 있는 것은 매우 의미가 있다. 즉, 도시를 포함한 지역공동체에서 공동체적 가치가 다시 회복되어야 한다는 것이다. 이와 관련하여 여기에서 도시를 포함하여 현대사회에서 지역공동체의 중요성이 커지고 있는 이유를 지역공동체가 가지고 있는 본질적 가치의 회복 차원에서 살펴보면 다음과 같다.

첫째, 면 대 면의 인간적인 만남이 이루어지는 물리적 공간으로서의 지역의 중요성이다. 최근 지역공동체가 더욱 부각되는 것은 면 대 면을 기반으로 하는 공동체의 필요성 때문이라고 볼 수 있다. 특히 도시의 경우, 도시의 규모가 커지고 구조가 복잡해질수록 역설적으로 공동체를 추구하는 인간의 욕구는 더욱 커진다고 할 수 있다. 더불어 협동하며 살아가는 것이 본래적 인간의 모습이며, 공동체에 대한 본능은 삶의 모든 영역에서 나타나고 있다(Drucker, 2001: 33). 정보통신기술의 발달로 많은 공동체 연구자들이 가상공동체의 가치나 위력을 강조하지만 가상공동체는 그 자체로 완전한 공동체가 될 수 없다. 인간은 물리적 공간을 완전히 초월할 수 없는 유기체이기 때문이다. 인간의 물리적 장애극복이 인류문명의 가장 큰 발전이긴 하지만 사이버세계의 가상공동체는 어디까지나 장소중심의 지역공동체를 보완하기 위한 수단으로 고려될 수밖에 없다. 인간은 서로 얼굴을 알고 직접 소통할 수 있는 작은 규모의 집단에서 정서적 안전성을 느낀다. 그런 의미에서 지역공동체는 현대인들이 서로 직접 만나 소통할 수 있는 중요한 장이라고 할 수 있다.

둘째, 보다 밀도 높은 공동체를 만들 수 있는 장으로서의 지역의 중요성이다. 지역을 기반으로 하는 공동체의 유익에 대해 연구한 Frazee(2003)는 성숙한 공동체를 이루기 위한 조건으로 자발성, 유용성, 빈번한 만남, 공동의 식사, 지역성을 들었다. 자발성이란 외부적인 강제력이나 사전에 계획 없이도 자연스럽게 만날 수 있음을 의미하며, 유용성이란 공동체 구성원들이 필요할 때 언제든지 서로에게 실질적으로 도움을 줄 수 있음을 의미하며, 빈번한 만남은 월 1, 2회나 주 1회 이상으로 훨씬 자주 만나 많은 시간을 함께 보낼 수 있음을 의미한다. 한편 공동의 식사는 형식적이고 단편적인 회합 이상으로 총체적인 생활을 함께 나눌 수 있음을 의미한다. 그런데 이러한 요건들을 가능하게 하는 가장 중요한 요건은 바로 지역성이다. 지역성이란 공동체 구성원들이 매우 근접한 지역에 살고 있음을 의미한다. Frazee는 공동체가 이전보다 한 단계 높은 수준으로 발전하는 경험을 하기 위해서는 공동체의 구성원들이 서로의 가정에서 걸어서 다닐 수 있는 지역 내에 위치하고 있어야 한다고 하였다. 매우 근접한 지역에 살고 있는 사람들은 효과적인 공동체를 이룰 수 있는 최적의 환경에 노출되어 있다는 것이다. 사전에 약속을 하고 의도적인 계획하에 만나게 되는 일반공동체와 달리 지역공동체는 가까운 지역에서 비의도적으로, 우연하게 만나게 되는 경우가 매우 많다. 이러한 비의도적, 우연적인 만남을 통해서도 구성원간의 유대감은 더욱 높아질 수 있다. 또한 가깝고 동일한 장소의 공유를 통해서 발생하는 연대감으로 구성원들 사이에 가치와 사상의 공유를 촉진하게 된다. 특히 도시의 경우, 동일한 지역 내의 인구의 조밀성과 접촉 빈도의 증대는 오히려 밀도 높은 공동체 구성의 유리한 조건이 될 수도 있다. 이와 같이 다른 일반적인 공동체와 달리 가까운 지역을 기반으로 하는 공동체는 더 성숙하고 의미있는 공동체로 성장할 수 있다. 이러한 인식으로 인해 최근에는 가까운 지역을 기반으로 하는 작은 규모의 공동체들이 활발하게 구성되고 있다.

셋째, 같은 문제를 해결하기 위한 사회단위로서의 지역의 중요성이다. 전통적으로 지역은 일상생활 중에서 발생하는 문제의 해결을 위해 상부상조가 활발하게 이루어져 왔다. 특히 전 지역민이 동질적인 배경을 가진 경우에는 각각의 문제는 지역주민 모두에게 적용되는 문제이기도 하였다. 산업화, 도시화로 인해 이러한 동질성이 많이 없어지기도 했지만 여전히 지역에는 모든 구성원에게 영향을 미치는 문제들이 많이 발생한다. 특히 최근에는 전 지역 차원에서 공동으로 해결해야 할 새로운 성격의 문제들이 발생하고 있다. 이를테면, 교통·환경·교육·지역경제문제 등은 같은 지역 내에 큰 영향을 미친다. 따라서 이런 문제를 공동으로 해결하기 위해 지역주민들이 서로 연대해야 할 필요성이 커지고 있다(한국도시연구소 편, 2003: 88). 그리고 이러한 문제를 해결하는 과정에서 자연스럽게 지역공동체가 형성될 가능성도 커지고 있다.[1)]

이상의 요인들을 살펴볼 때 지역공동체의 본질적 속성이 현대사회의 도시에서 여전히 요구되고 있음을 알 수 있다. 산업화된 도시사회 속에서도 현대인들은 여전히 공동체를 희구하고 있으며 지역에서 공동체를 형성하기 원한다. 이와 같이 지역이 갖고 있는 공동체로서의 가치가 재인식되고 있는 것이다. 따라서 현대인들의 공동체적 요구를 효과적으로 충족시키기 위해 지역공동체가 더욱 활성화될 필요가 있다.

2) 현대사회 정치・경제적 측면에서의 지역공동체의 중요성

앞에서 지역공동체의 본질적인 의의에 대해서 살펴보았다. 이러한 의의들은 시대를 초월하여 전통적으로 지역공동체가 가져왔던 본질적인 것이라고 할 수 있다. 여기서는 이러한 본질적인 의의 이외에 특별히 현대사회에서 지역공동체가 중시되는 사회적 배경을 정치・경제적 요인을 중심으로 살펴보고자 한다.

첫째, 지방분권 및 주민자치의 강조이다. 형식적 민주주의에서 실질적 민주주의를 이루기 위해서는 지역기초단위까지 이른바 풀뿌리 민주주의가 이루어져야 한다. 이런 맥락에서 1990년대 초반부

1) 이와 같이 지역의 공통문제를 해결하는 과정에서 자연스럽게 지역공동체가 형성된 하나의 사례로 서울 마포구의 성미산 인근지역을 중심으로 한 마포두레생협의 경우를 들 수 있다. 마포두레생협이 지역주민들이 참여하는 성숙한 생협으로 활발하게 발전할 수 있었던 이유는 성미산 지키기 운동을 통한 자연스러운 신뢰감이 형성되었기 때문이다. 마포구 성산동, 중동, 연남동, 서교동, 망원동 등 성미산 주변 마을사람들은 지난 2001년 7월부터 아파트를 지으려는 한 대학재단과 배수지를 건설하려는 서울시를 상대로 2년 3개월을 싸웠다. 낮에는 엄마들이, 밤에는 아빠들이 한겨울 천막농성을 벌이며 산을 지켰고 마침내 2003년 10월, 서울시로부터 공사 포기를 이끌어 냈다. 마포두레생협은 이러한 주민들과의 두터운 신뢰를 바탕으로 2004년에는 지역공동체 대안학교인 성미산학교를 설립하기에 이르렀다(오마이뉴스, 2005. 4. 28에서 정리).

터 우리나라에 지방자치제가 실시된 이후 점차 풀뿌리 민주주의의 실현수단으로서 지방자치에 대한 지역주민들의 관심과 참여가 높아지고 있다. 지역은 중앙집권시대에는 단지 중앙의 통치를 받는 행정단위였지만, 지방자치시대에는 지역공동체적 차원에서 지역주체에 의해 통치가 이루어지는 곳이 되었다. 특히 최근에는 실질적인 지방자치가 이루어질 수 있도록 더욱 많은 권한을 지역에 이양하는 지방분권이 그 어느 때보다도 강조되고 있다. 이에 따라 보다 주체적으로 지역사회를 발전시켜 나가기 위한 지역공동체의 중요성이 더욱 커지고 있다.

둘째, 지역혁신의 추진이다. 글로벌 경제환경 속에서 지역이 살아남기 위해서는 스스로 혁신할 수 있는 지역혁신체계(RIS: Regional Innovation System)를 구축하고 지역사회가 혁신의 주체가 되어 능동적으로 대응해야 할 필요성이 커지고 있다. 지역혁신체계는 지금까지 행정기관 등이 일방적으로 추진해 오던 각종 지역사업의 선정과 추진과정에 지역의 대학과 기업, 연구소, 언론, 시민사회단체 등이 공동으로 참여하며 연계하는 체제를 말한다(김형기, 2004b: 3). 따라서 지역혁신을 통해 모든 지역의 구성원들이 함께 발전하기 위해 지역공동체의 중요성이 커지고 있는 것이다.

셋째, 후기 산업사회로의 변화로 인한 경제활동방식의 변화이다. 산업사회의 가장 큰 특징은 생산도구 및 생산시설의 대형화와 집적화로 인한 생활공간과 생산공간의 격리라고 할 수 있다. 따라서 대부분의 생산근로자들은 지금까지의 주 생활공간으로서의 자기 지역을 떠나 생산공간으로서의 공장이나 사무실로 이동할 수밖에 없었다. 또한 거주지역보다는 오히려 직장에서 대부분의 시간을 보낼 수밖에 없게 되었다. 따라서 자신이 살고 있는 지역은 단지 휴식을 취하고, 소비하는 곳에 불과해졌으며 그만큼 같은 지역주민들과 접할 수 있는 기회도 줄어들게 된 것이다. 따라서 그동안 지역공동체를 위한 각종 활동에 현실적으로 참가할 수 있는 이들은 일부 자영업 종사자나 전업주부, 또는 학교나 지역관공서와 같은 지역행정기관의 종사자들이 주류를 이루었다.

그러나 지식기반사회 및 정보사회의 도래는 이러한 경향을 상당히 완화시켜 다시 사는 곳과 일하는 곳이 일치되는 경우가 늘어나고 있다. 즉, 컴퓨터와 통신체계, 각종 지식 및 정보망, 수송, 사무지원체제의 발달로 인해 현대인들은 반드시 먼 곳의 직장으로 출근하지 않더라도 자신의 집이나 가까운 소규모의 사무실에서 경제활동을 할 수 있게 되었다. 이른바 프리에이전트(free agent)가 증가하고 있는 것이다(Pink, 2001). 따라서 이들의 경제활동영역과 대상은 일차적으로 지역의 주민이나 조직들이 될 가능성이 높고, 지역에서 활동하는 시간과 기회도 그만큼 많아지게 된다. 따라서 지식기반사회와 정보사회의 성격이 더욱 강해질수록 지역공동체의 중요성은 더욱 커진다고 할 수 있다.

이와 같이 현대사회에서 지역공동체의 중요성이 더욱 부각되고 있다. 공동체의 구성 요소 세 가지 즉, 지리적 영역, 사회적 상호작용, 공동의 연대 중 지리적 영역은 산업화의 영향으로 인해 그 위상이 약화되었던 것이 사실이다. 그러나 밀도 높은 공동체에 대한 현대인들의 지속적인 희구와 최근의 사회적 변화로 인해 지역공동체의 중요성이 다시 강조되고 있는 것이다. 또한 이러한 지역공동체의 본질이 충족될 때 현대사회에서 새롭게 부각되고 있는 지방분권이나 지역혁신도 보다 건전하게 진행될 수 있다. 지방분권이나 지역혁신이 자칫 지역공동체의 해체라는 역작용을 가져올 수 있기에 지역공동체의 형성은 그만큼 더 중요하다고 할 수 있다.

3. 현대사회 지역공동체의 지향점

1) 좋은 지역공동체의 요건

앞에서 살펴본 바와 같이 지역공동체가 구성되기 위한 기본 요건으로는 지리적 영역, 사회적 상호작용, 구성원간의 유대감 등을 들 수 있다. 그런데 이것은 지역공동체가 객관적으로 존재하기 위한 기본 요건에 불과하다. 이러한 요건들은 앞에서 제시한 지역공동체가 갖고 있는 본질적 의의인 면 대 면 접촉, 밀접하고 지속적인 인간관계 형성, 공동의 문제 해결을 위한 기반이 된다. 그런데 이러한 요건들이 실제 사회에서 갖추어진다고 하더라도 지역공동체가 실제로 형성되고 운영되기 위해서는 바람직한 지역공동체의 성격에 관한 가치판단이 필요하다. 다시 말해 지역공동체 자체가 바람직한 모습으로 나타날 수도 있고, 바람직하지 못한 형태로 나타날 수 있다는 것이다.

현대사회에서 바람직한 지역공동체의 일반적인 요건들을 살펴보기에 앞서 그동안 지역공동체를 형성시켜 온 기본적인 가치가 무엇인가를 먼저 살펴볼 필요가 있다. 그러한 가치들이 과거에는 바람직한 가치로 여겨졌지만 현대적인 관점에서는 받아들일 수 없는 경우도 있다. 전통적인 의미의 지역공동체는 혈연, 지연, 또는 경제적 이득, 또는 행정적인 조치들로 인해 지역공동체를 형성해 왔다. 그러나 혈연과 지연에 의한 지역공동체는 현대 민주사회의 관점에서 볼 때 합리적이지 못한 측면도 많았으며, 공동체에 의해 개인의 자율성이 침해되는 경우가 많았다. 서양의 경우 이성의 시대인 18세기의 사회사상가들은 중세 봉건사회의 모순을 비판하는 과정에서 역사상 실제로 존재했던 각종 공동체가 개인의 자유를 구속하고 억압했음을 날카롭게 지적하였다(최협 외, 2001: 11-12). 근대 자유주

<표 3-4> 지역공동체 형성 기반의 유형

지역공동체의 기반	유 형	문제점
혈연	집성촌, 씨족사회, 부족사회	비합리적
지연	원시적 지역공동체, 부락, 촌락	지역감정 조장
경제적 이득	지역개발구역, 지역혁신도시	불평등 심화
정치적 필요	지방자치단체	지역지배집단의 권력 강화

의는 이러한 전통적인 공동체주의를 극복하기 위해 성립되었다고 볼 수 있다.

한편 최근 지역경제성장 관점에서 이루어지고 있는 지역개발사업들은 외형적으로는 지역공동체의 발전을 표방했지만 결과적으로는 지역의 환경을 파괴하고 성장지상주의, 개발주의가 지방에서 재현될 우려도 낳고 있다(김형기, 2004b: 8). 또한 행정과 정치에 의한 지방자치는 표면상 지역공동체를 강조함에도 불구하고 정부 주도에 의해 추진됨에 따라 지역주민 전체의 참여를 이끌어 내는 데 한계가 있었다. 과거 지역공동체 형성의 기반이 되었던 요인들을 기준으로 한 지역공동체의 유형과 문제점을 살펴보면 <표 3-4>와 같다.

이상에서 살펴본 과거 지역공동체 형성의 기반들은 외형적으로 지역공동체를 추구했지만 현대사회의 관점에서 반드시 바람직했다고 보기 어렵다. 혈연과 지연에 의한 지역공동체 형성은 현대사회에서 받아들이기 어려운 조건들임에 틀림없다. 또한 지역을 위한 경제적 이득의 추구는 자칫 지역구성원간의 불평등한 성과로 인해 오히려 지역공동체의 붕괴를 가져올 수가 있으며, 지방분권을 통한 지역공동체의 자치도 주민참여가 부족할 때 오히려 지역토호세력이나 지배집단의 권력을 강화하는 부작용을 가져올 수 있다.

그런 의미에서 현대사회에서 지역공동체가 진정한 의미에서 좋은 지역공동체가 되기 위해서는 이것과 다른 차원에서 요구되는 요건들이 있다. 이러한 조건들에 대해서 그동안 여러 학자들과 운동가들이 제시한 바를 살펴보고자 한다.

먼저, Warren은 '좋은 공동체'(the good community)의 개념을 다음과 같이 제시한다(고순철, 1994: 6; 강대기, 2001: 76에서 재인용).

① 일차집단 관계: 공동체 성원간의 개인적 친밀도
② 공동체의 자율성: 공동체 내의 의사결정은 성원에 의해 이루어져야 함
③ 생존력: 직면하는 문제에 대한 공동체의 해결능력 강조
④ 민주주의의 가치를 존중한 권력의 배분
⑤ 공동체의 지속적 발전을 위한 절대적 조건으로서의 참여
⑥ 헌신적 활동: 공동체가 각 개인에게 중요하게 받아들여지는 정도
⑦ 적정한 수준의 이질적 인구구성
⑧ 이웃통제의 정도: 타 공동체와의 관계에서 나타나는 분권화와 이에 대한 통제의 정도
⑨ 적절한 수준의 갈등 유지

그에 의하면 좋은 지역공동체의 요건에는 친밀감, 동질감과 같은 기본적인 요소들 이외에도 자율성, 구성원의 참여, 분권화와 같은 민주주의적 가치들을 통해 지역의 문제를 효율적으로 해결하는 것도 포함되어 있음을 알 수 있다.

한편 Berridge(1973: 4-5)는 좋은 지역공동체의 요건을 'COMMUNITY'의 머리글자를 따서 다음과 같이 제시하였다.

C: 활발한 의사소통(Communication): 양 방향적, 순환적 의사소통 체제 구축

O: 참여기회(Opportunity) 확대: 지역공동체 모든 구성원들의 의

사결정 과정 참여기회 증대

M: 자원동원(Marshaling): 지역공동체 내의 모든 자원들이 지역공동체의 발전을 위해 포괄적으로 동원됨

M: 재정(Money)의 효율성: 예산이 중복됨이 없이 지역공동체 내에서 효율적으로 활용됨

U: 일체감(Unity): 지역공동체 구성원간의 일체감, 유대감이 향상됨

N: 참신성(New): 새롭고 흥미롭고 풍부한 프로그램이 개발됨

I: 개인(Individual)의 성장과 자신감: 지역공동체 구성원 개인의 성장과 자신감이 향상됨

T: 신뢰성(Trust): 구성원간의 신뢰관계가 구축됨. 협동조합, 신용거래 등이 증가함

Y: 모든 구성원의 참여 확대: 어린이와 젊은이(Young)들을 비롯한 모든 이들이 지역공동체 활동에 적극적으로 참여함

여기에서도 앞에서와 마찬가지로 구성원간의 유대감, 신뢰성 등과 같은 기본 가치 이외에도 활발한 의사소통, 참여확대 등과 같은 요소들이 강조되고 있다.

이상의 사례들을 종합하면 공동체의 목적과 더불어 구성원의 자율성과 다양성의 존중이 동시에 강조되고 있음을 알 수 있다. 좋은 지역공동체의 요건은 시대에 따라, 사회에 따라 달리 적용될 수 있다. 일반적으로 현대사회에서 요구되는 좋은 지역공동체는 긴밀한 의사소통을 통해 개인의 주체성과 공동체의 유대감이 조화를 이루면서 지역의 자원이 동원되어 개인의 성장과 지역의 발전이 동시에 추구되는 지역공동체라고 할 수 있다. 이와 관련하여 현대사회에서 바람직하게 여겨지는 개인과 공동체의 관계를 인용하면 다음과 같다.

> 우리의 공동체는 공동체의 건강과 유연성을 유지하는 수단으로 개인의 자유를 보장하지 않으면 안 된다. 그리고 개인으로서 우리는 우리 자신의 건강과 유연성을 확보하는 수단으로 우리의 이웃을 인정해야만 하고 의사결정을 내릴 때에도 이웃과의 관계욕구에 기초하여 판단해야 한다(Drucker, 2001: 36).

이와 같이 현대의 지역공동체는 주민이 일상의 작은 일에서부터 주체가 되는 대안적 참여방식과 의사소통을 중시한다. 즉, 지역공동체 구성원간의 협동, 수평적 의사소통과 집단적 협의, 주민들의 자발적이고 직접적인 참여, 지역자원의 동원 등이 현대사회에서 바람직한 지역공동체의 핵심요건들이다. 그리고 이 외에 현대사회에서 추가로 강조할 것이 있다면 친환경적인 태도라고 할 수 있다.

2) 현대 지역공동체를 위한 지역주의의 새로운 의미

앞에서 살펴본 바와 같이 전통적인 지역공동체에 대한 비판 중의 하나는 지역공동체가 가질 수 있는 배타적인 성격이다. 이른바 지역감정이 그것이다. 따라서 바람직한 지역공동체를 형성하기 위해서는 이러한 과거의 배타적인 지역의식을 극복해야 한다.

현대사회에서 지역공동체가 추구해야 할 지역에 대한 의식은 기존의 '지역감정'으로 상징되는 건전하지 못한 인식과는 차이가 있다. 이와 같이 과거의 배타적이고 폐쇄적인 지역의식을 '구(舊)지역주의'라고 한다면 지역화 차원에서 새롭게 강조되는 지역에 대한 인식은 '신(新)지역주의'라고 할 수 있다. 이와 관련하여 구(舊)지역주의와 신 지역주의의 차이를 비교하면 <표 3-5>와 같다.

구지역주의가 중앙집권세력의 지역적 권력기반을 구축하기 위해 출신지역과 관련된 것을 정치적으로 동원하면서 조성된 것이라면, 신지역주의는 지역주민들이 지방사회에 고유한 경제적·사회

<표 3-5> 구지역주의와 신지역주의의 비교

구성요소	구지역주의	신지역주의
정치적 배경	중앙집권 독재적 리더십 지역분파적 헤게모니 국민참여 배제	지방자치 민주적 리더십 정당의 지역적 분할 지배 주민참여 활성화
경제적 배경	국가 주도적 경제성장 대기업 주도 중화학산업화 대규모 국토개발 생산중심 일인당 소득 1000달러	지역특성별 산업육성 지역별 산업네트워크 구축 지방별 토지개발 소비중심 일인당 소득 10,000달러
사회적 배경	농촌에서 도시로 인구이동 직업활동의 분화 시민사회의 미성숙	대도시권화 세계화, 개방화에 따른 다원화 지역시민사회의 등장
지역의 의미와 격차	전통적인 지리적 권역(region) 통치의 단위 영, 호남 격차 국토의 양극화	국지성(locality) 자치의 단위 수도권-비수도권 격차 국토의 불균형
지역의식	지연의식 동향의식 향토애와 같은 소속의식	정체성 의식 지역사회의 성원의식 장소화된 시민권적 의식
지역의식의 동원	통치세력들의 전략 정치지도자에 대한 지지 지역출신 엘리트의 충원 정책에서 지역의 포섭과 배제 중앙정치의 기제	중앙에 대한 지방의 항거 정당에 대한 지지 지역주민의 의식화 정책을 둘러싼 장소성의 대립 지방자치의 기제
지역간 관계	지역감정의 대립 지역간 대립과 갈등 경쟁지역의 배제	지역정체성의 비교 지역간 대등한 관계 장소성의 경쟁
지역주의의 영향	사회발전기회의 선점을 둘러싼 갈등 지배엘리트집단간 분열과 대립 시민사회적 관계의 분열 사회적 통합 저해	지역사회문제를 둘러싼 갈등 지자체-주민간 협력과 대립 지역시민집단간 연대와 대립 지역사회의 다원성 기여

출처: 조명래(2004), “자치시대 지역주의의 양상과 쟁점: 신지역주의와 지역민주주의의 문제를 중심으로”.

적 · 정치적 요소들을 일상생활을 통해 공통으로 경험하게 되면서 생겨난 집합적인 정서나 이념이다(조명래, 2004). 또한, 구지역주의가 지역감정이라고 하는 부정적이고 폐쇄적인 지역의식을 바탕으로 중앙집권에 이바지하는 것이라면 신지역주의는 중앙에 의한 지방의 지배라는 현상을 극복하고 강권적 국가주의에 대항하는 대안적 지역 공동체를 형성하려는 것이다(최협 외, 2001: 43). 이는 세계화의 대안으로 제시되는 지역화의 차원에서 요구되는 새로운 지역의식이다.

이런 점에서 볼 때 현대사회가 요구하는 지역공동체의 이념은 기존의 구지역주의가 아닌 바로 신지역주의라고 할 수 있다. 이러한 신지역주의는 편협한 지역이기주의를 극복하고 인류의 보편적인 가치에 따라 지역공동체를 형성하며 다른 지역공동체와 연대해 나가는 기본 이념이라고 할 수 있다. 이는 궁극적으로 전 인류가 함께 공존하는 지구촌 공동체의 형성으로 이어진다. 이와 관련된 언급을 살펴보면 다음과 같다.

> 우리 대부분은 사회의 다른 영역으로부터 우리를 보호하기 위해 공동체를 추구하고 있다. 분명한 것은 이런 분열된 길을 따라서는 살 만한 가치가 있는 미래를 창조할 수 없다는 것이다. 우리가 해결해야 할 가장 큰 과제는 공동체에 대한 이해 수준을 높여서 지금의 폐쇄적 보호주의에서 개방된 사회로 나아가는 것이다. 그렇게 해서 지구촌 공동체를 만드는 것이다(Drucker, 2001: 30).

이런 점에서 볼 때 현대사회에서 지역공동체의 추구는 폐쇄적이고 지역이기주의에 입각한 공동체를 추구하는 것이 아니라 개방적이고 민주적인 지역공동체를 형성하는 것이라고 볼 수 있다.

4. 지역공동체운동과 평생교육과의 관계

1) 지역공동체운동의 발전 과정

지역공동체운동은 지역사회를 바람직한 공동체로 변화시키고자 하는 의도적인 노력이라고 할 수 있다. 역사적으로 동서양을 막론하고 지역공동체를 형성하기 위한 운동이 끊임없이 이루어져 왔다. 그만큼 지역공동체의 형성은 인간에게 필연적으로 요구되는 것이었기 때문이다. 그러나 지역공동체운동은 그 성격이 매우 다양하며, 지향하는 목표도 다양하다.

우리나라의 경우 지역공동체운동의 원형은 두레, 계, 향약 등에서 그 예를 찾을 수 있다. 먼저, 두레는 농촌사회에서 상호협력과 감찰을 목적으로 하여 민간이 주체가 되어 조직된 자율공동체로 일손부족을 해결하기 위한 육체적인 협동뿐 아니라 신뢰감을 바탕으로 한 정신적 화합의 공간이었다(신용하, 1987: 213-215). 두레는 공동방위, 공동노동, 공동예배, 공동유흥, 상호부조를 원리로 하고 있다. 한국사회에서 독특하게 존재했던, 공동노동을 위한 마을 남자성인들의 작업공동체라고 할 수 있다. 두레는 조선시대에 광범위한 지역에서 보편적으로 발견된 작업공동체였으며, 생산에 종사하는 자작농, 소작농, 머슴, 농업노동자 등 근로농민만의 조직이었다(최협 외, 2002: 75-76). 그리고 반드시 자연촌락을 단위로 조직되었다. 현재는 근대적 화폐경제의 발달로 모두 사라져 가고 공동경작과 같은 약간의 옛 모습만 찾아볼 수 있다.

계(契)는 사회・경제적 측면을 집약적으로 반영한 조합적 특성을 지닌 자생적 조직으로 계원의 수, 목적, 기능에 따라 형태와 종류가 다양하다. 공공사업이나 부조 외에 산업, 금융, 오락에 관한 것 등이 있다. 특히 동계(洞契)는 마을을 단위로 자치적으로 성립되었으며, 평등성을 바탕으로 하였다(강대기, 2001: 156)

향약(鄕約)은 지역주민들의 순화, 덕화, 교화를 목적으로 조선의 양반들을 중심으로 전개된 자치적인 협동조직이다. 향약은 향촌을 기반으로 주민들을 교화하려고 했다는 점에서 그 자체로 지역공동체 평생교육활동이라고 할 수 있다(김진규, 1996: 165). 향약은 16

세기 관치행정의 보조기관으로 목민의 필요에 의해 나타났으며, 양반 유림에 의해 구성되어 구성원의 자격, 임원의 선출 등에 있어서 엄격한 신분적 제약이 따랐다(최협 외, 2002: 71-72; 강대기, 2001: 159-160).

근대에 들어 우리나라의 지역공동체운동은 전 세계적인 흐름과 맥을 같이하고 있다. 서양의 경우, 17세기에는 청교도들의 기독교 공동체가 활발하게 조직되었으며, 19세기에는 오웬(R. Owen), 푸리에(Fourier), 프루동(Proudhon)과 같은 유토피아 사회주의자들에 의한 사회주의적 공동체가 시도되었다(한국도시연구소 편, 2003: 21). 1844년에는 로치데일(Rochdale) 소비자 협동조합이 최초로 설립되어 급속히 확산되어 나갔다(Birchall, 2003). 이스라엘의 모샤브(Moshab)는 개인의 소유권을 인정하면서 작업만을 협동으로 하는 협업농촌이라면, 키부츠(Kibbutz)는 유대인의 시오니즘에 입각하여 부락의 모든 것을 공유하고 공동으로 생활하는 집단을 말한다(최협 외, 2005: 15). 그 외에도 다양한 유형의 지역공동체운동이 시대의 요구에 반영하여 나타나고 있다.

일본에서는 전통적으로 '마찌쯔꾸리'로 불리는 '마을 만들기' 사업이 활발하게 이루어져 오고 있다. 마을 만들기는 사람들이 종래의 가치관을 변화시켜 자신이 살고 있는 도시나 지역을 보다 좋게 하려고 하는 활동을 말한다(福留强, 2003: 31). 1980년대에는 지역 차원에서 시민들의 네트워크형 조직들이 많이 형성되어 다양한 운동들의 추진세력이 되었다. 일본의 풀뿌리 시민운동은 지역을 근거로 한 많은 소그룹활동들이 그 중요한 바탕이 되고 있으며, 여성들 특히 기혼여성들이 시민운동이 확대되는 데 아주 중요한 역할을 했다. 1980년대 이후 일본의 시민운동은 쟁점이 다양화되었고 참가와 대안제시를 중시하게 되었으며, 풀뿌리 차원의 네트워크형 운동으로 확산되었다(한영혜, 2004: 96-97). 일본의 풀뿌리 시민운동에서 가장 성공적인 사례로 평가되는 것 중 하나는 생협운동이다. 일본에서는 노동운동의 일환으로서의 생협운동뿐만 아니라 '시민형 생협운동'이라는 일본 특유의 생협운동도 발전했다. 이 운동의 핵심적인 특징 가운데 하나는 지역에서 주부들을 조직하여 여성들의 네트워크로 발전했다는 점이다(한영혜, 2004: 100).

우리나라의 경우 1950년대 후반 함석헌 선생의 씨알 농장을 비롯하여, 기독교 정신에 바탕을 둔 예수원,[2] 풀무원,[3] 두레마을[4] 등이 형성되었다(조연현, 2001; 유재현, 1998; 김진홍, 2002). 또한 빈민운동, 신용협동조합, 공동주거운동 생활인들의 자발적인 공동체 실험도 꾸준히 지속되고 있다. 특히 1990년대로 접어들면서는 환경생태와 주민자치가 주요 현안으로 떠오르면서 생태마을, 생태공동체, 생활협동조합운동, 주민자치센터운동 등이 유기적으로 결합하여 본격적으로 새로운 대안사회의 꿈을 실현해 나가고 있다(이근행, 2004; .한국도시연구소 편, 2003). 또한 1990년대 이후에는 시민사회의 성숙 및 지방자치제의 실시와 더불어 지역을 기반으로 하는 지역시민운동이 활발하게 이루어지고 있는 실정이다.

2) 지역공동체운동의 유형

지역공동체운동은 여러 가지 관점에서 유형화할 수 있다. 먼저 지역주민들의 주체성을 기준으로 볼 때 지역을 중심으로 하는 지역

2) 예수원은 영국 성공회 출신의 대천덕(Archer Torrey Ⅲ) 신부를 중심으로 1965년에 강원도 태백에 설립한 공동체로서 기도와 명상, 노동을 주요 활동으로 삼는다(조연현, 2001).

3) 풀무원은 한국 유기농업의 선구자인 원경선(1914-) 이 빈민들과 함께 1976년에 경기도 양주군 회천군에 세운 농장형태의 공동체로서 우리나라에서 최초로 유기농업을 실시하여 확산시켜 오고 있다(유재현, 1998).

4) 두레마을, 또는 두레공동체는 김진홍 목사가 청계천 철거이주민들을 중심으로 1979년에 경기도 남양만 간척지에 설립한 공동체로서 이후 광범위한 지역공동체사업을 실시하고 있다(김진홍, 2002).

운동은 전통적으로 두 가지 관점에서 이해할 수 있다(숭실대학교 기독교사회연구소, 1990: 25-26).

첫째는 지역적용운동이다. 이는 특정한 단위의 지역에서 특정 계급층의 처지와 조건, 요구의 공통성에 입각하여 자기 대중을 중심으로 행해지는 지역 차원의 확산·적용운동이다. 다시 말해 계급적, 계층적인 운동이 지역 차원으로 파급되어 가는 형태의 운동이다. 예를 들면, 지역적 특성을 반영하는 지역노동운동, 지역농민운동, 지역빈민운동, 지역여성운동, 지역청소년운동이 포함된다. 이 경우 운동의 출발은 외부에서 파견된 특정부문 전문가에서 비롯된다고 할 수 있다.

둘째는 지역주민운동이다. 지역적 공통성과 지역주민의 생활상의 이해와 요구에 입각하여 지역주민이 주체가 되어 벌여 나가는 지역운동을 의미한다. 이러한 지역주민운동은 기존의 도시빈민지역운동에서 비롯하여 최근에는 공해지역주민운동, 수해지역주민운동, 생태공동체운동, 교육운동, 주민자치운동 등의 다양한 형태로 나타나고 있다.

최근 지역의 중요성이 더욱 부각되고 자발성, 주체성이 중시됨에 따라 점차 지역주민운동으로서의 공동체운동이 중시되고 있다. 한편, 현대사회의 도시화 현상으로 인해 대부분의 지역운동은 도시공동체운동의 성격을 띤다. 도시공동체운동이란 도시를 기반으로 공유된 문제의식하에 대안적 공동체를 형성함으로써 이를 해결하고자 하는 집합행동을 말한다.

한편, 지역공동체운동의 내용과 대상을 중심으로 유형화를 시도해 볼 수도 있다. 이런 맥락에서 볼 때 지역공동체운동은 지역현안에 대응하는 지역운동으로서의 공동체운동, 협동조합운동으로서의 공동체운동, 소공동체운동, 도시빈민운동 등으로 유형화할 수 있다.

먼저, 지역현안에 대응하는 지역공동체운동은 도시의 경우 아파트지역을 중심으로 하는 아파트공동체운동, 철거민들을 중심으로 하는 주민공동체운동, 반공해 주민운동 등이 시도되어 왔다. 현안 중심의 지역운동은 지역이기주의가 스며들 위험이 있고, 일시적 국지적인 운동형태를 띠는 경우도 있으나 지역공동체 형성을 위한 주민들의 의식함양으로 인해 점차 중요한 영역을 차지하고 있다(김칠준, 1999).

협동조합 공동체운동은 현대 산업사회의 문제점들을 공동으로 생산하고 공동으로 소비하는 공동체를 통해서 해결하려는 운동이다. 우리나라의 경우 지역주민운동진영을 중심으로 한 빈민의 자조적 활동으로 생산협동조합과 생활협동조합의 건설이 지속적으로 이루어져 왔다. 이러한 협동조합공동체운동은 그 의의에도 불구하고 조합자체의 생존을 위한 경제적 목표와 공동체 형성이라는 사회적 이상간의 갈등이 가장 큰 문제로 인식되고 있다(한국도시연구소 편, 2003: 331-333).

소공동체운동은 강한 의식성을 기반으로 좁은 지역에서 이루어지는 자급자족적인 공동체운동이라고 포괄적으로 설명할 수 있다. 일반적인 특징으로는 자신들의 존재방식을 추구하는 고립지향적인 경향과 공동체 내부에서의 직접적인 인간관계를 중시한다는 점, 그리고 소유・생산・소비의 완전한 평등주의와 환경위기와 관련하여 인간의 공생을 중시하는 점 등을 들 수 있다(최승호, 2005: 212-213). 주로 농촌지역을 중심으로 이루어졌으나 최근에는 도시를 중심으로 생태공동체운동이 벌어지고 있다(한국도시연구소 편, 2003: 131). 소규모 공동체운동은 소규모의 고립적인 폐쇄성을 가지고 있기 때문에 사회적 파급력에 있어서 큰 영향을 미치지 못한다는 우려도 있으나 점차 현대사회에서 그 영향력을 확대하고 있다.

도시빈민운동은 주로 하층노동자들이 밀집해 있는 지역에서 주민들이 그들의 생활에서 발생하는 요구를 중심으로 스스로 조직적,

<표 3-6> 지역공동체운동의 유형별 특징과 사례

유 형	특 징	사 례
지역현안에 대응하는 지역운동으로서의 공동체운동	환경권, 생존권 등 지역공동체의 보전과 지역주민들이 공동의 이해관계를 갖고 있는 정치적·경제적·사회적·문화적 사안에 대해 대응해 나가는 운동	공해공장의 이전운동, 댐건설 반대운동, 어민들의 보상요구운동, 아파트의 부실공사 척결과 보상요구운동, 도시에서의 학교급식 조례 제정운동, 쓰레기 소각장 반대운동
협동조합공동체운동	현대 산업사회의 문제점들을 지역주민들이 공동으로 생산하고 공동으로 소비하는 협동조합을 통해서 해결하려는 운동	생활협동조합운동, 생산자협동조합운동, 노동자협동조합운동 등
소공동체운동	강한 의식성을 기반으로 좁은 지역단위에서 인간의 소외에 근원적인 질문을 던지며 대안을 찾고자 하는 자급자족적인 공동체운동	· 특정 종교에 기반한 소공동체운동(예: 두레마을, 다일공동체 등) · 비종교적인 소공동체운동(예: 산청, 무주의 생태마을)
도시빈민운동	주로 철거지역의 빈민들이 철거 싸움의 과정에서 형성된 인간적인 유대를 기반으로 나눔과 협동의 공동체를 실천하겠다는 운동	제정구의 복음자리마을 건설

자주적으로 문제를 해결하기 위한 운동이다. 우리나라에서 1970년대와 1980년대를 거쳐 주로 철거지역의 빈민들이 철거 싸움의 과정에서 형성된 인간적인 유대를 기반으로 공동체를 형성해 왔다.

이상의 내용들을 정리하면 <표 3-6>과 같다.

현대사회에서 도시화가 보다 진척됨에 따라 주거, 환경, 경제, 문화 등 여러 가지 도시문제와 관련된 지역공동체운동이 벌어지고 있다. 이러한 운동들은 처음에는 활동하기 쉬운 영역부터 부분적·소극적으로 실시되나 점차 운동이 진행되고 주민들의 참여가 확대됨에 따라 적극적, 포괄적, 전문화되는 경향을 나타낸다. 도시공동체운동의 각 분야별로 운동의 성격 변화 양상을 대별하면 <표 3-7>과 같다. 이를 통해 현대사회에서 지역공동체운동이 여러 분야에서

<표 3-7> 현대사회 도시공동체운동의 유형

방식 / 분야	소극적/국지적	←→	적극적/포괄적
주거공동체운동	세입자운동	아파트자주관리운동	공동체마을운동
환경공동체운동	녹색아파트운동	생태마을운동	생태자치구운동
경제공동체운동	녹색가게운동	생활협동조합운동	지역통화운동
문화공동체운동	지역축제운동	대안학교운동	사이버공동체운동
자치공동체운동	주민자치센터운동	지역자치운동	민회운동

출처: 한국도시연구소 편(2003), 『도시공동체론』 96.

매우 복합적·다층적으로 이루어질 수 있음을 알 수 있다. 이런 맥락에서 볼 때 현대사회에서 지역공동체운동의 성공을 위해서는 이전보다 훨씬 세분화되고 수준 높은 전문성이 요구된다고 할 수 있다.

3) 지역공동체운동에 있어서 평생교육의 의의

역사적으로 지역공동체운동과 평생교육은 매우 밀접한 관계를 가지고 있다. 사실 외적 형태로 볼 때 지역공동체운동과 평생교육활동이 거의 구분이 되지 않을 정도라고 할 수 있다. 이미 1장과 2장에서 살펴본 바와 같이 대부분의 평생교육활동이 지역주민의 성장과 지역발전을 위한 운동 차원에서 이루어졌기 때문이다.

그러나 평생교육은 단순한 지역공동체운동의 차원을 넘는 고유한 성격을 가지고 있다. 전통적으로 평생교육이 소외된 사람들에게 보다 관심을 기울여 온 것은 곧 그들이 열악한 사회조건 속에서 자기성장을 할 기회를 상대적으로 박탈당해 온 것에 대한 보상 때문이라고 할 수 있다. 그것이 곧 진정한 의미의 교육평등이기 때문이다. 평생교육의 관점에서 볼 때 지역공동체운동도 이와 같은 관점에서 파악할 수 있다. 지역공동체운동도 평생교육적인 관점에서는 학습할 수 있는 자유의 확장을 위한 것일 때 그 의미가 있다. 지역사회의 여러 가지 제약으로부터 해방되는 것만큼 자유로운 학습을 할 수 있기 때문이다. 자유를 추구하기 위해 시도된 운동도 결과적으로 학습자의 교육적 요구를 제한시킬 때 평생교육의 이념은 실현될 수 없는 것이다. 그러므로 평생교육이 지역사회 발전이라는 미명하에 개인의 주체성을 소홀히 할 때 그것은 하나의 '운동'은 될 수 있을지 몰라도 '교육'이라고는 볼 수 없는 것이다.

진정한 의미의 지역공동체 형성은 지역주민들 한 사람, 한 사람의 변화를 통해서 이루어진다. 교육적인 관점에서 볼 때 인간이 평생의 삶을 살아가는 데 있어서 가장 원초적인 힘이 되어 주는 것은 삶의 의미를 발견하고 성장해 가려는 욕구라고 할 수 있다. 사람이 평생의 삶에서 끝없이 배움의 열정을 느끼게 되는 것은 바로 그러한 의미를 추구하고자 하기 때문이다. 이 경우 평생교육이 현실문제와 직접 관련된다는 것은 생존적인 문제에 매달려 있다는 것이 아니라 그 문제의 해결을 발판으로 삼아 보다 질 높은 삶의 체험을 하게 한다는 것이다. 지역주민들의 사회·경제적인 문제의 해결도 그 자체로 의미가 있지만 평생교육은 그러한 문제의 해결과정과 그 결과를 통해 성장해야 한다는 것을 반드시 전제해야 한다. 그런 의미에서 지역공동체를 지향하는 평생교육은 지역사회 발전을 추구하는 과정에서 각 개인과 집단의 교육적인 체험이 매우 중요하다고 볼 수 있다. 각 주민과 집단이 학습을 통해 성장하고 그 학습의 성과를 지역을 위해 활용할 때 지역공동체는 더욱 성숙해지는 것이다. 이것이 곧 지역을 기반으로 하는 평생교육의 원형이라고 볼 수 있다.

그러나 학교교육이 보편화되면서 점차 교육은 지역공동체운동과 별개의 것으로 인식되기 시작하였다. 즉, 학교를 중심으로 실시되는 교육은 제도화의 과정을 거치며 지역의 일상적인 삶을 떠나 형식화·공식화되어 갔다. 점차 내용, 방법 등의 측면에서 지역공동체의 삶과 괴리된 채 운영되었던 것이다. 그러나 이와 같은 현상은 최근 지역을 기반으로 하는 평생교육의 부흥과 더불어 전환을 맞게 되었다. 학습자의 주도성, 생활중심, 민주적 가치 등을 중시하는 평생교육의 원리는 현대사회가 요구하는 지역공동체의 성격과 맥을 같이한다. 더욱이 평생교육은 단지 일회성 행사나 캠페인, 물리적 충돌 등을 통해서는 얻을 수 없는 지속적이고 확실한 효과를 창출한다. 평생교육은 지역공동체의 발전에 필수적인 지식과 기술을 습득하게 하며 지역공동체적 삶에 필요한 태도를 형성해 준다. 이러한 노력은 비교적 시간이 오래 걸리지만 그 효과는 매우 지속적이다. 이러한 효과는 오직 교육과 학습을 통해서만 가능하다.

이에 따라 지역공동체운동의 구체적인 방법으로 평생교육의 역할이 두드러지고 있다. 예를 들어, 일본의 경우 1960년대 후반까지는 지역문제 해결을 행정에 요구하며 생활방어 차원에서 주민운동을 실시하였다. 그러나 1970년대 이후로는 주민 스스로가 지역문제 해결의 주체가 되고자 하는 방향으로 변화하였다. 이 과정에서 사회교육이 매우 중요한 위치를 차지하게 되었다. 특히 1980년대 이후에는 주민참가 또는 주민자치에 의한 지역연대 형성이 사회교육의 중대한 목표로 설정되기에 이르렀다(한영혜, 2004). 이는 지역공동체운동에서 평생교육의 비중이 점차 높아지고 있는 예가 된다. 즉, 소수 엘리트중심의 운동이나 정부에 대한 요구중심의 운동에서 벗어나 지역주민들 모두가 함께 성장하고 대안을 제시하는 지역공동체운동의 활성화에 있어 평생교육이 그 기반이 되고 있는 것이다. 이제 진정한 지역공동체를 형성하는 길은 지역주민들이 학습자가 되어 스스로 이러한 지역공동체의 개념과 구현원리를 학습하고 적용하는 것이다.[5)]

---

5) 여기서 평생교육이 지역공동체운동 차원에서 큰 의미가 있다는 것이 평생교육이 지역공동체 형성을 위한 수단으로서만 의미가 있다는 것은 아니다. 반대로

또한 지역공동체를 지향하는 평생교육은 지역공동체의 형성은 물론 평생교육의 본질 회복에도 기여한다. 평생교육은 곧 생활교육의 성격이 강하다. 점차 학교교육의 전철을 밟아 형식화되어 가는 평생교육의 본질을 지키기 위해서라도 지역공동체운동과 맥을 같이하는 평생교육의 의의는 매우 크다고 할 수 있다.

지역공동체는 평생교육의 발전을 위한 유용한 수단이 될 수도 있다. 지역공동체의 가치관, 역사, 문화, 자연, 자원, 시설 등은 모두 평생교육을 위한 유용한 소재 또는 수단이 될 수 있다. 그런 의미에서 지역주민들이 골고루 평생교육의 기회를 갖도록 하는 것도 지역공동체운동의 주요 주제가 될 수 있다. 즉, 교육공동체운동인 것이다. 이는 지역공동체 평생교육에 있어서 매우 중요한 의미를 가진다. 이에 대해서는 3부에서 보다 구체적으로 다룬다.

제 4 장

세계화시대 지역공동체의 의의와 과제

1. 세계화의 의미와 성격
2. 세계화가 지역에 미치는 영향과 그 문제점
3. 세계화의 대안으로서 지역화의 의미와 성격

제 4 장 세계화시대 지역공동체의 의의와 과제

현대 지구촌은 세계화의 물결이 뒤덮고 있는 실정이다. 세계화는 지역공동체의 형성에도 커다란 영향을 미치고 있다. 이러한 세계화의 물결은 경제개발을 위해 필연적이라는 인식에도 불구하고 그 폐해에 대해서도 우려의 소리가 높다. 아울러 세계화의 문제를 극복하고 지속가능한 사회를 이루기 위한 노력이 전 세계적으로 지역화라는 이름으로 시행되고 있다. 이러한 세계화와 지역화의 흐름은 평생교육의 구체적인 형태와도 밀접한 관련을 가지고 있다. 현대사회에서 지역공동체 지향적 평생교육은 경제적 세계화의 문제점을 해결하고 지역화를 추구해야 할 과제를 안게 되었다.

이 장에서는 세계화의 개념과 성격, 그리고 지역에 미치는 세계화의 영향을 구체적으로 살펴보고, 그 대안으로 제시되는 지역화의 의미와 과제, 지역화와 평생교육과의 관계 등에 대해서 살펴보고자 한다.

1. 세계화의 의미와 성격

1) 세계화의 일반적 의미

현대사회를 특징지을 수 있는 중요한 개념 중의 하나로 세계화(globalization)를 들 수 있다. 지구상의 국가들이 서로 고립되지 않고 밀접한 관계를 맺어야 한다는 것은 역사상 일찍부터 강조되어 왔다. 이른바, '국제화' '국제협력' 등의 용어가 이를 반영한다. 그럼에도 불구하고 '세계화'라는 용어가 새롭게 부각되는 것은 기존과는 다른 차원에서 국가간의 관계가 이루어지고 있음을 나타낸다.

최근 사용되고 있는 '세계화'라는 용어는 주로 경제적인 관점으로 논의되는 것이 일반적이다. 일반적인 의미에서 세계화란 국가 및 지역간에 존재하던 상품, 서비스, 자본, 노동, 정보 등에 대한 인위적 장벽이 제거되어 세계가 일종의 거대한 단일시장으로 통합되어 나가는 추세를 말하는 것이다(박번순 · 전영재, 2001; Mander, J. · Goldsmith, E. edit, 2001: 14). 즉 세계화란 각 지역 및 국가경제가 거대한 세계경제로 통합되어 가는 현상을 의미한다. 기존에 많이 사용되어 왔던 '국제화'란 용어가 국가와 국가, 그리고 그 국가 내의 기업과 기업, 또는 그 개인과 개인 간의 관계가 양자적 관계(bilateral relationship)로 전개되는 경향을 의미한다면, '세계화'는 이러한 모든 관계가 다자적 관계(multilateral relationship)의 확대로 진전되는 추세라고 볼 수 있다(신현종, 1999).

또한 세계화는 세계를 하나의 공동체로 인식하며 평화공존과 상호협력을 강조해 왔던 '세계주의'(또는 세계시민주의: cosmopolitanism)와도 그 성격이 대비된다.[1] 세계시민주의는 국가나 민족이라는 단위를 초월하여 세계의 모든 인류를 하나로 보고 평등과 통일을 추구하는 사상을 말하며, 흔히 '사해평등주의' 또는 '만민주의'라고도 한다. UN이 표방하는 가치는 바로 이러한 전통적인 의미의 세계시

---

1) 'Cosmopolitanism'과 더불어 역시 '세계주의'로 번역되어 많이 쓰이는 용어로 'globalism'을 들 수 있다. 맥락에 따라 다소 차이는 있으나 일반적으로 'globalism'은 경제적인 측면에서는 물론 문화적, 정치적인 면에서 세계통합을 지향하는 세계화의 이념을 의미한다고 할 수 있다(김주성, 2002: 258-259). 그런 의미에서 'cosmopolitanism'을 '세계시민주의', 'globalism'을 '세계통합주의'로 구분하여 번역하는 것도 고려해 볼 만하다.

<표 4-1> 세계시민주의와 세계화의 비교

세계시민주의(cosmopolitanism)	세계화(globalization)
· 공동체주의, 평등주의 · 지역문화의 다양성 존중 · 인류의 평등 및 공존공영 추구 · 각 국가와 민족의 주체성 존중	· 신자유주의, 경제중심주의 · 세계적 단일표준화 추구 · 경제적 이익 추구 · 국가의 보호와 개입 제약

민주의라고 할 수 있다. 또한 환경주의자들이 '하나뿐인 지구'의 보전이라는 이념하에서 '지구공동'(global common)의 이념이나 '지속가능한 개발'(sustainable development)을 표방한 것도 이 세계시민주의에 바탕을 두고 있다. 반면, 세계화는 신자유주의적인 입장에 기초해 있으며, 전 세계적인 차원에서의 규제와 국가간의 장벽이 없는 자유경쟁을 신조로 한다. 또한 환경의 보전보다는 경제성장을 우선시하며, 생물학적 종이나 문화의 다양성을 지향하기보다는 경제적 효율성을 증대시키기 위한 표준화를 지향한다. 따라서 각자 특정한 자신의 가치와 문화를 발전시켜 전 세계와 다양하게 공유하며 이러한 다양성을 바탕으로 보다 수준 높은 새로운 가치와 문화를 창조하고자 하는 인류의 보편적인 노력은 세계화보다는 세계시민주의의 의미에 가깝다고 볼 수 있다. 세계화의 전략이 자신의 가치와 문화를 절대적인 우위에 있는 것으로 인식하고 이를 표준화하여 전 세계에 배타적으로 파급시킴으로써 경제적인 이득을 추구함을 특징으로 한다면 세계시민주의는 각자의 가치와 문화를 존중하고 대등한 차원에서 상호교류함으로써 보다 다양하고 풍부하게 공유하고자 하는 이념이라고 할 수 있다. 이런 맥락에서 세계시민주의와 세계화의 개념적 차이를 정리하면 <표 4-1>과 같다.

이러한 세계화는 현재 세계적 무역자유화, 금융의 세계화, 생산의 세계화의 형태로 나타나고 있다(신현송, 1999). 이를 자세히 살펴보면 다음과 같다.

먼저, 세계적 무역자유화란 초고속 정보통신기술의 발달로 인해 대륙간 또는 국가간의 '거리의 소멸'이 초래됨에 따라 시간과 비용이 절감되고 모든 장애요인과 불편이 현저히 해소됨으로써 세계 도처에 존재하던 개별 시장이 하나의 세계시장으로 통합되는 것을 의미한다. 또한 WTO협정에 따라서 종래 국가간에 존재하던 무역장벽은 철폐되고 경제적 국경의 개념이 소멸되어 나가는 것을 반영한다.

금융의 세계화란 세계금융시장이 확대되고, 외국인의 자유로운 투자와 송금을 보장하는 다자간투자협정의 체결로 나타난다. 이를 통해 돈의 흐름이 국가의 제약 없이 자유롭게 되고 있는 추세이다.

또한 생산의 세계화는 생산이 어느 한 국가의 자본, 인력, 시설을 통해서만 이루어지는 것이 아니라 세계 각 지역에서 가장 유리한 조건을 총체적으로 활용하여 이루어지는 것을 말한다. 이는 초국적기업의 급증으로 현실화되고 있다. 초국적기업은 거대한 자본, 첨단화된 기술, 우수한 경영능력, 방대한 판매망을 통해 세계 도처에 생산 및 판매거점체제를 구축하여 이윤을 추구하고 있다. 이러한 초국적기업이 이윤극대화를 도모하기 위한 전략은 일반적으로 다음과 같다.

① 가장 저렴하게 생산할 수 있는 곳에서 상품을 생산한다.
② 금융비용이 가장 싼 곳에서 자본을 조달한다.
③ 세금이 가장 낮은 곳에서 생산거점을 구축하거나 또는 이곳으로 기업소득을 이전한다.
④ 자본수익과 환차익이 가장 높은 곳으로 자금을 이동한다.
⑤ 판매와 수출을 최대화시킬 수 있는 곳으로 생산기지를 옮기고, 정치적·경제적 안정성이 유지되는 곳에서 사업활동을 수행한다.

2) 세계화의 유익과 문제점

이와 같이 세계화는 경제적 이윤의 극대화를 위해 국가간의 장벽과 제한을 철폐하고자 한다. 또한 세계를 하나의 단일시장으로 인식함으로써 국가간의 다양성보다는 세계적인 단일표준을 중요시한다. 이러한 세계화는 주로 경제와 관련된 현상이지만 점차 생활세계의 전 영역에 걸쳐 세계 전 인류의 삶에 심대한 영향을 미치고 있다.

이러한 세계화에 대한 인식에 있어 서로 상반되는 입장이 존재한다. 하나는 세계화의 경향이 자본주의 경제발전단계상 필연적인 과정이기에 이에 적극적으로 부응해야 한다는 것이다. 이러한 입장을 취하는 이들은 경제적 효율성과 비교우위를 강조하는 세계화를 통해 결국은 모든 국가가 이익을 볼 수 있을 것으로 파악한다. 사유화와 시장자유화는 빈곤을 종식시키고 환경을 보존하는 데 필요한 부를 창출해 줌으로써 자유와 번영을 전 세계에 확산시킬 수 있다는 것이다(IFG, 2002: 22). 한편, 반대의 입장에서는 세계화가 결국은 미국을 중심으로 하는 일부 경제대국의 이익만을 반영하며 결국은 불평등의 심화, 자원의 고갈, 생물학적 종과 문화적 다양성의 파괴, 약소국가의 주체성 침해와 같은 부정적인 결과를 가져올 것으로 파악한다. 이 양자의 입장을 정리하면 <표 4-2>와 같다.

종래에는 세계화를 필연적인 것, 바람직한 것으로 인식하는 견해가 팽배하였다. 그만큼 현대사회에서 경제적 효율성이 큰 비중을 차지하고 있기 때문이다. 더욱이 좁은 지역을 넘어 세계적으로 시장을 넓혀 가려는 세계화의 취지는 우리나라와 같은 무역의존도가 높은 나라에서는 피할 수 없는 대세로 여겨지기도 한다. 이러한 관점에 의하면 세계화는 중단되지도 않을 것이며 우리나라는 지난 1960년대 이래 세계화의 가장 큰 수혜자였고 앞으로도 그럴 가능성이

<표 4-2> 세계화에 대한 인식의 차이

긍정적 인식의 근거	부정적 인식의 근거
① 효율의 극대화 ② 자원배분의 합리화 ③ 규모의 경제이익 초래 ④ 자유무역 이익의 실현	① 세계경제에 대한 일부 선진국의 패권적 지배 ② 국가 경제주권의 침해 ③ 국가 및 계층 간 소득의 양극화 확대 ④ 자원고갈 및 환경파괴

출처: 신현종(1999), "세계화의 본질과 특징", 『사회과학연구』 18(2) 정리

크다는 것이다. 세계화가 갖고 있는 일부 문제점에도 불구하고 우리의 여건에서 세계화는 우리나라 발전의 전제조건으로 인식된다(박번순 · 전영재, 2001).

그러나 최근에는 이러한 세계화에 대한 비판이 전 세계적으로 파급되고 있으며 우리나라도 그 예외는 아니다.[2] 그 비판의 내용을 자세히 살펴보면 다음과 같다.

먼저, 세계화는 가난한 나라의 이익을 보장하기보다는 경제적 대국의 이익을 극대화하기 위한 방안에 불과하다고 보는 입장을 들 수 있다. 그 예를 들면 다음과 같다.

> 세계화는 처음부터 서구의 계획이었기 때문에 서구 국가들은 경제적, 군사적 힘을 이용해서 작은 나라들을 위협해 자신의 계획을 받아들이도록 했다. 경제적 세계화운동은 결코 민주주의의 표현이 아니며, 경제적 세계화의 지지자들이 주장하는 것처럼 진화를 위한 과정도 아니다. 세계화는 사람들이 생각해 낸 계획에 불과하며, 세계화를 추진하는 기관들에게 혜택을 주도록 고안된 경제적 실험에 지나지 않는

2) 세계화의 영향이 커짐에 따라 이에 반대하는 목소리도 전 세계적으로 확산되고 있다. 지난 10년간 한국, 인도, 필리핀, 인도네시아, 브라질, 볼리비아, 미국, 캐나다, 멕시코, 아르헨티나, 베네수엘라, 프랑스, 독일, 이탈리아, 체코, 스페인, 스웨덴, 영국, 뉴질랜드, 오스트레일리아, 케냐, 남아프리카공화국, 타이, 말레이시아 등에서 세계화에 반대하는 수많은 시민들이 거리로 나가 기업 세계화와 정책들에 반대하는 대규모 시위를 벌였다. 세계화에 반대하는 운동은 단순히 시위 차원을 넘어 세계화의 대안을 제시하는 진지한 토론과 연구의 연대활동으로 나타나고 있다. 그 중의 하나가 2001년부터 개최된 세계사회포럼(World Social Forum)이다. 이 포럼에는 수만 명의 사람들이 참가하여 세계화의 대안을 모색하며 대중적인 연대활동을 벌이고 있다(IFG, 2002; Kingsnorth, 2004).

다. 기업과 정치엘리트들은 점점 증가하는 문제들에 대한 해답으로 세계화를 받아들였다. 그러나 세계화는 틀린 해답이며, 세계화를 계속 하는 것은 사람들과 지구를 위해 결코 좋은 일이 아니다(Mander, J. · Goldsmith, E. edit., 2001: 32-33).

이러한 비판들에 의하면 처음부터 세계화는 경제대국들의 이익을 극대화하기 위한 방안으로 시작되었으며, 이에 따라 약소국가들이 따라갈 수 없는 구조를 만들고 있다는 것이다. 이러한 세계화로 인해 환경파괴, 자원고갈, 빈부격차 심화, 생물학적 · 문화적 다양성의 파괴 등 전 세계적으로 심각한 문제를 일으키고 있다(IFG, 2002).

그 중에서도 가장 심각한 문제는 세계화로 인해 국가간, 계층간의 경제적 불평등이 매우 심화되고 있다는 것이다. 사실상 세계화는 대중과의 극단적인 차별화를 지향하는 일군의 부유층을 위한 무기로 인식되기도 한다(Isaak, 2006: 15-16). 세계화를 비판하는 입장에 따르면 대부분의 가난한 국가들은 세계화의 혜택을 실질적으로 거의 누리지 못하는 반면, 부자 국가들은 그 혜택을 매우 크게 보고 있다는 것이다. 세계화는 국가 안에서 그리고 국가들 사이에 경제적 양극화를 더욱 확대시킨다. 2005년 유엔경제사회국(DESA)이 발표한 '불균형의 곤경'이라는 제목의 보고서에 따르면 빈곤의 증가 그리고 가진 자와 못가진 자의 분열이 개발도상국들의 주요 위협이 되고 있으며, 그에 따른 경제적 · 사회적 불평등이 폭력과 테러를 낳을 것이라고 밝혔다. 특히 이 보고서는 빈부의 격차가 심해지고 있는 가운데 전 세계 국내총생산의 80%가 선진국 10억 명의 몫이고, 나머지 20%를 놓고 개발도상국에 거주하는 50억 명이 경쟁하고 있다면서 불평등해소를 위해 국내뿐 아니라 국가간 경제적 불균형에도 대처해야 한다고 강조했다(국제신문, 2005. 08. 27).

이러한 세계화의 피해는 선진국에서도 마찬가지로 발생하고 있다. 선진국의 상품, 서비스, 자본이 신흥시장경제국가로 쏟아져 나가게 되자 선진국 내에서는 산업의 공동화현상이 심화되고 있다. 이에 따라 종래 풍요했던 사회는 실업, 해고, 직업 불안정성, 사회적 배척, 빈곤, 범죄, 공동체 이완 등의 사회경제적 병리현상이 속출되고 있는 실정이다(IFG, 2002). 또한 선진국 내의 빈부격차도 더욱 커지고 있는 실정이다. 예를 들어, 미국은 건국 이래 배경보다는 개인 능력을 우선시하는 소위 능력본위의 사회로 간주되어 왔으나 이러한 능력본위전통이 훼손되고 있다는 증거가 늘어나고 있다. 오늘날의 미국 내 소득 불균형은 1880년대의 산업화시대(19세기 말 미국의 산업화가 최고조에 이르면서 록펠러 카네기 등 거부들이 탄생하던 시기) 이래 최고조에 달하고 있으며 부의 세습화 심화로 유럽식의 계급기초사회로 고착되는 위험에 직면하고 있다.[3] 그러나 역시 세계화로 인해 더욱 큰 피해를 보는 측은 신흥시장경제국가라고 할 수 있다. 이들 국가들은 국내 모든 시장을 전면적으로 개방시켰기 때문에 심각한 경제적 · 사회적 위기를 겪고 있을 뿐 아니라 문화적 갈등에 직면하고 있다. 기업 및 은행파산, 실업, 정리해고, 직업 불안정성, 빈곤가정 해체, 자살, 범죄 등이 급증하고 있는 실정이다. 신흥시장경제국가들이 느끼고 있는 위기의식은 선진국들이 갖고 있는 그것보다 더욱 심각하다고 할 수 있다.

이와 같이 세계화는 현대사회에서 매우 커다란 논란거리가 되고 있다. 세계화의 궁극적인 문제점은 결국 지역간 · 계층간 빈부격차의 심화, 각 지역의 다양한 문화와 정체성 파괴, 생태환경의 파괴

---

3) 미국에서 1979년 대비 2000년의 경우 소득기준 하위 20%의 소득이 6.4% 증가한 반면, 같은 기간 상위 20%의 소득은 70%, 상위 1%의 소득은 184%의 증가를 기록하였다. 또한 30년 전 상위 100개 기업 CEO의 평균 연봉이 130만 달러로 평균 근로자소득의 39배 수준이었던 데 비해 오늘날에는 3,750만 달러로 1,000배 수준을 상회하는 것으로 나타났다(청와대, 2005). 또한 미국에서 상위 1만 3,000 가구의 수입은 극빈층 2,000만 가구의 수입과 맞먹으며, 평균적인 미국 중산층 가정의 수입보다 300배 더 많다(Isaak, 2006: 22).

및 자원의 고갈 등이다. 이는 곧 경제적 효율성과 부를 추구하기 위한 과정에서 생기는 대가들이다. 그러나 이러한 문제들은 결국 인류의 미래를 어둡게 만드는 요소가 된다. 대가를 치르고 세계화만을 추구하기에는 이러한 문제들이 인류의 미래에 너무나도 치명적이라고 할 수 있다. 그런 의미에서 이제 세계화의 문제점에 대해 보다 진지하게 생각하고 이를 극복할 합리적인 대안을 제시하기 위한 노력이 더욱 필요한 시점이 되었다. 이런 맥락에서 이하에서는 이러한 세계화의 영향이 지역 평생교육에 미치는 영향과 문제점에 대해 구체적으로 살펴보고자 한다.

사례: 세계화의 폐해 사례

< 문화 파괴 >

□ 세계화는 세계의 하나됨, 모든 문화의 섞임과 혼성, 문화품목의 탈국경적 유통과 소비, 새로운 21세기적 문명을 향한 변화의 시작, 정보화 사회의 대두, 탈중심적 세계와 신인류의 등장 등으로 파악된다. 또한 미국이 자국에 의한 '문화 제국주의'라는 비판을 위해 '세계화'라는 용어를 선호한 것이라 볼 수 있다. 문화 영역의 세계화는 미국 문화의 전 세계적인 전파이며, 이러한 미국 중심의 세계화는 문화의 다양성을 파괴하고 전 세계의 문화를 획일화시킨다. 거대 상업 자본에 의해 생산되고 유통되는 미국의 상업 문화는 전 세계의 다양한 소수 문화를 소멸시킴으로써 문화 제국주의를 초래한다. 미국의 맥도널드 햄버거가 전 세계인의 입맛을 획일화시키고 그 결과 세계의 수많은 다양한 음식 문화가 사라지고 있는 것이 대표적인 예다. 영어 사용이 확산되고 영어가 전 세계의 공식적인 언어가 되면서 소수 민족의 다양한 언어도 소멸되고 있다(동아닷컴, 2009.9.24.).

< 빈부격차 심화 >

□ 독일 슈피겔지 편집장 한스 피터 마르틴은 1998년 '세계화의 덫'이라는 책을 통해 상위 20%가 부의 80%를 소유하는 '20대 80 사회'의 부작용을 경고했다. 그로부터 13년이 흐른 지금 '1대 99 사회'가

화두로 등장했다. 최상위 1%가 부와 권력을 독점하고 있는 반면 나머지 99%는 상대적 박탈감과 빈곤에 시달리고 있음을 비유한 말로 양극화 현상을 상징적으로 나타내고 있다. 미국의 경우 1970년대까지는 최상위 1%의 소득이 일반 노동자 임금의 30배였으나 금융위기가 발생하기 전 2008년에는 300배로 증가했다. 특히 2008년 금융위기 발생 이후 미국의 실업률은 9%를 넘어섰고 중산층이 몰락하면서 빈곤율이 증가했지만 국민의 세금으로 막대한 구제금융을 받은 월가의 은행들과 투자회사들은 고액연봉 잔치를 벌여 미국 시민들의 분노를 자아냈다(매일신문, 2011.11.12.).

< 농업의 파괴 >

□ 우리나라의 경우 쌀 수입 증가 등으로 인해 2005년 벼 재배면적이 98만ha로 정부 승인 통계가 시작된 지난 1974년 이후 31년 만에 최저치를 기록했다. 이는 최대 규모를 기록했던 지난 1987년의 126만 2,000ha와 비교하면 무려 22.3%가 줄어든 수치다. 이에 대해 농림부는 크게 우려하고 있다. 즉, 지금 약간의 쌀이 과잉이라고 농지를 무분별하게 전용하다가는 나중에 어려움을 겪을 수 있으며, 세계 모든 나라가 식량안보 차원에서 농지확보에 열을 올리고 있는 실정이라는 것이다. 반면 재경부는 쌀 과잉상태에서 비싼 쌀을 생산해 내는 농토를 붙잡고 있기보다 토지개발을 통해 주거용지를 확보하는 게 부동산 안정이나 땅의 생산성 차원에서 낫다는 입장을 취하고 있다(국제신문, 2005. 8. 14).

2. 세계화가 지역에 미치는 영향과 그 문제점

1) 일반적인 영향

여기서는 먼저 세계화가 지역에 미치는 영향에 대해 살펴보고자 한다. 세계화의 흐름 속에서 지역의 중요성이 다시 부각되고 있다. 경쟁력이 좌우되는 지식기반경제사회에서 지역은 이제 더 이상 단순한 물리적·지리적 공간이 아니라 경제발전의 핵심 단위가 되고 있다. 세계화가 진행됨에 따라 국가의 위상과 역할은 상대적으로 약화되고 지역을 중심으로 보다 신속하고 차별화된 대응이 요구되기 때문이다. 이에 따라 지역이 가진 고유의 특수성이나 관습, 규칙 등 시장에서서는 거래될 수 없는 상호의존성의 요소들을 결합하고 유연화를 실현해 세계 경쟁력을 길러야 할 필요성이 제기된다.

그러나 이러한 세계화가 지역에 미치는 영향에 대해 부정적인 견해도 많다. 그런 의미에서 세계화와 관련된 지역의 주요 동향을 살펴보면 다음과 같다.

(1) 지역혁신체계(Regional Innovation System)의 구축

현재 우리나라에는 지역혁신체계 구축이 강력히 추진되고 있다. 지역혁신체계의 구축은 세계화시대의 요구에 부응하는 지식기반경제의 확산 및 첨단기술의 발전에 기초한 지역발전(및 국가발전)을 가능케 해 줄 지역의 혁신적인 제도적 시스템 마련이라는 의미로 해석된다(김영정, 2004: 24). 이러한 사업을 효율적으로 추진하기 위해 혁신도시가 지정되고 있다. 또한 교육부가 추진하고 있는 지방대학 혁신역량 강화(NURI) 프로젝트는 대학을 중심으로 지역 산・학・연・관이 협력하여 지역혁신에 필요한 우수 인적자원을 개발하는 데 그 목표를 두고 있다. 결국 지방대학이 우수 인재를 배출하는 동시에 지역혁신에 필요한 지식과 인적자원을 연결해 주는 네트워크의 중심 역할을 수행한다.

그러나 이러한 지역혁신체계는 자칫 세계화의 문제점을 지역에 구체적으로 확산시킬 우려가 크다. 지역혁신사업이 지방자치단체나 대학, 대기업 등 지역 내 엘리트집단이나 지역기득권집단에 의해 주도되는 경우가 많아 지역공동체의 와해는 물론 지역발전을 위한 역량을 결집하는 데도 한계를 드러낸다(조승수, 2004). 즉, 우수 인적자원중심의 지역혁신은 결국 지역 내의 불평등을 심화시킬 소지가 있는 것이다. 또한 지역혁신사업의 추진을 위해 외국자본에 개방하는 경우 지역의 자립성과 주체성을 지키기가 어려워진다. 우리의 현실을 보더라도, 국가경제가 지구화에 깊숙이 편입되고, 신자유주의와 같은 시장경쟁이념이 지역경제 전반으로 침투하고 있어 지역경제에 대한 지방자치단체의 조절역량은 상대적으로 갈수록 위축되고 있다(조명래, 2004). 따라서 진정한 지역혁신을 위해서는 지역의 주체성과 자립성을 강화하고 지역공동체 전 구성원의 참여와 역량을 결집하기 위한 노력이 필요하다.

(2) 경제자유구역 선정

경제자유구역이란 국내의 여타 지역과는 차별화되는 제도를 특정 지역에 적용함으로써 외국 인력 및 다국적기업을 유치하기 위해 설정된 지역을 의미한다. 현재 부산진해지역, 인천지역, 광양만지역이 선정되어 있다. 이 지역에 대해서는 각종 세제지원, 자금지원, 행정지원 등이 다른 지역에 비해 매우 적극적으로 이루어진다.

그런데 이들 외국 기업에 대한 파격적인 지원으로 인해 지역에 부정적인 영향을 끼칠 우려도 높아지고 있다. '경제자유구역의지정및운영에관한법률'(경제자유구역법)에 의하면 외국 기업이 노동기본권을 제한하는 것을 허용하며, 환경오염에 대한 규제를 완화하고 있으며, 의료와 교육의 공공성을 훼손하는 것으로 나타난다. 고용 및 노사환경의 경우를 보면 월차유급휴가의 적용이 배제되며, 무급휴일 및 무급 생리휴가가 허용된다. 또한 경제자유구역위원회의 심의 의결을 거쳐 근로자파견업종 확대 및 파견기간의 연장이 가능하다. 또한 공장총량제 · 과밀부담금 부과 등의 수도권 규제가 완화되며, 중소기업 고유업종제 배제 및 국가유공자 · 장애인 · 고령자 등의 의무고용제가 배제된다. 의료부분의 경우 외국자본에 의한 외국인 전용 병원 · 약국의 설립이 허용되며, 의료자격에 대한 예외도 허용된다(우석균, 2004; 경제자유구역기획단 홈페이지 참조). 이러한 혜택들은 외국 기업 유치를 위해서는 유리하게 작용할 수 있으나 지역 유관분야의 상대적 박탈감, 외국인 기업 피고용자에 대한 보호 미흡, 주변 지역의 환경악화 등의 부작용을 가져올 가능성이 크다.

한편, 교육의 경우 초등교육을 포함한 전 교육을 외국 자본에 개방하고, 그 학교 입학에 대한 내국인의 제한을 금지한다. 또한 외국교육기관은 우리나라의 초중등교육법·고등교육법 및 사립학교법의 적용을 받지 않으며, 졸업생은 국내와 외국의 학력을 동시에 인정받을 수 있다. 이런 결과로 초국적자본이 국내인을 상대로 영리목적의 교육사업을 할 수 있게 되었으며, 외국교육기관의 졸업생은 입시특혜를 누리고 이를 해외유학의 통로로 활용하는 부작용을 가져올 수 있다는 점에서 비판받고 있다(진보정치, 2005). 이렇게 많은 특혜를 받는 외국교육기관이 설립되면 특수 계층을 위한 교육특구가 형성되어 외국학교-자립형사립학교-특목고-일반고-실업계고의 서열체제가 완성될 것으로 우려된다. 이는 지역 내의 기존 학교에게 타격을 주는 것은 물론 지역 내 교육기회의 불평등심화, 지역 내 계층간 위화감 조성 등 지역공동체에 부정적인 영향을 미칠 우려가 크다.

이상에서 살펴본 바와 같이 현재 세계화의 물결 속에서 보다 효율적으로 지역을 개발하기 위한 여러 가지 노력이 이루어지고 있다. 그러나 이러한 지역개발의 노력들은 경제적인 효과에도 불구하고 자칫 지역정체성의 상실, 지역 내 위화감 조성, 지역 내 사회적 약자에 대한 배려 부족 및 생태환경의 파괴를 가져올 우려를 갖고 있다. 즉, 세계화의 영향으로 인해 지역공동체가 더 강화되기보다는 오히려 지역공동체가 약화되거나 와해될 가능성이 더 큰 것이다. 따라서 지역공동체의 형성은 이러한 세계화의 문제점을 극복하는 것에서부터 시작된다고 볼 수 있다. 현대사회에서 진정한 의미의 지역공동체를 구현하기 위해서는 세계화의 문제점에 대한 근본적인 질문과 함께 그 대안을 모색하기 위한 노력이 필요하다.

2) 세계화가 지역교육에 미치는 영향

세계화는 삶의 각 영역에 직간접적으로 큰 영향을 미치고 있다. 이는 교육의 경우에도 마찬가지이다. 세계화는 국가간의 경쟁을 통해 교육의 수월성을 높이는 데 이바지하는 측면이 있다. 그럼에도 불구하고 지역의 관점에서 볼 때 세계화는 교육에 여러 가지 부정적인 영향을 미치고 있음도 부인할 수 있다. 이런 맥락에서 세계화가 지역교육에 미치는 영향을 살펴보면 다음과 같다.

먼저, 세계화는 서구중심의 획일적 교육이 이루어지게 한다. 즉, 각 나라와 각 지역의 특수성을 보존하고 발전시키기보다는 서구중심의 지식과 가치를 보편적인 것처럼 교육하게 되는 것이다. 따라서 다양성과 특수성은 존중받지 못한다.

> 단종재배의 세계화 경제에서 교육의 다양성이 살아남을 여지는 거의 없고, 누구에게나 맞게 만든 속옷 같은 교육과정이 획일적으로 적용된다. 이러한 지식의 균질화는 학교를 공항이나 모텔과 같이 점점 더 서로 닮아 가는 기관으로 만든다(Norberg-Hodge and ISEC, 2004: 101).

> 현대의 학교교육은 아이들이 자기들의 주위 상황을 거의 보지 못하게 하는 눈가리개의 역할을 한다. 아이들은 자기들의 자원을 사용할 줄도, 자신들의 세계에서 제 구실을 할 줄도 모른 채 학교를 떠난다. 학교는 전통적인 기술을 잊어버리는 곳이고, 더 나쁘게는 그것들을 경멸하는 곳이다(Norberg-Hodge and ISEC, 2004: 102).

이러한 세계화의 영향으로 아동들은 그들 자신의 고유한 문화와 자원에 자부심을 갖지 못하게 된다. 왜냐하면 학교에 있는 모든 것이 서구식 모델을 지향하기 때문이다. 또한 서구중심의 교육을 통해 개발도상국가의 지역주민들은 그들만이 갖고 있는 자원을 발견하여 효과적으로 활용하는 것보다는 서구사회에서 중시되는 자원을 추구하게 됨으로써 불리한 조건에서 치열한 경쟁을 하게 된다. 그 결과 대부분의 사람들은 가난에서 벗어나기 어려운 것이다 (Mander and Goldsmith, edit., 2001: 56).

둘째, 교육이 세계화 시장에 봉사하기 위한 수단으로 활용된다. 즉, 교육을 통해 지역의 주민들을 중앙집권화된 세계 경제에 적합하도록 훈련시키고 있는 것이다. 이는 우선 기업을 위한 인적자원 개발로서의 교육으로 나타난다.

> 현대 교육체계의 또 한 가지 기능은 기업이 지배하는 세계화 경제 안에서 일자리를 얻을 수 있도록 어린이와 청소년을 준비시킨다는 것이다. 기업들 역시 자기들이 노동력을 대량생산하기 위해 교육인프라에 의존한다는 사실을 기꺼이 인정한다. 많은 국가정부보다 더 부유해진 기업들이 교육인프라를 자신들의 특정한 필요에 맞출 수 있는 권리를 얻기 위해서 기꺼이 비용을 지불하는 경향이 점차 뚜렷해지고 있다(Norberg-Hodge and ISEC, 2004: 107).

또한 현대의 학생들은 경제적 세계화의 영향으로 현대교육을 통해 산업주의 세계관을 배우게 된다. 이러한 산업주의 세계관으로 인해 자연은 그 자체의 가치보다는 오직 사람에게 어떤 경제적 가치가 있는가에 의해 평가받게 되는 것이다.

셋째, 교육의 상업화와 교육기회의 불평등 심화이다. 교육이 경쟁에서 우위를 점하기 위한 수단으로 인식되기 시작하면서 사업으로서의 교육은 더 많은 기업과 기업가들에게 매력적인 대상이 될 수 있다. 더욱이 자유무역협정의 체결로 인해 교육시장이 개방되고 정부가 계약을 통해 민간부문으로 교육사업을 이양할 수 있게 됨에 따라 외국의 상업적 교육기관들이 우리나라 지역에 진출하여 영리적인 성격의 교육을 실시할 수 있는 길이 더욱 넓어지게 되었다. 그럼으로써 공공 교육기관과 영세한 지역 민간 평생교육기관들이 타격을 입게 된다. 특히 대학의 경우 대학에서 이루어진 연구의 결과를 상품화하거나 기업으로 이전하는 경우가 늘고 있다. 이에 따라 사회의 공익을 위해 무료로 개방되었던 지식이 이제는 사적인 이익을 위한 상품으로 전락한 것이다. 이와 관련하여 Barlow와 Robertson(2001: 92)은 기업의 후원을 얻는 대가로 지식을 상품화하는 현대사회의 대학을 다음과 같이 비판한다.

> 필요한 물품을 공짜로 얻는 대신에 대학들은 기업 후원자들에게 학생들에 대한 독점적인 접근권을 제공한다. 교수의 경우 기업의 투자를 끌어 올 수 있는 능력이 학문적 자격이나 교수 능력보다 더 중요하게 여겨지는 경우가 흔하다. 고등교육기관에 대한 지방정부와 연방정부의 보조금이 상업적인 배려와 연관되어 있는 경우도 점점 늘어나고 있다. 연방정부는 상업적으로 가능성이 있는 프로젝트를 진행하는 교수들에게 연구 기금을 제공한다. 그리고 연구 기금을 제공해 주는 기관들의 위임장에는 연구 기금이 기업에 직접적인 혜택을 주어야 한다고 명시되어 있다.

대학뿐만 아니라 각종 교육기관들이 상업화 경향을 띠고 있으며, 시장개방으로 인해 더욱 심화되고 있는 실정이다. 이러한 교육의 상업화 현상은 필연적으로 교육기회의 불평등 심화와 직결된다. 세계에서 가장 부유한 지역의 부자들은 고등교육 수준과 수업비용을 올림으로써 가장 빈곤한 지역과의 교육 격차를 벌리고 빈곤, 실업, 학습기회의 상대적 취약성에 기여한다(Isaak, 2006: 275).

이러한 비판들은 우리나라에도 이미 현실이 되어 그 정도가 더욱 심화되고 있는 실정이다. 예를 들어, 지역혁신을 위한 지방대학 역량강화사업(NURI)의 경우 기업이 요구하는 맞춤형 인재의 양성, 산학협력, 대학 연구결과의 산업화가 그 기조를 이루고 있다.

이러한 현상들은 교육의 본질에 대해 심각한 질문을 던지게 한다. 전통적으로 교육은 공공의 성격을 갖고 인류 공영과 사회공동체의 형성에 이바지하는 것을 주요 목적으로 삼아 왔다. 그러나 세계화의 영향으로 인해 교육은 점차 사적인 영역, 시장화의 대상으로 옮겨지고 있다. 또한 각 국가와 지역의 문화, 역사, 자연의 고유한 가치를 존중하기보다는 단일화, 표준화된 가치를 전 세계에 파급하는 결과를 가져오고 있다. 또한 교육 그 자체의 가치보다는 경제적 가치를 최우선시하는 경향을 부추기고 있다. 교양과 비판적인 안목을 갖춘 전통적인 지식인의 역할보다는 기능적 전문가의 역할이 강조된다. 이에 따라 학교는 전통적인 지역사회 학습공동체의 모습을 상실하고 점차 계약적인 지식전수기관의 성격을 띠게 되는 것이다.

이러한 모습은 평생교육이 보편화됨에 따라 평생교육의 경우에도 확산될 우려를 갖고 있다. 전통적으로 소외계층과 사회적 약자를 배려하고, 학습자의 다양하고 고유한 특성과 경험을 존중하며, 상호협력과 이해를 중시했던 평생교육은 세계화의 영향으로 인해 오히려 정반대의 방향으로 나아가는 위기에 처한 것이다. 따라서 이를 극복하고 평생교육의 본질을 회복하기 위해서라도 세계화에 대응하기 위한 평생교육자의 노력이 절실히 필요한 실정이다.

3. 세계화의 대안으로서 지역화의 의미와 성격

1) 세계화의 대안으로서 지역화의 의의

이와 같이 세계화는 여러 가지 면에서 부정적인 양상을 드러내고 있다. 그러나 최근에는 이러한 세계화의 문제를 극복하고 대안을 제시하고자 하는 움직임이 활발하게 이루어지고 있다. 그 한 예로 세계화에 관한 국제포럼(IFG)은 반세계화 진영을 대표하는 25개국 60여 개 시민단체의 네트워크로서 1999년 대안 태스크포스를 구성해 세계화에 대한 대안을 모색하였다(IFG, 2003: 15). 그들은 현재 진행되고 있는 기업 주도의 세계화 추세가 결코 불가피한 것이 아니며 더 나은 대안의 세계를 만들 수 있다는 신념 아래 세계화가 초래하는 부정적 파급 효과들을 폭로하고 그에 대한 실질적 대안을 모색하고 있다. 이와 관련하여 세계화로 인해 발생하는 문제점을 극복하고 지속가능한 사회를 위한 10가지 원칙을 다음과 같이 제시하였다. 그 내용을 정리하면 <표 4-3>과 같다.

이러한 세계화의 문제점을 극복하고 지속가능한 사회를 형성하기 위한 대안으로 제시되고 있는 것이 곧 '지역화'(localization)이다. 그들이 제시하는 반세계화를 위한 공동의 대안은 기본적으로 지속가능한 사회를 만들기 위해 각국 정부가 세계화보다 지역화를 촉진하는 방향으로 각종 정책을 채택하도록 하는 것이다(IFG, 2002). 지역화의 특징에 대해 세계화 국제포럼(IFG)은 다음과 같이 말하고 있다.

> 지역화란 모든 정책에서 지역을 차별적으로 강화시키는 방향으로 적극적으로 나아감으로써 세계화 추세를 역전시키고자 한다.…지역화 정책이란 공동체나 국가로부터 민주적인 통제권을 빼앗아 간 세계 제도나 기구로부터 그것을 다시 빼앗아 공동체나 국가에 되돌려 주는 정책을 말한다. 이런 지역화 정책은 국가, 지역 정부, 공동체로 하여

<표 4-3> 지속가능한 사회를 위한 10가지 원칙

원 칙	내 용
1. 새로운 민주주의	생활과 직결된 모든 문제들에 대하여 어떤 의사결정이 이루어질 때 그 결정으로 인해 모든 비용을 담당할 사람에게 투표권을 주는 생활 민주주의 구조가 창출되어야 한다.
2. 부차성(副次性: subsidiarity)	모든 결정은 그 결정을 담당하고 책임질 능력이 있는 가장 낮은 수준의 단위(개인, 지역)에서 내려져야 한다.
3. 생태적 지속가능성	경제활동이 미래 세대나 지구 환경을 훼손하지 않아야 하며, 자연의 자원을 활용할 때 이를 복원·대체할 수 있는 조치를 마련해야 한다.
4. 공동자산의 공적 보존	모든 공적 자산은 공적인 이익을 위해 사용되어야 하며, 누구든지 개인 생계권의 차원에서 공동 자산에 대한 소유권을 행사할 경우 모든 사람들을 대신한 재산관리인인 것처럼 행동해야 한다.
5. 다양성의 존중	활력과 탄력성 그리고 창조의 능력을 갖기 위해서 문화적, 생물학적, 사회적, 경제적 다양성이 존중되어야 한다.
6. 인권의식의 확대	시민적, 정치적 인권뿐만 아니라 경제적, 사회적, 문화적 인권까지 포함하는 폭넓은 '인권'보호가 필요하다.
7. 직업, 생계, 고용의 보장	모든 사람은 일할 권리, 직업을 자유롭게 선택할 권리, 공정하고 좋은 노동조건을 보장받을 권리, 실업으로부터 보호받을 권리를 가진다.
8. 식량의 안정적 공급과 안전성	공동체와 국가가 안정되려면 지역주민이나 국민들에게 충분한 식량이 공급되어야 하고, 특히 국가단위로 식량자급이 이루어져야 한다.
9. 형평성	민주주의를 신장시키고 공동체의 지속가능성을 강화하기 위해 국가들 사이와 개별 국가 내부의 형평성을 증진시켜야 한다.
10. 예방의 원칙	어떠한 행동이나 제품이 사람의 건강이나 환경에 잠재적으로 해악의 위협을 제기할 경우에는 과학적으로 확실하지 않다고 하더라도 그것을 억제하거나 금지하기 위한 예방조처가 취해져야 한다.

출처: IFG, 이주명 역(2002), 『더 나은 세계는 가능하다: 세계화 비판을 넘어 대안으로』, pp. 96-123에서 정리.

금 그들의 경제를 되찾아 다양하게 가꿔 나가고, 공동체적인 삶의 안정성을 재구축하는 것을 가능하게 해 준다. 뿐만 아니라 지역화 정책은 국가의 지역의 자립을 보다 지속가능한 형태로 달성할 수 있게 해주기도 한다(IFG, 2002: 172).

이런 맥락에서 볼 때 지역화란 가능한 한 작은 단위의 공동체에 의해 자립적으로 삶을 영위해 나가는 것이다. 이러한 지역화는 그동안 경제적 세계화를 통해 나타난 각종 부정적인 측면을 치유할 수 있는 기초가 된다. 이런 의미에서 지역화와 세계화는 양립할 수 없는 이념적 대척점에 존재한다. 왜냐하면 지역화가 기본적으로 지역의 자립성과 정체성을 추구하는 것에 비해 세계화는 전 지구의 단일 시장화와 서구중심의 보편적인 가치를 지역에 확산하고자 하기 때문이다. 이에 따라 지역은 세계에 종속되게 된다. 그런 의미에서 '지역화'는 세계화에 부응하는 '지방화'와는 지향하는 바가 다르다. 즉, 지방화가 세계화에 적응하기 위한 지역의 생존전략이라면 지역화는 세계화를 극복하기 위한 전략이라고 할 수 있는 것이다.

그러나 지역화가 추구하는 자립이 곧 세계와의 고립을 의미하는 것은 아니다. 앞에서 살펴본 바와 같이 지역화 관점에서 세계에 대한 입장은 세계화가 아니라 세계시민주의(cosmopolitanism)의 관점이다. 지역의 독자성을 존중하면서도 지역과 국가 간의 협력을 강조하는 전통적 의미의 세계시민주의는 지역화와 양립 가능하며 상호보완적이다. 지역화의 관점에 의하면 자급자족적 경제를 유지하면서도 세계시민주의적인 사유와 다른 세계와의 부단한 교류를 통해 각각의 공동체 내에서 성원들의 주체 인식을 강화해 갈 수 있다는 것이다(최협 외, 2001: 44). 이러한 세계시민주의적 관점에 따라 전통적으로 유네스코를 중심으로 국제이해교육이 강조되어 왔다. 국제이해교육은 단지 국가간의 이해나 협력이란 차원을 넘어 인구·실량·자원·환경·에너지 등과 같은 전 지구적 문제들을 협력 및 평화, 인권존중의 원칙에 따라 상호의존적으로 해결할 것과 세계공동체의식을 강조하고 있다(정두용, 2005: 482).

이와 같이 지역화와 세계주의의 공존은 모든 지역이 주체성과 자립성에 기초하여 그들만의 고유한 문화적, 생태적 자산을 통해 인류의 보편적인 평화와 발전에 이바지하는 책임을 완수함을 의미한다. 그런 점에서 지역화는 다양성과 상호존중을 통해 창조적으로 세계 평화와 발전에 이바지한다고 볼 수 있다. 이것이 바로 "가장 지역적인 것이 가장 세계적인 것이다" "세계적으로 생각하고, 지역적으로 실천하라"라는 구호들의 진정한 의미라고 할 수 있다.

2) 지역화를 위한 지역공동체의 실천 과제

앞에서 살펴본 바와 같이 세계화의 폐해를 극복하기 위한 대안으로 지역화의 원리를 활용할 수 있다. 지역화의 기본 원리는 크게 주체성의 존중, 민주주의의 원리, 생태의 중요성 등이다. 이러한 지역화의 원리는 필연적으로 지역공동체와 밀접한 관계를 갖고 있다. 이와 관련하여 지역화를 실현하기 위한 지역공동체의 실천 과제를 살펴보면 다음과 같다.

(1) 지역주민의 주체성 강화

현재 세계화의 추세 속에서 중앙정부 및 광역정부의 위상이 약해지고 있는 추세이다. 그 빈틈을 지역의 지배층이 장악할 수 있다. 그러나 진정한 의미의 지방자치는 지방정부의 통치역할을 보완하는 시민자율통치에 의해 이루어져야 한다. 앞에서 살펴보았듯이 새로운 민주주의와 부차성의 원칙에 따라 모든 결정은 그 결정을 담당하고 책임질 능력이 있는 가장 낮은 수준의 단위에서 내려져야 한다. 지역공동체들이 각자 스스로가 선호하는 경제 · 정치의 진로를 결정하고 그 과정을 통제할 힘을 회복할 수 있어야 하며, 이를 실현시켜 주는 조건을 복원해야 한다. 또한 그 지역의 중요한 사항이 부재소유자들에 의해서가 아니라 지역주민들에 의해 결정되어야 한다.

(2) 지역의 차별성 강화

그 지역만의 고유한 전통문화, 생물, 자연을 보존하고 발전시켜 지역의 고유한 정체성과 공동체 의식을 강화해야 한다. 인류의 풍부하고 다양한 경험이나 잠재력은 문화다양성으로 나타나고 그것은 다시 더 높은 수준의 사회적, 지적, 정신적 성취로 가는 데 필요한 창조적 혁신을 자극하는 일종의 문화적 유전자 공급원이 된다. 따라서 각 지역의 고유한 특성을 유지하고 발전시킴으로써 전 세계적으로 더 우수하고 생명력 있는 문화를 발전시킬 수 있도록 하기 위한 지역공동체의 노력이 필요하다.

(3) 지역자산의 공유성 강화

어느 지역이든 토지, 공기, 강, 해양, 동식물, 공동의 역사와 문화유산 등 지역 공동의 자산을 가지고 있다. 최근에는 방송주파수 대역이나 인터넷, 지역에서 개발된 특별한 기술·정보·교육제도·행정서비스 등도 공동자산에 포함된다(IFG, 2002: 130-131). 그러나 최근에는 이러한 공동자산들이 개인이나 기업에 의해 상업적으로 활용되는 경우가 늘고 있다. 이러한 지역의 공동자산은 더 이상 개인이나 기업의 사적인 목적을 위해 사유화되거나 남용되어서는 안 된다. 즉, 이러한 자산들은 공동체 전체를 위해 공평하고 책임감 있게 활용되어야 한다. 또한 지역경제의 성과와 산출물이 그 지역의 교육제도나 공동체 기반 시설에 재투입되고 더 부유한 지역으로 인재들이 빠져나가지 못하도록 해야 한다(Isaak, 2006: 307).

(4) 지역경제의 자립성 강화

지역주민을 위한 지역적인 생산을 강조하고 자연환경의 보호를 우선하는 지역에서는 간디식의 자급자족 경제학 원칙들이 지금도 적용되고 있다.

> 산업국가에 사는 사람들은 아직도 대부분 받아들이기 어려워하지만, 사실 경제적 세계화보다 더 나은 해답은 부분적으로나마 자급자족을 할 수 있는 다양한 소규모 경제체제들을 활성화시키는 것이다(Mander and Goldsmith edit, 2001: 32-33).

지역화를 위해서는 생산, 노동, 시장이 지역적일 수 있는 곳에서는 그렇게 되도록 허용해야 한다. 국제무역・지역간 무역・지역 내 교역은 앞으로도 계속 유지되어야 하지만, 각각 무역 또는 교역 자체가 목적이 되어서는 안 된다. 지역화의 관점에서 교역은 지역에서 최후의 수단으로 활용되어야 한다. 특히 식량의 경우는 자급자족이 지역화의 차원에서 매우 중요하다.[4]

3) 지역화의 관점에 의한 지방분권과 지역혁신의 원리

앞에서 제시한 지역화의 실행원리는 현대사회에서 지역과 관련하여 가장 중요한 과제로 떠오르고 있는 지방분권과 지역혁신의 성공을 위한 중요한 지침이 된다.

---

4) 지역화를 주장하는 이들에 의하면 지역화를 추구하는 것이 곧 무역 자체를 반대하는 것은 아니다. 이들은 빈국에게 불리하게 작용하는 '자유무역'(Free Trade)에는 반대하지만 빈곤층과 사회 전체의 경제여건을 개선하는 무역질서로서의 '공정무역'(Fair Trade)은 증진시키고자 한다(IFG, 2002: 19-20).

원래 지방분권과 지역혁신은 현대사회에서 세계화에 적극적으로 대응하기 위한 전략으로 부각되는 측면이 강하다. 그러나 지역공동체의 관점에서 볼 때 지방분권과 지역혁신은 지역화의 관점에서 추진되어야 한다. 왜냐하면 지방분권과 지역혁신은 세계화의 문제점을 지역에까지 확대 재생산하는 매개가 될 수 있기 때문이다. 이와 관련하여 김형기(2004b: 6-7)는 지방분권, 지역혁신을 위한 바람직한 대안적 지역발전의 원리로 참여-연대-생태의 가치를 제시한다. 여기서 참여(participation)란 지방정부의 정치, 경제, 문화 등 각종 정책결정과 정책평가과정에 지역주민이 일정한 형태로 참가하여 풀뿌리 민주주의가 실현되는 것을 말한다. 한편, 연대(solidarity)는 시장경쟁에서 탈락하거나 불리한 처지에 있는 사람들도 인간답게 살 수 있는 최저한의 조건이 보장됨으로써 더불어 사는 공동체가 형성되는 것을 의미한다. 또한 생태(ecology)는 생태계 보전을 통해 지속가능한 발전을 추구하는 것이다. 이를 바탕으로 지역공동체의 관점에서 지방분권과 지역혁신의 원리를 살펴보면 다음과 같다.

먼저, 지방분권과 지역혁신은 지역공동체 전 주민의 참여를 통해 이루어져야 한다. 주민참여 없는 지방분권과 지역혁신은 지방정부 관료와 토호, 지역자본가들의 권력과 부만 강화할 것이다. 이는 부차성의 원칙에 어긋난다. 따라서 지방분권은 주민자치적인 풀뿌리 민주주의와 결합해야 하며, 지역혁신도 소수 엘리트중심이 아닌 전 주민의 역량을 함께 모아 이루어져야 한다. 즉, 민주적인 지역공동체 지향적 지방분권과 지역혁신이 이루어져야 하는 것이다.

둘째, 지방분권과 지역혁신은 지역주민과의 연대를 통해 이루어져야 한다. 지방분권은 지역의 소외계층에게 더욱 효율적으로 다가가기 위한 수단으로 활용되어야 한다. 또한 연대 없는 지역혁신은 소수의 엘리트만을 위한 혁신이 될 것이다. 이는 인권과 형평성의 원칙에 어긋난다. 따라서 지방분권과 지역혁신의 성과가 공동체 실현의 관점에서 지역주민들에게 골고루 배분되는 메커니즘이 구축되어야 한다.

셋째, 지방분권과 지역혁신은 생태계의 보전을 전제로 하여야 한다. 생태계를 파괴하는 지방분권과 지역혁신은 지속적인 지역발전을 불가능하게 할 것이다. 이는 지역화가 추구하는 생태적 지속가능성의 원칙에 어긋난다. 생태를 지향하지 않는 지방분권은 모든 인류가 같이 누려야 할 공유자산을 지역만의 이익을 위해 활용하는데 앞장설 수 있다. 또한 생태를 지향하지 않는 지역혁신은 성장의 대가로 환경파괴와 자원의 남용을 가져온다. 따라서 지속가능한 지역발전을 위해서는 생태보전을 지향하는 지방분권과 지역혁신이 되어야 한다.

현실적으로 세계화에 부응하기 위한 지역의 적응은 주민자치 없는 지방분권과 엘리트중심의 지역혁신, 외국 자본에 종속적인 경제자유구역 등의 모습으로 나타나고 있다. 이러한 접근방식은 세계화시대에 지역이 순발력 있게 적응하기 위한 전략이지만 지역공동체 측면에서는 부정적인 영향을 미친다. 현대사회에서 중시되는 지방분권과 지역혁신은 지역화의 원리에 입각해 추진되어야 한다. 그럴 때 비로소 진정한 의미의 지역공동체의 형성에 이바지할 수 있는 것이다.

4) 지역화와 평생교육과의 관계

이상에서 살펴본 바와 같이 세계화와 이에 대응하는 지역화는 평생교육과도 밀접한 관계를 가지고 있다. 세계화 또는 지역화는 평생교육에도 커다란 영향을 미치고 있으며, 반면 평생교육이 세계화나 지역화에 영향을 미칠 수도 있는 것이다.

세계화는 두 가지 상반된 관점에서 지역의 중요성을 부각시켰다고 볼 수 있다. 하나는 세계화에 부응하기 위한 지역의 적응이고, 하나는 세계화의 폐해를 극복하기 위한 지역의 대안제시이다. 전자는 세계화와 지방화가 양립 가능하다는 의미를 나타내는 '세방화'(世方化: glocalization)로 표현될 수 있고(곽삼근, 2005), 후자는 세계화와 대립되는 개념으로서의 '지역화'(localization)로 표현될 수 있다. 후자의 관점에서 볼 때 세계화와 지역화는 양립할 수 없다.

이러한 흐름들은 지역 평생교육에도 직접적인 영향을 미치고 있다. 현재에도 지역에는 여러 가지 경향의 평생교육이 이루어지고 있다. 즉, 세계화에 부응하기 위해 세방화를 추구하는 평생교육의 경향도 있는 반면 세계화와 반대되는 입장에서 지역화를 추구하는 평생교육도 존재하고 있다. 그런데 외형적인 면에서 볼 때 지역 평생교육은 점차 세계화에 부응하는 평생교육의 양상을 강하게 드러내고 있다. 이는 우리나라가 IMF 사태 이후 급격하게 신자유주의의 영향을 받는 것과 무관하지 않다. 최근 국가가 주도하는 평생교육은 지역혁신·지역인적자원개발 등 국가경쟁력 향상을 위한 평생교육이 주류를 이루고 있고, 그 이외의 영역은 주로 시장의 논리에 의해 실시되고 있다. 그런 의미에서 지역혁신·지역인적자원개발 등과 같은 지역 평생교육정책의 활성화나 영리적 성격을 가진 지역 평생교육기관의 증대는 세계화와 맥을 같이하는 신자유주의적 교육정책이 전개되는 과정에서 나타나는 필연적인 결과라고 할 수 있다. 그러나 이러한 세계화와 신자유주의의 영향으로 지역에서도 사회적 양극화가 나타남에 따라 지역공동체의 형성이 어려워지게 된다. 또한 이러한 원리에 입각한 지역 평생교육은 궁극적으로 지역공동체의 형성에 이바지하기보다는 의도하지 않았다 하더라도 오히려 지역공동체의 와해를 초래하는 결과를 가져올 수 있다.

반면, 세계화에 반대하고 지역화를 추구하기 위한 평생교육도 존재하고 있다. 그러나 신자유주의와 무관하게 지역공동체를 지향하며 교육복지 차원에서 교육서비스를 제공하는 공공평생교육기관들은 양적인 면에서나 재정적인 면에서 매우 미흡한 실정이다. 지역화를 추구하는 평생교육은 사실 지역기반 NGO나 주민조직 등을 통해 자생적으로 일어나고 있는 것이 일반적이고 할 수 있다. 왜냐하면 지역사회에서는 산업화의 영향에도 불구하고 전통적인 지역공동체의 문화와 사상이 남아 있기 때문이다. 또한 평생교육의 역사를 돌이켜 볼 때 대부분의 평생교육활동들은 오늘날의 관점에서 볼 때 지역화를 지향하는 평생교육활동이었다고 볼 수 있다. 학습자의 주체성과 평등한 학습권을 존중하고, 학습자의 실제 삶과 경험을 중시하며 민주주의의 원리와 공동체, 인간의 전인격적 성장을 강조하는 평생교육의 전통은 주로 경제적 가치를 최우선으로 추구하며 무한경쟁과 사회적 불평등을 가져오는 세계화와 잘 부합되지 않는 성격을 가진다. 오히려 전통적인 평생교육은 지역주민의 주체성 강화, 지역의 차별성 강화, 지역자산의 공유성 강화, 지역경제의 자립성 강화를 지향하는 지역화의 원리와 보다 자연스럽게 부합된다.

이런 맥락에서 볼 때 지역화를 지향하는 평생교육은 곧 진정한 의미의 평생교육 원형을 회복하는 길이기도 할 것이다. 그럼에도 불구하고 이러한 평생교육은 지역 평생교육의 이론과 실천에서 크게 주목받지 못하고 있는 실정이다. 다음 장부터 다루고자 하는 지역공동체 평생교육은 바로 이러한 지역화를 지향해 왔던 평생교육에 대한 새로운 발견이자 현대사회에서 진정한 의미의 지역공동체를 형성하기 위한 평생교육의 새로운 시도라고 볼 수 있다.

제 3 부

지역공동체 평생교육의 성격과 원리

제 5 장

지역공동체 평생교육의 개념과 성격

1. 지역공동체 평생교육의 개념
2. 지역공동체 평생교육의 성격과 구조
3. 지역공동체 평생교육의 목적과 실천 유형

제 5 장 지역공동체 평생교육의 개념과 성격

지역공동체 평생교육은 지역공동체와 평생교육의 관계 속에서 이루어진다. 목적, 내용, 방법, 대상 등 지역공동체와 평생교육이 무엇을 매개로 접맥되느냐에 따라 지역공동체 평생교육의 구체적인 성격이 달라진다. 그럼에도 불구하고 지역공동체 평생교육은 지역공동체를 지향하며 지역공동체에 의해 교육이 이루어진다는 점에서 단순히 지역에서 이루어지는 평생교육과는 큰 차이가 있다.

이 장에서는 지역공동체와 평생교육과의 관계를 중심으로 지역공동체 평생교육의 개념, 목적, 역사적 사례, 지역공동체 평생교육의 의의, 지역공동체 평생교육의 유형에 대해 살펴보고자 한다.

1. 지역공동체 평생교육의 개념

1) 지역과 공동체적 관점에서의 평생교육의 유형화

앞에서 살펴보았듯이 현대사회에서 지역공동체의 중요성은 더욱 커지고 있다. 이와 관련하여 지역을 기반으로 하는 여러 가지 유형의 평생교육활동들이 활발하게 수행되고 있다. 그런 중에서 세계화로 인한 문제를 극복하고 진정한 의미의 지역공동체를 구현하기 위한 평생교육의 필요성도 제기되고 있음을 살펴보았다. 여기서는 현대사회가 요구하는 지역공동체를 지향하는 평생교육을 '지역공동체 평생교육'(local community lifelong education)이라 명명하고 그 개념에 대한 구체적인 논의를 하고자 한다. 여기서는 먼저 평생교육의 전체 영역을 '지역성'과 '공동체성'이라는 기준으로 유형화해 봄으로써 '지역공동체 평생교육'의 개념을 모색해 보고자 한다.

먼저 지역성의 측면에서 볼 때 평생교육은 지역과 밀접한 관계를 맺고 이루어지는 경우와 지역의 특성과 큰 관계없이 보편적으로 이루어지는 경우로 나누어 볼 수 있다. 평생교육이 지역과 밀접한 관계를 맺고 이루어지는 경우는 지역을 기반으로 지역의 특성에 맞는 평생교육이 이루어지는 경우를 말한다. 한편, 평생교육이 지역과 큰 관계없이 이루어지는 경우는 지역의 특성에 대한 특별한 고려없이 전국적, 또는 국제적인 차원에서 구축된 교육과정, 행정체계, 원격교육 시스템에 의해 교육이 실시되거나, 학습결과의 인증과 활용이 지역을 초월하여 통합적으로 이루어지는 경우를 말한다. 또한 지역과 특별한 관계없이 보편적인 가치를 다루는 시민교육이나 일반적인 기업교육활동도 여기에 포함된다고 볼 수 있다.

한편 공동체성의 측면에서 평생교육을 분류하면 공동체를 지향하는 평생교육과 공동체와 무관하거나 심지어 공동체를 파괴하는 평생교육으로 나누어 볼 수 있다. 공동체를 지향하는 평생교육은 공동체 사회의 구현과 구성원간의 공동체적 관계를 중요시하는 평생교육을 의미하며, 반면 공동체 무관 평생교육은 사회적 통합보다는 개인적인 이익을 추구하며 계약적인 관계를 통해 실시되는 평생교육을 말한다.

이런 맥락에서 볼 때 평생교육은 지역을 기반으로 하는가의 여부와 공동체를 지향하는가의 여부에 따라 네 가지 유형으로 나누어 볼 수 있다. 즉, ① 지역성과 공동체성을 동시에 추구하는 경우, ② 지역을 기반으로 하지만 공동체적 가치와는 큰 관계가 없는 경우, ③ 공동체적 가치는 추구하지만 지역과는 밀접한 관계가 없는 경우, ④ 지역성과 공동체성 모두 두드러지지 않은 경우이다. 이 중에서 ① 지역성과 공동체성을 동시에 추구하는 평생교육이 바로 지역공동체 평생교육이라고 할 수 있다. 나머지는 각각 ② 지역기반 평생교육, ③ 일반공동체 평생교육, ④ 일반 계약적 평생교육으로 지칭할 수 있다.

이와 같이 지역공동체 평생교육은 일정한 지역을 중심으로 지역주민들 주도로 지역문제 해결, 지역정체성 확립, 공동체의식 함양 등이 이루어지는 평생교육을 말한다. 반면, 지역기반 평생교육은 지역을 기반으로 하되 공동체와 무관한 평생교육으로서 지역공동체 형성이나 지역공동체의 참여보다는 지역행정 차원에서 추진되는 지역 공공평생교육사업, 엘리트중심의 참여와 경제적 효율성을 중시하는 지역혁신 또는 지역인적자원개발 평생교육 등을 그 예로 들 수 있다. 또한 지역과 밀접한 관계를 맺고 지역의 사회적 · 자연적 특성에 맞는 교육내용이나 방법과 경영전략을 활용하되 공동체적 가치보다는 영리적인 가치를 추구하는 지역기반 영리적 평생교육의 경우도 여기에 포함된다고 할 수 있다. 그런 의미에서 이때의 지역은 물리적 공간으로서의 'local'이나 'region'이라고 할 수 있다.

한편, 일반공동체 평생교육은 특정한 지역과 밀접한 관계를 맺고 있지는 않지만 일반적인 차원에서 공동체를 지향하는 평생교육을 말하며, 중앙단위 시민단체나 국가에서 실시하는 시민교육, 중앙단위 공공평생교육, 소외계층 지원 평생교육사업 등을 그 예로 들 수 있다. 또한 인터넷을 활용한 학습공동체활동도 여기에 포함된다고 할 수 있다. 반면, 일반 계약적 평생교육은 특별히 지역과 밀접한 관계를 갖고 있지도 않고 공동체 형성과도 관계가 없는 평생교육으로서, 기업형 원격교육이나 프랜차이즈형식의 영리적 평생교육 등을 그 예로 들 수 있다.

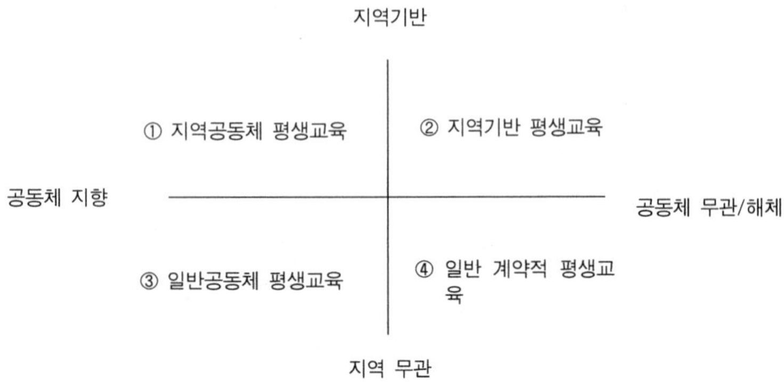

<그림 5-1> 평생교육의 유형화

이상에서 언급한 평생교육의 유형을 그림으로 나타내면 <그림 5-1>과 같다.

2) 지역공동체 평생교육과 기존 평생교육과의 차이점

이와 같이 지역공동체 평생교육은 현존하는 여러 가지 유형의 평생교육 중에서도 지역을 기반으로 공동체적 원리에 의해 실시되는 평생교육이라고 할 수 있다. 이러한 지역공동체 평생교육은 지역공동체가 가지고 있는 본질적인 가치의 회복과 더불어, 최근 세계화의 폐해를 극복하기 위한 대안으로의 지역화를 지향한다. 즉, 전통적인 지역공동체성을 현대사회에서 되살림과 동시에 세계화의 폐해를 극복하기 위한 대안을 지역공동체에서 찾는 것이다. 그런 의미에서 지역공동체 평생교육은 단순한 과거로의 회귀를 목적으로 하는 것이 아니라 현대사회의 문제를 지역공동체 형성을 통해 해결하기 위한 시대적 과제를 가지고 있다고 볼 수 있다.

이러한 지역공동체 평생교육은 현대에 들어 새롭게 나타난 특별한 형태의 평생교육이 아니라 과거부터 그 맥을 이어 왔다고 볼 수 있다. 산업사회로 접어들면서 지역이 단지 행정구역의 의미밖에 가지지 못하고, 대부분의 평생교육이 그와 같은 편의상의 행정구역에 의해 형식화될 때도 지역공동체 평생교육은 지역공동체의 삶 속에서 그 명맥을 이어 왔다고 할 수 있다. 그 후 '지방자치' '지방분권' '지역혁신' 등이 새삼 강조되며 지역의 평생교육이 유행처럼 특정한 방향으로 이끌려 갈 때도 지역공동체 평생교육은 여전히 지역주민들의 삶 속에서 도도히 그 흐름을 이어 갔다. 더 나아가 미래에도 지역을 중시하는 움직임들이 일종의 붐처럼 조성되다 성과 없이 사라진다고 하더라도 여전히 지역공동체를 기반으로 하는 평생교육은 계속될 것이다. 왜냐하면 지역은 어떠한 외적 가치의 부침에도 불구하고 결국 공동체를 추구하는 가장 기초적인 삶의 터전이었기 때문이다.

이러한 지역공동체 평생교육은 기존에 지역에 존재하고 있는 여러 가지 유형의 평생교육과 성격상 차이가 있다. 기존에 지역을 기반으로 존재해 왔던 영리적 성격의 평생교육기관이나 정부 주도의 평생교육기관들이 주로 평생교육의 형식화, 제도화, 산업화를 지향해 왔다면 지역공동체 평생교육은 지역주민들의 일상적인 삶에 밀착해서 그들의 욕구를 충족시키고 함께 지역사회를 변화시키는 운동지향성을 추구해 왔다고 볼 수 있다. 지역공동체 평생교육은 항상 새롭게 제기되는 지역문제에 접근한다. 따라서 기존 지역 평생교육의 발전 척도가 프로그램의 세련성·양적 증가·유자격 평생교육전문가의 배치·학습결과의 인증 정도와 같은 형식화 또는 제도화의 정도인 것에 비해, 지역공동체 평생교육의 발전 척도는 오히려 기존의 제도화의 한계에서 벗어나 지역주민들의 실제 삶의 밑바닥에서부터 새롭게 제기되는 욕구와 문제에 민감하고 신속하게 반응하여 도움을 주는 정도 그리고 지역공동체 의식에 기여하는 정도

<표 5-1> 일반 지역 평생교육과 지역공동체 평생교육과의 비교

구 분	일반 지역 평생교육	지역공동체 평생교육
지향점	개인학습자의 성취 경제개발, 국가통합	학습을 통한 공동체 형성 및 지역공동체 문제해결 중시
교육내용	특정 지식이나 기술 자체	지역공동체와 관련된 지식과 기술
접근방식	학습자가 찾아오는 교육	학습자의 삶으로 찾아가는 교육
생활과의 관계	생활과 분리된 교육	총체적 생활 속의 교육
제도에 대한 관심	기존 제도의 적극 활용	기존 제도의 한계 극복
활동성향	보수적, 안정지향	개혁적, 운동지향
교육의 주도자	전문성을 갖춘 교육자	지역주민 주도
교육자	유자격증 평생교육전문가	생활운동가
평가준거	교육프로그램의 체계화, 전문화	지역학습공동체 형성 정도
학습결과 활용	인증을 통한 전국적 차원의 활용	지역공동체 내 인정, 활용

라고 할 수 있다. 즉, 지역에서의 복지활동, 건강학습, 생활인으로서의 자립을 위한 학습, 지역문화의 창조 등이 중시되어야 하는 것이다(김문환, 2005: 21). 이는 곧 지역 차원에서 학습과 운동이 통일되는 것을 의미한다. 이와 관련하여 일반 지역 평생교육과 지역공동체 평생교육을 비교하면 <표 5-1>과 같다.

3) 지역사회교육과 지역공동체 평생교육과의 관계

이러한 지역공동체 평생교육은 전통적으로 평생교육학에서 중요하게 다루어져 왔던 '지역사회교육'(community education)의 개념과 밀접한 관련을 갖고 있다. 지역사회교육의 가장 대표적인 개념 정의를 살펴보면 다음과 같다.

> 지역사회교육이란 지역사회 모든 주민들의 교육적 필요에 대비함으로써 전체 지역사회에 봉사하는 철학적 개념이다. 그것은 긍정적인 지역공동체 개념을 발전시키고 지역사회생활을 개선하며 지역사회의 실현을 목적으로 지향하면서 지역사회의 과정을 발전시키고자 노력한

다. 그리하여 지니고 있는 지역사회의 자원을 지역의 문제해결에 효과적으로 관련시키는 촉매기관으로 봉사할 수 있도록 지역의 학교를 활용하는 것이다(이순형 편저, 1989: 180).

하나의 원리로서의 지역사회교육은 곧 지역공동체를 지향하며 지역공동체와 더불어 이루어지는 교육이라고 할 수 있다. 여기에는 지역공동체 형성과 지역공동체의 주체적 참여라는 의미가 담겨 있다. 이런 점에서 지역공동체 평생교육도 넓은 의미의 지역사회교육의 범주에 포함된다고 볼 수 있다. 그러나 지역공동체 평생교육은 지역사회교육이 가지고 있는 개념상의 한계를 극복하고 보다 분명한 의미를 반영하고 있다.

첫째, 지역공동체 평생교육은 학교교육의 차원을 벗어나 평생교육의 차원에서 지역사회를 조망한다는 점에서 기존의 '지역사회교육'보다 분명한 의미를 가진다. 일반적으로 전통적인 의미의 지역사회교육은 여전히 학교중심으로 생각한다는 점에서 한계가 있다. 'community education'이라는 용어가 북미, 영국 등지에서는 다소 학교중심의 관료적 · 제도적 · 하향식 모델로 인식되고 있는 것도 사실이다(Smith, 1994: 20; Poster and Krüger, edit, 1990). 초창기 지역사회교육의 역사는 전통적 학교에 일련의 새로운 프로그램을 부가하는 것이면서 학교의 역할 확대라는 하나의 새로운 교육철학으로 발전되어 나갔다.

지역사회교육은, 말하자면, 학교가 지역사회 수준에 있어 개인이나 지역사회의 문제해결을 위한 역동적 봉사체제로 이를 지원하고자 다른 기관과 제휴하여 실천하는 공교육의 역할 확대를 강조하는 개념이라 할 수 있다(이순형 편저, 1989: 144).

지역사회교육에서는 다른 기관들도 지도력을 주도하고 지원할 필요가 있다. 그러나 프로그램을 수행함에 있어서는 학교를 통해 추진되는 것이 훨씬 효율적이라고 믿는다. 왜냐하면 학교는 어느 지역사회에나 존재하는 중추기관이며, 또 지역의 중심적인 자리에 위치하여 주민들과 중립적인 관계에 있다고 보기 때문이다(이순형 편저, 1989: 146).

이런 맥락에서 학교는 전통적인 의미의 교육 이외에 학교시설의 개방, 성인교육프로그램 운영 등의 역할을 수행하게 된다. 또한 교사는 지역사회교육자로서 학교 밖에서 이루어지고 있는 여러 프로그램들에 대해서 정통해 있어야 하며, 지역사회와의 접촉과 특별 프로그램을 위한 계획 등에서 주민을 설득한다든지 기관간에 이해관계를 조정하는 역할을 추가로 수행해야 한다.

이와 같이 지역사회교육은 학교의 역할을 기존의 학교교육중심에서 지역주민들을 위한 평생교육의 차원까지 확대시켰다는 점에서 의의가 있다. 그러나 지역공동체 평생교육의 관점에서 볼 때 기존의 지역사회교육은 본질적으로 지역사회학교와 맥을 같이해 왔다는 점에서 개념상 태생적인 한계가 있다. 이는 지역사회교육이 기본적으로 학교의 역할 확대와 관련해서 이해되었기 때문이다. 그러나 다원화된 현대사회에서 학교에 지역을 위한 평생교육의 주도적 역할을 기대하기는 어렵다. 물론 학교도 일정부분 학교시설과 인적자원을 활용하여 지역사회를 위한 평생교육에 기여할 수 있다. 그러나 현대사회에서 학교 자체가 평생교육을 전문으로 실시하는 대표적인 지역 평생교육조직이라고 보기는 어렵다. 현대사회에서는 이미 지역주민을 위해 평생교육을 전문적으로 실시하는 많은 조직들이 존재한다. 또한 평생교육을 주된 목적으로 표방하지 않더라도 평생교육을 통해 지역주민들의 삶에 큰 영향을 미치는 지역공동체 지향적 조직들이 많이 있다. 따라서 학교의 역할 확대에서 비롯된 개념인 '지역사회교육' 대신에 새롭게 평생교육의 차원에서 지역사회를 조망하는 '지역공동체 평생교육'의 개념이 더 요구된다고 볼 수 있다.

둘째, '지역공동체 평생교육'은 '지역사회교육'에 비해 공동체성을 보다 부각시키고 있다는 점에서 차이가 있다. 본래 '지역사회교육'(community education)에서의 'community'는 지역성과 공동체성이 모두 강조되었으나 현대로 올수록 공동체성보다는 지역성이 보다 강조되었다고 볼 수 있다.[1] 그러나 지역공동체 평생교육은 지역성과 아울러 공동체성을 동시에 강조한다. 즉, 자연적인 공간으로서의 지역뿐만 아니라 인간이 추구하는 공동체의 한 유형으로서 지역공동체의 중요성을 부각시키는 것이다. 따라서 '지역공동체 평생교육'이 '지역사회교육'보다 현대사회에서 요구되는 지역성과 공동체성을 보다 잘 반영한다고 할 수 있다.

셋째, 지역공동체 평생교육은 지역사회교육에 비해 지역화의 의미를 강조한다. 여기서 지역화란 세계화로 인한 문제점을 극복하기 위한 대안으로 지역의 자립성과 생태의 중요성을 강조하는 개념이다.(Mander and Goldsmith edit, 2001; IFG, 2002). 현대사회는 세계화의 급격한 진전으로 인해 지역사회교육의 개념이 처음 사용되기 시작한 때보다 지역화의 중요성이 훨씬 더 커지고 있다. 지역공동체 평생교육은 지역주민의 주체성과 민주적 참여, 지역자립을 추구한다는 점에서 본질적으로 지역화를 지향한다. '지역사회교육'이 세계화, 지역화와 직접적인 관계없이 사용된 것에 비해 '지역공동

1) 이런 의미에서 현대사회에서 '지역사회교육'은 '지역 평생교육'의 의미와 큰 차이가 없어지고 있다. 예전에는 지역사회교육이 '지역사회(또는 공동체)+교육'의 의미가 강했다면 최근에는 '지역+사회교육(또는 평생교육)'의 성격이 강해졌다고 할 수 있다. 현재 '사회교육'이라는 용어보다 '평생교육'이라는 용어가 일반화되고 있는 것을 감안할 때 만약 '지역사회교육'의 개념에서 '지역공동체'의 의미가 약화될수록 '지역사회교육'은 '지역 평생교육'으로 대체되어 소멸될 가능성도 있다고 할 수 있다. 이런 점에서도 공동체성을 의도적으로 강조하는 '지역공동체 평생교육'이라는 용어가 새롭게 필요하다고 볼 수 있다.

체 평생교육'은 지역화와의 명백한 관계 속에서 지역화를 지향하는 평생교육이라고 할 수 있다.

이런 점을 종합해 볼 때 지역공동체 평생교육은 기존의 지역사회교육을 초월하여 총체적인 지역공동체를 지향하며 지역사회 내 다양한 조직들의 네트워크를 통해 지역의 자립성과 생태환경의 보존을 추구하는 평생교육활동이라고 할 수 있다. 이런 의미에서 지역공동체 평생교육의 개념이 지역사회교육의 개념보다 현대사회에서 지역사회가 요구하는 평생교육의 성격을 보다 잘 반영한다고 할 수 있다.

4) 지역공동체 평생교육의 역사적 사례와 주요 현황

역사적인 맥락에서 볼 때 평생교육은 이러한 지역사회에 뿌리를 박고 있다. 특히 지역사회에 뿌리내린 자발적인 민간 비영리 평생교육조직들은 시민사회가 요구하는 민주적 지역공동체를 형성하는 데 큰 기여를 하고 있다. 그 예들을 살펴보면 다음과 같다.

먼저, 지역을 기반으로 이루어진 자발적인 독서운동·토론모임 등도 지역공동체 평생교육의 원류라고 볼 수 있다. 예를 들어 1826년 미국의 교육지도자인 Josiah Holbrook에 의해 시작되어 1860년까지 지속된 Lyceum movement는 지역을 중심으로 정치·종교·과학·상식 등에 관한 토론을 실시했으며, 박물관이나 도서관의 발달은 물론 절제 및 도덕운동을 벌였다(Hugo, 2002: 12). 이러한 지역사회 토론모임은 그 전통을 이어 받아 최근에는 지역을 기반으로 하는 스터디 서클 운동으로 발전하고 있다(Barrett, 2001).

한편 현대적인 의미에서 대표적인 지역공동체 평생교육의 역사적 사례로 모제스 코디(Moses Coady: 1882-1959)의 안티고니쉬 운동(Antigonish Movement)을 들 수 있다. 그는 평생교육이 사람들의 삶의 가장 구체적인 현실과 연결되어 있어야만 한다는 직관을 가져야 한다고 생각하였으며, 지역주민들의 경제적인 어려움을 더는 것은 평생교육 프로그램의 단지 첫 단계일 뿐이라고 이해하였다. 즉, 진정한 평생교육은 지적, 경제적인 것뿐만 아니라 정치적, 사회적, 영적인 면도 포괄해야 한다고 생각하였다. 또한 그는 해결책을 실행하기 위한 조직으로 소집단, 스터디 서클을 중시하였다. 그는 고도의 기술발달과 급격한 경제성장 이면의 사회문제와 타락에서 벗어나는 길은 각 지역사회에 경제적 부를 전이시키는 것보다는 오히려 세력화(empowerment)를 통해 가난한 사람들이 그들 자신의 조직을 형성하도록 돕는 것이라고 생각하였다. 이런 맥락에서 그는 당시 캐나다의 빈민지역인 안티고니쉬(Antigonish)지역을 중심으로 지역공동체 평생교육활동을 벌였다(Jarvis, 1987).

또한 파울로 프레이리(P. Freire: 1920-1997)는 브라질의 빈민지역인 레시페 지역주민을 대상으로 문해교육을 실시하였으며, 이를 발전시켜 성인교육이론의 발전에도 큰 영향을 미쳤다. 그의 교육은 지역주민들이 주체적인 참여를 통해 그들의 현실을 인식하고 이를 변화시켜 나가도록 하는 데 주력하였다(Freire, 2002).

한국의 경우 지역공동체 평생교육자의 대표적인 예로 먼저 최용신(崔容信: 1909-1935)을 들 수 있다. 최용신은 여류 농촌운동가이자 심훈의 소설 '상록수'의 모델로서 1931년 10월 경기도 화성군 반월면 천곡리(샘골: 현재 안산시 본오동)에 YWCA의 농촌교사로 파견되면서 구국교육운동에 나섰다. 그녀는 강습소를 신축하여 110명의 아동들을 교육시키는 학교로 발전시켰으며, 천곡강습소의 교장 겸 교사, 마을주부들의 주부회 지도자, 마을 청년회의 후원자로 활동하였다(인주승 편, 1992).

한편, 남강 이승훈이 설립한 오산학교를 통해서도 지역공동체 평생교육의 예를 찾아볼 수 있다. 당시 일본이 세운 정규학교와는 달리 오산학교는 제도권 밖의 민족인사들이 세운 비정규학교라는 점에서 평생교육적 전통과 맥을 같이한다고 볼 수 있다. 1907년 평북 정주군 갈산면 익성동 오산에서 남강 이승훈에 의해 설립된 오산학교는 처음에는 일제하의 민족교육을 위한 교육기관만의 성격을 가졌다. 그러나 점차 이에 더하여 지역사회와의 긴밀한 관계를 갖는 지역공동체 지향적 교육기관의 성격을 갖게 되었다. 즉, 지역사회에 긍정적 영향을 끼쳐서 다른 동네와는 다르게 학교와 지역이 긴밀한 연결이 되어 다른 마을의 시범이 되는 모범촌을 일구게 되었던 것이다. 지역의 협동조합 간부회의나 총회는 단순히 회원들이 낸 돈과 그것으로 하는 사업에 대한 의논만을 하는 것이 아니고 학교와 교회를 포함하여 서로 협동하는 이상적인 향촌으로 이끌어 갈 방안에 대한 협의회가 되었다. 이를 통해 오산지역은 남강과 그가 이끄는 학교와 교회, 자면회와 협동조합을 통하여 완전한 하나의 큰 가정이 되었다(김기석, 2005). 오산학교와 지역사회의 관계를 보면 학교는 지역의 일부였으며 지역사회는 학생들에게는 열린 교과서이자 교실이었다고 할 수 있다. 이를 통해 오산학교와 지역사회는 공동체의식으로 하나가 되었고 오산학교를 기저로 하여 지역사회를 지역학습공동체로 발전시켜 나갔다. 오산학교의 이러한 전통은 그 후 이승훈의 증손자인 이찬갑과 그의 동료 주옥로에 의해 계승되어 풀무학교의 설립을 보게 되었다(이찬갑, 1983; 백승종, 1992; 홍순명, 1992). 풀무학교는 설립 당시 학교교육에서 소외된 청소년들을 대상으로 하는 사회교육의 맥락에서 시작되었으며 현재에도 지역공동체를 기반으로 지역공동체 형성에 이바지하는 대안학교의 모델이 되고 있다.

지역공동체 평생교육의 또 다른 예로 일가 김용기(一家 金容基)의 봉안 이상촌운동을 들 수 있다. 김용기는 1931년 일제강점기하에서 그의 고향인 경기도 남양주군 봉안마을에서 뜻이 맞는 동지

10가구와 함께 현대적 의미의 지역사회조직과 농업협동체제를 실현하였다. 그들이 전개한 사업은 황무지 개척, 농사개량, 협동조합 운영, 소비조합 운영, 공제상호조합 운영 등을 위시하여 농촌청소년교육과 주민교육 등이 포함된다. 1936년에는 봉안청년회를 조직하여 야학을 개설하였다. 처음에는 교회당에서 교육하다가 나중에는 마을회관을 세워서 이를 도서실로도 쓰고, 유년・소년・청년 및 성인으로 단계를 나누어 이들에게 교육프로그램을 제공하였다. 교육내용은 한글 외에도 일반교양과 농업기술, 민족정신, 그리고 의식주 개선과 절약운동 및 보건과 오락도 포함되어 있었다. 그의 이러한 활동은 해방 이후에도 경기도 용인의 에덴향, 경기도 황산의 가나안농장 등 황무지 개척을 통한 공동체 건설로 이어졌다. 그리고 이 운동 중 지역주민의 의식 변화 및 생활 개선을 위해 형식적, 비형식적 교육이 매우 중요한 역할을 하였다. 이러한 경험이 축적되어 나중에는 우리나라의 대표적인 민간 비영리 사회교육기관이라고 할 수 있는 가나안농군학교가 설립되었다(김용기, 1975; 가나안복민연구소 편, 1997; 황종건, 2001: 9-13).

해방 이후에는 여러 유형의 지역공동체 평생교육관련 조직들이 설립되어 다양한 활동을 벌였다. 그러나 산업화, 세계화의 영향으로 지역공동체 평생교육은 외적으로 침체에 빠지게 된다. 대신 일반 학습동아리나 학습조직과 같이 관심과 직업을 기반으로 하는 공동체적 평생교육이 활성화되었다고 볼 수 있다.

그러나 최근 지역에 대한 관심이 높아짐에 따라 다시 지역을 기반으로 하는 평생교육조직이 활성화되고 있는 추세이다. 이 조직들은 중앙정부나 지자체에서 설립한 경우도 있고, 지역의 비영리민간단체의 성격을 띠고 있는 것도 있다.

그런데 외형상 다양한 지역기반 평생교육관련 조직들이 생겨났으나 그 자체가 지역공동체 지향적 평생교육을 수행하고 있는가는 검토의 여지가 있다. 지역공동체 평생교육은 외적인 형식에 의해 판단되는 것이 아니라 실제 운영되는 내용과 방식에 의해 판단되는 것이기 때문이다.

2. 지역공동체 평생교육의 성격과 구조

1) 지역공동체와 평생교육의 관계 정립

앞에서 살펴보았듯이 지역공동체 평생교육은 지역성과 공동체성을 겸비하는 지역공동체와 관련된 평생교육이다. 전통적으로 지역사회와 교육은 밀접한 관계를 가지고 있다. 일반적으로 지역사회가 갖고 있는 의의를 구체적으로 살펴보면 다음과 같다(정지웅 외, 2000: 212-213).

첫째, 자아실현의 장이다. 지역사회는 인간이 삶의 의미와 존재가치를 발견하고, 자기 존재의 참된 가치를 구현하며, 자기를 완성해 나가는 장소이다. 또한 지역사회는 이러한 자아완성을 위하여 필요한 모든 인적, 물적 에너지를 공급하는 장소이기도 하다.

둘째, 문화전수의 장이다. 지역사회는 그 자체가 하나의 문화영역일 뿐 아니라 문화 전체를 수용하고 이끄는 공간이며, 지역사회 구성원은 문화의 전승자이고 창조적 주체가 된다. 지역사회 삶의 과정에는 가치 있는 삶의 양식이 존재하며, 이는 지역사회의 교육 메커니즘을 통하여 전승되고 발전되어 새로운 문화를 창조해 나가게 된다.

셋째, 교육을 통한 사회화의 장이다. 사회화는 교육적 작용의 결과이자 동시에 지역사회 삶의 양식을 전수하고 지역사회체제에 적응하는 관점에서 파악될 수 있는 성격을 지니고 있다. 사회화는 기본적으로 지역사회 위에서 자연적 또는 의도적인 교육과 학습의 작용을 통하여 이루어지는 사회적 행위이다.

넷째, 공동체 정신 구현의 장이다. 지역사회란 용어가 내포하고 있는 바와 같이, 지역사회에서 살고 있는 사람은 누구나 다른 사람들과 함께 공동체를 이루어 살고 있다. 지역사회는 개인으로서의 자아와 공동체적 사회적 자아를 연결시킴으로써, 개인과 사회가 통합된 공동체적 정신을 구현하는 장으로서 평생교육의 선상에 위치한다.

다섯째, 관계형성과 상호작용의 장이다. 지역사회는 인간관계를 형성하는 장으로서 상호작용의 맥락을 이루는 작용을 한다. 이러한 상호작용은 상징적인 언어의 해석에 대한 공유체계가 일정형태를 지속적으로 갖추게 될 때 이루어지게 되고, 지역사회는 구성원들의 언어와 행동의 해석을 통한 의미부여와 함께 의사소통의 장으로서 자리잡게 된다. 따라서 지역사회는 사회생활의 지식과 내용에 대한 해석의 맥락을 제공하고, 교육적 의미와 이해의 시각을 부여하는 배경이 되고 있는 것이다.

여섯째, 교육적 자원으로서의 장이다. 지역사회는 평생교육의 교육적 요소를 전체적으로 소유하고 있는 장이다. 가치와 공동체의식 등의 정신적 요소, 법 · 관습과 예의범절 등과 같은 사회통합과 통제의 수단, 문화유산과 생태적 환경 등 물질적 측면, 각종 영역의 전문가 등 인적자원 등은 지역사회에서 쉽게 찾아볼 수 있는 교육자원들이다.

그런데 여기서 살펴봐야 할 것은 지역공동체와 평생교육이 구체적으로 어떤 관계를 맺는가라는 점이다. '지역공동체'와 '평생교육' 중에 어느 것이 보다 중시되느냐에 따라 다소 상이한 양상을 나타낼 수 있기 때문이다.

지역공동체와 평생교육 중 지역공동체가 본위가 되는 경우는

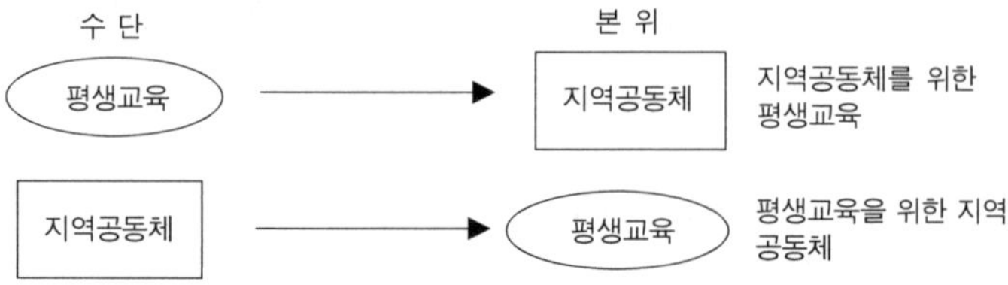

<그림 5-2> 지역공동체와 평생교육과의 관계

<표 5-2> '평생학습 마을 만들기'의 두 가지 관점

분 류	평생학습을 위한 마을 만들기	평생학습에 의한 마을 만들기
기본 사고	평생학습이 목적	평생학습이 수단
주 목적	사람들이 평생학습을 실천할 수 있는 좋은 학습기반을 정비하는 것	사람들의 평생학습 실천이 마을을 활성화시키는 것
담당부국	교육위원회 사회교육관계자	시도청의 마을 만들기 담당자
중점사항	평생학습 추진체제 정비	종합적인 행정이나 지역의 활성화
중심 추진체제	교육위원회 사회교육과 평생학습추진회의 평생학습마을 만들기 모델 사업	도청 부국에 평생학습추진 평생학습 선언도시
성과	교육발전	지역의 활성화

출처: 福留強, 김득영 역(2003), 『평생학습마을 만들기론』, p. 47.

'지역공동체 형성과 발전을 위한 평생교육의 활용'이 되고, 평생교육이 본위가 되면 '평생교육 발전을 위한 지역공동체의 활용'이라고 인식할 수 있을 것이다. 이를 그림으로 표현하면 <그림 5-2>와 같다.

이와 관련하여 福留強(2003)은 일본에서 활성화되고 있는 평생학습 마을 만들기 활동을 '평생학습을 위한 마을 만들기'와 '평생학습에 의한 마을 만들기'의 두 가지 관점으로 제시하였다. 이를 표로 제시하면 <표 5-2>와 같다.

'평생학습을 위한 마을 만들기'는 평생학습을 가능하도록 하는 환경을 만드는 것을 목표로 한다. 즉, 학습환경으로서의 하드웨어의 구축뿐만 아니라 소프트웨어를 충실히 하는 것이 지역공동체활동의 중심이 된다. 한편, '평생학습에 의한 마을 만들기'는 지역의 활성화를 위해 평생학습이 수단으로 여겨지는 경우이다. 일본의 경우 평생학습을 위한 마을 만들기는 문부성 및 시도교육청 교육위원회를 중심으로 진행되는 반면, 평생학습에 의한 마을 만들기는 기초 지방자치단체를 중심으로 이루어지는 경향이 있다.

이러한 논의를 바탕으로 지역공동체와 평생교육과의 두 가지 관계 유형에 따라 지역공동체 평생교육의 성격을 보다 자세히 살펴보면 다음과 같다.

(1) 지역공동체의 발전을 위한 평생교육 활용

먼저, 지역공동체의 발전을 위한 수단으로 평생교육이 활용되는 경우이다. 평생교육은 지역공동체의식의 형성과 주민자치능력의 개발 등을 위한 유용한 수단으로 활용될 수 있다. 이를 구체적으로 살펴보면 다음과 같다.

첫째, 지역공동체문제 해결을 위한 특정한 목적을 달성하는 데 평생교육이 활용될 수 있다. 지역공동체의 문제 해결을 위해서는 전문적인 지식과 기술이 요구된다. 평생교육은 전문가의 도움을 통해 이러한 지식과 기술의 습득에 이바지할 수 있다. 이러한 지식과 기술은 지역문제 해결을 위한 직접적인 목적으로 학습한 후 활용할 수도 있고, 지역주민이 개인적인 목적으로 학습한 후 나중에 활용할 수도 있다.

둘째, 평생교육은 지역공동체가 지역의 문제를 공동으로 해결하기 위한 민주적 의사결정능력을 향상시키는 데 기여한다. 지역공동체가 공동의 문제를 원활하게 해결해 나가기 위해서는 지역주민들의 성숙한 민주시민의식은 물론 합리적인 대화와 토론, 갈등해소 등의 의사결정기법을 숙지할 필요가 있다. 이는 곧 지역공동체를 위해 함께 일하는 방법을 학습하도록 하는 것을 의미한다.

셋째, 평생교육은 참여자간의 긴밀한 상호작용을 통해 지역주민 학습자간의 공동체의식 함양과 네트워크 형성에 기여한다. 이는 교육자의 의도적인 교육과정에 의해 형성될 수 있는 것이 아니라 학습자들간의 긴밀한 인간관계를 통해서만 자연스럽게 형성될 수 있는 매우 소중한 가치라고 할 수 있다. 이와 같이 평생교육은 지역주민 학습자들 사이의 공동체의식 형성과 네트워크 구축을 통해 지역공동체 형성에 이바지할 수 있다.

(2) 평생교육을 위한 지역공동체의 활용

다음은 평생교육을 위한 중요한 내용과 기반으로서 지역공동체가 활용되는 경우이다. 평생교육은 그 자체가 공동체운동의 목적이 될 수 있다. 즉, 교육을 아이템으로 하는 공동체운동이 운영되는 것이다. 이미 평생학습시대에 있어 지역은 그 자체로 교육발전을 위한 기반으로서 매우 중요한 의미를 갖는다. '동네에서 세계가 보인다'라는 말이 있듯이 지역 안에는 세상사의 모든 것이 함축되어 있다. 즉, 동네 안의 모든 일터는 배움터가 될 수 있다(김찬호, 2001; 김조년, 1998). 이런 맥락에서 지역은 교육의 공간이자 자원이며 내용이 될 수 있으며 교육의 결과를 활용할 수 있는 공간도 될 수 있다. 이런 맥락에서 평생교육을 위한 지역의 의의를 정리하면 <표 5-3>과 같다.

이런 맥락에서 볼 때 지역공동체 평생교육은 지역이 갖고 있는 이러한 교육적 가치들을 잘 활용함으로써 주민들로 하여금 의미 있는 학습이 이루어지도록 하는 것을 포함한다.

<표 5-3> 지역공동체 평생교육에 있어서의 지역의 의의

구 분	내 용
교육활동의 장	지역사회의 심리적, 물리적 공간
교육의 내용	지역의 역사, 문화, 요구, 가치관, 문제 등
교육의 자원	지역의 인적자원, 물적자원, 금전적자원
교육 결과의 실천 및 활용의 장	지역사회 각계(정치, 경제, 사회, 문화 등)

(3) 지역공동체와 평생교육 가치의 통합

앞에서 지역공동체 평생교육의 성격을 지역공동체와 평생교육의 양자적인 관계에서 살펴보았다. 이 둘을 논리적으로 구분해서 보면 지역공동체 본위에서 살펴볼 수도 있고, 평생교육을 본위로 살펴볼 수도 있다. 하나를 본위로 할 때 다른 것은 수단적인 성격을 가지게 된다. 그러나 이러한 분리는 개념적인 차원에서 가능할 뿐 실제적으로는 통합적으로 이 두 가지 성격을 동시에 가진다고 볼 수 있다. 지역공동체 평생교육이 활발하게 이루어지는 곳에서는 지역공동체 자체와 평생교육 자체의 가치가 모두 중시되며, 서로 상승작용을 일으키는 조화로운 관계를 이루기 때문이다.

먼저, 평생교육이 지역공동체의 형성에 이바지하는 측면은 크게 내용적인 면과 방법적인 면 두 가지를 통해 살펴볼 수 있다. 내용적인 면이란 평생교육을 통해 얻어진 지식과 경험이 직접적으로 지역공동체의 발전과 성숙에 이바지하는 유용한 수단으로 활용된다는 것이고, 방법적인 면이란 평생교육을 집단적으로 해 나가는 과정에서 지역주민간의 긴밀한 사회적 상호작용을 통해 지역공동체 의식이 형성된다는 것이다.

한편 지역공동체의 활성화는 평생교육의 발전을 위한 중요한 토대가 된다. 즉, 지역공동체와 관련된 다양한 학습내용 개발, 평생교육을 위한 지역사회의 풍부한 인적·물적자원 제공, 학습을 위한 우호적인 분위기에 의한 학습효과의 증대, 지역공동체 네트워크 활용을 통한 학습결과의 활용 증대 등에 의해 학습이 활성화된다. 따라서 지역공동체의 성숙은 평생교육에도 크게 기여한다.

이런 맥락에서 볼 때 지역공동체 평생교육은 지역공동체와 평생교육이 개념상 통합되어 평생교육을 통한 지역공동체의 발전과 지역공동체를 통한 평생교육의 발전을 동시에 추구하는 활동이라고 할 수 있다.

2) 지역공동체 평생교육의 개념적 구성요소

지역공동체 평생교육의 성격을 보다 자세히 이해하기 위해 '지역공동체'와 '평생교육'의 관계를 여러 가지 측면에서 살펴보면 다음과 같다. 이러한 유형들은 지역공동체 평생교육을 구성하는 복합적 요소들이라고 할 수 있다. 이와 관련하여 일각에서는 지역공동체학습(community learning)의 개념이 지역공동체 내 학습(learning in community), 지역공동체를 위한 학습(learning for community), 지역공동체를 통한 학습(learning through community)과 같이 종합적으로 분석되기도 한다(DEMOS and Learning and Skills Development Agency, 2001). 이는 지역공동체와 학습과의 관계를 목적, 내용, 방법 등의 관점에서 종합적으로 파악하는 것을 의미한다. 지역공동체 학습에 관한 이러한 개념적 분석은 지역공동체 평생교육의 개념을 종합적으로 이해하는 데 도움을 준다. 이를 바탕으로 지역공동체 평생교육의 개념적 요소를 보다 세분화하여 제시하면 다음과 같다.

첫째, 모든 지역공동체 구성원의 성숙을 위한 평생교육이다. 이는 지역공동체 평생교육이 지역공동체의 모든 구성원들을 교육적으로 소외시키지 않고 개인적인 성장을 통해 삶의 질을 향상시키는 평생교육임을 의미한다. 또한 지역공동체의 한 구성원으로서 지역공동체의 발전에 이바지하기 위한 지식과 토론 및 대화능력을 갖추도록 하는 것도 포함된다.

둘째, 지역공동체의 지속적인 성장을 위한 평생교육이다. 지역공동체 평생교육은 개인적인 만족만을 추구하는 교육이 아니라 궁극적으로 지역공동체의 발전을 목적으로 하는 교육이다. 이는 지역화 차원에서 지역공동체의 정치적, 경제적, 사회적 발전과 아울러 생태적 환경의 발전도 포함된다. 이를 위해 지역주민 학습자들 사이의 네트워크를 통해 지역공동체를 확장시켜 나가고, 지역사회의 문제를 지속적인 학습의 과정을 통해 스스로 해결해 가는 주민 자치 공동체의 구현을 중요한 과제로 다룬다.

셋째, 지역공동체에 의한 평생교육이다. 지역학습자의 주체적인 참여는 평생교육에 있어 가장 핵심적인 실천원리라고 할 수 있다(Galbraith, 1991; Freire, 1986). 공동체 평생교육은 지역주민들이 대상으로 참여하는 것이 아니라 주도적으로 참여하여 운영하는 평생교육이다. 지역주민들은 여러 가지 유형의 학습공동체 참여를 통해 자신의 관점을 개발하고 공동의 이슈와 자신의 경험을 연결할 기회를 가진다.

넷째, 지역을 내용으로 하는 평생교육이다. 지역공동체 평생교육은 지역공동체의 이해를 위해 자신이 살고 있는 지역에 대한 지식을 우선적으로 다룬다. 이러한 지역적 지식은 지역의 역사와 문화, 전통, 지리, 자연환경뿐만 아니라 그 지역의 정치, 경제, 사회적인 현황과 문제점도 포함한다. 지역주민들이 지역공동체의식을 형성하기 위해서는 지역사회의 지리, 지역사회의 주민, 지역사회의 주요 조직이나 기관, 지역사회가 안고 있는 욕구나 문제를 파악하고 있어야 한다(최옥채 외, 2003: 12). 이러한 지역적 지식은 지역주민들의 지역정체성을 강화하는 데 크게 기여한다(Smith, 1994: 19).

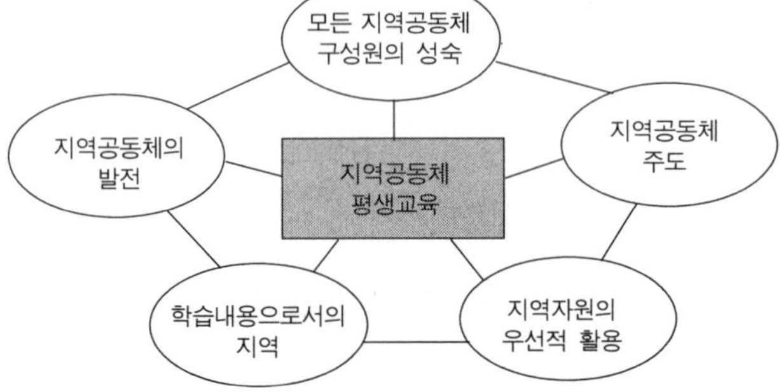

<그림 5-3> 지역공동체 평생교육의 구성 요소

그동안 우리의 역사교육은 지역과 괴리되어 국가 차원의 것만 가르침으로써 표준화, 획일화되어 왔다. 지역사회 발전을 위해서는 생활의 터전이요 문화창조의 터전인 자기 고장에 대한 애착과 귀속감을 고취시키는 것이 중요하다(김찬호, 2001). 또한, 과거에는 지역공동체에 대한 이해가 장기간에 걸쳐 자연스럽게 학습되었으나 유동성이 강하고 복잡한 현대사회에서는 보다 체계적이고 의도적인 지역이해교육이 필요하다.

다섯째, 지역의 자원을 활용하는 평생교육이다. 지역공동체 평생교육은 외부보다는 지역공동체 내부의 인적·물리적 자원을 우선적으로 활용한다. 지역에 대한 애착과 이해가 높은 지역 내 인적자원을 강사나 자문인사, 정보제공자로 활용함으로써 학습의 효과를 높임은 물론 지역공동체를 형성하기 위한 네트워크를 형성할 수 있다. 또한 지역에 존재하고 있는 시설, 장비, 교육관련 사례 등을 우선적으로 활용함으로써 지역에 대한 친밀도를 높임과 동시에 불필요한 비용이 외부로 유출되지 않도록 한다.

이러한 분석은 지역공동체 평생교육의 성격을 종합적으로 이해하는 데 도움을 준다. 이러한 요소들은 지역공동체 평생교육의 필요조건들이며, 지역공동체 평생교육의 활동을 평가하는 준거로 활용될 수 있다. 평생교육이 이러한 요소들을 종합적으로 갖출수록 보다 지역공동체 지향적 평생교육의 성격을 강하게 나타내고 있다고 말할 수 있을 것이다. 이상에서 언급한 지역공동체 평생교육의 구성요소를 그림으로 표현하면 <그림 5-3>과 같다.

3. 지역공동체 평생교육의 목적과 실천 유형

1) 지역공동체 평생교육의 목적

앞에서 살펴본 바와 같이 지역공동체 평생교육은 지역공동체를 위한, 지역공동체에 의한 지역공동체의 평생교육이라고 할 수 있다. 여기서는 이러한 성격을 바탕으로 현대사회에서 지역공동체 평생교육이 추구해야 할 목적을 보다 구체적으로 살펴보고자 한다.

(1) 모든 지역주민들을 위한 학습요구 충족

현대사회는 평생학습의 시대라고 할 수 있다. 정보사회의 도래로 인한 지식과 정보의 증가, 시민사회의 성숙과 더불어 나타난 학습권에 대한 인식 강화, 인간 수명의 지속적 연장, 여가시간의 증대 등은 평생학습의 시대를 재촉하고 있다. 이제 평생학습은 현대인들의 권리이자 생존을 위한 조건이라고 할 수 있다.

이런 맥락에서 지역공동체 평생교육의 일차적인 목적은 지역주민들의 학습요구를 가장 효과적으로 충족시켜 주는 것이라고 할 수 있다. 이는 곧 지역주민들이 그들의 학습요구 충족을 위해 막대한 시간적, 금전적 비용을 지불하며 다른 지역으로 이동하지 않아도

될 수 있도록 하는 것을 의미한다. 지역공동체 평생교육은 지역주민들이 그들이 필요로 하는 교육내용을, 가장 가깝고 편리한 장소에서, 불필요한 시간낭비 없이, 누구나 평등하게, 가장 지역을 잘 알고 있는 전문가를 통해, 가장 가까운 이웃들과 함께 학습할 수 있도록 함으로써 지역주민들의 평생학습요구를 충족시켜 주어야 한다. 그러기 위해 지역주민들의 학습요구를 구체적으로 파악하고 가장 양질의 학습이 이루어질 수 있도록 하기 위한 노력이 필요하다. 또한 공동체적인 차원에서 지역주민들 사이의 경제적, 사회적 지위에 의해 학습의 기회가 차별화되지 않도록 노력해야 한다. 지역 내에서 학습의 기회가 차별적으로 제공될 때 지역 내의 불평등이 심화되며 궁극적으로 지역공동체 형성에 역행하기 때문이다.

(2) 지역공동체성의 회복

경제적 세계화로 인해 국가간, 국가 내 계층간, 지역사회 내 빈부의 격차가 심해지고 인간관계가 점차 황폐화되는 가운데 현대인들은 새로운 형태의 공동체를 희구하고 있다. 앞에서 살펴보았듯이 지역은 여전히 공동체의 가장 일반적인 기초가 된다. 그런 가운데 최근에는 지역의 중요성이 더욱 커지고 있는 실정이다. 지역공동체 평생교육은 지역에서 다시금 공동체성이 회복될 수 있도록 추구해야 한다. 새롭게 회복되는 지역공동체는 이전의 공동체와 같은 거대하고 강제적이며 공동체에 의해 개인이 희생되는 공동체가 아니라 각 개인의 자율성이 보장됨과 동시에 인간적인 강한 유대감을 갖고 서로 상부상조하는 공동체라고 볼 수 있다. 지역이 단지 거주 공간으로서가 아니라 정체성을 확립시켜 주는 공동체의 장으로 발전할 수 있도록 하기 위한 평생교육의 노력이 필요하다.

(3) 지역문화 및 환경의 보호와 발전

최근 급속히 진행되고 있는 세계화의 문제 중의 하나는 다양하고 풍부한 지역문화와 환경 등의 공동자산이 상실되고 있다는 것이다. 지역문화란 한 지역의 역사적 공동경험과 문화의 동질성 그리고 지역주민들의 공동체의식을 아우르는 개념이다. 즉, 그 지역의 역사적 공동경험 속에서 형성되고 전통으로 자리잡으면서 지역민들의 현재 생존과 미래를 위해서 긍정적으로 기여하는 문화를 뜻한다. 전 세계적으로 세계화의 물결이 거세게 불고 있는바, 모든 사람은 필연적으로 지역의 영향을 받고 있기 때문에 만약 세계적인 보편문화만을 강조하게 된다면 인간으로서의 완전한 정체성을 확립할 수 없다.

지역공동체 평생교육에 있어서 지역은 지역 그 자체로서 의미있는 것으로 다루어져야 한다. 지역공동체 평생교육은 지역공동체의 주민들이 그들의 지역정체성을 형성할 수 있도록 해당 지역의 지역적 지식(local knowledge)을 파악하는 것이 되어야 한다. 지역적 지식이란 그 지역의 역사, 문화, 환경, 지역민의 성격, 그 지역의 문제점과 요구 등을 의미한다. 이러한 지역적 지식의 개발 및 활용과 관련된 평생교육자의 역할에 대한 언급을 살펴보면 다음과 같다.

> 지역적(local)이 된다는 것은 교육자가 그 지역 안에서 발견된 기관(제도), 네트워크, 생활방식과 연관되고 그에 속하는 정체성을 개발하는 것이다. 교육자는 그 지역 안의 삶을 이해하고, 어떻게 그러한 지역적 지식이 세계적인 것과 연관되는지를 이해해야 한다. 지역평생교육자는 지역공동체의 한 부분이 되어야 하며, 지역공동체 생활방식에 참여하며, 사람과 장소와의 생활관계에 참여해야 한다(Smith, M. K., 1994: 19).

이런 점에서 볼 때 지역공동체 평생교육은 이러한 풍부한 지역문화와 환경 등의 공동자산을 보존·발전시키는 것을 주요 목적으로 삼아야 한다.

(4) 주체적인 주민자치 능력의 강화

최근 우리나라에서는 지방분권의 중요성이 매우 강조되고 있다. 지방분권이란 통치의 권능을 중앙정부에 집중시키지 않고 지방자치단체에 권한분배를 인정하는 제도를 말한다. 이러한 지방분권은 분명 지역의 중요성을 한층 강화시키는 중요한 계기가 될 것이다. 그러나 지역공동체의 관점에서 볼 때 지방분권보다 더 중요한 것은 주민자치이다. 지방분권이 이루어진다고 해서 곧바로 지역공동체가 더욱 원활하게 이루어지거나 지역주민의 삶의 질이 향상되는 것은 아니다. 진정한 지역의 발전과 공동체 구축을 위해서는 지역주민들이 자유롭고 평등하게 역량을 하나로 모아 활용할 수 있는 주민자치가 전제되어야 한다. 지방분권은 주민자치를 위한 하나의 여건이 될 수는 있지만 지방분권이 곧 주민자치를 가능케 하는 필요충분조건은 아니다. 주민자치를 위해서는 그에 필요한 능력이 별도로 함양되어야 한다.

> 지방분권은 단순히 권한과 자원의 분산에만 그치는 것이 아니다. 지방분권의 생명력은 참여와 연대를 지향하고 주민과 공동체를 중심에 두는 생생한 주민자치에서 나온다. 이를 위해 주민들의 자치에 대한 관심과 역량을 높일 수 있는 정책과 제도가 필요하다. 자치에 대한 주민의 참여를 조직하고, 주민들의 이해와 요구, 지역공동체가 지향하는 가치를 한 데 모을 수 있는 프로그램이 요구된다(윤난실, 2004).

위에서 나타난 바와 같이 주민자치능력의 함양을 위해서는 별도의 '프로그램'이 요구된다. 그러한 프로그램의 가장 대표적인 것이 곧 지역공동체 평생교육이라고 할 수 있다. 지역공동체 평생교육의 주요 목적 중의 하나는 바로 이러한 주민자치능력의 향상인 것이다.

지금까지 지역공동체 평생교육이 일반적으로 추구해야 할 목적들을 살펴보았다. 현대처럼 경제적 세계화의 물결 속에서 지역공동체 평생교육을 통해 자립성을 잃어 가는 지역공동체가 진정한 지역화를 이룰 수 있도록 하기 위해서는 이와 같은 원리들이 적용되어야 하는 것이다. 이런 맥락에서 지역공동체 평생교육이 궁극적으로 지향하는 바는 곧 지역공동체의 세력화(community empowerment)라고 할 수 있다(Stanley and Jaya G., 1993). 지역공동체의 세력화는 지역주민들이 스스로 자신의 환경을 현실적으로 이해하고 주체적으로 지역사회의 상황을 개선하는 일에 착수할 수 있음을 의미한다. 이러한 지역공동체의 세력화는 전통적으로 학습자의 주체성을 강조해 온 교육철학을 계승하는 것이다. 전통적으로 교육의 목표는 학습자를 지배하는 것이 아니라 학습자로 하여금 스스로 사물에 대한 인식능력과 가치관을 가지며 자유로운 공동체의 지혜로운 시민이 될 수 있도록 돕는 것으로 인식되고 있다. 즉, 개인의 자유와 창의성을 시민의식과 결합하도록 돕는 것이다(Chomsky, 2001: 61). 지역공동체 평생교육은 이러한 전통적인 교육의 이념을 지역을 기반으로 지역주민들을 중심으로 실현코자 하는 교육이라고 할 수 있다.

2) 지역공동체 평생교육의 실천 유형

이와 같은 목적을 달성하기 위해 존재하는 지역공동체 평생교육의 유형들을 살펴보고자 한다. 이와 관련하여 Lovett(1991)는 영국에서 지역공동체 평생교육활동의 경험을 통해 지역사회 평생교육의 실천 유형을 다음과 같이 제시하였다.

첫째, 지역사회개발과 함께 하는 평생교육이다. 이 경우는 지역사회개발 또는 지역사회활동을 위한 직접적인 수단으로 평생교육이 활용되는 것을 의미한다. 평생교육을 통해 학습한 지식과 기술은 곧바로 지역사회개발을 위해 유익하게 활용될 수 있다. 평생교육은 지역주민들이 원할 때 학습의 결과를 지역발전을 위해 활용할 수 있도록 도울 수 있다.

둘째, 지역사회개발을 위한 자원으로서의 평생교육이다. 이 경우는 평생교육이 간접적으로 지역사회개발을 위한 교육적 자원이 되는 것을 의미한다. 예를 들어 주민들이 스스로 지역사회개발을 위한 위원회를 조직·운영할 수 있도록 지원하며, 지역문제 해결을 위한 주민들의 토론모임이 잘 운영될 수 있도록 도울 수 있다. 또한 지역공동체를 위해 활동할 사람들을 위한 훈련과정을 운영하는 데도 지원할 수 있다.

셋째, 부모와 지역의 학교를 지원하기 위한 평생교육이다. 이 경우는 평생교육이 학교교육의 발전을 지원하는 것을 의미한다. 지역공동체 평생교육의 차원에서 볼 때 학교교육도 매우 중요한 위치를 차지한다. 학교에서의 아동의 발달에 대한 부모들의 관심 증진은 물론, 올바른 교육체제와 정책 등에 대해서도 관심을 갖고 토론할 수 있도록 하는 데 평생교육이 기여할 수 있다.

넷째, 개인적·도덕적·사회적 문제를 논의하는 포럼으로서의 평생교육이다. 이 경우는 평생교육이 지역사회의 문제를 해결하기 위한 토론의 장으로 활용되는 것을 의미한다. 지역사회의 구성원들과 더불어 개인적·도덕적·사회적 문제를 논의하는 포럼형태의 모임도 지역공동체 평생교육의 차원에서 매우 중요하다. 이러한 포럼은 절차의 비형식성과 현존하는 사회활동과의 연계를 중시한다.

그리고 교육제공자의 관점에서가 아니라 참여자들의 자발적·주도적인 관점이 중시된다.

다섯째, 레크리에이션과 오락의 연장으로서의 평생교육이다. 이 경우는 평생교육이 일종의 레크리에이션이나 오락을 위한 수단으로 활용되는 것을 의미한다. 많은 지역공동체 구성원들에게 평생교육은 그들의 생활과 다소 거리가 있는 형식적이고 딱딱한 것으로 인식될 우려가 있다. 따라서 지역공동체 평생교육은 지역주민들로 하여금 학습이라는 것이 힘들고 재미없는 것이 아니라 즐겁고 유익한 측면이 있음을 인식시켜 줄 필요가 있다. 그러기 위해 평생교육의 소재를 지역주민들이 흥미를 갖고 있는 것에서 구하는 것이 필요하며, 레크리에이션의 형태를 많이 도입하는 것이 필요하다. 학습의 장소도 특정한 교육기관만이 아니라 각종 공원, 카페, 식당, 대중장소 등을 활용하는 것도 필요하다.

여섯째, 상담봉사로서의 평생교육이다. 이 경우는 평생교육이 지역주민들을 위한 상담의 형태로 활용되는 것을 의미한다. 지역공동체 평생교육은 지역주민들의 학습을 위해 그들이 필요로 하는 교육정보를 제공해 주고, 지역문제에 대해 같이 연구하며 해결법을 찾아 줄 수 있도록 상담해 주는 역할도 수행해야 한다. 또한 개인이나 집단을 위한 최적의 학습방법이나 교육프로그램을 맞춤식으로 제공해 주는 것도 필요하다.

이상의 내용을 정리하면 <표 5-4>와 같다.

이러한 유형화 방식은 지역공동체를 위한 평생교육의 기능을 폭넓게 제시했다는 점에서 의의가 있다. 그런데 이러한 유형화 방식에는 지나치게 지역사회를 위한 평생교육의 수단적 가치만을 강조한 측면이 있다. 지역사회개발과 지역주민의 문제해결에 이바지해야 한다는 점도 지역공동체 평생교육의 중요한 목적 중의 하나이지만, 지역정체성의 확립과 공동체의식의 함양도 그에 못지않게 중

<표 5-4> Lovett이 제시한 지역사회를 위한 평생교육의 실천 유형

유 형	주요 내용
지역사회개발과 함께 하는 평생교육	평생교육을 통한 학습결과를 지역사회개발을 위해 활용함
지역사회개발을 위한 자원으로서의 평생교육	지역사회개발을 위한 자문, 지역사회 발전을 위한 교육프로그램 개발 및 운영을 통한 지원
부모와 지역의 학교를 지원하기 위한 평생교육	부모 및 지역주민들로 하여금 학교교육에 더 관심을 갖도록 지원
개인적·도덕적·사회적 문제를 논의하는 포럼으로서의 평생교육	지역사회의 구성원들과 더불어 개인적·도덕적·사회적 문제에 대해 함께 토론함
레크리에이션과 오락의 연장으로서의 평생교육	지역주민들에게 즐겁고 재미있는 평생교육 실시
상담봉사로서의 평생교육	지역주민들의 학습을 위해 상담해 주는 역할

요하게 다루어야 할 지역공동체 평생교육의 목적이다. 그런 의미에서 지역공동체 평생교육의 유형화를 지역공동체 평생교육의 목적과 구성요소에 비추어 시도해 보는 것도 의미가 있다. 이와 관련하여 지역공동체 평생교육의 구성요소와 목적을 기반으로 지역공동체 평생교육의 유형들을 사례와 더불어 제시하면 다음과 같다.

첫째, 지역정체성 확립을 위한 평생교육이다. 이는 지역공동체 평생교육의 내용적 요건이라고 할 수 있다. 지역정체성 확립을 위한 평생교육은 지역의 역사, 향토문화, 지역현안 등 지역주민들로 하여금 지역정체성을 형성하도록 돕는 것을 주 목적으로 하는 평생교육활동이다. 주로 지역학 프로그램을 실시하거나 신규이주민들에게 지역의 상황을 설명해 주는 것도 포함된다. 영도구·영도문화원에서 실시하는 '영도학과정' 등이 그 예라고 할 수 있다.

둘째, 지역공동체 소외계층을 위한 평생교육이다. 이는 주로 대상과 관련된 것으로서 지역사회 내에서 사회적 약자의 위치에 처해 있는 저소득층 주민, 장애인, 노인, 여성 등을 위한 교육활동을 통해 지역공동체의 사회적 통합을 추구한다. 여기에는 저소득계층을 위한 공부방 운영, 결식아동을 위한 급식프로그램, 비문해성인을

사례: 지역정체성 확립을 위한 평생교육

< 영도의 지역학 프로그램 >

- 영도 스토리텔러 양성과정-오늘을 배우는 어제 이야기

: 영도가 지니고 있는 역사 문화를 스토리텔러라는 새로운 자원을 통해 영도만의 고유한 역사문화 전파자 양성

- 영도학 강좌-영도를 배웁시다

: 영도만을 고유한 로컬리티에 기초해 문화의식을 강화하고, 이를 바탕으로 영도만의 고유한 콘텐츠, 소위 가장 한국적인, 가장 영도적인 문화컨텐츠를 생산

- 다큐 세대공감-아이들, 영도할매를 만나다

: 영화, 영상교육을 통해 지역 어리신들이 구술하는 우리마을에 대한 이야기들을 다큐멘터리로 담아낸다. 가족간, 세대간 소통의 장을 만들어 건강한 지역공동체 형성에 이바지 한다.

출처: 영도문화원 홈페이지. 블로그

위한 문해교육, 청소년 배움터 운영 등이 포함된다.

셋째, 지역 학습동아리활동이다. 이는 주로 방법과 관련된 측면으로서 지역주민들이 스스로 학습동아리를 구성하거나 지역 평생교육기관을 비롯한 각종 지역공동체조직에서 학습자로 구성된 학습동아리의 구성과 운영을 지원하는 것을 의미한다.

넷째, 주민자치 역량강화교육이다. 이는 주로 목적과 관련된 것으로서 주민 주도적인 지역공동체 형성을 위한 평생교육을 의미한

사례: 양천구, 주민자치 아카데미

<목적>
지역의 리더인 주민자치위원들이 지역공동체 활성화를 이끌고, 주민스스로 만들어가는 마을사업에 주도적인 역할을 수행하기 위한 전문성 및 자차역량강화

<주요 내용>
· 주민자치 이해와 운영, 성공적 수행전략
· 주민자치사업의 계획서 작성 및 아이템 브레인스토밍 실습
· 마을공동체에 대한 의미
· 마을공동체 현장 탐방
· 마을 마들기 전문가 과정

<운영방법>
· 입문과정 1개반, 기초과정 2개반, 임원과정 1개반
· 전교육과정에 해당하는 우수 마을공동체 현장탐방을 신설해 강의위주의 교육에서 실무·현장 중심의 맞춤형 전문 교육프로그램으로 운영

<대상>
· 각동 주민자치위원, 구·동 주민자치 담당공무원

출처: 아시아경제, 2013.8.26.

다. 지방자치시대를 맞이하여 진정한 지역민주화를 위해 지역주민들의 역량강화를 위한 교육이 이루어질 필요가 있다. 여러 지역시민단체에서 이루어지고 있는 주민자치대학이나 지역NGO리더과정 등이 여기에 포함된다고 할 수 있다.

다섯째, 교육시설 및 서비스의 지역 공유이다. 이는 교육자원과 관련된 측면으로서 지역사회 내의 교육시설, 장비, 인적자원 등이 주민들에게 평등하게 공유되는 것을 의미한다. 지역주민들을 위한 놀이방, 공부방, 마을문고, 작은 도서관 등의 시설운영과 공동육아, 방과 후 교육프로그램, 청소년 상담프로그램 등의 공동운영 등이 이에 해당된다.

사례: 서울 동작구 성대골어린이도서관과 성대골 마을·에너지 학교

서울 동작구 성대골 주민들은 도심의 삭막한 분위기 대신 사람 냄새나는 동네를 만들겠다며 평범한 동네 아줌마들이 뭉쳤다. 그들의 첫 작품은 성대골어린이 도서관이었다. 2010년 10월 신종플루 탓에 어린이집이 휴원한 것이 계기가 되어 그 후 1년간 주민들이 십시일반으로 2000여만원을 모았으며, 여기에 뜻을 같이하는 출판사에서 4000여권의 책을 기증받았다. 도서관은 회원의 회비와 개인·단체의 후원금, 자원활동가의 봉사로 운영되고 있으며 모든 이용자는 도서 열람과 무료 프로그램에 참여가 가능하다. 나아가 공동체 및 환경교육을 함께 할 수 있는 '성대골 마을·에너지 학교'를 세워 15명의 엄마들이 마을교사로 참여해 아이들을 가르치고 돌보는 생활공부방 형태로 운영된다. 4~5명의 동네주민들이 명예교사로 참여해 리듬교실·숲체험교실 등 매일 1개씩 특별프로그램을 진행한다.

출처: 아시아경제, 2012.9.3.; 경향신문, 2012.5.1.;
동작뉴스, 2011.1.28.일 정리

<표 5-5> 지역공동체 평생교육의 실천 유형

요 소	유 형	의 미	사 례
내 용	지역정체성 확립을 위한 평생교육	지역의 역사, 문화, 해결과제 등 지역정체성 향상을 주 내용으로 하는 교육	각종 지역학프로그램
대 상	지역공동체 소외계층 교육	사회적 약자의 위치에 있는 주민들을 위한 교육활동	녹색삶을 사는 여성들의 모임 마들주민회 안양시민대학(문해교육)
방 법	지역 학습 동아리활동	지역주민 주도 학습공동체활동	광명 YMCA, 부천 YMCA 평생학습도시 한국지역사회교육협의회
목 적	주민자치 역량강화교육	지방자치시대 주민의 자치역량강화를 위한 교육	주민자치대학
자 원	교육서비스의 지역 공유	교육을 위한 시설, 프로그램을 공동운영 관리	공부방, 마을도서관, 공동육아, 방과 후 교육

이상에서 다룬 지역공동체 평생교육의 실천 유형들을 정리하면 <표 5-5>와 같다.

이상에서 살펴본 바와 같이 지역공동체 평생교육은 현실 속에서 여러 가지 양상으로 나타나고 있다. 즉, 내용면에서, 대상면에서, 방법면에서, 목적면에서, 자원면에서 각각 지역공동체 평생교육의 본질을 반영하는 구체적인 활동들이 나타나고 있다. 그런 의미에서 위에서 언급한 양상들은 한편으로 지역공동체 평생교육을 구성하는 요건들이라고도 할 수 있다. 실제로 현실 속에서 존재하는 지역공동체 평생교육은 이러한 특징들을 하나 이상 동시에 나타내는 경우가 많다. 그렇지만 지역공동체 평생교육이 위의 요건들을 모두 동시에 갖추어야 한다는 것은 아니다. 이 각각의 요소는 지역공동체 평생교육이 되기 위한 최소한의 요건이라고 할 수 있다. 그러나 위의 요소들을 골고루 많이 포함하고 있을수록 질적인 면에서 보다 더 지역공동체 지향적 평생교육의 성격을 강하게 나타낸다고 볼 수 있다.

제 6 장

지역공동체 평생교육과 학습공동체의 구현

1. 학습공동체의 일반적 성격
2. 지역학습공동체의 개념과 성격
3. 지역학습공동체에 대한 도전과 대응전략

제6장 지역공동체 평생교육과 학습공동체의 구현

지역공동체 평생교육은 곧 지역학습공동체의 형성을 궁극적인 목적으로 한다. 평생교육에 있어 학습공동체의 형성은 매우 핵심적인 목적이자 수단의 역할을 해 왔다. 지역공동체 평생교육은 곧 지역 차원의 학습공동체라고 할 수 있는 지역학습공동체의 형성과 맥을 같이한다. 학습공동체의 관점에서 볼 때 지역공동체 평생교육은 지역공동체의 형성을 위해 학습공동체를 적절히 활용함과 동시에 이러한 학습공동체가 지역공동체 안에서 잘 구현될 수 있도록 하는 활동이라고 할 수 있다. 이러한 지역공동체 평생교육의 역할이 완전하게 이루어지는 지역공동체는 곧 지역학습공동체라고 할 수 있다.

이 장에서는 지역공동체 평생교육과 학습공동체와의 관계를 바탕으로, 학습공동체의 기본 성격, 지역학습공동체의 개념과 의의, 지역학습공동체의 구성요건, 지역학습공동체에 대한 도전과 그 대응원리 등에 대해 살펴보고자 한다.

1. 학습공동체의 일반적 성격

1) 학습공동체의 개념

최근 평생교육분야에서 학습공동체의 기본 개념과 의의, 성격에 대하여 많은 연구가 이루어지고 있다. 학습공동체는 그 정확한 의미를 파악하기가 쉽지 않지만 일반적으로 '학습'과 '공동체'의 의미가 결합된 의미로 이해된다. 이러한 학습공동체의 개념을 보다 잘 이해하기 위해서 먼저 인간의 집단을 그 집단 내에서 차지하는 '학습의 비중'과 그 집단의 '공동체적 성격'이라는 두 가지 기준으로 유형화해 볼 필요가 있다.

먼저, 학습의 비중을 기준으로 한 경우 인간집단은 학습을 그 집단의 매우 중요한 목적으로 설정하는 경우와 학습을 특별한 목적으로 설정하지 않은 경우로 나누어 볼 수 있다. 여기서 학습을 목적으로 한다는 것은 모든 구성원들이 그 집단의 목적이 학습에 있음을 인정하고 있음을 의미한다. 반면 학습을 특별한 목적으로 하지 않는 집단은 집단구성원들이 그 집단의 설립목적을 특별히 학습에서 찾고 있지 않음을 의미한다. 물론 이러한 집단에서도 학습이 이루어지고 있는 것은 부인하기 어렵다. 비록 의도하진 않았다 하더라도 여러 가지 유형의 무의도적 학습이 이루어질 수 있기 때문이다. 또한 그 집단의 유지와 발전을 위해 집단구성원들에 대한 의도적인 교육도 실시할 수 있다. 즉, 일종의 '사회화'로서의 학습인 것이다. 그러나 이러한 집단은 인간의 집단이라면 어디에나 있을 수 있는 무의도적 학습이나 사회화를 위한 학습 외에 학습 그 자체를 설립목적으로 하지 않는다는 점에서 학습을 목적으로 하는 집단과 차이가 있다.

한편, 공동체성을 기준으로 할 때 인간의 집단은 보다 공동체적인 집단과 계약적인 집단으로 나누어볼 수 있다. 공동체적인 집단이란 집단의 구성원들이 목적의식과 강한 유대감을 공유하고 다소 희생과 봉사를 전제로 한 인간관계를 갖고 있음을 의미하며, 계약적인 관계란 상호 약속과 의무, 권리 주장에 의해 집단이 지탱됨을 의미한다.

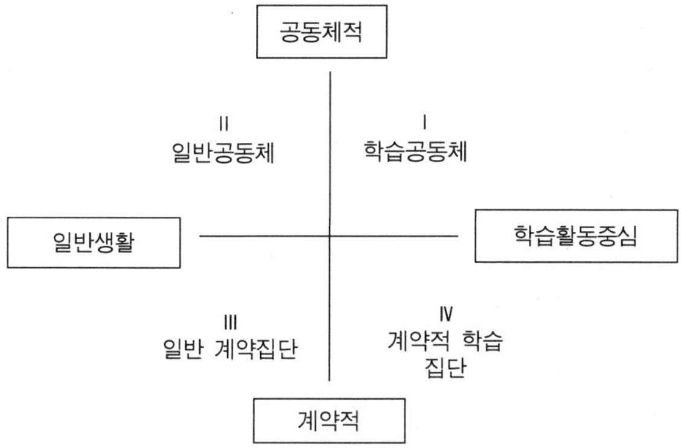

<그림 6-1> 인간집단의 한 유형으로서의 학습공동체

이와 같이 두 가지 기준을 적용할 때 인간집단은 <그림 6-1>과 같이 학습공동체, 계약적 학습집단, 일반공동체, 일반 계약집단의 네 가지의 유형으로 나누어 볼 수 있다.

<그림 6-1>에 나타난 바와 같이 학습공동체는 다양한 인간집단 중에서도 학습을 주 목적으로 하는 공동체라고 할 수 있다. 그런 의미에서 학습공동체는 인간적인 긴밀성과 교제를 기초로 배움이라는 목적을 추구하는 특수한 성격을 가진 공동체의 일종이다. 따라서 학습공동체는 단지 각 개인의 학습성취만을 중시하는 계약적 학습집단과는 차이가 있다.

한편 학습공동체는 학습을 주 목적으로 하는 공동체라는 점에서 일반공동체와도 차이가 있다. 물론 일반공동체에서도 일반적인 사회활동뿐만 아니라 학습이 주요 과정으로 이루어진다고 볼 수 있다(한숭희, 2001: 182). 그러나 공동체가 그 존속을 위해 학습의 기능을 포함하고 있다고 해서 그 공동체가 곧 학습공동체임을 의미하는 것은 아니다. 학습이 이루어지지 않는 공동체는 없으나 모든 공동체가 학습을 주 목적으로 하는 것은 아니다. 일반공동체 내에 존재

하는 학습의 기능을 중시한다고 해서 공동체 자체가 모두 학습공동체적 성격을 가지고 있다고 인식한다면 이는 '학습공동체'의 개념을 매우 혼란스럽게 만드는 결과를 가져온다. 더욱이 우리 사회에서 학습을 주 목적으로 하는 공동체가 현실적으로 존재하기 때문에 이와 같은 공동체를 일반공동체와 개념상 구별할 필요가 있다. 따라서 '학습공동체'라는 용어를 일상생활에서 보다 의미 있게 사용하기 위해서는 보다 구체적이고 엄밀한 규정이 필요하다.

이런 맥락에서 볼 때 학습공동체는 단지 학습이 이루어지는 공동체라기보다는 학습을 주 목적으로 하는 공동체라고 정의할 수 있다. 학습공동체는 학습을 주된 목적으로 하는 특수한 공동체인 것이다. 물론 어느 정도까지를 학습을 주 목적으로 하는 것으로 판단할 것인가에 대해서는 모호한 측면이 있다. 그러나 적어도 학습공동체가 성립되기 위해서는 학습 자체가 그 집단의 매우 중요한 성립목적이 되어야 하고, 그 목적에 대해 구성원이 의식을 같이해야 한다. 아울러 학습의 목적이 의도한 대로 달성되고 있는가에 대한 형식적, 비형식적 평가도 함께 수행되어야 한다.

2) 개인적 요구와 사회적 요구의 통합을 위한 학습공동체의 의의

지역공동체 평생교육은 지역주민이 실생활 속에서 학습을 통해 성장하는 것을 추구한다.. 그런데 여기서 제기되는 문제는 지역주민의 개인적인 학습욕구와 지역사회 차원의 사회적 요구와의 관계를 어떻게 통합하느냐는 것이다. 개인적 요구와 사회적 요구를 통합하려는 입장은 평생교육의 일반적인 전통이라고 할 수 있다. 즉, 평생교육은 개인의 교육적 요구와 사회의 교육적 요구를 통합시키려는 실제적 목표를 위해 실시되었던 것이다. 각국의 대표적인 평생교육을 비교 연구했던 Titmus(1981: 6)는 다음과 같이 평생교육의 일반적인 원리를 말하고 있다.

> 모든 성인은 적절한 교육의 기회를 가질 권리가 있고, 사회 또한 성인이 그렇게 하는 것을 필요로 할 뿐만 아니라, 할 수 있도록 보장해 주어야 한다. 학습기회들은 학습자의 소망들과 사회의 소망 양자 모두를 충족시켜 줄 수 있도록 조직되어야만 한다.…평생교육의 목적과 실제는 그 사회가 기초하고 있는 기본 원칙들에 일치하거나 그것에 의해 활성화되어야 한다.

이와 같이 평생교육은 개인적 요구와 사회적 요구의 충족을 동시에 충족시키려는 것을 기본 이상으로 하는 것이다. 평생교육의 정체성 확립에 대한 이러한 접근방식은 개인학습자와 사회는 분리될 수 없다는 전제를 가지고 있다. 평생교육은 '미래'를 위한 준비교육이 아니라 바로 지금 현실의 실존적인 문제의 해결이 우선시되는 교육이다. 그런 의미에서 평생교육은 교육에 대한 개인의 요구와 사회적 요구의 만남을 전제로 한다고 볼 수 있다. 즉, 평생교육이 개인의 성장과 발달을 돕는 데 관심을 두어야 하지만, 학습자가 배우고자 하는 것과 배워야 하는 것은 그들이 살고 있는 사회적 환경에 의해 결정된다는 것이다.

그러나 평생교육의 실천 과정에서 개인의 요구와 사회의 요구가 항상 모순 없이 충족되는 것은 아니다. 즉, 개인의 교육적 요구와 그 개인이 속한 사회공동체의 필요가 항상 일치하는 것은 아니며 때로는 심각하게 상충할 수도 있는 것이다. 이것은 현재의 사회를 교육을 통해 개조해 나가려고 할 때 생기는 문제이다. 즉, '바람직한 사회'라는 이상을 위해 개인의 요구를 다소 통제하느냐, 아니면 사회적인 이상보다 개인의 요구를 더 존중해야 하는가라는 문제가 제기된다. 또한 개인의 교육을 통해서 사회의 개조를 이루는 것이 과연 가능한가라는 회의도 뒤따를 수 있다. 이런 의미에서 평생교육이란 니버가 말한 '도덕적 인간과 비도덕적 사회'의 모순과 대면하게 된다고 볼 수 있다(Niebuhr, 1992). 이 말은 교육학적인 맥락에서 개인의 교육적인 요구와 사회적인 요구의 괴리가 불가피함을 의미한다. 이러한 문제를 다루는 것이 평생교육학의 주된 과제라고 할 수 있을 것이다.

이러한 과제는 매우 복잡하고 어려운 논의를 필요로 한다. 그러나 우리는 평생교육의 역사를 통해 많은 평생교육자들이 이러한 문제를 해결하기 위해 토론집단이나 스터디 서클과 같은 학습공동체를 형성해 왔다는 것에서 그에 대한 단서를 얻을 수 있다. Jarvis(1987)와 Long(1991) 등에 의하면 'Junto' 'Conversation' 'Lyceum' 'Highlander' 'Antigonish Movement' 등과 같은 사회변화 지향적 평생교육 프로그램들이 모두 지금의 학습공동체를 중심으로 이루어졌다는 것을 알 수 있다. 이는 학습공동체가 사회적 요구와 개인의 교육요구를 통합시키기 위한 매우 유용한 방법이라는 사실을 시사한다. 사회의 변화만을 목적으로 한다면 개인의 세뇌를 통해서 즉, 비교육적인 방법을 써서라도 이룰 수 있겠지만, 진정한 의미의 사회변화는 개인의 전인적인 교육을 통해서만 이루어진다. 개인의 전인적인 교육은 그 개인의 세계관이 형성·변화되는 것과 관련된다. 이것은 일방적인 '사회화'는 아니지만, 그렇다고 사회적인 맥락을 떠난 것도 아니다. 즉, '실재'에 발을 붙이되, 계속 '현 상태 및 수준'을 초월하려는 것이다.[1)]

이런 점에서 볼 때 학습공동체를 통한 사회개혁방법은 그 자신

1) 이러한 원리는 궁극적으로는 생활세계에 속하되 일상적인 경험세계와 초월적인 문화세계를 구분하는 해석학이나 현상학에 의해 뒷받침된다. 한국현상학회 편(1982), 『생활세계의 현상학과 해석학』, 서울: 서광사 참조.

과 그의 가족의 개혁에서부터 시작하여 전 세계로 나아가는 것이다. 이러한 입장은 자기 자신의 교육적 체험에만 관심을 갖고 사회정의에 무관심한 개인주의적 입장이나 사회정의를 위해서는 사회구조 자체를 폭력으로 변혁시켜야 된다는 사회주의의 주장과 구별된다. 다시 말해 사회구조의 개혁을 궁극적인 목적으로 두되 그것의 실현을 위해서는 오직 각 개인이 변하고 가정이 변함으로 사회가 변한다고 하는 이른바 '수신제가 치국평천하'(修身齊家治國平天下)의 논리를 따르는 것이다. 그러나 그 개념은 시간적인 순서를 따르는 것, 즉, 수신・제가・치국・평천하가 각각 별개의 것으로서 그것을 하나하나씩 단계적으로 밟아 올라가야 한다는 것이 아니라, 논리적인 순서, 즉 제가는 수신을 전제로 하며 치국평천하는 제가를 전제로 한다는 것을 의미한다. 다른 각도에서 말한다면, 자기가 수신한 만큼 동시에 제가를 할 수 있으며 제가를 한 만큼 치국평천하를 할 수 있다는 것이다(정호경, 1992: 115). 즉, 치국평천하를 항상 염두에 둔 상태에서 그것을 실현하기 위해 먼저 수신제가의 수준에서 실천한다는 것이며 결과적으로는 수신제가와 치국평천하를 동시에 실천하고 있는 것이다. 이런 의미에서 '수신제가 치국평천하'에 대한 평생교육적 해석은 결과적으로 수신의 차원에만 머물렀던 전통적인 유교나 서구의 인문주의적 해석과는 차이가 있는 것이다. 평생교육에 입각한 실천방법은 개인인격의 완성과 사회의 개혁이 세계관적인 차원에서 논리적인 관련을 맺고 있으며 동시에 이루어진다는 것에 근거한다. 그것은 곧 학습공동체활동을 통해 개인이 먼저 교육적인 체험을 통해 변화함으로써 공동체의 개혁도 이룩하자는 것을 의미한다.

이런 점을 종합해 볼 때 학습공동체는 크게 두 가지의 의의를 갖는다. 첫째, 학습공동체는 평생학습사회에서 인간의 학습욕구를 충족시켜 주기 위한 효과적인 수단임과 동시에 현대인들이 희구하는

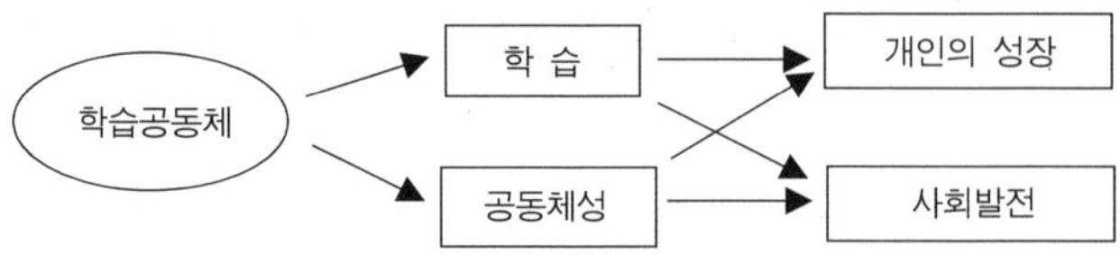

<그림 6-2> 학습공동체의 의의

공동체적 소속감을 충족시켜 준다는 점에서 의의가 있다. 둘째, 학습공동체는 개인과 사회가 만나는 교차로이며 학습을 통한 사회변화의 엔진이라고 볼 수 있다. 이러한 학습공동체가 추구하는 바는 각 구성원들의 학습욕구충족을 통한 자기성장과 더불어 그가 속한 공동체의 성장과 성숙을 동시에 추구하는 것이라고 볼 수 있다. 본래 개인의 성장을 위한 학습모임이지만 공동체적인 속성을 통해 구성원간의 신뢰가 구축되며 조직 내의 관심과 활동이 자연스럽게 사회적으로 확산됨으로써 사회변화에 이바지하게 된다. 즉, 구성원의 개인적 성장 이외에도 사회의 통합과 신뢰형성을 통해 건전한 사회발전에도 이바지한다. 이와 같은 학습공동체의 의의를 그림으로 표현하면 <그림 6-2>와 같다.

3) 학습공동체의 요건

앞에서 학습공동체는 단순히 학습이 이루어지는 공동체가 아니라 학습을 목적으로 하는 특수한 공동체라고 하였다. 여기서는 학습을 목적으로 하는 공동체라는 의미를 살펴봄으로써 학습공동체의 일반적인 성립요건을 제시하고자 한다.

먼저, 학습공동체가 성립되기 위해서는 지식에 대한 열의와 정직성이 있어야 한다. 이는 지식추구의 궁극적 목적이 진리 자체의 추구이든 아니면 문제해결을 위한 방편을 찾는 것이든 마찬가지이다.

이것은 때로 고통스런 작업이 될 수도 있다. 그런 점에서 학습공동체는 엄밀한 진리를 추구하기 위해 애쓰는 학자들의 모임과 본질상 차이가 없다고 볼 수 있다. 그러나 이것이 진리 그 자체만을 추구하는 학자들의 모임과 다른 점은 그 속에 강한 공동체적 덕목이 있다는 것이다. 그리고 이러한 공동체적 덕목은 엄밀한 진리탐구를 위해서도 매우 중요한 요건이 될 수 있다.

다음, 학습공동체가 성립되기 위해서는 진리를 추구하는 목적 이외에 인간적인 긴밀성과 교제가 뒷받침되어야 한다. Nisbet에 의하면 공동체란 단순히 특정의 관습을 공유하면서 상호의존관계에 있는 일단의 사람들이 모여 함께 관련 토의와 의사결정에 참여하는 단위가 아니다. 그런 단위는 단지 다수의 인간들이 모여 만든 집합체에 지나지 않는다. 진정한 의미의 공동체는 이런 형식적 관계 외에 이 형식적 관계를 엮어 줄 수 있는 차원, 곧 개인적 친교, 정서적 심오함, 도덕적 헌신, 사회적 응집력, 시간적 영속성 등을 총괄하는 단위이다(송재룡, 2001: 112에서 재인용). 따라서 학습공동체가 성립되기 위해서는 이러한 인간적 유대감이 기본이 되어야 한다. 이러한 인간적 유대감은 보다 엄격한 지적 추구를 위해서도 도움이 된다. 이와 관련하여 Palmer(2000: 189)는 다음과 같이 말하고 있다.

> 교육개혁에 대한 토의는 종종 '엄격한' 지적 덕목들을 강조하는 사람들과 부드러운 정서적 덕목들을 강조하는 사람들로 양극화되곤 한다. 이는 간단한 사실 하나를 간과하고 있기에 아무런 열매를 맺지 못하는 논쟁이다. 교실에서 지적인 엄격함을 실천하기 위해서는 반드시 신뢰와 용납의 분위기가 필요하다는 사실이 바로 그것이다. 지적인 엄격함은 정직한 반론 제기, 상대의 생각을 수긍할 줄 아는 자세에 달려 있는데, 이런 것들은 공동체의 '부드러운' 가치들이 부족할 때는 생겨날 수 없다. 공동체적 덕목이 결여되어 있을 때, 지적 엄격

성은 지적 '경직'이 되기 싶다.

즉, 인간적인 유대는 공동체의 기본 요건임과 동시에 학습공동체의 '학습효과'를 증진시키는 데 있어서도 핵심적인 요건이라고 볼 수 있다. 그러므로 학습집단이 학습공동체로 성숙하지 못할 때 구성원간의 유대가 약해지는 것은 물론 궁극적으로 학습의 효과도 떨어지게 된다고 볼 수 있다.

또한 성숙한 학습공동체가 되기 위해서는 학습활동을 통해 자연스럽게 구성원들은 물론 일반 사회구성원들에게 이바지하기 위한 봉사가 수반되어야 한다. 즉, 개인의 자아실현을 위한 학습공동체에서 사회봉사를 위한 학습공동체로 발전해야 하는 것이다. 이는 교육의 속성상 자기가 학습한 바를 남들과 공유하려는 경향과 관련된다. 단지 그 공유의 범위가 학습공동체 내부 구성원들뿐만 아니라 일반 사회에까지 확장되는 것이다. 예를 들어 축구를 좋아해서 모인 사람들이 점차 축구를 통한 사회봉사에 눈을 뜨는 것, 산이 좋아 정보를 교환하기 위해 모인 사람들이 환경보호활동에 나서는 것 등의 예는 처음부터 사회적 의식이 생기는 것은 아니지만 인간은 사회를 떠나서 살 수 없으며 자연스럽게 상호작용을 통해 사회적 의식이 성장하게 됨을 의미한다.

2. 지역학습공동체의 개념과 성격

1) 학습공동체 개념의 다차원적 성격

학습공동체의 개념과 관련하여 최근 주의를 기울여야 할 것 중의 하나는 평생학습사회의 구현과 더불어 학습공동체의 범위가 점차 다차원적으로 확장되고 있다는 점이다. 전통적으로 학습공동체의 개념은 영역면에서는 시민사회, 규모면에서는 학습동아리 수준의 학습모임을 지칭하는 것이 일반적이었다. 정민승(1999)은 학습공동체의 사례로서 스터디 서클과 신사회운동조직을 들고 있다. 그러나 최근에는 이러한 영역 이외에도 다양한 분야에서 학습공동체가 언급되고 있는 실정이다. 기업의 경우 변화하는 환경에서 지식의 창출, 공유, 활용의 차원에서 학습공동체의 개념이 폭넓게 사용되고 있다(김수원 · 주용국, 2004; Owenby, P. H., 2002). 이러한 입장에 의하면 학습공동체란 특정한 조직을 중심으로 형성될 수 있는 수평적 학습네트워크라고 할 수 있다. 수평적 학습네트워크는 평등하고 문제중심형의 학습자 공동체로서, 각자의 경험을 성찰하고 연합활동을 위한 이론들을 개발하고 이를 탐구적인 방식으로 실천에 연계시킴으로써 복잡한 문제들을 해결하기 위해 노력하는 형태이다. 프로젝트기반 학습팀(project based learning team), 실천학습팀(action learning team) 등이 여기에 속한다. 이러한 성격의 학습공동체는 기업의 학습조직화와 관련이 있다. 다른 말로 학습조직은 조직 전체를 포괄하는 거대한 수평적 학습공동체로 간주될 수 있다.

한편 학교에서도 학습공동체라는 용어가 새롭게 부각되고 있다(Sergiovanni., 2004; 이정훈, 2003; 최성우, 2004). 전통적으로 학교는 단지 지식과 기술을 익히는 장에서 벗어나 구성원간의 공동체적 덕목과 윤리가 중시되어 온 학습공동체로 인식되어 왔다. 그러나 최근 지식위주, 입시위주, 경쟁위주의 교육이 점차 심화되면서 공동체성이 점차 약화되어 온 것이 사실이다. 이는 인성교육의 부재, 교육윤리의식의 피폐, 학교교육 주체들간의 불신과 갈등 등을 일으켜 현대 학교교육 위기의 커다란 원인이 되고 있다. 이런 맥락에서 학교의 학습공동체화에 대한 논의가 꾸준히 이어 오고 있는 실정이다.

한편, 김민호(2004)는 학습공동체를 넓은 의미의 학습공동체와 좁은 의미의 학습공동체로 대별한다. 넓은 의미의 학습공동체는 '지역사회의 무형식 학습'을 가리키고, 좁은 의미의 학습공동체는 '연속적인 학습의 길에 놓인 학습동아리'를 의미한다. 지역사회를 하나의 학습공동체로 파악하려는 관점은 매우 오래 전부터 있어 왔다. 이와 관련하여 Kerensky는 교육적 사회(educative community)개념을 언급했다(이순형 편저, 1989에서 재인용). 교육적 사회란 교육을 지역사회 전체의 기업으로 보는 방식을 의미한다. 이는 곧 지역사회를 학습공동체의 관점으로 파악하는 것이다. 그러나 최근 지역재생, 지역혁신, 지방분권, 주민자치 등으로 표현되는 바와 같이 지역의 중요성이 다시 부각됨에 따라 지역학습공동체에 대한 관심도 더욱 높아졌다고 볼 수 있다.

이와 같이 학습공동체의 개념이 다양하게 나타나는 까닭은 '학습공동체'라는 용어 자체의 모호성과도 관련된다. 한국에서의 '학습공동체'는 비교적 지역성이 약하게 인식되는 것이 일반적이라고 할 수 있다. 그러나 '학습공동체'의 영어식 표현이라고 할 수 있는 'learning community'의 'community'가 한국어의 '공동체'와 '지역사회' 모두를 의미한다고 볼 때 필연적으로 학습공동체의 의미는 다차원적 성격을 가질 소지를 가지고 있다고 볼 수 있다. 더욱이 우리말의 경우 '공동체'의 개념이 일상적으로 소집단만이 아니라 조직, 지역사회, 심지어는 민족, 국가, 전 세계적인 범위까지 널리 적용된다는 점을 감안할 때 학습공동체 개념의 영역확대와 다차원적 성격은 필연적이라고 볼 수 있다.

2) 지역학습공동체의 개념

이와 같이 다양한 영역과 다양한 차원에서 학습공동체가 언급되고 있다. 이러한 경향은 학습과 관련된 인간집단의 외연 확대와 맥

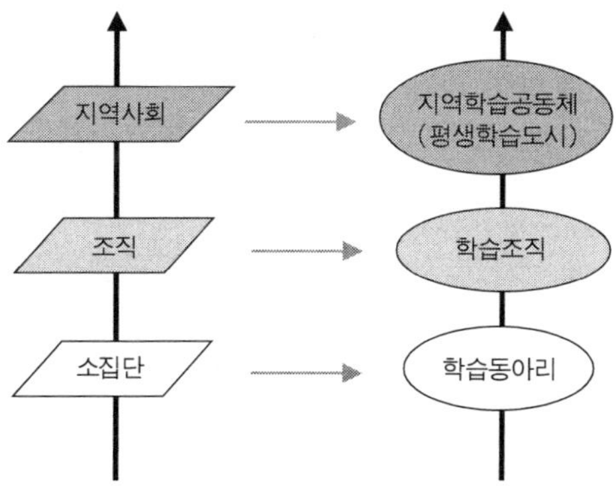

<그림 6-3> 학습공동체의 3차원

을 같이한다고 볼 수 있다. 현 단계까지 확대되어 온 학습공동체의 개념을 정리하면 그 규모나 범위에 따라 개인들의 자발적인 모임을 통해 구성된 소집단 차원, 구성원이 속해 일하는 조직 차원, 그리고 사람들이 거주하며 생활하고 있는 지역사회 차원으로 대별할 수 있다. 이를 그림으로 나타내면 <그림 6-3>과 같다.

첫째, 소집단 차원의 학습공동체라고 할 수 있는 학습동아리(learning circle)이다. 학습동아리는 학습자들이 자발적으로 학습을 위하여 결성한 집단, 혹은 학습하고자 하는 주제가 동일한 사람들이 모여 구성한 소규모의 집단이다(이지혜 외, 2001; 홍숙희, 2001; 오혁진, 2003a). 학습동아리는 이른바 평생학습의 시대, 학습자 주도의 시대에 매우 중요한 수단으로 점차 그 중요성이 부각되고 있다. 이러한 학습동아리에는 각종 스터디모임, 동호회, 연구회, 토론회 등이 포함된다. 역사적으로는 스웨덴의 스터디 서클(study circle), 미국의 National Issues Forums, 일본의 자주집단활동(自主集團活動) 등이 대표적인 학습동아리라고 할 수 있다.

둘째, 조직 차원의 학습공동체라고 할 수 있는 학습조직(learning

organization)이다. 최근에는 일터로서의 조직을 학습공동체의 관점에서 인식하는 경향도 높아짐에 따라 학습조직의 용어가 일반화되고 있다. 이러한 학습조직의 개념이 기업을 중심으로 언급되어 온 것이 사실이지만 이는 기업의 차원을 넘어 학교와 평생교육기관을 포함한 교육기관, 그리고 사회단체나 조직과 같은 모든 일반 조직에도 적용될 수 있다. 즉, 학습을 통해 조직의 발전을 도모함과 동시에 공동체적인 구성원 관계를 추구하는 모든 조직이 학습조직, 즉 조직 차원의 학습공동체라고 할 수 있는 것이다.

셋째, 지역사회 차원의 학습공동체인 지역학습공동체(local learning community)이다. 최근 이러한 지역학습공동체를 구현하기 위한 가장 대표적인 평생교육정책의 하나로 추진되고 있는 것이 바로 '평생학습도시'사업이라고 할 수 있다.

이와 같이 현 단계에서 학습공동체는 소집단, 조직, 지역사회의 3차원에서 각각 학습동아리, 학습조직, 지역학습공동체의 양상으로 나타나고 있다고 볼 수 있다. 그 중에서 지역학습공동체는 지역사회 자체가 하나의 거대한 학습공동체인 경우이다. 지역사회가 학습을 목적으로 표방함과 동시에 강한 유대감과 목적의식을 공유한다. 현 상황에서는 정책적으로 평생학습도시의 형태로 나타나고 있다. 지역학습공동체는 학습공동체 구현의 발전과정상 현 단계에서는 가장 정점의 학습공동체라고 할 수 있다. 즉, 소집단 차원에서 시작된 학습공동체의 개념이 현 단계에서는 지역사회 차원까지 확대되었다고 볼 수 있다. 또한 앞으로의 전개과정에 따라 학습공동체의 개념이 국가와 세계 전체까지 확장될 가능성은 열려 있다고 볼 수 있다.

이러한 지역학습공동체는 그 내부에 낮은 차원의 학습공동체라고 할 수 있는 학습동아리와 학습조직을 포함하고 있다. 즉, 학습을 목적으로 하는 지역공동체에는 3차원의 학습공동체가 동시에 존재한다고 볼 수 있다. 지역주민들로 구성된 학습동아리가 있으며, 지역 내의 다양한 조직들이 학습조직의 형태를 띠고 있다. 그리고 이러한 학습동아리와 학습조직들의 네트워크를 통해 지역학습공동체가 형성되는 것이다. 그러므로 지역학습공동체의 발전을 위해서는 지역사회 내에 다양한 학습동아리와 학습조직이 존재해야 함은 물론, 이들이 서로 고립되지 않고 서로 종적·횡적으로 긴밀하게 연결되어야 한다.

3) 지역학습공동체의 성격과 의의

평생교육에 있어서 지역이 갖는 의의는 평생교육정책의 수립과 집행의 편의를 위한 행정단위라는 점이 아니라 평생교육의 이상인 학습공동체를 이룰 수 있는 가장 기초적인 단위라는 점이다.[2] 그런 점에서 지역공동체 평생교육은 이러한 지역기반 학습공동체의 형성을 통해 실현되고 있다고 볼 수 있다. 즉, 지역공동체 평생교육의 궁극적 목적은 바로 지역사회를 학습공동체로 변화시키는 것이라고 할 수 있는 것이다. 이는 곧 지역학습공동체의 구현을 의미한다.

물론 이전에도 지역사회 내에서는 무의도적 형식의 학습이나 지역사회구성원을 만들기 위한 사회화 차원의 학습활동이 있었다. 그러나 지역학습공동체가 의미하는 바는 이제 지역사회 차원에서 전 지역주민이 진지한 자세로 의도적인 학습을 추진하는 단계에 이르

2) 이와 관련하여 Keller(2002: 120)는 교육에 있어서의 작은 지역단위의 중요성을 강조한다. 그에 의하면 참여와 네트워크가 자연스럽게 이루어질 수 있는 규모는 작은 지역단위이다. 이곳에서는 지역사회가 중요하다고 생각하는 '내용'을 가르치는 것과 더불어 지역사회를 발전시키기 위해 주민들이 더불어 참여할 수 있는 '형식'이 가능한 곳이라는 것이다. 이렇게 규모가 작은 곳에서 관심이 있는 사람들이 서로 네트워크를 통해 협력을 하게 된다. 중요한 것은 그들이 그렇게 필요로 할 때 서로에게 접촉할 기회를 갖는 것이다. 그런 의미에서 작은 단위의 지역공동체가 매우 큰 의미를 갖는다.

게 되었음을 의미한다. 이미 현대사회에서는 지역을 기반으로 하는 학습동아리는 물론 지역을 기반으로 하는 학습조직이 생성되기 시작하였다. 지역을 기반으로 하는 학습동아리는 특정한 지역의 주민들이 주로 지역과 관련된 내용이나 지역발전과 관련된 목적을 가지고 활동하는 학습동아리를 말한다. 지역문제의 해결을 목적으로 하거나 지역의 역사와 자연을 탐구하는 학습동아리 등이 그 예가 될 수 있다. 한편, 지역을 기반으로 하는 학습조직이란 특정한 지역 안에서 지역과 관련된 지식을 습득·공유·창출하는 모든 유형의 조직이나 기관을 말한다. 지역문제의 해결을 위해 학습하는 지역시민단체, 지역의 역사와 문화를 학습하는 지방문화원, 지역사회를 기반으로 하는 대안학교 등이 지역을 기반으로 하는 학습조직의 예라고 할 수 있다. 이제는 지방자치단체 주도의 평생학습도시 사업이나 민간단체 차원의 범 지역사회 학습운동과 같이 일정한 범위의 지역공동체 자체가 학습공동체가 되어 가는 차원에 이르게 되었다.[3] 예를 들어 지역평생교육기관 네트워크 협력사업, 학습동아리간 연계사업, 생활협동조합의 마을모임조직 등이 그 예가 될 수 있다.

지역학습공동체는 지역공동체와 평생학습이 통합적인 관계 속에서 동시에 강조되는 곳이라고 할 수 있다. 즉, 지역공동체 내에서 학습이 주요한 활동으로 부각되며, 반대로 학습을 통해 지역공동체를 이루어 가는 곳이 곧 지역학습공동체인 것이다. 지역공동체는 학습의 발전에 영향을 미치고 학습은 지역공동체의 발전과 개혁에 영향을 미친다. 이러한 경향을 반영하여 각국에서는 지역발전과 재생, 지역의 활성화를 위해 지역사회를 일종의 학습공동체로 변화시켜 나가는 정책을 활발하게 수행하고 있다. 예를 들어 영국에서 추

3) 평생학습도시나 민간지역공동체조직에서 이루어지고 있는 범 지역사회 차원 지역학습공동체사업의 구체적인 사례들은 이 책의 제4부에서 자세히 다룬다,

<표 6-1> 영국의 지역학습공동체와 전통적 지역공동체의 성격 비교

지역학습공동체(learning community)	전통적 지역공동체(traditional community)
형식적·무형식적 영역의 학습자원들을 모두 활용함	교육체제가 비형식적 영역, 특히 지역사회와 거의 연결되지 않음
경제와 교육이 파트너를 이루어 그들의 훈련자원을 공유함	기업과 교육이 종종 경쟁을 벌이며, 양자에 대해 지역사회의 접근이 종종 제한적임
사회적·지적 자본이 비교우위를 위해 가치가 부여되고 추가·활용됨	사회적·지적 자본이 인정되지 않고 거의 활용되지 않음
학습이 투자로 인식됨	교육이 비용으로 인식됨
학습은 지역사회의 발전을 위한 사회적 과정으로 인식됨	학습은 개인의 이익을 위한 개인적인 활동으로 인식됨
탈중앙집권화의 과정에서 활성화됨	중앙집권적 정책에 의존함
혁신이 지역사회 내의 학습조직들 사이의 상호학습에 의해 이루어짐	혁신이 고립적으로 이루어지며, 지역사회 내 다른 이들에게 경쟁위협으로 인식됨
학습의 기회가 지역사회 내에서 보편적으로 이루어짐	학습기회가 교육받은 엘리트들에게 주로 이득을 주면서 비일관적이고 불공평하게 제공됨
지역공동체적 평생학습문화의 발전을 추구함	일부 개인들이 개별적인 평생학습을 추구함

출처: DEMOS and Learning and Skills Development Agency(2001), *Learning Communities: Strengthening Lifelong Learning through Practice,* 18.

진하고 있는 지역학습공동체의 성격을 전통적인 지역공동체의 성격과 비교하면 <표 6-1>과 같다(DEMOS and Learning and Skills Development Agency, 2001).

이와 같이 영국의 지역학습공동체 개념은 경제적 성장과 사회적 통합을 동시에 추구한다. 지역학습공동체란 지속가능한 경제적 개발과 사회적 포용이라는 두 개의 목적과 관련된 합의된 목표들을 달성해 가는 과정에서 시민, 공공, 경제, 교육 및 지역사회영역들의 협력을 증진케 하는 도시, 마을, 그리고 주변지역을 의미한다. 즉, 지역사회의 사회적·경제적 목표를 성취하기 위한 수단으로서 학습에 강조점이 주어진다.

한편, 일본에서도 지역학습공동체의 관점에서 평생학습 마을 만들기 사업이 강조되고 있다. 이와 관련하여 지역학습공동체의 차원에서 추구하는 바람직한 평생학습도시의 일반적인 모습을 제시하면 다음과 같다(福留强, 2003: 51).

① 평생학습사회의 실현을 목표로 하는 마을
- 평생에 걸쳐 학습기회가 제공되어 있는 마을
- 시민이 개성적으로 사는 마을
- 다면적인 평가가 되는 마을

② 학교교육 · 사회교육이 충실한 마을
- 열린 학교교육
- 유연한 사회교육

③ 생활이 풍요롭고 시민에게 여유가 있는 마을
- 산업경제가 활성화되고 있는 마을
- 건강과 시민의 복지가 중시되는 마을

④ 문화적인 마을
- 예술문화활동을 일상적으로 접하는 것이 가능한 마을

⑤ 시민의 연대감이 높은 마을
- 공동체가 형성되어 있는 마을

⑥ 자치능력이 높은 시민마을
- 민주시민성이 높은 마을
- 자원봉사자 정신이 정착된 마을

이를 통해 일본의 경우에도 평생학습과 지역공동체가 동시에 강조되는 지역학습공동체의 모습이 추구되고 있음을 알 수 있다. 한편 우리나라의 경우 교육부와 지방자치단체의 관심 속에 빠른 속도로 평생학습도시사업이 확산되고 있다. 주민들을 위한 평생학습의 기회를 확대하고, 평생학습의 결과를 모든 지역주민들과 공유하고자 한다는 점에서 평생학습도시가 갖는 지역학습공동체로서의 의미는 매우 크다고 할 수 있다.

이와 같이 각 나라에서는 최근 들어 지역 차원의 학습공동체를 구축하기 위한 노력을 기울이고 있다. 물론 국가적인 차원에서 지역혁신을 추진하기 위한 수단으로 지역학습공동체 개념을 활용하는 측면도 있다. 그럼에도 불구하고 각국에서 지역사회를 학습공동체로 변화시키지 않으면 안 된다는 인식을 하고 있다는 점은 공통적이라고 할 수 있다. 학습공동체는 건전한 지역혁신을 위해서도 효과적인 수단이 될 수 있다. 그런 점에서 지역학습공동체는 평생교육에 있어서 가장 중요한 목적이자 수단으로 부각되고 있다. 그러므로 이에 대한 더 많은 관심이 필요한 시점이라고 할 수 있다.

3. 지역학습공동체에 대한 도전과 대응전략

1) 지역학습공동체에 대한 도전

앞에서 살펴본 바와 같이 최근 세계 여러 나라에서 이루어지고 있는 평생교육정책의 주요 관심은 바로 지역사회를 학습공동체로 구축하는 것이라고 할 수 있다. 따라서 지역공동체 평생교육의 과제는 이와 같은 지역학습공동체가 보다 올바르게 구현될 수 있도록 노력하는 것이라고 볼 수 있다. 올바른 지역학습공동체를 구현하기 위한 지역공동체 평생교육의 접근방식은 지역사회를 기반으로 지역주민들이 주도적으로 함께 참여하는 학습공동체의 형성이라고 할 수 있다.

그러나 학습공동체는 저절로 이루어지는 것도 아니고 현재의 학습공동체가 완벽한 조건을 갖추고 있는 것도 아니다. 일반적으로 학습공동체는 그 자체로 교육적인 의미를 가진다. 그런데 학습공동체에 대해 논의할 때 주의해야 할 것은 그 사회가 지향해야 할 이상적인 형태로서의 학습공동체와 현실로서의 학습공동체를 구분할 필요가 있다는 것이다. 학습공동체는 현대사회에서 매우 바람직한 것으로 여겨지지만 현실로서의 학습공동체가 모두 완벽한 모습을 나타내고 있는 것은 아니기 때문이다. 기존의 집단중심, 권위중심의 교육형태에 대한 효율적인 대안으로 학습공동체가 제시될 수 있지만 모든 학습공동체에서 구성원의 자유로운 선택과 참여, 합리적 의사소통이 이루어지고 있는 것은 아니다. 3장에서 살펴본 바와 같이 바람직한 공동체가 있고 바람직하지 않은 공동체가 존재할 수 있는 것처럼 학습공동체의 경우도 이상적으로 지향하는 학습공동체가 있는 반면 현실적으로는 바람직하지 못하거나 완벽하지 못한 학습공동체가 존재할 가능성이 얼마든지 있다. 예를 들면 의사결정이 민주적으로 이루어지지 못하고 있다거나 인간적인 유대감에 비해 학습의 효율성이 떨어지는 경우를 들 수 있다. 특히 현대시민사회에서는 학습과정에 대한 자유로운 선택과 참여 그리고 합리적 소통과정을 전제로 학습자의 주체성을 복원하는 것이 이상적인 학습공동체의 요건이라고 볼 수 있다. 이와 같은 이상적인 학습공동체가 이루어지기 위해서는 이를 제약하는 현실적 요소들을 극복해야 한다. 그러기 위해서는 먼저 현실의 학습공동체를 비판적으로 분석하고 이상적인 학습공동체의 구현을 가로막는 요소들이 무엇인가를 파악하여 극복하기 위한 끊임없는 노력이 필요하다. 특히 학습

<표 6-2> 각 차원별 학습공동체에 대한 제약요인

차 원	학습공동체의 구현 양상	학습공동체에 대한 제약요인
소집단	학습동아리	구성원간의 계약적 관계, 집단 내 불평등성
조 직	학습조직	조직(기업)의 효율성 우선주의, 조직 내 권력관계
지역사회	지역학습공동체	정치적 · 경제적 목적 우선주의, 지역 내 권력관계

공동체의 모습이 복잡한 양상을 나타내는 현대사회에서는 이러한 노력이 더욱 많이 요구된다고 볼 수 있다.

일반적으로 이상적인 학습공동체의 구현을 가로막는 것은 학습공동체를 통해 '학습'과 '공동체'를 동시에 추구하는 것이 아니라 학습을 위해 공동체를 수단으로만 활용하거나, 공동체를 위한다는 명목으로 학습을 도구화하는 것과 밀접한 관계를 가지고 있다. 학습공동체의 구현을 통해 개인의 능력 신장과 공동체의 가치를 추구하려는 운동가의 가치가 제도화되는 과정에서 필연적으로 집단, 조직, 지역사회, 더 나아가 국가의 지원을 필요로 하게 된다. 이 과정에서 개인은 공동체에 이바지하려는 공동선 추구보다는 개인의 발전을 위해 이러한 지원을 이용하려는 의도를 가질 수 있고, 이들 지원주체들은 학습자 개인의 성장 그 자체보다는 그들 자신의 이해를 충족시키고자 하는 경향을 나타낼 수 있다. 이에 따라 학습동아리든, 학습조직이든, 평생학습도시이든 어떤 형태, 어떤 수준의 학습공동체들도 나름대로 이상적인 학습공동체의 가능성을 가지고 있는 반면, 모두 학습공동체 내외의 권력관계와 정치적 관계 등에 의해 왜곡될 소지를 가지고 있다. 이와 관련하여 각 차원의 학습공동체에 대한 제약요인을 정리하면 <표 6-2>와 같다(오혁진, 2005a: 36).

앞에서 살펴본 바와 같이 지역학습공동체 경우에도 이를 왜곡할 수 있는 여러 가지 요인들이 작용한다. 특히 평생학습도시사업의 경우에는 국가와 지자체가 행·재정적인 수단을 통해 주민들의 삶의 현장에 개입되는 과정에서 비영리적 민간 차원에서 추구되었던 순수한 가치가 왜곡될 우려가 있다(김득영, 2004: 49). 즉, 지역공동체 실현과 소외계층을 위한 학습의 기회 제공을 우선으로 하는 지역학습공동체운동의 전통이 국가와 지자체의 정치적·경제적 필요성에 의해 왜곡될 소지가 있는 것이다. 평생학습도시 사업이 인간에 대한 배려와 사랑, 구성원간의 강한 유대감과 응집성을 기반으로 하지 못할 때 단지 행정가는 학습을 지역의 경제발전을 위한 수단과 정치적인 이익을 얻으려는 수단으로만 활용하게 된다. 또한 소외계층에게도 학습의 기회를 제공함으로써 개인적 성장은 물론 지역사회 차원의 사회통합을 통해 공동체를 구현하려는 전통은 사라지고 기존의 지역 기득권층이 지자체에서 제공하는 학습의 기회를 우선적으로 차지하는 불평등의 심화가 나타날 수 있다.

학습공동체는 저절로 생성되는 것이 아니라 비학습공동체성과의 끊임없는 경쟁과 갈등을 통해 이루어진다. 어떤 경우나 마찬가지로 학습집단은 학습의 기회를 보편적으로 제공하고 이를 통해 공동체를 발전시키려는 측과 학습기회를 활용하여 다른 교육 외적 가치를 추구하는 데 더 관심을 가짐으로써 궁극적으로 공동체를 파괴하는 결과를 가져오는 이들과의 갈등의 역사라고 볼 수 있다. 이런 맥락에서 지역학습공동체의 형성을 가로막는 요인들을 직시하고 이를 극복하기 위한 노력이 필요한 것이다.

2) 지역학습공동체의 본질을 구현하기 위한 대응전략

지역학습공동체의 구현은 이 시대의 필연적인 선택이라고 할 수 있다. 지역공동체 평생교육은 바로 이러한 지역학습공동체가 우리 사회에서 올바르게 구현될 수 있도록 노력하는 활동이라고 할 수 있다. 즉 학습을 목적으로 하는 지역공동체, 지역공동체의 발전을 위한 학습공동체의 구현을 실천하는 것이 곧 지역공동체 평생교육의 과제라고 할 수 있다. 그런데 이러한 관심에도 불구하고 지역학습공동체는 앞에서 살펴본 바와 같이 현실적으로 여러 가지 도전을 받고 있는 실정이다. 따라서 순수한 지역학습공동체로서의 본질을 지키기 위해서는 지역공동체 평생교육의 차원에서 많은 노력이 요구된다. 그러한 노력들을 몇 가지 살펴보면 다음과 같다.

첫째, 지역사회 내부의 교육자들이 현명한 판단력을 가지고 공동대응하는 것이다. 지역공동체 내의 평생교육지도자들은 지역공동체 내외 각 집단이나 세력의 비교육적 침투를 경계해야 한다. 특히 지역사회 내에서도 학습공동체의 성격이 지역행정가나 지역의 정치적, 사회적, 경제적 권력자들의 의도에 의해 왜곡되지 않도록 각성할 필요가 있다. 이를 위해 학습지도자뿐만 아니라 모든 지역학습공동체 구성원들이 비판적인 학습을 할 수 있어야 하며, 이들이 함께 참여하며 연대하여 힘을 모으는 것이 필요하다.

둘째, 지역학습공동체의 자율성과 자립성을 최대한 강화하는 것이다. 다시 말해 개인의 성장과 사회적 결속력의 유지와 발전을 위하여 지역학습공동체 구성원의 역량을 결집하여 자립하는 것이다. 이와 같이 우선 학습공동체 내에서 자립할 수 있는 기반이 마련될 때 외부로부터의 왜곡된 가치의 유혹을 이겨 낼 수 있다.

셋째, 지역사회 내의 학습공동체들이 수평적·수직적으로 서로 연대하고 통합될 수 있도록 노력해야 한다. 지역사회를 지역학습공동체로 변화시키는 효율적인 방법은 지역사회 내의 학습동아리, 학습조직들이 개별적·산발적으로 운영되는 것이 아니라 각 차원별로 각 학습공동체들이 서로 수평적으로 연대하고, 같은 지역, 또는 조직 내에 존재하는 각 차원의 학습공동체들이 서로 수직적으로 통합되도록 하는 것이다. 즉, 하나의 학습동아리가 다른 학습동아리들과, 하나의 학습조직이 다른 학습조직들과 수평적으로 연대함과 동시에 같은 지역학습공동체 내의 학습조직 및 학습동아리 그리고 같은 학습조직 내의 학습동아리들도 서로 수직적으로 연계함으로써 지역사회 내부 전체를 통합된 지역학습공동체로 변화시키는 데 기여해야 한다. 즉, 지역공동체를 포괄적인 학습공동체로 변화시킨다는 큰 그림 속에서 자신이 속한 곳부터 학습공동체로 변화시켜 나감과 동시에 다른 영역과 다른 차원의 학습공동체와도 연계성을 가지고 함께 협력하는 자세가 필요한 것이다. 그리고 이를 실현하기 위한 구체적인 실천방안도 개발되어야 한다.

이와 같이 지역학습공동체의 구현은 지역공동체 평생교육이 지향해야 할 궁극적인 목적이라고 할 수 있다. 지역학습공동체는 개인적 수준에서의 학습동아리, 이를 기반으로 한 조직 차원에서의 학습조직이 서로 연계됨으로써 구성된다. 각 차원의 학습공동체들이 최선의 학습공동체로 발전해 나갈 때 이를 기반으로 하는 지역학습공동체도 건전하게 발전할 수 있다. 학습동아리가 개인의 학습욕구만을 충족시키려는 수단으로 활용될 때 와해될 수밖에 없듯이 지역학습공동체 차원의 평생학습도시도 특정한 집단의 이익만을 추구하기 위한 수단으로 활용될 때 진정한 의미의 학습공동체가 될 수 없다. 학습동아리 수준이든 학습조직 수준이든 모든 학습공동체의 구성원들이 학습하려는 열의와 함께 서로에 대한 강한 유대감과 봉사와 섬김의 자세를 가질 때 바람직한 지역학습공동체가 구성될 수 있는 것이다. 학교교육의 시대를 넘어 평생교육의 시대로, 평생교육의 시대를 넘어 평생학습의 시대로 넘어가는 시대에 지역공동체 평생교육 관련조직의 주요 역할은 바로 이와 같은 주민 주도의 학습공동체가 활성화되어 지역주민의 학습력이 향상됨과 동시에 지역학습공동체 형성이라는 또 다른 열매를 맺게 하는 것이라고 볼 수 있다.

제 7 장

지역공동체 평생교육 실천의 원리와 전략

1. 지역공동체 평생교육자의 의미와 역할
2. 지역공동체 평생교육의 실천원리
3. 지역공동체 평생교육의 실천전략
4. 지역공동체 평생교육을 통한 사회자본의 활성화

제 7 장 지역공동체 평생교육 실천의 원리와 전략

지역공동체 평생교육은 현대사회에서 지역학습공동체의 필요성을 인식하고 지역사회를 깊이 이해하고 사랑하는 평생교육전문가들의 참여와 협력에 의해 이루어진다. 일반적으로 평생교육은 학습자의 주체성과 자발성, 생활중심의 교육 등을 강조한다. 이러한 평생교육의 원리는 지역공동체라고 하는 독특한 상황 속에서 지역주민의 참여와 협력의 모습으로 구현된다. 또한 지역공동체 평생교육은 개인 학습자의 성숙은 물론 사회자본의 형성을 통해 사회통합에 이바지하며 궁극적으로 경제발전에도 기여한다.

이 장에서는 지역공동체 평생교육자의 역할과 과제, 지역공동체 평생교육의 올바른 실천을 위한 일반적인 원리, 그리고 지역공동체 평생교육을 통한 사회자본의 활성화전략에 대해 살펴보고자 한다.

1. 지역공동체 평생교육자의 의미와 역할

1) 지역공동체 평생교육자의 의미

어느 분야나 마찬가지로 지역공동체 평생교육도 여러 유형의 참여자들에 의해 수행된다. 이같이 지역공동체 평생교육활동에 참여하는 이들을 통틀어 지역공동체 평생교육자라고 통칭할 수 있다. 지역공동체 평생교육자란 생활의 장으로서의 지역을 거점으로 지역주민들의 학습을 도와 성장하도록 지원하며, 지역사회를 학습공동체로 변화시키는 데 적극적인 역할을 수행하는 사람을 의미한다. 지역공동체 평생교육자의 궁극적인 역할은 지역주민들로 하여금 지역공동체 속에서 학습의 즐거움을 느끼고, 학습을 통해 지역공동체의 가치를 알도록 돕는 것이다. 그런 의미에서 지역공동체 평생교육자는 현대사회에서 필요로 하는 특정한 분야의 전문지식 자체를 전달하는 강사의 위치에 있다기보다는 학습자 또는 지역주민들이 스스로 지역공동체의 가치를 인식하고 지역학습공동체를 구축해 갈 수 있도록 격려하고 지원하는 상담자 또는 촉진자의 위치에 있다고 볼 수 있다.[1)]

원론적으로 지역공동체 평생교육자는 남녀, 직업의 구별이 없으며, 상근직원은 물론 자원봉사자, 전문가 등을 포함한다. 일반적으로 평생교육분야에서는 '평생교육사' 자격증 취득자를 평생교육자라고 말할 수 있으나 지역공동체 평생교육자가 반드시 그러한 자격증을 취득한 사람으로 제한된다고 볼 수는 없다. 지역공동체 평생교육은 지역사회 전 영역에서 전 주민의 참여에 의해 이루어지기에 누구나 잠정적인 지역공동체 평생교육자가 될 수 있다. 물론 지역공동체 평생교육자는 그 중에서 보다 직접적, 전문적으로 지역공동체 평생교육활동에 참여하는 사람이라고 할 수 있다. 그러므로 특정한 자격증을 취득하지 않더라도 지역공동체에 대한 의식이 있고 평생교육에 대한 기본적인 이론과 실천능력을 갖춘 이들이라면 곧 지역공동체 평생교육자라고 할 수 있다.

---

1) 이와 관련하여 일본에서는 지역 애니메이터(animator)제도가 활성화되고 있다. 지역 애니메이터란 지역의 활성화를 위한 마을 만들기 자원봉사자로 정부로부터 인증 받은 사람을 의미한다. 이들의 역할은 평생학습의 성과를 높이는 자원봉사자의 활동, 학습을 통해 지역주민들의 삶을 보람 있게 하도록 지원하는 활동, 생활을 향상시키는 학습의 지원, 지역 청소년 교육의 후원 등이다(福留强, 2003: 136-139).

지역공동체 평생교육자는 지역주민들 가운데 들어가서 그들과 함께 활동을 수행하려는 마음자세를 갖추어야 한다. 물론 교육전문성을 갖추고 있는 경우라면 더욱 좋다. 그러나 지역공동체 평생교육의 속성이 삶과 직접적인 관계를 갖고 새롭게 제기되는 문제에 즉각적으로 대처하는 것이기에 교육전문가가 단독으로 대응하기 어려운 점도 있다. 더욱이 특정한 분야의 자격증을 가진 사람만이 주체가 될 수 있는 것도 아니다. 또한 현재처럼 평생교육사, 사회복지사, 사서, 청소년지도사, 농촌지도사, 교사 등과 같이 특정 기관에서 특정 자격증을 갖춘 사람만이 배치되는 식으로는 생활에서 발생하는 여러 가지 복합적인 문제들을 교육적으로 접근하기 어려운 측면도 있다. 따라서 지역공동체 평생교육을 실천하는 조직은 다양한 분야의 전문가로 구성되는 것이 바람직하며, 각 실무자들도 다양한 분야에 대한 폭넓은 이해와 열린 자세가 필요하다. 이와 관련하여 김문환(2005: 22-23)은 풀뿌리 자치사상에 입각하여 지역과 인간을 진정으로 인간적으로 만들고자 할 때 사회교육종사자가 염두에 두어야 할 사항을 다음과 같이 제시하고 있다.

① 시야가 좁은 전문가가 되지 말 것
② 사회교육직원은 지방자치의 이념, 지방자치단체의 행・재정 구성 등을 종합적, 과학적으로 파악하여 제 것으로 삼을 것, 그때에만 주민요구에 제대로 응할 수 있다.
③ 몸과 마음을 바쳐 사업의 기획과 주민활동 원조에 폭넓고 깊이 있게 임할 것
④ 스스로도 주민 중 하나로서 행동할 것

이상에서 살펴본 바를 종합하여 지역공동체 평생교육자가 갖추어야 할 몇 가지 요건을 제시하면 다음과 같다.

첫째, 지역공동체 평생교육자는 지역공동체 평생교육에 대한 확고한 가치관과 신념을 갖추어야 한다. 최근 들어 평생교육의 전문성이 평생교육지도자에게 점차 중요한 요소로 요구되고 있지만 지역공동체 평생교육을 위해서는 그보다 지역공동체 평생교육의 의미와 필요성에 대한 강한 인식과 사명감이 더 핵심적이라고 볼 수 있다. 왜냐하면 이러한 인식과 사명감이 없을 때 지역공동체를 지향하는 평생교육은 외적 요인들에 의해 쉽게 왜곡될 수 있기 때문이다.

둘째, 지역공동체 평생교육자는 지역사회의 특성에 대해 깊은 이해와 애정을 가지고 있어야 한다. 즉, 지역공동체 평생교육자는 자신이 살고 있는 지역의 역사적·경제적·사회적·문화적·자연적 특성과 주민의 요구, 해결해야 할 문제 등에 대해 관심을 갖고 깊이 이해해야 함과 동시에 이를 개선코자 하는 애정을 가지고 있어야 한다.

셋째, 지역공동체 평생교육자는 평생교육활동에 필요한 각종 전문기법과 지식을 갖추어야 한다. 지역공동체 평생교육을 실천하기 위해서는 일반 평생교육 전문가에게 필요한 전문적인 지식과 기법이 요구된다.[2] 이러한 지식과 기법이 지역공동체 평생교육의 성공을 위한 가장 핵심적인 요소는 아니더라도 활동의 효과성과 효율성을 제고하기 위해서 반드시 요구된다. 이를 위해 지역공동체 평생교육자 개인의 전문성을 제고하기 위한 노력과 더불어 각 분야 전문가의 지원을 얻기 위한 네트워크 구축 능력도 필요하다고 볼 수 있다.

이상에서 언급한 지역공동체 평생교육자의 요건을 그림으로 표현하면 <그림 7-1>과 같다.

---

2) 이러한 전문성은 일반적으로 평생교육사의 직무수행에 필요한 요소들이라고 볼 수 있다. 우리나라의 현행 평생교육법에 의하면 평생교육사는 평생교육의 기획·진행·분석·평가 및 교수업무를 수행하도록 되어 있다. 이와 관련하여 평생교육사가 갖추어야 할 능력에 대한 많은 연구가 이루어져 왔다.

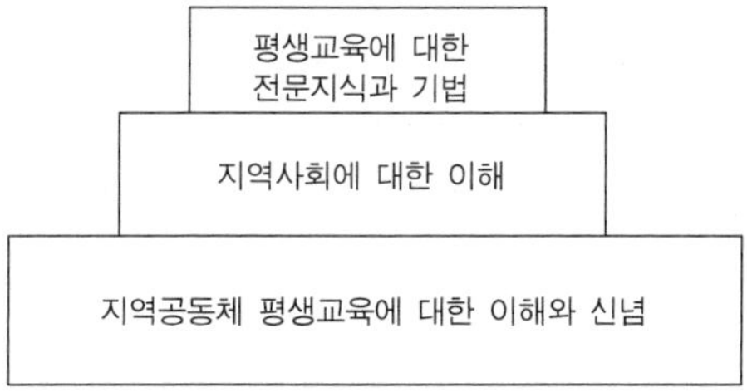

<그림 7-1> 지역공동체 평생교육자의 요건

2) 지역공동체 평생교육자의 역할과 과제

일반적으로 평생교육전문가의 역할은 프로그램의 개발, 기관의 운영과 같은 것들이 주종을 이루었다. 그러나 지역공동체 평생교육의 관점에서 평생교육전문가의 역할은 보다 현장지향적으로 바뀌게 된다. 즉, 이전까지의 개별적 학습지도, 조언기능에서 벗어나 지역사회 내 학습기회의 다원화에 대응한 학습활동 촉진, 지역주민으로 구성된 학습동아리의 조직 및 관리, 지역문제 해결을 위한 토론모임 구성 및 운영, 지역공동체사업의 조정, 지역공동체조직간의 네트워크 구성 및 운영, 지역사회지도자 리더십 향상 등의 역할이 중시된다. 이와 같이 지역공동체 평생교육자의 역할과 과제는 보다 확대되고 있으며 전문성도 더욱 많이 요구되고 있다. 그런 면에서 보다 특화된 영역으로서의 지역공동체 평생교육을 위한 전문가를 양성하고 지원하기 위한 정책적인 고려도 필요한 시점이다.

이런 맥락에서 지역공동체 평생교육자가 수행해야 할 역할과 과제들을 종합적으로 제시하면 <표 7-1>과 같다.

<표 7-1> 지역공동체 평생교육자의 역할과 과제

역 할	세부 과제
지역주민을 위한 교육프로그램 개발 및 운영	· 지역주민의 교육요구 파악 및 프로그램 제공 · 주민자치 역량강화를 위한 교육프로그램 개발 및 운영 · 지역의 역사, 문화, 자연 등 지역적 지식의 발굴과 전수
주민의 학습활동 지원	· 학습을 위한 정보제공 및 학습상담 · 주민 주도의 학습공동체 조직 및 운영 지원
지역문제 해결을 위한 지원	· 지역문제 해결기법 워크숍 실시 · 지역문제 토론을 위한 학습동아리 조직 및 운영 · 지역사회의 문제를 논의하는 포럼프로그램 구축
지역 평생교육조직 네트워크 형성	· 지역공동체 평생교육 관련조직간 협의회 구성 · 지역사회 내 각종 학습동아리의 연계
지역발전을 위한 학습성과의 활용 촉진	· 학습성과의 발표, 전시, 봉사활동 기회 주선 · 지방자치단체 및 공공기관과의 네트워크 구축

2. 지역공동체 평생교육의 실천원리

1) 평생교육 실천의 일반 원리

지역공동체 평생교육의 실천원리는 학습자와 공동체를 중시하는 전통적인 평생교육의 원리를 현대 지역사회의 구체적인 요구와 현실에 접맥함으로써 자연스럽게 도출될 수 있다. 여기서는 먼저 전통적으로 평생교육에서 강조되었던 실천원리를 살펴보고자 한다.

그동안 평생교육분야에서는 여러 연구자들에 의해 평생교육 실천의 차원에서 다양한 실행원리들이 주장되었다. 먼저, 평생교육연구의 선구자 중 하나인 데이브(R. H. Dave)가 제시한 평생교육의 이념 중 실천원리와 관련된 부분을 정리하면 다음과 같다(오혁진, 2003b).

· 학교교육의 엘리트주의적인 성격과는 대조적으로 평생교육은 교육의 보편화를 추구함으로써 교육의 민주화를 표방한다.

· 평생교육은 학습내용, 학습도구 및 기법, 학습시간에 있어서의 융통성과 다양성으로 특징 지워진다.
· 평생교육은 교육유형이나 형태에 있어서 학습자의 선택을 허용한다.
· 개인이나 사회의 적응 및 혁신적 기능은 평생교육을 통해 달성된다.
· 평생교육의 궁극적인 목적은 인간의 삶의 질을 향상시키는 것이다.
· 평생교육을 위해서는 이른바 교육기회, 동기유발, 교육 가능성 등 세 가지 중요한 전제조건이 필요하다.

한편, 성인학습이론 정립에 이바지한 노울즈(M. Knowles)의 안드라고지(andragogy) 실천원리를 살펴보면 다음과 같다(Galbraith, 1991).

· 학습에 적합한 물리적, 심리적 분위기를 형성하라.
· 방법과 교육과정의 방향을 계획하는 데 학습자들이 참여하도록 하라.
· 참여자들로 하여금 그들 자신의 학습요구들을 진단하는 데 참여하도록 하라.
· 학습자들로 하여금 그들 자신의 학습목표를 형성하도록 격려하라.
· 학습자들로 하여금 그들 자신의 목표를 수립하기 위해 자원들을 확인하고 그 자원을 활용하기 위한 전략을 구안하도록 격려하라.
· 학습자들이 학습계획을 수행할 수 있도록 도와주라.
· 학습자들로 하여금 그들의 학습평가에 참여하도록 하라.

한편, 대표적인 진보적 평생교육자 프레이리(P. Freire)는 사회현실에 대한 분석과 참여를 강조하였으며, 학습자로 하여금 사회적 압박에서 해방되도록 하기 위한 학습자의 세력화와 자기 주도성을 중시하였다(Freire, 1986). 이외에도 많은 이론가들과 실천가들이 나름대로의 관점에서 평생교육의 원리를 제시하였다. 이들이 제시한 구체적인 내용들을 살펴보면 그들이 처한 입장에 따라 다소 차이가 있다. 그러나 그 내면들을 깊이 살펴보면 대체적으로 학습자의 주체성 존중, 참여자간의 활발한 상호작용, 교육기회의 민주화, 공동체사회의 구현 등을 공통적으로 지향한다고 볼 수 있다.

2) 지역공동체 평생교육을 위한 참여와 협력의 원리

현대사회에서 새롭게 그 필요성이 부각되는 지역공동체 평생교육은 평생교육의 일반 원리는 물론 보다 구체적으로 전통적인 지역사회교육의 원리를 현대적으로 계승한다고 볼 수 있다. 다만 그 원리는 최근 세계화의 영향으로 더욱 강조되는 경제중심의 지역개발주의로 왜곡되지 않는 것이어야 한다. 즉, 지역공동체 평생교육의 실천원리는 세방화, 경제적 효율성 등을 강조하는 지역경제 개발중심의 평생교육이 아니라, 전통적으로 지역의 공동체성과 정체성을 강조했던 전통적인 지역사회교육의 원리를 발전적으로 계승한다고 볼 수 있다. 이런 맥락에서 여기서는 전통적인 지역사회교육의 원리를 바탕으로 현대사회에서 요구되는 지역공동체 평생교육의 실천원리를 모색하고자 한다.

전통적으로 지역사회교육은 학습을 통한 지역문제의 해결을 중시했다. 지역사회교육의 원리를 정리한 Olsen과 Clark에 의하면 지역사회교육이란 결국 지역사회개발이나 발전을 위한 체제의 운영철학이라는 것이다. 그들은 지역사회 발전을 위한 지역사회교육이 잘 운영될 수 있으려면 다음의 요소들이 고려되어야 한다고 하였다

(이순형 편저, 1989: 163에서 재인용).

① 교육적 과정에 대한 주민들의 체계적 참여

② 지역사회의 인적, 물적, 재정적 자원의 극대화

③ 협동과 조정: 기관이나 제도들간의 협조와 조정

④ 문제해결과정에서 주민의 민주적 참여 조장

⑤ 평생에 걸친 다양한 경험과 관련된 학습

이러한 요소들을 살펴볼 때 전통적인 지역사회교육의 논의에서 민주적인 참여와 협력의 원리가 크게 부각되고 있음을 알 수 있다. 현대사회에서 지역화 차원에서 지역의 주체성과 자립성, 민주적인 절차, 지역간의 상호협력을 지향하는 지역공동체 평생교육의 경우 이러한 참여와 협력의 원리는 더욱 큰 의미를 갖는다. 여기서는 주민의 참여와 협력의 원리를 중심으로 현대사회에서 지역공동체 평생교육이 되살려 발전시켜야 할 교육의 원리를 보다 구체적으로 살펴보고자 한다.

(1) 주민의 참여

먼저, 지역공동체 평생교육 실천에 있어서 가장 중요한 원리는 주민의 참여이다. 주민들의 참여는 주인의식을 갖게 한다. 전문가는 그 상황을 떠날 수 있지만 주민들은 끝까지 남게 된다. 이러한 참여는 전통적으로 지역사회교육분야에서 매우 중시되어 왔다. 이에 대한 언급을 살펴보면 다음과 같다.

> 지역사회교육에는 모든 주민의 참여가 강조된다. 모두가 배우고 모두가 가르치는 것이다. 거기에는 청소년, 부모, 교육자, 기업인, 사무원, 직공 등 그 과정에 참여하기를 원하는 모든 사람들을 포함한다.

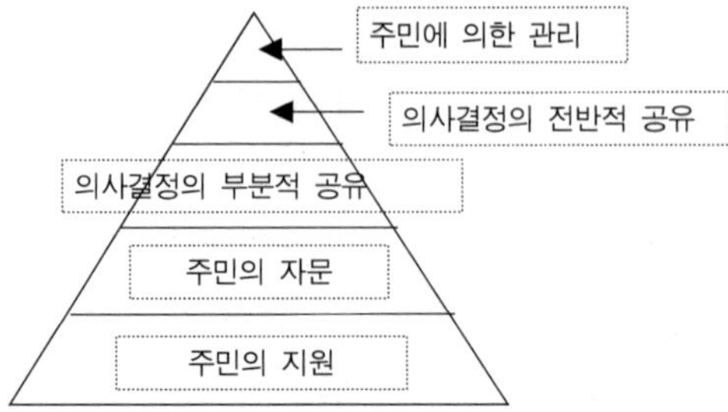

출처: 이순형 편저(1989), 『교육적 사회론』, p. 313.

<그림 7-2> 교육에 있어서의 주민참여 수준

공사의 여러 부문에서 서로 협력을 제공하고 참여정신을 발전시켜 나가는 과정이다(이순형 편저, 1989: 156).

이와 같이 참여는 평생교육에 있어 매우 중요한 원리이다. 이와 같이 참여가 중요한 이유를 보다 자세히 살펴보면 다음과 같다(Stanley and Jaya, 1993).

첫째, 주민참여는 지역 내에 산재한 자원들을 동원하기 위한 효과적인 수단을 제공할 뿐만 아니라 주민들의 힘 · 지혜 · 창조성 등을 조직적으로 끌어낸다.

둘째, 주민참여는 지역사회의 요구를 미리 검증함으로써 지역사회를 위한 활동을 그들의 요구충족에 적합하게 조정할 수 있다. 무엇보다도, 주민참여는 사업 혹은 활동에 정당성을 부여하고, 이에 대한 주민들의 헌신을 촉진시키며, 그 활동의 지속성을 보장해 준다.

지역공동체 평생교육에 있어 주민들의 참여에도 다양한 수준이 존재한다. 이를 그림으로 표시하면 <그림 7-2>와 같다.

이러한 참여의 원리는 지방분권, 더 나아가 주민자치를 지향하는 현대사회에서 더욱 절실하게 요구되는 원리이다. 따라서 지역공동체 평생교육은 주민들로 하여금 교육프로그램에 참여할 기회를 갖게 하는 것은 물론 자신들에게 영향을 미치는 의사결정과정에 주도적으로 참여할 수 있는 기회를 주어야 한다. 또한 교육참여의 기회와 참여를 통한 유익이 지역 내의 경제적, 사회적 지위에 의해 불평등하게 배분되지 않도록 유의해야 한다. 교육참여의 기회와 그 유익이 불평등하게 배분될수록 평생교육을 통한 지역공동체의 형성은 더욱 어려워지게 될 것이기 때문이다.

이상의 논의와 관련하여 지역공동체 평생교육자를 위한 지침을 열거하면 다음과 같다.

- 특정한 교육시설에만 머물러 있지 말고 지역사회에서 많은 시간을 보낸다.
- 지역주민 및 학습자들과 비공식적으로 이야기하는 시간을 가진다.
- 그곳에 살고 있는 사람들에게 그 지역에 대한 정보와 자문을 구한다.
- 그들이 말하는 바는 비록 듣고 싶은 말이 아니더라도 경청한다.
- 교육의 참여가 지역주민들의 사회적, 경제적 배경 등에 의해 차별화되지 않도록 유의한다.
- 교육이나 학습활동이 지역주민 또는 학습자들이 원하고 익숙한 방식으로 운영되도록 돕는다.

(2) 지역공동체 구성원간의 협력

지역공동체 평생교육은 주민들의 참여만을 통해 이루어지는 것이 아니라 서로 협력함으로써 완성된다. 지역주민들간의 협력, 활동가와 주민들 간의 협력, 지역공동체 평생교육조직들간의 파트너십이 반드시 요구된다. 이와 관련하여 이러한 협력이 지역공동체 평생교육의 활성화를 위해 필요한 이유를 정리하면 다음과 같다(이순형 편저, 1989: 165).

첫째, 평생교육활동의 질을 높인다. 어느 한 기관에 의해서만 제공될 수 있는 평생교육활동은 주민들의 극소수의 필요에 국한될 수 있다. 협동이나 제휴는 중요자원의 활용이라는 측면에서뿐만 아니라 각기 다른 전문분야의 사람들과 경험을 공유할 수 있도록 해 줌으로써 봉사활동의 질을 개선할 수 있게 해 준다.

둘째, 평생교육활동의 양을 확대할 수 있다. 기관들간에 협력해서 제공되는 프로그램들은 그 종류에서 확대될 수 있을 뿐만 아니라 보다 많은 주민들을 대상으로 할 수 있기 때문에 기관의 봉사 잠재력을 훨씬 증폭시킬 수 있다.

셋째, 공동으로 평생교육활동을 제휴하게 되면 어떤 평생교육활동들이 이루어지고 있는지에 대해 그 규모면에서 보다 잘 알려지게 된다. 따라서 비교에 의해 책임 있는 프로그램으로 강화된다.

넷째, 파트너십은 기관간에 의사소통을 도모해 줄 뿐만 아니라 필요한 자원을 함께 사용할 수 있다는 점에서 효율적인 활동전략이 된다.

이러한 협력의 원리는 다원화된 현대사회에서 지역주민 사이의 조화와 상생을 위해 더욱 절실하게 요구되고 있다. 따라서 지역공동체 평생교육에 있어서도 이 원리를 더욱 계승·발전시켜야 한다.

지역주민과의 협력과 관련하여 지역공동체 평생교육자가 유념해야 할 지침을 제시하면 다음과 같다.

· 그 지역에 오랜 기간 동안 헌신해 온 지역주민, 자원활동가와 기타 기관들과 파트너십을 형성하여 일한다.
· 지역전문가를 최대한 활용한다.
· 서로에게서 배우고 서로 함께 배우기를 격려한다.
· 어떤 개인들과 집단들이 잠재적인 협력자들인지 파악하고 함

께 노력한다.
· 무엇이 진행되고 있는가를 지역주민들과 자원활동가들에게 알려 주고 도움을 청한다.
· 지역 내 경쟁집단 사이에 외교관계를 이룰 수 있도록 돕는다.
· 모든 것이 개인적으로 부여되지 않도록 집단적, 협동적 작업 및 학습방식에 에너지를 쏟아 붓는다.
· 거주민들 사이에 갈등이 문제가 된다면 갈등해소훈련을 추구한다.

3. 지역공동체 평생교육의 실천전략

앞에서 지역공동체 평생교육 실천을 위한 기본 원리로서 참여와 협력의 원리를 살펴보았다. 이러한 참여와 협력의 원리는 지역공동체 평생교육의 구체적인 실천방법의 기초가 된다. 여기서는 지역공동체 평생교육을 실천하기 위한 보다 구체적인 방법을 참여연구와 학습공동체 활용을 중심으로 살펴보고자 한다.

1) 협동탐구와 참여연구

지역공동체 평생교육을 위한 참여와 협력의 원리는 구체적인 평생교육의 맥락에서 '협동탐구'와 '참여연구'의 형태로 구현된다. 협동탐구란 평생교육자들과 지역학습자들이 연구문제, 탐구방법, 자료해석에 대해 함께 의사결정을 내리고 같은 경험을 통하여 공유의미를 창출하는 것이다. 지역사회가 실천을 통해 문제를 정의하고, 문제를 연구하며, 문제에 대한 자료를 해석하며 그 문제에 대해 협동하는 법을 배운다. 이와 같은 협동탐구를 통한 지역공동체학습의 본질은 참여자들이 연구의 주체이자, 연구원이며 학습자라는 것이다(Stein, 2002: 30).

이러한 협동탐구는 사회교육 및 지역사회개발에서 전통적으로 중요한 방법으로 여겨 왔던 참여연구(participatory research)와 맥을 같이한다. 참여연구는 연구, 교육, 실천을 결합한 활동으로 연구과정에서 인간의 교육과 성장, 더 나아가 사회변혁을 추구한다(박덕병, 2002: 51-52). 참여연구가 다른 전통적 연구와 구별되는 가장 명백한 특징은 사람들이 연구과정의 적극적인 구성원으로 참여하는 것이다. 참여연구는 협동적 조사, 분석, 활동의 상호 관련된 세 과정들로 구성되며, 사람들은 대화를 통해 이 모든 과정에 함께 참여한다.

참여연구는 그 기본 목표가 지역주민들이 스스로 그들의 문제를 해결할 수 있는 실천계획을 수립할 수 있도록 지원하는 것이다(정지웅·김지자, 1986: 83). 지금까지 많은 연구들이 제3세계에서 행해질 때 보통 선진국의 이론적 준거에서 관찰됨으로써 자국의 연구방법으로서 적절하지 못한 경우도 많았으며, 또 그 연구결과가 그 소외된 대상집단에 대하여 오히려 불리한 대책을 제시하게 되는 경향마저 있기 때문에 외부전문가만의 시각으로써 연구를 수행하는 것은 그만큼 참된 지식을 찾아내는 데 있어서 제한과 오류가 있다는 것이다. 따라서 참여연구는 연구자와 주민들이 함께 참여하여 연구를 공동으로 계획하고 그 계획을 함께 수행해 나가는 연구방법이라는 점에서 의의가 있다(최상호, 2004: 549-550).

그러나 참여연구는 이러한 의의에도 불구하고 그동안 제도화와 정부 주도적인 평생교육의 토양에서 그 꽃을 제대로 피우지 못하였다. 그러나 최근 시민사회의 도래는 이러한 참여연구의 의의를 다시 활성화시킬 수 있는 좋은 토대가 되고 있다(박성정, 2005). 그런 점에서 참여연구는 지역공동체 평생교육을 위한 중요한 수단으로 부활되어야 한다. 참여연구를 적용함으로써 지역공동체 평생교육은 정형화된 틀에 의한 형식적 평생교육이 아니라 지역주민의 구체적인 삶 속에서 함께 삶의 문제를 직접 해결해 가는 데 도움이 되는 평생교육이 될 수 있다.

일반적으로 참여연구는 ① 연구대상 주민들에 의한 문제제기, ② 문제해결을 위한 실천가와 연구자 사이의 합의, ③ 연구진행분업을 위한 소집단의 구성, ④ 연구계획서의 작성, ⑤ 자료의 수집, ⑥자료의 분석, ⑦ 문제해결을 위한 협의, ⑧ 개발계획서의 작성, ⑨ 개발계획의 수행, ⑩ 학습정리의 단계를 거치게 된다. 이러한 단계를 거치는 동안 가장 중요한 원칙은 지역주민들이 당면하고 있는 문제를 연구소재로 삼으며, 그들이 직접 문제해결을 위한 연구에 공동으로 참여해야 한다는 것이다. 즉, 지역의 주민들이 단순한 연구대상이나 연구의 수단이 아니라 연구의 공동주체인 것이다. 이를 위해 집단토의, 공공회합, 연구분과위원회의 조직, 지역사회세미나, 자유기술식 조사, 견학, 교육야영(educational camps) 등의 다양한 방법들이 활용될 수 있다(최상호, 2004).

2) 학습공동체 활용을 통한 지역문제의 해결

지역공동체 평생교육의 관점에서 지역주민들의 참여와 협력의 모습이 가장 효과적으로 나타나는 실질적인 학습형태는 바로 학습공동체라고 할 수 있다. 학습공동체 자체는 바로 참여와 협력을 전제로 한다. 이와 관련하여 Stein(2002)은 사례연구를 통해 지역의 주민들이 학습공동체의 참여와 협력을 통해 지역의 문제를 파악하고 지역을 변화시켜 나가는 기초를 형성하는 과정을 6C 모델을 통해 제시하였다.

<표 7-2> 지역문제 이해를 위한 학습공동체의 6C 모델

요 소	내 용
1. Committing (참여)	· 학습집단의 참여자들이 관심이 되는 이슈를 검증함 · 구조가 조직화되고 참여의 규범이 형성되며 참여자들이 모집되고 연구가 시작되는 단계. 학습에 대해 주인의식을 가질 때 시작함
2. Contracting (역할분담)	· 학습집단의 참여자들이 그 이슈를 연구하기 위해 책무와 역할을 분배함 · 구성원들이 질문구성, 자료수집, 자료의 분석 및 협의 등의 책임과 역할을 받아들임
3. Campaigning (자료수집활동)	· 학습집단의 참여자들이 이슈와 관련된 자료를 실제로 수집하고 그 내용을 학습함 · 지역주민에 대한 포커스 그룹, 전화조사 등의 방법 활용
4. Contributing (기여)	· 학습집단의 참여자들이 자료를 해석하고 미래의 바람직한 모습을 구안하며, 지역을 향상시키기 위한 계획을 수립함 · 학습이 실천으로 연결됨
5. Communicating (공유)	· 학습집단의 학습의 결과를 조직 내부와 지역사회 전체와 공유함 · 회합을 준비하고 운영함
6. Continuing (지속)	· 학습집단이 학습을 지속 · 유지하기 위한 행동들을 취함 (정기적 모임/ 의식, 신규회원 가입)

6C 모델은 Committing(참여), Contracting(역할분담), Campaigning(자료수집활동), Contributing(기여), Communicating(공유), Continuing(지속)으로 구성된다. 이 6C 모델은 반드시 선형적인 순서로 이루어지는 것이 아니라 수시로 반복되고 동시에 이루어질 수 있다. 지역주민들이 함께 지역공동체의 문제와 이슈를 학습하는 모임에 참여함으로써 지역문제의 해결은 물론 궁극적으로 학습공동체를 형성하게 된다. 이는 지역공동체 형성에 있어 특정한 학습집단이나 위원회가 학습공동체의 역할을 수행함을 의미한다. 즉, 지역의 이슈를 함께 조사하고, 연구하며, 학습결과를 공유하며, 함께 대안을 모색하는 학습공동체인 것이다. 이러한 모델은 학습집단을 중심으로 지역공동체에 대한 이해증진과 문제해결을 위한 기본 모델로서 의미가 있다.

이상에서 언급한 6C 모델의 내용을 정리하면 <표 7-2>와 같다.

3) 지역공동체 평생교육 파트너십의 형성[3)]

현대사회에서 지역 내 주민들의 요구가 다양해지고 해결해야 할 문제가 날로 복잡해짐에 따라 지역공동체 평생교육조직들간의 파트너십의 필요성이 더욱 커지고 있다. 일반적으로 파트너십이란 공유 가능한 목적을 달성하기 위해 구체적인 역할과 책임을 공유하는 호혜적(mutual-benefit) 협력, 공조(共助)관계를 말한다. 이러한 파트너십의 개념은 사용되는 맥락에 따라 다소 차이를 나타내고 있지만 일반적으로 상호협력, 동반자적 관계 등의 의미를 내포한다는 점에서 공통적이라고 할 수 있다.

지역공동체 평생교육에 있어서 파트너십의 가장 확장된 형태는 네트워크 구축이라고 할 수 있다. 네트워크는 하나의 시스템 구성요소들간의 연계 · 협력 · 제휴를 말한다. 기존의 연계 · 협력 · 제휴 등의 개념이 개별 조직간의 제한적 내지는 일회적 성격이 강한 반면, 네트워크는 보다 체계적이어서 규모가 크며 한 지역의 포괄적 체계를 전제로 한 지속성을 가지는 개념이라고 할 수 있다. 다시 말해 네트워크는 파트너십이 원활하고 상시적으로 이루어져 조직들 사이에 지속적인 연락 및 협의관계를 유지하고 있는 상태라고 볼 수 있다.

평생교육조직 사이의 파트너십은 여러 가지 성격의 교류를 통해 이루어진다. 교류의 내용으로는 교사나 강사의 교류에서부터 정보와 공간의 교류 등과 같이 다양한 영역과 국면에서 논의될 수 있다.

인적자원의 교류는 지역공동체 평생교육 관련조직 사이의 회원, 교 · 강사 및 자원봉사사와 같은 인적자원의 상호교류를 말한다. 지역공동체 평생교육 관련조직 사이에 연구인력을 파견 · 자문할 수

3) 평생교육기관간의 파트너십 구축을 위한 구체적인 방법에 대해서는 오혁신(2003b), 평생교육경영학의 제13장 '평생교육기관의 파트너십' 부분을 참조하기 바람.

도 있으며, 전문교육 관련기관에서 활동중인 강사나 직원을 일반 교육기관에 강사로 일시적으로 파견할 수도 있다.

물적자원의 교류는 강의실, 숙박시설, 교육기자재 등 우수한 시설을 갖추고 있는 지역공동체 평생교육관련 조직이 다른 조직에게 이를 저렴하게 대여해 주는 경우이다. 예를 들면, 공공평생교육기관이 지역시민단체의 프로그램을 위해 시설을 대여해 주는 경우이다.

정보교류는 각종 교육관련 정보(강사, 시설, 프로그램, 학습자, 후원집단) 등의 교류를 의미한다. 핵심이 되는 조직에 포스트 컴퓨터를 설치하고 각 시설에는 단말기로 활용될 수 있는 소형 컴퓨터를 도입하여 데이터 통신이 가능하도록 하는 것이 바람직하다.

4. 지역공동체 평생교육을 통한 사회자본의 활성화

1) 사회자본의 개념과 성격

모든 교육활동은 지식과 기술의 전달을 통해 개인의 성장을 추구한다. 지식기반사회의 도래와 더불어 인적자원개발의 차원에서 이러한 지식과 기술 중 경제적 부가가치가 큰 것들은 경제적 발전을 위한 인적자본의 차원에서 매우 중시되고 있다.

그러나 최근에는 이러한 인적자본뿐만 아니라 사회자본의 중요성이 부각되고 있다. 사회자본(social capital)이란 협력적 행위를 촉진시켜 사회적 효율성을 향상시킬 수 있는 사회조직의 속성(신뢰, 규범, 네트워크 등)으로서 시민사회의 성숙과 민주주의, 더 나아가 경제의 발전을 가져오는 원동력이다. Putnam(2000)은 현대사회가 가지고 있는 문제점을 극복할 수 있는 대안으로 사회자본이 가지고 있는 도덕적 힘을 강조하였다. 또한 사회자본은 한 사회를 지탱해 주는 토대를 형성할 뿐만 아니라 간접적으로 경제발전에도 크게 기여하고 있음이 입증되고 있다. 이러한 사회자본은 전통적인 학교교육은 물론 평생교육과도 매우 밀접한 관계를 가지고 있음을 인식할 수 있다. 사회자본과 관련된 신뢰, 규범, 네트워크 등은 바로 전통적인 교육은 물론 평생교육을 통해서도 매우 중요하게 다루어 온 교육내용임과 동시에 실제 교육활동이 이루어지는 원리와도 직접 관련되기 때문이다. 즉, 교육은 인간과 인간 사이에 신뢰를 바탕으로 규범을 중시하며 인간적인 관계 속에서 이루어지는 활동이기 때문이다. 더욱이 인간의 일상생활과 학습자의 참여와 협력관계를 강조하는 평생교육의 전통에 비추어 볼 때 사회자본과 평생교육의 관계는 보다 심도 있게 살펴볼 필요가 있다. 이런 맥락에서 여기서는 먼저 사회자본의 의미와 의의를 구체적으로 살펴보고자 한다.

사회자본은 기존의 경제자본, 인적자본, 문화자본과 비교할 때 다음과 같은 성격을 가진다(Putnam, 2000; 유석춘 외 편역, 2003).

첫째, 다른 자본들과 달리 사회자본은 행위자들이 개별적으로 소유하고 있는 자본이 아니라 행위자들 사이의 관계 속에서 내재하고 있는 자본이다. 따라서 상호작용이 없으면 사회자본은 형성되지 않는다.

둘째, 사회자본도 경제자본, 인적자본 등과 같이 생산적이다. 즉, 사회자본도 다른 형태의 자본과 같이 특정 목표의 달성을 가능하게 한다. 일반적으로 구성원들이 상호신뢰하고 타인에 대한 믿음을 보이는 집단은 그렇지 않은 집단보다 많은 것을 성취해 내기 때문이다.

셋째, 사회자본은 다른 자본들과 달리 공공재로서의 성격을 가진다. 즉, 사회자본을 통한 결과는 모든 사람이 같이 혜택을 누리는 반면, 다른 공공재와 마찬가지로 다른 사적 주체들에 의해 그 중요성이 낮게 평가되는 경향이 있다. 따라서 각 사적 주체는 신뢰형성을 위한 투자를 많이 하지 않기 때문에 사회자본의 의도적인 형성

<표 7-3> 경제자본, 인적자본, 문화자본과 사회자본의 비교

구 분	경제자본	인적자본	문화자본	사회자본
이론적 의의	화폐가 아닌 생산수단의 형태로 존재하는 자본	자본가에 의해서만 배타적으로 소유될 수 있는 자본의 개념에 대한 수정	경제자본과 문화자본의 불일치	개인이 아닌 사회적 관계 속에서 파생되는 자본
자본의 소유자	개인(자본가)	개인(노동자)	가족 전체 또는 가족의 개별구성원	집단(사회집단)
자본소유자에게 주는 이익	타인 노동력의 효율적 활용을 통한 경제적 이익	노동시장에서의 협상력 증대, 높은 임금	다른 계급과의 구별짓기와 계급의 문화적 재생산	정보의 취득, 사회적 연대와 결속의 창출
자본의 존재형태	물질적 대상(토지, 기계와 같은 생산수단)	교육 및 직무훈련을 통해 개별노동자에게 체화된 기술과 지식	가족구성원들에 의해 공유되는 문화적 취향	개별 행위자가 아닌 사회적 관계 속에 존재하는 신뢰와 결속관계
연구의 핵심	자본가와 노동자 사이의 계급적인 관계	교육과정과 임금 사이의 연관성	문화자본을 통한 세대간 계급 재생산	개인 혹은 집단 사이의 관계 유형
분석 수준	구조(계급)	개인	가족	개인/집단

출처: 유석춘 외 편역(2003), 『사회자본: 이론과 쟁점』, 27.

은 공공부문의 몫으로 간주되는 경향이 있다.

넷째, 사회자본은 경제자본과 달리 자기강화적·축적적이다. 사회자본은 사용하면 사용할수록 총량이 늘어난다. 사회자본이 선순환을 하게 되면 높은 수준의 협력, 신뢰, 호혜성, 시민적 참여와 집단적 복지의 증가를 가져오는 반면, 악순환을 하게 되면 배반, 불신, 착취, 고립, 무질서, 침체의 증폭이 일어난다.

다섯째, 사회자본은 그 유지를 위해 지속적인 노력을 필요로 한다. 소유자가 특별한 노력을 기울이지 않아도 그것을 지속적으로 보유할 수 있는 다른 형태의 자본과 달리 보유하기 위해서는 지속적으로 유지하는 노력이 필요한 자본이다. 집단구성원 사이에서 서로의 관계를 끊임없이 확인하고 재확인함으로써 인정을 받는 일련의 지속적인 교환과정을 거친다.

이와 관련하여 사회자본과 다른 유형의 자본들의 성격을 비교하면 <표 7-3>과 같다.

2) 사회자본 형성에 있어서의 지역공동체 평생교육의 의의

지역공동체 평생교육은 개인의 성장뿐만 아니라 공동체의 형성과 발전도 중요한 목적으로 삼는다. 일반적으로 공동체의 형성과 발전은 사회자본의 형성과 밀접한 관계를 가진다. 이와 관련하여 지역공동체 평생교육은 사회자본의 형성에 크게 기여할 수 있는 것으로 인식된다(Falk, Golding, and Balatti, 2000). 이를 설명하기 위해 먼저 사회자본의 형성기반을 살펴보면 다음과 같다.

첫째, 포괄적 호혜성에 대한 믿음이다. 포괄적 호혜성이란 지금 당장 이익을 받지 못한다 하더라도 신뢰와 규범을 지키면 언젠가 자신도 그 보상을 사회로부터 받을 수 있다는 믿음이다. 경제자본의 교환은 시간적으로 볼 때 동시적으로 이루어지는 반면에 사회자본의 교환은 이러한 동시성을 전제로 하지 않는다. 그럼에도 불구하고 지속적으로 사회적 가치를 충실히 이행하는 것은 언젠가 보상을 받을 수 있을 것이라는 신뢰 때문이다. 이는 개인의 이익과 연대성의 갈등을 해소시켜 준다.

둘째, 시민적 네트워크의 형성이다. 이웃 주민모임, 취미클럽, 협동조합, 운동클럽, 대중정당 등의 다양한 조직활동을 통해 사회자본이 형성된다. 공동체에서 이러한 네트워크가 조밀하면 할수록, 시민들이 상호이익을 위해 협력할 가능성이 높아지게 되기 때문이다.

이러한 사회자본 형성의 기반을 구축하는 데 있어 지역공동체 평생교육은 매우 큰 역할을 수행할 수 있다. 이는 지역공동체 평생교육이 갖는 두 가지 성격을 통해 극대화된다. 첫째는 지역공동체 평생교육을 통해 전달되는 내용과 관련되고, 둘째는 지역공동체 평생교육의 방법과 관련된다. 이를 자세히 살펴보면 다음과 같다.

첫째, 지역공동체 평생교육은 학습자들에게 포괄적 호혜성에 대한 믿음과 공동체의 중요성, 민주주의적 가치, 공동체 운영에 필요한 기법 등을 교육내용으로 전달한다. 현대사회에서 추상적 신뢰는 교육과 대중매체라는 매우 중요한 제도를 통해 만들어진다. 교육은 그것이 없었더라면 공통점이 거의 없는 개인들 사이의 사회적 상호작용을 도와주는 일련의 공통된 지식을 제공해 준다. 학교는 또한 집단적 학습과제, 팀별 게임, 학교놀이 및 악단활동, 그리고 다양한 공동활동을 통하여 협력의 기술을 가르친다. 뿐만 아니라 시민권, 신뢰, 정당함, 평등, 보편주의, 공공선, 황금률 등의 추상적 사상들에 대한 이해를 발전시킨다(유석춘 외 편역, 2003: 190).

둘째, 지역공동체 평생교육은 시민적 네트워크 형성에 이바지한다. 지역공동체 평생교육은 지역주민들의 여러 유형의 일상적인 만남 속에서 이루어진다. 즉, 함께 일하기 위한 만남, 친교를 위한 만남, 봉사를 하기 위한 만남, 학습 그 자체를 위한 만남 속에서 의도적·무의도적 학습이 이루어지고, 이러한 학습은 만남의 가치를 극대화하며 만남을 지속시킨다. 그리고 이러한 만남들은 사회자본의 기초가 된다. 특히 자발적인 자원단체는 공동체 형성 자체를 목적으로 한다는 점에서 사회자본 형성에 크게 기여한다. Putnam(2000)은 공식적으로 자원활동조직에 참여함으로써 시민들은 신뢰·절제·합의·호혜성과 같은 시민적 덕목과, 민주적으로 토론하고 조직을 운영하는 능력을 교육받을 수 있게 된다고 하였다.

이런 맥락에서 사회자본 형성에 미치는 지역공동체 평생교육의 의의를 정리하면 다음과 같다.

먼저, 지역공동체 평생교육은 사회자본의 중요성을 인식시키는 데 기여한다. 사회자본의 중요성 인식, 포괄적 호혜성에 대한 신뢰, 공동체적 가치의 수용은 저절로 이루어지지 않는다. 이는 지속적·체계적인 교육을 통해 얻어진다. 따라서 지역공동체 평생교육은 교육내용에 이러한 가치들을 포함시킴으로써 사회자본 형성에 이바지한다.

둘째, 지역공동체 평생교육은 단순히 사회자본의 가치를 지식적으로 학습할 뿐만 아니라 공동체적 관계 속에서 그 가치를 직접 경험할 수 있는 기회를 제공한다. 교육은 교수자와 학습자, 학습자와 학습자와의 만남을 통해 이루어진다. 지역공동체 평생교육은 구성원 사이의 공동체적 만남을 중시한다. 이러한 공동체적 만남을 통해 구성원들은 공동체의 가치를 체득하게 된다.

셋째, 지역공동체 평생교육은 시민적 네트워크 형성을 통해 지역적 차원에서 사회자본 형성에 기여한다. 지역공동체 평생교육은 지역사회 내의 다양한 개인, 조직, 기관의 복합적인 연대를 통해 지역사회의 변화를 도모한다. 이러한 다양한 형태의 연대는 그 자체로 사회자본의 형성에 기여한다.

그런 의미에서 지역공동체 평생교육은 이중의 가치를 가진다고 볼 수 있다. 즉, 지역공동체 평생교육은 지역사회를 지역주민들을 위한 학습의 장으로 만들 뿐만 아니라 지역주민들을 민주적 공동체로 변화시킨다. 더 나아가 지역공동체 평생교육은 지역발전을 위한 사회자본의 축적에도 기여한다. 지역공동체 평생교육을 통해 습득한 사회규범, 민주주의 등에 대한 지식은 사회자본의 형성을 이루는 지적 기초가 된다. 또한 지역을 기반으로 성립되는 협력적 인간관계는 그 자체로 학습의 효율성을 높임과 동시에 사회자본의 토대가 된다.

3) 지역공동체 평생교육에 있어서의 사회자본 활성화전략

사회자본과 관련하여 볼 때 지역공동체 평생교육의 전략은 결속적인 사회자본과 교량적인 사회자본을 적절하게 조화시키는 것이다. 결속적인 사회자본(bonding social capital)은 집단 내부 성원들을 결속하는 사회자본을 의미하며, 교량적인 사회자본(bridging social capital)은 집단의 경계를 넘어서 다른 집단과의 관계를 만들어 가는 사회자본을 의미한다(유석춘 외 편역, 2003: 22).

학습동아리와 같은 낮은 단위의 학습공동체들이 결속적인 사회자본을 통해 발전한다면, 지역학습공동체와 같은 높은 단위의 학습공동체일수록 교량적인 사회자본이 중시된다. 왜냐하면 지역학습공동체는 낮은 단위의 학습공동체들 사이의 네트워크를 통해 이루어지기 때문이다. 기존 집단의 정체성을 유지하면서 사회자본을 확대하려면 약한 연대가 필요하고, 기존 집단의 정체성을 굳이 유지할 필요가 없다면 강한 연대가 사회자본의 확대에 보다 강력한 수단이 된다.

지역학습공동체를 구현하는 지역공동체 평생교육의 경우 결속적인 사회자본은 물론 교량적인 사회자본도 매우 중시된다. 지역학습공동체의 가장 기초가 되는 학습동아리는 우선 결속적인 사회자본을 통해 통합되어야 한다. 지역사회 내의 다양한 평생교육조직들로 학습공동체서의 결속적인 사회자본을 형성해야 한다. 그러나 이 기관들은 지역학습공동체라는 대승적인 목적을 위해 서로 파트너십을 형성해야 한다. 파트너십은 바로 교량적 사회자본의 증가와 관련된다. 예를 들어, 범지역사회 학습동아리는 그 자체 학습공동체로서 구성원들 사이의 결속적인 사회자본을 형성함은 물론, 더 나아가 지역공동체 내에서 다른 학습동아리와의 네트워크를 통해 교량적인 사회자본을 형성한다. 이와 같이 여러 수준의 학습공동체들이 결속적인 사회자본과 교량적인 사회자본을 적절히 활용함으로써 보다 높은 수준의 지역학습공동체가 자연스럽게 구현된다고 볼 수 있다.

제 8 장

지역공동체 평생교육을 위한 학습동아리의 활용

1. 학습동아리의 개념과 의의
2. 지역공동체 평생교육조직 차원의 학습동아리 활용
3. 범지역사회 학습동아리 프로그램의 의미와 실제

제 8 장 지역공동체 평생교육을 위한 학습동아리의 활용

학습동아리는 학습공동체를 구성하는 가장 기초단위이다. 지역학습공동체를 지향하는 지역공동체 평생교육을 위한 가장 효과적인 실천방법은 곧 가장 작은 단위의 학습동아리를 활성화시키는 것이라고 볼 수 있다. 지역공동체 안에서 학습동아리는 지역주민들의 자발적인 소그룹의 차원을 넘어, 지역공동체조직의 학습조직화, 그리고 네트워크를 통한 지역학습공동체의 구현에 이바지한다.

이 장에서는 먼저 학습동아리의 개념과 성격을 살펴보고, 지역공동체 평생교육의 실천을 위해 학습동아리를 활용한 평생교육조직의 운영방법, 학습동아리를 활용한 지역사회문제 해결 토론프로그램 운영방법에 대해 살펴보고자 한다.

1. 학습동아리의 개념과 의의

1) 학습동아리의 개념

지역사회의 평생교육 활성화와 관련하여 최근 학습동아리의 적용이 활발해지고 있다. 학습동아리는 개인적으로는 평생학습시대에 가장 적합한 학습형태로서 의미를 가지며, 사회적으로는 공동체성 회복에 대한 현대인들의 요구를 잘 충족시켜 준다는 점에서 그 중요성이 더욱 커지고 있다. 최근에는 여러 분야의 평생교육기관이나 사회단체에서 학습자나 회원들을 대상으로 학습동아리를 운영하는 것이 점차 일반화되고 있는 실정이다. 교육인적자원부의 평생학습진흥종합계획(2002: 22)에도 학습동아리 진흥사업이 중요한 정책 중의 하나로 제시되고 있다. 또한 여러 평생학습도시의 주요 사업으로 지역사회 내 학습동아리의 지원이 일반화되고 있다.

학습동아리는 학습자들이 자발적으로 학습을 위하여 결성한 집단 혹은 학습하고자 하는 주제가 동일한 사람들이 모여 자기들끼리 학습조직을 운영하는 모임이다. 이러한 학습동아리에는 각종 스터디 모임, 동호회, 연구회, 토론회 등이 포함된다. 역사적으로는 스웨덴의 '스터디 서클'(study circle), 미국의 'National Issues Forums' 등이 민주토론모임 성격의 대표적인 학습동아리이다(Oliver, 1987).

학습동아리는 학습자의 자발성, 학습자중심, 민주적 풍토, 솔직함 등의 특징을 가지고 있으며, 참여자는 구성원, 리더, 학습자료와의 상호작용을 통해서 학습한다. 학습동아리의 참여자들은 스스로 배우고, 서로 가르치며 배운다. 그들은 각자 자신의 생각과 경험을 공유함으로써 서로를 가르치는 것이다(홍숙희, 2001: 10-11). 일반적으로 학습동아리는 소수의 학습자들이 자발적으로 모임을 구성하여 참여하게 된다. 또한 교사가 없는 대신에 학습의 초점이 참여자들에 의해 선택된 방향에서 벗어나지 않고 지속적으로 나아가게 하는 조력자가 있다. 그리고 구성원들 사이의 의사소통관계는 이른바 순환적 의사소통의 형태를 취하게 된다. 전통적인 학교교육이 일반적으로 교수자에서 학습자로의 수직적인 의사소통관계를 가지고 있다면, 일반적인 평생교육기관은 학습자들의 요구를 중시하고 그들의 참여를 적극적으로 보장한다는 점에서 '수평적 의사소통'의 형태를 취하고 있다고 볼 수 있다. 그런데 학습동아리는 여기서 더 나아가 학습자들이 상황에 따라 교수자와 학습자의 역할을 바꾸어

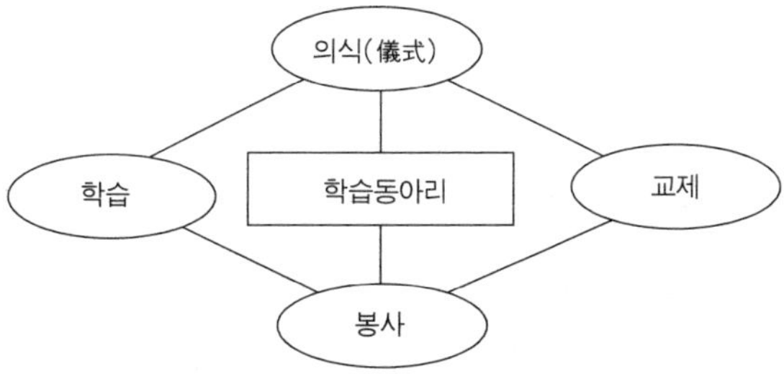

<그림 8-1> 학습동아리의 구성 요소

수행하는 의사소통의 형태를 취하게 된다. 이것을 가리켜 '순환적 의사소통'이라고 할 수 있다.

이러한 학습동아리가 학습공동체로서 갖추어야 할 요건들을 제시하면 다음과 같다.

첫째, 의식(儀式)이다. 이는 조직의 모 집단, 목표, 가치에 대한 지속적인 재인식을 위해 실시된다. 조직의 사명선언문 낭독, 구호 제창, 선서, 노래 부르기, 집단적 명상의 시간 등 공동으로 조직의 목적을 재인식하는 공식적인 활동을 말한다.

둘째, 학습이다. 이는 진리를 추구하는 공동체의 구성원에게 요구되는 엄밀한 지적 탐구자의 역할을 수행하는 것이다.

셋째, 교제이다. 이는 구성원간의 서로 긴밀한 유대관계를 유지하는 것을 말한다.

넷째, 봉사이다. 이는 공동체가 가지고 있는 역량을 사회를 위해 발휘하는 것을 말한다. 이는 곧 개인의 자아실현이 아닌 공동체의 자아실현을 의미한다.

모든 공동체가 이러한 요소들을 갖추어야 하지만 학습동아리의 경우는 특히 학습의 요소가 강조되는 공동체라고 볼 수 있다. 그러나 나머지 요소들도 모두 중요한 의미를 갖는다. 나미지 요소가 결여될 때 학습동아리는 단순한 학습집단은 될 수 있을지 몰라도 진정한 학습공동체가 될 수는 없는 것이다.

2) 학습동아리의 의의

지금까지 학습공동체로서의 학습동아리의 의의는 주로 학습자 개인의 차원에서 인식되어 왔다. 그러나 학습동아리의 유용성이 더욱 크게 인식됨에 따라 그 의의의 지평도 넓어지고 있다고 볼 수 있다. 즉, 학습동아리의 유용성은 개인학습의 차원, 조직운영의 차원, 그리고 지역사회 더 나아가 국가적 차원에서도 살펴볼 수 있다. 이를 구체적으로 살펴보면 다음과 같다.

첫째, 학습동아리는 학습자 개인의 차원에서 볼 때 자기발전을 이룰 수 있는 효율적인 수단이 될 수 있다. 이는 지식의 습득, 소속의 요구충족, 사회봉사의 실천 등으로 나타날 수 있다. 평생학습이 절실히 요구되는 시대에 현대인들은 공식적인 교육만으로는 필요한 지식을 충분히 획득하기 어렵다. 그리고 모든 지식을 자기 주도 학습만을 통해서 얻을 수도 없는 것이다. 이러한 측면에서 볼 때 학습동아리는 개인학습자로 하여금 그들이 필요로 하는 지식과 경험을 효율적으로 습득할 수 있는 좋은 수단이 된다. 즉, 학습자들은 학습동아리활동을 통해 짧은 시간 내에 타인이 가진 지식과 경험을 나누며 아이디어를 구할 수 있다. 학습동아리 안에서 모든 참가자들은 동등한 참여기회를 가지며 다양한 관점에 대하여 심각하게 고려하기 때문에 모든 구성원들의 독특한 경험과 지혜를 활용할 수 있는 것이다. 뿐만 아니라 학습동아리의 구성원들은 날로 원자화되는 현대사회 속에서 느낄 수 있는 소외감을 학습동아리 활동참여를 통해 극복할 수 있다. 더 나아가 학습동아리 구성원들은 학습동아리활동을 통해 타인과 사회를 위한 봉사의 기회를 얻을 수도 있다. 이런 점들이 모두 종합적으로 작용함으로써 학습자들은 학습동아리활동을 통해 자기발전을 이룩할 수 있는 좋은 기회를 얻게 되는 것이다.

둘째, 조직의 차원에서 볼 때에도 학습동아리는 매우 큰 의의가 있다. 즉, 학습동아리를 구성·운영하는 조직의 입장에서 볼 때 학습동아리는 그 구성원 개인뿐만 아니라 그 모조직(母組織)에도 커다란 이득을 제공한다. 이는 평생교육기관의 경우와 기업을 비롯한 일반 조직의 경우가 모두 포함된다. 먼저 평생교육기관의 차원에서 볼 때 평생교육기관과 학습동아리의 연계는 상호학습과 민주적인 운영을 통해 학습자의 학습능률 향상과 민주적 가치의 내면화라는 평생교육기관의 목적 실현에 매우 효과적이다. 또한 공통관심을 가진 사람들이 자발적으로 모임을 운영할 수 있도록 적절히 지원하는 것만으로 프로그램의 다양성을 확보할 수 있다는 점에서 학습동아리는 매우 효율적이다. 또한 평생교육기관에 소속된 학습동아리의 구성원들은 기관의 사명 수행에 밑거름이 되는 적극적인 후원자 및 자원봉사자조직으로 자연스럽게 발전할 수 있다는 점에서 매우 유익하다. 이러한 학습동아리의 유용성은 평생교육기관뿐만 아니라 기업을 비롯한 일반 조직의 경우에도 마찬가지로 적용된다. 일반 조직의 경우 조직구성원들의 학습동아리 참여는 그 조직을 학습조직으로 변화시켜 나갈 수 있는 첩경이 될 수 있다. 조직의 구성원들이 학습동아리에 참여하여 새로 지식을 얻고 서로 경험을 공유하게 될 때 그 조직은 직접·간접적으로 학습조직의 혜택을 누리게 될 것이다.

셋째, 지역사회 및 국가적인 차원에서 볼 때 학습동아리는 지역사회문제 해결 및 국가적 통합을 위한 효과적인 수단이 될 수 있다. 과거 대부분의 학습동아리는 단일조직 내에서 발생했다. 그러나 최근에는 지역사회에 대한 관심과 참여의 증대로 인해 범지역사회 학습동아리 프로그램이 요구되고 있다(Barrett, 2001). 즉, 단일조직의 학습동아리가 지역사회에서 다른 학습동아리들과 연계됨으로써 범지역사회 차원의 학습동아리 네트워크로 발전할 수 있는 것이다. 특히 공적 문제에 대한 토론을 중시하는 'study circle'의 전통은 단위 학습동아리가 이런 차원으로 전이하는 데 매우 좋은 토대가 된다.[1)] 그리고 앞에서 언급했듯이 스웨덴이나 미국 등에서는 study circle을 활용하여 지역사회나 국가적인 문제를 토론하는 프로그램들이 활발하게 이루어지고 있는 실정이다(Oliver, 1987). 특히 미국의 스터디서클지원센터(SCRC)에 의해 추진되는 범지역사회 학습동아리 프로그램(Community-wide study circle program)은 지역사회 내의 여러 학습동아리가 참가하는 대규모의 광범위한 토론프로그램으로서 미국 지역사회 내의 여러 문제를 학습동아리활동을 통해 해결하는 데 크게 기여하고 있다(Barrett, 2001). 이 프로그램은 다양한 방식으로 운영될 수 있지만 공동의 목적을 위한 지역사회기구들 사이의 광범위한 협동, 즉 중요한 문제에 대한 열린 토론의 장에 다양한 분야에 종사하고 있는 지역주민들이 참가한다는 점에서 공통적이다. 이는 학습동아리가 보다 거시적인 차원에서 학습공동체를 만드는 수단으로 활용될 수 있음을 의미한다.

3) 이상적인 학습동아리의 요건

앞에서 학습동아리의 기본 성격과 의의에 대해 살펴보았다. 이러

1) 'study circle'은 스웨덴에서 비롯되어 그 후 여러 나라에 퍼져 나간 특정한 형태의 학습모임을 말한다. 이 용어가 우리나라에 소개되는 과정에서 '학습동아리'라는 용어로 번역되기도 하였다. 그러나 'study circle'과 '학습동아리'는 의미의 영역상 다소 차이가 있다. 일반적으로 스웨덴이나 미국에서 활성화되고 있는 'study circle'의 과정은 공적 이슈와 관련된 학습을 하기 위한 작은 집단으로서 자발성을 특징으로 하며, 그 방법은 주로 토론에 의존한다고 볼 수 있다. 즉, 'study circle'은 시민들이 공적인 문제, 즉, 정치적·사회적·경제적 이슈를 토론하기 위한 모임이었다고 할 수 있다. 반면, 처음 우리가 일상생활 속에서 사용하는 '학습동아리'의 개념은 앞에서 언급된 'study circle'보다는 훨씬 넓은 의미를 포함한다고 볼 수 있다. 즉, 여기서 말하는 '학습'은 단순한 '토론'보다는 모든 유형의 인식작용과 관련된 광범위한 용어라고 볼 수 있다(오혁진, 2003a).

한 기본 성격과 의의를 고려해 볼 때 학습동아리는 가히 이 시대의 가장 이상적인 학습방법이자 조직관리매체라고 할 수 있을 것이다. 그러나 이러한 의의만을 염두에 둔 채 학습동아리를 무비판적으로 조직 운영하고자 하는 것에는 신중한 검토가 필요하다. 왜냐하면 그것이 갖는 의미가 큰 만큼 학습동아리를 구성하고 운영하기 위한 조건은 매우 까다로운 편이기 때문이다. 일반적으로 학습동아리는 평등과 민주주의의 원리, 구성원의 경험공유와 능력발휘의 원리, 협업(協業)과 교우(交友)의 원리, 자유로운 목표설정의 원리, 지속성과 계획성의 원리, 주체적 참여의 원리 등에 의해 움직이는 것으로 인식된다(Oliver, 1987).

그러나 이것은 학습동아리의 이상적인 모습이고 실제로는 그렇지 못할 가능성이 많다. 학습동아리는 처음부터 완벽한 모습의 조직이라 할 수 없으며 상당히 성숙한 수준에 오른 후에도 처음에 의도하지 않았던 부정적인 면이 드러날 수도 있는 것이다. 이런 점들을 보다 자세히 살펴보면 다음과 같다.

먼저 학습동아리가 건전하게 운영되기 위해서는 각 개인이 상당한 정도 성숙한 사람이어야 한다. 학습자들의 목적이 서로 다르고 학습의 정도도 달라 갈등을 일으킬 수 있는 소지가 있기 때문이다. 이러한 갈등을 원만하게 극복하기 위해서는 구성원들이 지적·인격적으로 성숙한 조건을 갖추어야 한다. 이와 관련된 학습동아리 연구의 내용을 살펴보면 다음과 같다.

> 학습동아리가 활성화되기 위해서는 학습욕구, 학습동아리에 대한 애착, 다른 구성원들에 대한 이해와 배려와 같은 구성원의 자질이 상당부분 중요하다. 이는 단순히 학습동아리뿐만 아니라 모든 집단이 활발하게 유영되기 위한 필수조건인 동시에 집단이 추구해야 할 목표이기도 하다(이지혜 외, 2001: 170-171).

둘째, 이러한 기본 요건을 갖추기 위해 별도의 선수학습이 필요한 경우가 많다. 학습동아리가 성공적으로 운영되기 위해 필요한 구성원의 선수학습을 언급한 내용을 인용하면 다음과 같다.

> 구성원의 요건을 확보하기 위해서는 일정정도의 훈련프로그램이 필요하다는 점이다. 좋은 가정만들기의 구성원들은 지역사회교육협의회에서 제공하는 대화기법이라든가 부모역할훈련 과정을 이수한 사람들이다. 따라서 이들은 인간관계를 어떻게 맺고 유지해야 하는가에 대해 어느 정도 이해를 하고 있는 상태이다. 이미 어느 정도 훈련된 사람들은 집단에서 자신이 해야 할 일에 대한 명확한 이해를 할 수 있으며, 집단에서의 인간관계가 어떻게 구성되는가에 대해서도 이해하고 있다(이지혜 외, 2001: 171).

이를 통해 볼 때 학습동아리는 상당한 정도 자율적인 학습능력이 있는 사람들로 구성·운영될 수밖에 없다고 볼 수 있다. 그러므로 이러한 기본 요건을 갖추지 못한 학습자들은 학습동아리에 참여하기가 사실상 어렵다고 볼 수 있다.

셋째, 원론적으로 모든 구성원들이 똑같은 리더로서의 역할을 수행할 수 있지만 현실적으로 볼 때 학습동아리를 운영하기 위해서는 상당한 정도의 전문성을 갖춘 리더가 필요하다. 그 리더는 물론 내용의 전문가일 필요는 없다. 그러나 그 리더는 모임을 잘 이끌어 나갈 수 있는 회의진행법, 토론운영법 등 '사람 다루는 법'에 능통해야 한다. 일반적으로 소집단 내에서 구성원들의 광범위한 요구와 능력들을 조절하는 것은 매우 어려운 작업이다. 이는 역설적으로 이러한 사람 다루는 법에 의해 잘 통제되지 않는 사람은 그 학습동아리에서 수용될 수 없음을 의미한다.

앞에서 언급된 모든 요인들을 종합해 볼 때 학습동아리는 그리 쉽게 형성될 수 있는 조직이 아니다. 학습동아리가 구성되어 운영되고 있다는 것 자체는 상당한 정도의 수준을 반영한다. 학습동아리가 운영되기 위해서는 리더와 구성원 모두에게 상당한 정도의 지적, 인성적 훈련이 요구되는 것이다. 그런데 이러한 학습동아리의 요건이 까다로울수록 학습동아리는 점차 특별한 사람만의 학습모임이 될 수밖에 없다. 즉, 뜻이 맞는 사람들끼리 만나 학습동아리를 만들기도 쉽지 않지만 이미 만들어진 모임에 새로운 구성원이 참여하는 것은 현실적으로 그리 쉽지 않다. 물론 명목상으로는 모든 사람들에게 개방되어 있다고 하더라도 현실적으로 학습동아리 참여에 필요한 지적, 인성적, 정서적 요건으로 인해 현실적으로는 참여가 그리 쉽지 않은 것이다. 또한 점차 학습동아리가 체계를 갖추고 학습내용이 진전됨에 따라 구성원들에게 요구되는 기능과 자질이 강화될 수 있다. 따라서 학습동아리에 헌신적으로 참여할 수 있는 기회가 원천적으로 제한될 소지가 있는 것이다. 이에 따라 학습동아리가 갖고 있는 의의 중의 하나가 융통성과 개방성임에도 불구하고 실제적으로는 이미 상당한 정도의 폐쇄성도 동시에 가지고 있다고 볼 수 있다.

2. 지역공동체 평생교육조직 차원의 학습동아리 활용

1) 지역공동체 평생교육조직에서의 학습동아리의 의의

최근에는 이러한 학습동아리가 개인의 차원만이 아니라 각종 사회단체나 평생교육기관 차원에서 조직적으로 구성되는 경우가 늘고 있다. 이와 같이 학습동아리가 조직적으로 활용되는 까닭은 그만큼 이러한 조직을 운영하는 데 있어 교육적, 경제적인 측면에서 학습동아리의 유용성이 크기 때문이다(오혁진, 2003b).

지역공동체 평생교육조직의 경우 이러한 학습동아리의 활용은 단순한 교육적, 경제적 차원을 넘어 지역공동체 형성이라는 차원에서 더욱 의의가 있다. 이를 구체적으로 살펴보면 다음과 같다.

첫째, 지역공동체 평생교육조직의 학습동아리는 지역공동체 구현을 위한 실질적인 훈련의 장이 될 수 있다. 일반적으로 학습동아리는 민주주의, 학습자의 자발적 참여, 공동체 구현 등의 평생교육 가치를 구현하기 위한 매우 유용한 방법이다. 따라서 지역공동체 평생교육조직은 학습동아리활동을 지역주민 참여자들 사이의 인격적인 교류 및 민주주의 연습의 기회로 활용할 수 있다.

둘째, 학습동아리는 지역공동체 평생교육조직의 사명 수행에 밑거름이 되는 적극적인 후원자 및 자원봉사자를 확보하는 수단이 될 수 있다. 일반적으로 지역공동체 평생교육조직의 학습자는 다음 <그림 8-2>의 발달단계를 밟는다.

이와 관련하여 학습동아리는 학습자들로 하여금 단지 지식이나 기술을 습득하는 것에 그치지 않고 그들로 하여금 그 조직이 추구하는 사명에 동참하도록 할 수 있다는 점에서 의의가 있다.

셋째, 지역공동체 평생교육조직이 조직·운영하는 학습동아리는 단독으로 또는 다른 학습동아리와의 연대를 통해 지역사회의 변화에 이바지할 수 있다. 학습동아리는 본질적으로 학습한 내용을 활용하여 실천·봉사하고자 하는 속성을 가진다. 이러한 특성은 단독으로 다른 학습동아리와의 연대를 통해 지역사회 속에서 확대 재생산될 수 있다. 조직이 적극적으로 지원하는 경우 학습동아리는 단

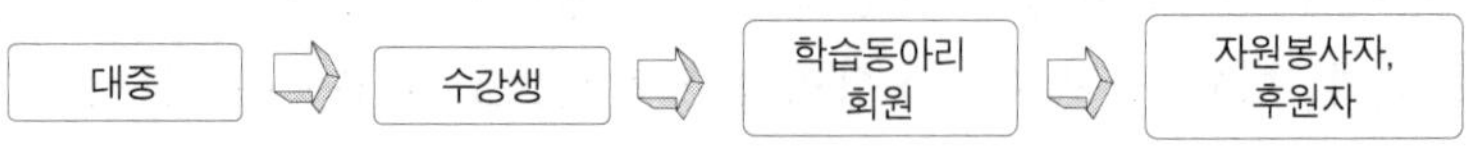

<그림 8-2> 지역공동체 평생교육조직 학습자의 발달 단계

독으로 또는 다른 학습동아리와의 연대를 통해 진정한 의미의 지역 학습공동체의 구현에도 이바지하는 한편, 지역의 문제를 공동으로 해결하고 자원봉사활동을 실천하는 기초 단위로서의 역할도 할 수 있다.

사례: 강남구여성능력개발센터 학습동아리의 지역사회 자원봉사활동

서울 강남구여성능력개발센터의 학습동아리는 엄격한 기준에 의해 승인받은 학습소모임(2014년 2월 현재 14개)으로서 학습을 통한 여러 가지 자원봉사활동을 매우 중요한 필수요건으로 삼고 있다. 예를 들어 'Shall We Bake'는 손길이 필요한 이웃에게 직접 만든 빵을 전달하고 있으며, '사랑衣달빛천사'는 어려운 이웃을 위해 연 3회(설날 효도빔, 한가위 추석빔, 크리스마스 사랑빔) 옷을 만들어 전달하고 있다. 또한 '실크'(노인대상놀이전문가)는 지역의 노인전문기관에서 노인대상의 레크리에이션을 지도하며 자원봉사를 하고 있다.

출처: 강남구여성능력개발센터

2) 지역공동체 평생교육조직 학습동아리의 구성요소

(1) 인적 요소

지역공동체 평생교육조직의 학습동아리를 운영하기 위해서는 여러 인적 구성원들이 자기의 역할을 수행해야 한다. 이러한 인적 구성원에는 조직자, 관리자, 리더훈련자, 리더, 학습자들이 포함된다. 이 중에서 조직자, 관리자, 리더훈련자는 지역공동체 평생교육조직의 실무자가 전담하거나 부분적으로 수행하는 것이 일반적이다. 이들이 하는 역할을 보다 자세히 살펴보면 다음과 같다.

① 조직자: 학습동아리의 구성을 기획하고 실행한다.

② 관리자: 학습동아리의 구성 후 원만히 운영될 수 있도록 조직

차원에서 지원하는 실무자

③ 리더훈련자: 학습동아리의 리더에게 필요한 능력을 훈련시키는 교육전문가

④ 리더: 학습동아리를 실질적으로 이끌어가는 학습자의 대표

⑤ 학습자: 학습동아리에 참여하여 직접 학습활동을 하는 일반회원

⑵ 물리적 요소

학습동아리활동은 일반 집단교육방식의 프로그램에 비해서 장소와 시설의 활용이 매우 융통성이 있다는 특징이 있다. 즉, 일반 교육프로그램처럼 반드시 비교적 큰 규모의 강의실이 필요한 것도 아니며, 매번 같은 장소에서 이루어질 필요도 없다. 그럼에도 불구하고 학습동아리활동도 일종의 집단학습모임이기 때문에 최소한의 물리적 여건을 갖추어야 한다. 이를 살펴보면 다음과 같다.

① 장소

학습동아리는 일차적으로 지역공동체 평생교육조직 내에 위치하는 것을 원칙으로 하되, 구성원들의 편의를 고려하여 지역사회 내의 특정 지역을 선택할 수도 있다. 그런 경우 회원들의 가정이나 사무실, 공공시설 등이 이용될 수 있다. 이용하기에 적합한 공공기관으로는 공공도서관, 학교, 지역사회 관공서, 지역사회 대학, 교회, 사회복지시설, 서점 등을 들 수 있다.

② 시설

학습동아리활동을 위해 지역공동체 평생교육조직이 제공해야 할 시설은 토론에 필요한 것들과 큰 맥을 같이한다. 구체적으로는 회

의용 탁자 · 의자 · 화이트보드 · 펠트 펜 등이 기본적으로 요구되며, 복사기 · VTR · 컴퓨터 · 프린터 등이 구비되면 더욱 효율적인 학습에 도움이 된다.

(3) 재정적 요소

앞에서 살펴보았듯이 학습동아리는 학습자들의 자발적인 모임이기 때문에 학습자들이 직접 필요한 재정을 마련하는 경우도 많다. 그러나 학습동아리를 보다 활성화시키기 위해서는 조직 차원에서 가능한 한 재정적인 지원을 해 주는 것이 바람직하다. 그럴 경우 투입되는 재정의 항목은 대체적으로 인건비, 학습지원비, 리더훈련비, 특별행사 및 대외활동지원비 등을 들 수 있다. 지역공동체 평생교육조직에서 학습동아리 활용과 관련된 재정적 요소를 보다 자세히 살펴보면 다음과 같다.

① 인건비

학습동아리를 전담하는 직원에 대한 보수가 포함된다. 현실적으로 지역공동체 평생교육조직의 실무자가 학습동아리만을 전담하는 경우는 많지 않으므로 별도로 책정할 수 없는 경우도 많다. 그럴 경우 지역공동체 평생교육조직 전체 직원 인건비에 포함되어 있다고 볼 수 있다. 그러나 조직 내 학습동아리의 비중이 커짐에 따라 학습동아리 지원사업을 기존의 프로그램 운영과 분리된 별도사업으로 시행하거나 학습동아리만을 담당하는 직원을 고용하는 경우 학습동아리 담당자의 인건비를 별도로 책정하는 것도 가능하다.

② 학습지원비

평상시 학습동아리활동이 원만히 수행될 수 있도록 조직에서 지

<표 8-1> 평생교육기관 학습동아리 운영 예산 항목

항 목	내 용	항 목	내 용
인건비	전담직원 인건비	학습 지원비	학습동아리 홍보비 장소임대료(외부 시설인 경우) 학습자료 개발비 교재인쇄비 외부 초청강사 사례비 현장 연구 및 답사 교통비 음식/간식비 교육기자재 임대료 학습정보 제공비
리더 훈련비	리더훈련프로그램 개발비 리더교육 강사료(외부 강사인 경우) 장소비 식대 리더훈련참가자를 위한 교통지원비	특별 행사 및 대외활동 지원비	친교활동 지원비 행사장소 임대료(외부인 경우) 행사홍보 지원비 초청인사 사례비 대회참가 지원비 학습동아리간 연계활동 지원비

원하는 운영비를 말한다. 학습동아리 홍보비, 장소임대료(외부 시설인 경우), 학습자료 개발비, 교재인쇄비, 외부 초청강사 사례비, 현장 연구 및 답사 교통비, 식비 및 간식비, 교육기자재 임대료(외부임대인 경우), 학습정보제공비 등이 포함된다.

③ 리더훈련비

학습동아리 리더의 자질을 향상시키기 위해 실시하는 훈련비용을 의미한다. 리더훈련프로그램 개발비, 리더교육 강사료(외부 강사인 경우), 훈련장소 임대비(외부 시설인 경우), 리더훈련 식대(자비부담이 아닌 경우), 리더훈련참가자를 위한 교통비 등이 포함된다.

④ 특별행사 및 대외활동 지원비

학습동아리가 학습의 과정중이나 종료 후에 특별히 실시하는 이벤트행사나 다른 조직과의 연대활동 지원에 필요한 비용을 말한다. 구체적으로는 친교활동 지원비, 행사장소 임대료(외부인 경우), 행사 홍보 지원비, 초청인사 사례비, 대회참가 지원비, 학습동아리간 연계활동 지원 등이 포함된다.

이상의 내용을 정리하면 <표 8-1>과 같다.

3) 학습동아리 활성화를 위한 단계별 과제

앞에서 살펴본 바와 같이 학습동아리는 지역공동체 평생교육조직의 운영 차원에서 여러 가지 유익한 점이 많이 있다. 학습동아리와 지역공동체 평생교육조직은 서로에게 이익을 주는 파트너십 관계를 맺고 있는 것이다. 따라서 지역공동체 평생교육조직은 학습동아리의 활성화를 위해 적극적으로 지원하여야 한다. 지역공동체 평생교육조직은 학습동아리의 조직 및 육성을 기획하고 학습동아리의 장·단기 전망을 제시하여 학습동아리 조직을 이끌어 낸다. 학습동아리 조직화와 육성의 성패는 사실상 지역공동체 평생교육조직의 의지에 달려 있다고 하여도 지나치지 않다. 실제로 학습동아리를 운영하는 지역공동체 평생교육조직들이 원하는 것이 무엇인가에 대한 조사에 따르면, 학습동아리 운영을 위한 예산뿐만 아니라 강사를 확보하고 섭외하는 문제와 모임장소를 확보하는 문제 역시 높은 요구를 나타내고 있는 것으로 나타나고 있다. 이를 통해 학습동아리 활성화를 위해서는 재정지원도 중요하지만, 실제로 학습동아리의 운영에 필요한 강사, 장소, 조직관리 등의 계획을 세우고 집행해 가는 과정에 대한 운영지원의 문제가 중요하다는 것을 알 수 있다.

(1) 준비단계

지역공동체 평생교육조직 내에 학습동아리가 조직되노록 하기 위해 지역공동체 평생교육조직 차원에서 여러 가지 준비를 해야 한다. 이를 구체적으로 살펴보면 다음과 같다.

① 학습동아리 운영기획

지역공동체 평생교육조직 교육목적에 비추어 학습동아리의 의의를 분석한다. 또한 지역공동체 평생교육조직의 취지에 가장 부합하는 학습동아리의 성격을 규정하고, 학습동아리 구성 가능성이 있는 분야를 파악한다. 이를 위해 현재 자생적으로 이루어지고 있는 학습동아리를 우선적으로 파악한다. 이를 바탕으로 학습동아리 운영목표를 수립하고, 학습주제를 선정한다. 비록 참여자들이 학습동아리에 대한 주인의식을 갖추고 종국에는 학습동아리의 구체적인 목표와 방법들을 결정하게 되겠지만 대략적인 분야는 지역공동체 평생교육조직에서 그 조직의 사명과 비전에 비추어 사전에 결정하는 것이 바람직하다.

② 학습동아리 전담실무자 선정

구성코자 하는 학습동아리의 성격을 고려하여 가장 적절한 전담실무자를 선정한다.

③ 학습동아리 적극참여자 예비모임

학습동아리에 적극적인 관심을 가질 만한 학습자를 찾는다. 기존의 다른 학습동아리 참여 경험이 있는 사람, 학습에 적극 관심을 갖고 있는 사람 등이 그 예이다. 이들과의 만남을 통해 보다 구체적인 조직계획을 수립한다. 이들은 학습동아리 조직단계에서 리더로서의 역할을 담당할 수 있는 가능성이 크다.

(2) 조직화단계

이상의 준비단계를 거친 후 조직자는 실제로 학습동아리가 조직될 수 있도록 해야 한다. 그 과정 및 과제를 살펴보면 다음과 같다.

① 참여자 모집을 위한 홍보

개별적인 접촉을 통해 학습동아리에 참여할 것이라 기대되는 사람에게 프로그램에 대하여 소개를 하는 것이 바람직하다. 또는 홍보를 통해 참여를 유도할 수 있다. 이때 학습동아리의 주제, 장점과 운영원리에 대해 충분히 숙지하도록 한다.

② 참여자간의 결속기회 마련

학습동아리가 원활히 운영되기 위해서는 학습동아리 구성원간의 친목이 도모되어야 한다. 이를 위해 조직자는 마음의 벽허물기(ice breaking) 기법을 적절히 사용해야 하며, 기타 적절한 이벤트 행사를 준비하는 것도 바람직하다.

③ 리더 선출

조직자의 진행에 따라 학습동아리 구성원들의 자발적인 참여에 의해 역량 있고 열성 있는 리더가 선출될 수 있도록 지원한다.

④ 학습동아리 운영계획 협의

참여자 사이의 역할을 분담하고, 모임을 위한 날짜, 시간, 그리고 장소 등을 결정하도록 한다. 시간은 학습의 분량과 참여자의 상황에 맞추도록 한다.

⑤ 학습자료 수집 및 제작 지원

학습에 필요한 자료의 제작을 위해 각종 인쇄자료, 비디오, 오디

오자료 등을 제공하며 기술적인 자문도 해 준다. 또한 학습자료 제작에 필요한 시설과 설비도 제공해 준다.

⑥ 학습영역에 따른 내용전문가 확보 지원

학습동아리 유형에 따라서는 학습주제 관련내용 전문가의 도움을 받아야 하는 경우도 있다. 도움의 수준은 단순한 자문, 정보제공의 수준을 넘어 직접 강의에 이르기까지 다양하다. 지역공동체 평생교육조직은 기존의 강사나 기타 전문가에 대한 정보와 네트워크를 바탕으로 이들 학습동아리 운영을 도울 전문가를 확보하여 학습동아리에 소개시켜 주는 것이 바람직하다. 이에 필요한 경비에 대해서도 지역공동체 평생교육조직이 최대한 제공해 주는 것이 바람직하다.

⑦ 리더훈련 지원

학습동아리를 잘 운영하기 위해서는 역량 있는 리더의 존재가 절실하다. 리더가 선출된 후 각 학습동아리 리더들을 대상으로 학습동아리 모임과는 별도로 일정 기간의 리더훈련프로그램을 운영하는 것이 바람직하다. 가능하면 세부 내용에 따라 주기적인 연수를 실시하는 것이 더욱 바람직하다.

(3) 자립적 운영단계

이상의 과정을 거쳐 조직된 학습동아리가 자립적으로 운영된 이후에도 지역공동체 평생교육조직은 학습동아리의 활성화를 위해 지속적으로 지원해 주어야 한다. 이를 구체적으로 살펴보면 다음과 같다.

① 지속적인 학습정보 및 자료 제공

지역공동체 평생교육조직은 학습동아리가 더욱 심층적인 학습을

<그림 8-3> 평생학습축제 학습동아리 발표회 장면

할 수 있도록 풍부한 정보와 자료를 지속적으로 제공해 주어야 한다. 학습동아리가 활성화됨에 따라 학습내용이 더욱 전문화, 구체화된다. 따라서 더욱 많은 지원을 요청하게 될 가능성이 커지게 된다. 지역공동체 평생교육조직은 이러한 수요에 대비하여 더욱 풍부한 학습정보와 자료를 제공해 줄 필요가 있다.

② 학습결과의 공유 및 발표기회 제공

지역공동체 평생교육조직 자체가 하나의 학습조직이 되기 위해서는 학습동아리의 학습결과가 모든 사람에게 공유될 필요가 있다. 그럼으로써 학습동아리의 연계가 더욱 자연스럽게 구성될 수가 있다. 학습동아리별로 학습결과를 게시하거나 공유할 수 있도록 지원해 주는 것이 바람직하다. 이를 위해 학습동아리별로 홈페이지를 개설하여 학습결과를 게재하도록 하거나 발표회, 전시회, 자료집 발간 등의 서비스를 제공하는 것이 필요하다.

③ 학습동아리를 통한 지역사회 자원봉사활동 지원

학습결과의 공유와 발표의 차원을 넘어 학습동아리의 학습결과를 지역사회를 위한 공익적인 차원에서 활용할 수 있도록 지원하는

<표 8-2> 학습동아리 구성 및 운영단계별 지역공동체 평생교육조직의 세부 지원 과제

단 계	세부 과제
준비단계	① 학습동아리 운영 기획 ② 학습동아리 전담실무자 선정 ③ 학습동아리 적극 참여자 예비모임
조직화단계	① 참여자 모집을 위한 홍보 ② 참여자 사이의 결속기회 마련 ③ 리더 선출 ④ 학습동아리 운영계획 협의 ⑤ 학습자료 수집 및 제작 지원 ⑥ 학습영역에 따른 내용전문가 확보 지원 ⑦ 리더훈련 지원
자립적 운영단계	① 지속적인 학습정보 및 자료 제공 ② 학습결과의 공유 및 발표기회 제공 ③ 학습동아리 자원봉사활동 지원 ④ 학습동아리간 연합활동 지원

것도 필요하다. 예를 들어 수화학습동아리의 자원봉사활동, 공예부문 학습동아리의 자선판매, 불우이웃 위문공연 등이 그 예이다. 이러한 자원봉사활동을 통해 학습동아리는 더욱 생명력을 얻게 되고 성숙한 학습동아리가 될 수 있다. 최근에는 평생교육기관이 학습동아리의 등록조건으로 지역사회를 위한 자원봉사를 제시하는 경우도 늘고 있다.

④ 학습동아리간 연합활동 지원

학습동아리가 활성화되고 학습의 지평이 확장됨에 따라 유관분야 학습동아리 사이에 연대활동이 이루어질 수 있다. 지역공동체 평생교육조직 내의 다른 학습동아리와의 연계는 물론 조직 외의 학습동아리와의 연계도 가능하다. 특히 대외적 연계는 학습동아리 자체의 발전은 물론 지역공동체 평생교육조직의 홍보와 영역확대를 위해서도 매우 바람직한 일이라고 볼 수 있다. 따라서 지역공동체 평생교육조직은 학습동아리 연합활동에 필요한 인적, 물적 자원을 제공해 주는 것이 바람직하다.

이상의 내용을 바탕으로 학습동아리 발달단계별로 지역공동체 평생교육조직의 세부 지원 과제를 정리하면 <표 8-2>와 같다.

3. 범지역사회 학습동아리 프로그램의 의미와 실제

1) 범지역사회 학습동아리 프로그램의 의미와 성격

과거에는 대부분의 학습동아리가 순수한 개인들이나 단일조직 내의 구성원들에 의해 조직되었다. 특히, 교회 · 지역사회집단 · 기업과 조합 · 사회봉사기구 · 학교 · 대학들은 그들의 구성원과 선거구민들이 중요한 문제를 고려하는 데 도움을 주기 위하여 학습동아리를 사용했다. 그러나 최근에는 학습동아리가 소집단과 조직 차원을 넘어 지역사회 차원에서도 활용되고 있다. 그 중 가장 대표적인 양상은 학습동아리를 활용하여 지역의 문제를 토론하고 해결하는 것이다. 이를 범지역사회 학습동아리 프로그램(community-wide study circle program)으로 지칭할 수 있다(Barrett, 2001).

범지역사회 학습동아리 프로그램은 전 지역사회 차원에서 지역주민들이 학습동아리에 참여하여 지역의 주요 문제를 연구하며 해결책을 모색하는 대규모의 토론 프로그램을 의미한다. 현재 미국, 스웨덴을 비롯한 여러 나라에서 지역문제 해결을 위한 유용한 수단으로 활용되고 있다. 이러한 형태의 학습동아리는 전통적인 의미에서 문제해결을 위한 민주시민토론 모임인 서구의 '스터디 서클'(study circle)이 지역사회 차원으로 확대된 것이라고 볼 수 있다(오혁진, 2003a).

이러한 상황은 전 세계적인 추세라고 할 수 있다. 한 예로, 미국의 Ohio Lima에서는 일찍부터 지역정부의 정책수립 형성을 위한 의견 수렴을 위해 범지역사회 차원의 학습동아리 연대사업이 활발하게 이루어지고 있으며, 그 외의 지역에서도 지역사회의 범죄율이 떨어지는 실질적인 성과를 거두기도 하였다. 스웨덴에서는 스터디 서클 형태의 학습동아리를 국가적인 차원에서 지원함으로써 중요한 지역 및 국가 수준 차원에서 정책수립을 위한 의견 수렴과 국민이해 증진에 힘을 쏟고 있다(Barrett, 2001).

범지역사회 학습동아리 프로그램은 교통, 환경, 범죄, 교육 등 지역사회와 관련된 다양한 이슈를 중심으로 이루어진다. 이 프로그램은 일반적으로 사회적으로 부각된 이슈에서 출발한다. 즉 지역적인 위기나 공개된 정책결정, 또는 계속되는 지역사회의 문제가 지역사회의 복지를 손상시키고 있다는 공감대가 위기감을 조성하고 있을 때 시작되는 것이다. 학습동아리 프로그램을 통해 모든 지역사회의 구성원들이 서로의 의견을 듣고 민주적으로 함께 일할 수 있는 기회를 가질 때 지역공동체가 구현될 수 있다.

범지역사회 학습동아리 프로그램은 평등성, 포괄성, 협동성 등의 민주적 원리를 내포하고 있다. 또한 범지역사회 학습동아리 프로그램은 시민들의 참가가 증가하면서 계속적인 토론의 장으로 발전할 수 있다. 이러한 프로그램들은 때로는 지역사회 내의 작은 단위에서 시작되지만 점차 더 넓은 지역으로 확장될 수 있다. 작은 단위에서의 성공을 통해 지역사회의 다른 문제에 대해서도 토론할 수 있는 동력을 얻게 되는 것이다. 범지역사회 차원의 학습동아리 프로그램에 참여하는 구성원들은 문제해결방안을 모색하고 대안을 제시하는 과정을 통해 폭넓은 학습을 하게 된다. 이 과정을 통해 각각의 학습자는 지역사회의 구성원으로서 그 책임을 다하는 모습으로 나타난다. 지역공동체의 변화를 위한 이 같은 접근은 다음과 같은 아이디어에 바탕을 두고 있다(Barrett, 2001).

· 사람들은 자신들이 살고 있는 지역사회에 대하여 걱정하고 보다 좋은 곳으로 만들려고 한다.
· 복잡한 문제는 다양한 해결책을 요구한다.
· 다양한 종류의 사람들이 면 대 면 대화를 통하여 신뢰관계를 구축하여 새로운 아이디어와 문제해결책을 만들 수 있다.
· 복잡한 쟁점에 대하여 상이한 관점을 고려함으로써 공동의 기초를 발견하고 보다 나은 해결책을 찾을 수 있다.
· 사람들이 공적인 대화에 의견을 제시할 수 있는 기회를 갖게 됨으로써 지역사회의 변화를 위한 아이디어의 생산과 수행을 보다 적극적으로 할 수 있게 된다.
· 보다 많은 사람들이 참여하게 되면 그 영향도 보다 커지게 된다.
· 개인과 집단적인 행위가 함께 결합된다면 지역사회의 변화는 보다 항구적이고 깊이 있게 이루어지게 된다.

2) 범지역사회 학습동아리 프로그램의 유익

이러한 범지역사회 학습동아리 프로그램은 학습동아리활동에 참가하는 개인학습자, 이를 지원하는 지역사회의 조직들, 그리고 지역공동체 그 자체 모두에게 유익한 점이 많다. 개인학습자, 지역조직, 지역공동체 차원에서 유익이 되는 점을 자세히 살펴보면 다음과 같다.

(1) 학습동아리 참가자들을 위한 개인적 유익

· 학습동아리의 참가자들은 자신의 관점을 개발하고 자신의 경

험을 공공문제에 연관시킬 기회를 갖게 된다. 범지역사회 학습동아리 프로그램은 참가자들로 하여금 지역문제에 대해 주인의식을 갖고 지역의 공적인 활동에 참여할 수 있는 계기를 마련해 준다.

· 참가자들은 자신의 신념뿐만 아니라 타인이 가진 신념을 탐구할 기회를 갖게 된다. 그들은 위협이나 불쾌감을 느끼지 않으면서 나와 생각이 다른 타인의 의견을 수렴할 수 있는 법을 배운다.
· 참가자들은 새로운 사람들을 사귀며 지역공동체 관계를 형성한다.
· 참가자들은 어떤 문제를 표명하기 원하는 사람이 혼자만은 아니라는 사실을 알게 되며 종종 자신들의 동맹자를 발견한다. 개인적인 행동을 결정할 때에 그들은 자신들이 자신보다 더 큰 무언가의 부분이라는 것을 인식하게 된다.

(2) 학습동아리 후원기관을 위한 유익

· 지역사회 내의 다양한 후원자들과의 네트워크를 확충할 수 있게 한다. 후원기관들은 범지역사회적인 학습동아리 네트워크를 통해 지역사회 내에서 접할 기회가 없었던 새로운 위원회와 자원봉사자들을 발견한다. 그들은 또한 조직의 목적을 더 잘 실현할 수 있도록 지원을 받을 수도 있다.
· 다양한 조직의 사람들이 서로에게 익숙해지면서 다른 조직들과의 새로운 네트워크 관계가 발전된다. 이는 학습동아리 프로그램 구성의 협동적 특성으로 인해 발전된다.

(3) 전체 지역사회의 유익

· 지역사회 문제를 해결하는 새로운 관점은 사람들이 자신의 개인적인 관심사가 전반적인 지역사회와 일맥상통한다는 것을 이해할 때 더 효과적으로 정립된다.
· 다양한 배경을 가진 주민들로 구성된 학습동아리는 지역사회 문제를 해결하기 위해 배경이 다른 주민들 사이에 강한 네트워크를 형성할 수 있도록 도울 수 있다.
· 이 프로그램을 통해 형성되는 개인간, 조직간, 대중과 지역사회기관간의 새로운 관계는 지역사회의 연대성을 강화하여 지역사회에 힘과 생명력을 불어 넣는다.
· 학습동아리 프로그램을 만들기 위해 지역사회의 다양한 기관들이 협동하게 됨으로써 지역사회 부분들간에 새로운 협력관계가 구축된다.

3) 범지역사회 학습동아리 프로그램의 원리와 절차

지역사회단위의 학습동아리 프로그램에서는 지역사회의 모든 사람들이 동일한 기간에 학습동아리에서 함께 만난다. 한 '회기'의 프로그램은 지역공동체의 규모에 따라 10개에서 15개의 학습동아리가 일반적으로 2개월간에 걸쳐 이루어진다. 모든 학습동아리는 동일한 쟁점에 대하여 활동하고 전체 지역사회를 위한 해결책을 모색한다. 한 회기 프로그램의 끝 부분에 전체 학습동아리 사람들이 한자리에 모여 대규모의 지역사회 회합을 가지고 모든 학습동아리로부터 나온 활동 아이디어를 함께 만들어 낸다. 하나의 단일 조직이나 개인이 아무런 도움 없이 효과적인 프로그램을 만들어 낼 수는 없다. 지역사회 전체의 다양한 참여를 보장하기 위해서는 단일한 부문이나 하나의 집단이 아닌 전체 지역사회의 다양성을 대표하는 지역사회 지도자나 조직체들의 집단에 의해 프로그램이 이루어져야 한다.

아울러 범지역사회 학습동아리 프로그램을 조직·운영하기 위한 실제 절차를 개략적으로 살펴보면 다음과 같다(Barrett, 2001).

1단계: 시작하기

- ◆ 준비단계의 임시 집행부(working group)를 만들고, 자체적인 동아리활동을 시작한다.
- ◆ 지역사회를 위하여 학습동아리활동을 통해 추구해야 할 점들에 대하여 논의한다.

2단계: 이슈를 규명하고 토론자료에 대하여 생각하기

- ◆ 지역사회의 이슈를 검증한다.
- ◆ 자체적으로 토론자료를 개발해야 할지 기존의 자료를 활용할지 결정한다.[2)]
- ◆ 자체적으로 토론자료를 개발해야 할 경우 토론자료 개발 위원회를 구성한다.
- ◆ 유관기관으로부터 학습동아리 운영에 관한 조언을 구한다.
- ◆ 필요한 경우에 외부의 도움을 청한다.

3단계: 팀 만들기

- ◆ 강력하고 다양한 사람들로 구성된 집행부와 후원연대를 구성한다.

---

2) 미국의 경우에는 SCRC(Study Circle Resource Center)가 토론자료집을 개발하여 보급하는 역할을 하고 있으나 우리나라에는 아직 이런 업무를 전문으로 하는 조직이 없는 실정이다. 이를 위해 평생교육센터나 지역평생교육정보센터 또는 규모가 큰 지역평생교육전문기관이 이러한 업무를 수행하는 것이 요구된다.

◆ 조정자를 정하고 의사소통, 모집, 리더훈련, 기금조성, 평가, 실천계획 등에 대해 구성원간의 명확한 책임영역을 설정한다.

4단계: 계획 세우기

- ◆ 그 이슈에 관하여 지역사회가 대화하고 문제해결에 관여하는 것이 왜 중요한가에 대하여 논의한다.
- ◆ 프로그램의 목적을 설정한다.
- ◆ 이 프로그램을 실시할 지역적인 범위를 정한다.
- ◆ 학습동아리 내의 다양성을 어떻게 확보할 것인가에 대하여 고려한다(가능한 한 다양한 구성원들이 같은 학습동아리에 참여할 수 있도록 노력한다).
- ◆ 차후 학습동아리활동을 통해 나오는 활동아이디어들을 위해 어떤 지원을 제공할 것인가를 결정한다.
- ◆ 필요한 자원에 대하여 이야기한다.— 무엇을 가지고 있는가? 무엇이 필요한가?
- ◆ 문서화된 활동실행계획서를 작성한다.
- ◆ 활동에 관련된 모든 구성원들간의 효과적인 의사소통이 이루어 질 수 있도록 확인한다.

5단계: 학습동아리 구성작업을 나누어 실행하기

- ◆ 의사소통을 계획하고 수행한다.
- ◆ 예산안을 작성한다. 재원조달 계획을 세운다.
- ◆ 프로그램을 기록하고 평가하기 위해 계획을 세운다.
- ◆ 참여자를 모집하여 다양한 집단을 구성한다.
- ◆ 실천포럼(action forum)을 포함한 실천계획을 세운다.
- ◆ 학습동아리 리더를 모집, 훈련, 지원한다.
- ◆ 출범식(Kick-off) 계획을 세운다.

◆ 장소를 정하고 교통지원, 보급에 관한 계획을 세운다.

6단계: 한 회기의 학습동아리 운영하기

◆ 출범식을 개최한다.
◆ 학습동아리활동을 수행한다.
◆ 학습동아리활동 종료 후의 각종 아이디어를 모아 실행에 옮기기 위한 실천포럼대회를 개최한다(핵심사업).
◆ 실천포럼대회가 끝나고 실천집단(task force or action group)이 구성되면 그 활동을 지원하고 이끈다.

7단계: 프로그램을 유지하고 사업효과 확대하기

◆ 프로그램의 처음 목적을 성찰하고 앞으로의 계획을 논의한다.
◆ 매 회기마다 새로운 구성원들과 프로그램의 소유의식을 공유한다.
◆ 조정자(coordinator)를 지원한다.
◆ 사업의 성과에 대하여 지역사회에 널리 홍보한다.
◆ 스스로 부족한 점을 보충하고 다른 사람을 지원한다.

이와 관련하여 범지역사회 학습동아리 프로그램을 운영하는 데 필요한 핵심적인 용어들을 구체적으로 살펴보면 다음과 같다.

· 조직자(Organizer): 프로그램을 조직하는 주된 책임을 진 사람으로 간혹 조정자나 실무단의 구성원을 포함하기도 함
· 집행부(Working group): 5-15명의 구성원들이 긴밀한 관계를 가지고 범지역사회 학습동아리 프로그램이 운영될 수 있도록 가장 활동적으로 참여하는 집단
· 후원연대(Sponsoring coalition) 또는 협의회: 다수의 조직으로 구성된 집단으로서 프로그램을 지원하는 연대조직

- 시범 학습동아리(Pilot study circles): 사람들에게 학습동아리의 과정에 익숙하게 하고 연대조직의 구성원들에게 실습의 기회를 제공하고 소속감을 고취하기 위하여 활용되는 소규모의 학습동아리
- 조정자(Coordinator) 또는 총무간사: 활동내용을 감독하고, 지원하고, 프로그램 전반을 관리하는 핵심적인 과업을 수행하는 직원(2-3인일 수도 있음)
- 학습동아리 리더(Facilitator): 하나의 학습동아리를 이끌어 가는 지도자
- 리더훈련자(Facilitator trainer): 학습동아리를 이끌 수 있도록 사람들을 훈련하고 준비시키는 데 책임을 지는 개인이나 집단
- 참여자(Participants): 학습동아리에 참여하는 지역사회의 구성원
- 출범식(Kick-off): 범지역사회 차원 학습동아리 프로그램을 진행하기 위해 모든 구성원들이 한 자리에 모여 의제와 일정 및 방법을 확인하고 학습동아리를 구성하는 공개행사. 적극적인 지역홍보를 통해 많은 주민들이 참가하도록 하며 주민들이 지역별 학습동아리에 참여할 수 있도록 안내한다.
- 실천포럼(Action forum): 한 회기의 학습동아리의 끝 부분에 개별적인 학습동아리의 실천아이디어를 모으기 위한 대규모의 집단 회합
- 실천집단(Task force or action group): 실천포럼을 통해 도출된 지역사회 문제해결 실천아이디어를 수행하기 위한 전문집단

위에 나타난 바와 같이 범지역사회 학습동아리 프로그램은 조직자와 후원연대를 중심으로 준비, 기획한 후 지역사회 내의 여러 유관기관들의 역량을 모아 학습동아리를 구성하게 된다. 출범식으로 시작하여 실천포럼으로 끝나는 일련의 프로그램을 통해 지역주민

들은 지역현안에 대한 이해를 증진시키며 문제 해결을 위한 합리적인 방법을 도출한다. 더 나아가 문제 해결을 위한 실천활동에 스스로 참여하게 되는 것이다. 이를 통해 복잡한 문제도 원활하게 해결되고 불필요한 대립과 의사결정상의 후유증도 상당히 제거할 수 있다.[3] 또한 지역주민들로 하여금 문제의 진단과 해결방법 모색, 더 나아가 해결을 위한 실천에 스스로 참여하게 함으로써 지역공동체 의식을 더욱 신장시킬 수 있다.

이와 같이 범지역사회 학습동아리 프로그램은 지역공동체 내의 여러 유관조직들이 함께 연대하여 지역의 문제를 지속적인 학습과 합리적인 토론을 통해 해결하기 위한 평생교육적 방법이다. 즉, 프로그램 자체가 거대한 지역공동체 평생교육 프로그램인 것이다. 따라서 이 프로그램을 성공적으로 운영하기 위해서는 지역공동체 평생교육적 소양을 갖춘 전문가가 절대적으로 필요하다. 지역공동체 평생교육자는 크게는 이 프로그램의 조직자, 또는 조정자의 역할을 감당해야 함은 물론 작게는 학습동아리 리더들을 훈련하는 리더훈련자의 역할도 감당하게 된다. 이와 같은 프로그램을 통해 지역공동체 평생교육자는 지역학습공동체 구현을 위한 실천을 할 수 있게 된다.

이러한 프로그램이 성공하기 위해서는 지역사회 내의 여러 모임들과 지역조직들이 일종의 학습공동체로서 활성화되어 있어야 한다. 즉, 학습동아리와 학습조직과 같은 작은 규모의 학습공동체가 활성화되어 있어야 한다는 것이다. 그리고 이러한 학습동아리와 학

---

3) 이러한 성격의 프로그램은 우리나라의 경우에도 지역의 중요한 현안문제 해결이나 의사결정을 위해 매우 큰 의미를 갖는다. 예를 들어 2005년에 있었던 방사성폐기물처리장 유치결정을 위한 주민투표를 앞두고 일정 기간 동안 이러한 성격의 프로그램을 운영함으로써 합리적인 의사결정에 큰 도움이 될 수 있다. 이런 과정을 거치지 않을 때 주민들의 인식부족으로 합리적인 결정을 내리기 어려우며 투표 이후에도 구성원간의 극한 갈등, 결정에 대한 불복 등의 부작용이 발생한다(국민일보, 2005. 12. 10).

습조직들이 지역공동체 차원에서 서로 유기적으로 연계할 수 있는 체계를 갖추고 있어야 한다. 이러한 개별 학습동아리와 학습조직들이 활성화될 수 있도록 하는 것도 지역공동체 평생교육자의 역할이라고 할 수 있으며, 이들을 서로 지역학습공동체 차원에서 서로 연계할 수 있도록 하는 것도 지역공동체 평생교육자의 역할이라고 할 수 있다. 이를 위해 개별 평생교육자의 노력은 물론 지역 평생교육 기관의 인식도 필요하다. 특히 지역평생교육정보센터나 평생학습관, 평생학습도시와 같은 지역 평생교육 추진기구의 관심과 행·재정적인 지원이 크게 필요한 시점이다.

제4부

지역공동체 평생교육의 현장

제 9 장

지역시민단체와 평생교육

1. 지역시민단체의 개념과 성격
2. 지역시민단체 평생교육의 의의와 유형
3. 지역시민단체 교육 관련활동의 실제
4. 지역시민단체 평생교육의 발전 과제

제 9 장 지역시민단체와 평생교육

현대사회에서 지역공동체 평생교육은 주로 지역을 기반으로 하는 비영리 민간조직을 통해 이루어진다. 그 중에 가장 대표적인 것이 지역시민단체이다. 시민사회의 성숙과 더불어 발전하기 시작한 시민단체들은 지역화의 시대를 맞아 지역에 뿌리를 내리기 시작하고 있다.

이 장에서는 지역공동체 평생교육의 관점에서 지역시민단체의 개념과 의의, 지역시민단체에서 이루어지고 있는 여러 가지 유형의 평생교육활동 현황, 지역공동체 평생교육조직으로서의 지역시민단체의 발전과제를 살펴보고자 한다.

1. 지역시민단체의 개념과 성격

1) 지역시민단체의 개념과 발전 배경

지역시민단체란 일반적으로 지역을 기반으로 하는 시민단체라고 할 수 있다. 시민단체는 일반적으로 NGO(Non-Governmental Organization, 비정부기구)로 지칭되고 있으며, 시민사회의 성숙과 더불어 그 존재가 부각되고 있다(김동춘 외, 2000: 8). 시민단체는 주로 정부정책 등에 대해 주시하고 시민들의 여론을 이끌어 정부나 정치인들이 올바른 선택을 할 수 있도록 견제하는 역할을 수행한다. 우리나라의 시민운동은 1980년대 이후 급격한 성장을 이루었지만 주로 서울 중심의 대형 시민운동단체 위주로 실시된 것이 사실이다. 참여연대, 경실련, 환경운동연합 등으로 대별되는 서울의 큰 규모 시민단체들은 주로 전국적인 차원의 '이슈 파이팅'을 중심으로 활발한 활동을 펴 오고 있다. 그러나 1990년대 들어 시민운동의 지방 확산, 지역의 중요성 부각, 지역주민들의 시민의식 성숙 등의 영향으로 지역을 기반으로 하는 NGO들이 활발히 형성되기 시작하였다(김호기 외, 2000: 148-149). 이와 같이 지역을 기반으로 하는 민간조직이 곧 지역시민단체라고 할 수 있다. 그런 의미에서 지역시민단체는 '지역을 기반으로 하는 비정부조직'(CBO: Community Based Organization)의 일종이라고 할 수 있다. 이러한 지역시민단체가 발전되는 과정을 유형별로 보면 다음과 같다.

먼저, 기존의 주민조직이 적극성을 띠고 시민운동 차원으로 발전하는 경우이다. 주로 친목도모, 주민간 상부상조, 지역봉사활동 등 소극적인 차원의 지역공동체운동을 해 왔던 주민조직들이 민주시민의식을 가지고 시민운동 차원에서 지역문제에 관여하는 경우라고 할 수 있다. 즉, 자생적인 지역주민의 조직들이 지역문제를 주체적·민주적으로 해결하기 위해 참여하고자 하는 지역시민단체로 변해 가는 것이다.

둘째, 기존의 시민단체들이 지역에 뿌리를 내리고 지역문제에 관심을 갖고 참여하는 경우이다. 기존 지부성격의 시민단체들이 지역에 뿌리내리려고 하는 움직임은 특히 경실련, YMCA, YWCA, 환경운동연합 등에서 그 예를 찾아볼 수 있다. 그동안 시민단체는 많은 성장을 이루었다. 그러나 그동안의 운동은 우리나라의 중앙집권적인 권력 형태로 인해 주로 중앙정부를 상대로 하는 시민운동이었다. 따라서 지역에서의 역할과 역량이 부족하였다. 그동안 시민단체는 외적인 성장에도 불구하고 시민 없는 시민운동이라는 비판을 받기도 하였다(김호기, 2001: 99-102). 이를 지역공동체 차원에 적용한다면 지역주민의 참여 없는 시민운동이라고도 볼 수 있다. 그러나 최근 지방자치제의 확산과 더불어 시민단체를 중심으로 지방정치권과 토호세력에 대항하고 삶의 공간인 지역을 시민사회로 확장시켜 나가기 위한 움직임이 활발하게 이루어지기 시작했다. 이는 곧 지역의 문제를 지역시민 주체적으로 해결하고 지역사회의 전반적인 생활영역에서 실질적인 민주주의가 실현되도록 하기 위한 풀뿌리 시민운동으로의 전환이라고 할 수 있다.

셋째, 시민단체와 주민조직의 연대를 통한 활성화이다. 그동안 우리나라의 시민단체와 주민조직은 서로 관계없이 각자의 관심대로 사업을 벌였다. 이렇게 상호 협조 없이 사업을 추진함으로써 지역문제와 관련하여 상호 협력이 활발하게 이루어지지 못했다. 그러나 최근에는 기존의 시민단체들과 주민조직들이 서로 연대하여 협력하는 움직임이 나타나고 있다. 이러한 지역연대조직은 주민조직과 시민단체가 함께 지역현안을 해결해 나가기 위한 조직으로 새로운 시민운동의 모델을 제공한다고 할 수 있다.

넷째, 지방자치단체와 지역시민단체의 만남도 있다. 대표적인 경우가 '지방의제21'이라고 할 수 있다. 본래 의제21은 1992년 6월 브라질의 리우에서 개최된 유엔환경개발회의에서 21세기 지구환경을 보전하기 위해 세계 각국의 정상들과 민간기구대표들이 모여 채택한 리우선언에 기초하고 있다. 의제21은 지속가능한 발전을 이룩하기 위한 범지구적인 목표와 행동강령을 설정하는 하나의 이정표가 되었다. 의제21의 제28장은 지속가능한 발전을 위한 지방정부의 주도적인 역할을 촉구하면서 각국의 지방정부가 지속가능한 지역사회의 발전을 위한 행동계획을 지역사회 구성원들과의 합의를 통해 마련하여 실천하도록 권고하고 있다. 이 의제21을 지역사회 차원에서 개발하고 실천하는 것이 지방의제21이다(지방의제21전국협의회, 2004: 11). 우리나라의 경우에도 전국 대부분의 지자체가 환경-경제-사회 등 지역사회 모든 분야의 지속가능한 발전을 위해 민-관-기업 등이 공동 설립한 지방의제21 추진기구를 두고 있으며 지방의제21전국협의회를 통해 교류하고 있다.

사례: 지역시민단체의 발전 유형

1. 기존의 주민조직이 시민운동 차원으로 발전하는 경우

○ 은평시민회

<변화 과정>

· 자원봉사를 위한 주민공동체운동에서 시작하여 점차 주민자치적 시민운동으로 발전해 나감

· 지역의 의제를 시민들이 주도해서 만들어 내고 퍼뜨리는 역할이 필요하다고 생각하며 지역 포럼 결성에 관심을 가짐(출처: 오마이뉴스, 2004. 3 .3.)

○ 반송을 사랑하는 사람들의 모임(반사사)

<설립취지>

· 1998년 부산광역시 해운대구 반송동을 중심으로 창립된 지역주민운동단체로서 지역주민이 주인되는 민주적 지역공동체를 만든다는 목적하에 활동함

<변화 과정>

· 1기(2000년 이전): 저소득층 복지사업에 주력하면서 사회문제 의식고취를 위한 교육사업 등을 전개함

· 2기(2000년 이후): 쓰레기 매립장 문제와 구의원 선거운동 등 지역적 이슈를 공론화하여 대응함(최숙자, 2003).

2. 시민단체가 지역에 뿌리를 내리는 경우

○ YWCA의 생명사랑 공동체운동

<취지, 배경>

· 점차 개별화되고 있는 우리 사회에서 공동체 정신을 회복하고 젊은 여성들이 주체적인 삶을 영위할 수 있도록 돕기 위해 기획된

YWCA의 중점사업
· 2005-2008년 3년간 대한YWCA연합회 산하 55개 지방조직에서 공동체를 조직하고 운영하는 일에 동참하게 됨

<진행 과정>
· 교육과 홍보에 중점을 두고 직원대상 교육과 워크숍을 진행함
· 서울 YWCA이사와 위원, 일반회원들 대상으로 '생명사랑 공동체운동'에 대한 강의와 체험행사 수차례 개최
· 직원교육과 동시에 직원공동체를 함께 조직

<참여규모>
· 직원공동체: 현재 서울 YWCA 명동 본부 6개, 봉천종합사회복지관, 가락종합사회복지관 등 서울 YWCA 지부에 10개 등 총 16개의 직원공동체가 활동중
· 회원공동체: 12개 조직, 참여인원 110명 정도
· 모임형태: 10명 규모의 소모임(대규모가 되면 회원들의 참여도가 낮아지기 때문)

<공동체의 성격>
· 직원공동체: 평화를 주제로 연구하고 토론하는 공동체, 주말농장을 만들어 유기농 채소를 가꾸는 공동체
· 회원공동체: 여성의 정체성에 대해 고민하는 20대 초반 여성들의 모임, 발달장애아를 키우는 어머니들의 모임. 어린이집 보육교사들의 모임

(출처: 연합뉴스, 2004. 8. 23 보도자료 정리)

3. 시민단체와 주민조직이 연대하는 경우
○ 용사연
<용사연의 의미>
· 용인사랑시민연대의 약칭으로서 용인시에 기반을 둔 8개 시민단체와 이 지역 6개 주민조직의 연대체를 말함

<참여소식>
· 주민조직: 광교산살리기주민연대, 상현동아파트대표회장단연합회, 성

북동녹지보존위원회, 소각장매연대책위원회, 소실봉대책위원회
· 시민단체: 느티나무문화재단, 용인여성상담소, 용인여성회, 용인의제 21, 용인참여자치, 용인환경정의, 푸른학교, 한국CLC부설이주노동자 인권센터

<주요 활동>
· 환경, 교통, 교육 등의 지역현안에 대한 세미나를 통해 정보를 교환하며 상호협력을 통해 문제를 해결해 감

<의의>
· 시민단체와 주민조직의 상호 협조 없이 사업을 추진함으로써 발생했던 정보와 조직력의 부족을 해소하고 대신 서로의 장점을 나누어 지역시민운동의 역량을 한껏 높이는 새로운 계기가 됨
· 주민조직과 시민단체가 함께 지역 전체를 아우르는 공동 과제를 찾아내고 공평한 조정자 역할을 해 나감

(출처: 오마이뉴스, 2004. 10. 6 정리)

2) 지역시민단체의 활동 유형

일반적으로 지역시민단체들의 활동은 크게 지역주민들의 권익을 옹호하고 대변하는 활동과 지역주민들로 하여금 직접 문제 해결에 나서도록 도와주는 활동으로 나눌 수 있다. 이전까지 대체로 지역시민단체들의 활동이 전자의 기능에 치우쳐 있었던 것이 사실이지만 점차 직접 참여 방식의 중요성이 강조되고 있다(한국도시연구소 편, 2003: 138).

최근 들어 지역시민단체의 활동 유형은 점차 다양해지고 있다. 그 중에서 특히 중시되는 것이 지역주민들의 풀뿌리 참여운동 확산이라고 할 수 있다. 현대사회에서 지역시민단체는 풀뿌리 주민참여운동을 통해 주민자치의 내실을 기해야 하는 책임을 새롭게 지게 된 것이다. 지역시민단체들은 소수의 기득권세력이 지역의 중요 의

<표 9-1> 지역시민단체의 활동 유형

유 형	내 용
예산감시·참여운동	지방자치단체의 예산안 분석, 모니터링, 예산 관련 정보공개운동, 낭비 예산삭감과 환수를 위한 운동, 예산편성과정에서 시민참여를 확대하기 위한 운동
위원회 개선 등 정책결정과정에의 시민참여 확대	각종 위원회에 시민단체 인사 적극 참여, 위원회의 회의 공개, 회의록 공개 등 정책결정과정의 투명성을 확보하기 위한 활동
지방선거 직접 참여와 유권자운동	지방선거에 후보 선출 및 참여, 후보들의 정책 평가 및 의견 반영
직접민주주의의 실천	주민발의, 주민감사청구, 주민투표 등 직접민주주의 실천을 위한 노력
공공시설 개혁운동	사회복지관, 청소년시설, 도서관(문고), 공립보육시설, 주민자치센터 등의 공공시설이 시민들의 참여하에 시민들의 입장에서 운영될 수 있도록 하기 위한 운동
시민교육, 학습공동체운동	지역주민들을 위한 각종 교육프로그램 운영 및 학습동아리 활동 지원
지역환경, 지역복지(공동체) 운동	지역의 자연환경에 대한 학습과 교육, 실천을 통한 지역환경운동과 지역 내의 사회적 약자들을 위한 교육을 통해 지역공동체 복원
생활협동조합 등 생활상 문제들의 자치적 해결 움직임	생협운동(먹거리생협, 의료생협, 품앗이육아 등) 등 생활 속의 문제를 자치적인 방식으로 해결하고자 하는 움직임
지역 소출력 방송활동	지역주민이 주체가 되어 지역주민을 위해, 지역에 관한 내용을 중심으로 운영되는 소출력 방송운동(2005년 현재 전국 8개 지역에서 운영)

사결정과정에 많은 영향력을 행사하고 있는 현실을 극복하기 위해 지역의 기득권 세력을 견제하고 지방자치단체의 정책결정과정이나 행정집행과정을 감시하는 활동을 하고 있다. 그리고 다른 한편으로는 지방자치단체가 정보를 공개하도록 하고 지방자치단체의 정책결정과정에 시민들의 참여를 확대하기 위해 노력하고 있다.

또한 지역시민단체는 지역사회와 관련된 제도와 정책적 차원의 개선뿐만 아니라 지역사회 속에서 다양한 공동체적 네트워크를 형성하는 데에도 힘쓰고 있다. 즉, 기존 지역사회의 학연, 지연, 혈연 등의 폐쇄적·비주체적·집단이기주의적인 관계망 대신에 건전한 민주적인 관계망을 형성해 가는 것도 지역시민단체의 역할이라고 볼 수 있다.

전반적으로 최근에는 지역주민들의 참여가 중요해짐에 따라 지역시민단체의 활동 내용도 점차 풍물강습, 주민도서실, 생태탐사 등과 같은 문화·교양프로그램을 매개로 한 주민 소모임의 운영,

<표 9-2> 주요 지역시민단체의 사업 예

단체명	지 역	주요 활동 및 사업
마포연대	서울 마포구	성미산 생태공원화, 주민복지사업, 마포구 학교급식지원 조례제정운동, 의정참여활동, 지역소출력방송(마포 FM) 운영지원
은평시민회	서울 은평구	주민공동체만들기 사업, 아동 방과 후 사업, 불광천 살리기 운동, 소외계층 집수리 자원봉사사업
광산시민센터	광주 광산구	동 사랑방 모임, 주말농장, 농촌봉사활동, 동별 가족단위 나들이, 어린이도서관 운영
오이도 선사유적 보존을 위한 시민대책위원회	경기도 시흥	오이도 선사유적지의 보존
희망세상(구 반송을 사랑하는 사람들)	부 산	반송동의 교육, 교통 등 최소한의 생활 수준과 기본적 서비스의 요구, 지역정치의 개혁, 민족통일 등 정기적인 마을축제 개최, 매립장 반대운동, 구의원 선거운동
희망연대	전북 익산시	작은 어린이도서관 만들기운동, 반찬지원사업, 익산시시정평가활동, 지역현안 NGO 연대사업
온천천 살리기 네트워크	부 산	온천천 보존을 위한 탐사 및 각종 교육 실시, 온천천 축제 개최, 신문 발행
수원환경운동센터	수원시	광교산 살리기 운동, 보행환경개선을 위한 주민지원사업, 난개발저지를 위한 주민지원사업, 쓰레기 제로화 만들기운동
군포시민의 모임	경기도 군포시	교육자치, 지방자치, 청소년사업, 문화학교사업
원주시민연대	강원도 원주	콩우유보내기운동, 한지문화도시만들기운동, 풀뿌리강좌, 문화유산 방문교육, 예산감시운동
대구사랑운동시민회의	대구	담장허물기, 나눔장터, 이웃사랑운영을 통해 어려운 시민에게 상담 및 지원

학교운영위원회나 주민자치센터에의 참여 등 주민자치를 위한 활동, 지역의 각종 이슈에 대응하는 활동 등으로 다양해지고 있다(한국도시연구소 편, 2003: 138). 이런 맥락에서 지역시민단체들의 활동유형을 정리하면 <표 9-1>과 같다.

아울러 우리나라의 주요 지역시민단체에서 실시되고 있는 사업들을 예로 들면 <표 9-2>와 같다.

위의 표에 나타난 바와 같이 지역시민단체의 사업 중에 지역주민들의 참여를 전제로 하는 교육프로그램들이 많이 운영되고 있음을 알 수 있다.

2. 지역시민단체 평생교육의 의의와 유형

1) 지역시민단체 평생교육의 의의

위에서 살펴본 바와 같이 지역시민단체에서 교육이 중요한 비중을 차지하고 있음을 알 수 있다. 여기에서는 지역시민단체에서 평생교육이 갖는 의의를 구체적으로 제시하고자 한다.

첫째, 지역시민단체의 평생교육은 지역주민들의 성장과 지역공동체의 발전을 위한 중요한 시민교육의 장이다. 성숙한 시민사회가 되기 위해서는 시민들이 주체가 되어 공적인 문제에 대해 자유롭게 비판하고 토론하며 서로 연대하는 학습사회가 이루어져야 한다. 그러기 위해 지역시민단체에서 올바른 시민의 육성을 위한 평생교육이 활발하게 이루어져야 한다.

둘째, 지역시민단체의 평생교육은 문제해결의 대안을 제시하기 위한 필수적인 요소이다. 지역시민단체는 그동안 지역사회 전반의 요구와 비판을 종합하고 이를 지자체와 기업에 매개하는 역할을 주로 해왔다. 그러나 최근 들어 지역시민단체는 단순히 비판과 요구의 차원을 넘어 지역의 발전을 위한 구체적인 대안을 제시해야 할 단계에 이르게 되었다. 이를 위한 유일한 방법은 지역시민단체를 중심으로 지역의 주요 문제를 해결하기 위한 대안을 함께 모색하는 것이다. 이 과정에는 지속적이고 체계적인 학습활동이 요구된다. 지역시민단체에 소속된 분과, 위원회, 그리고 회원들로 구성된 각종 학습동아리들은 지역사회의 문제해결을 위한 연구와 토론을 통해 이러한 역할을 수행하는 데 많은 도움이 된다.

셋째, 하나의 조직으로서 지역시민단체 자체의 발전을 위해서도 평생교육이 필요하다. 지역시민단체는 그 자체로 하나의 조직이다.

조직이 성공적으로 운영되기 위해서는 구성원들이 조직의 목적을 분명히 공유하고 역량을 결집해야 한다. 최근에 모든 유형의 조직들은 이러한 인식을 바탕으로 조직을 일종의 학습조직(learning organization)으로 발전시키고자 노력한다. 이는 지역시민단체의 경우에도 예외가 될 수 없다. 학습조직의 관점에서 볼 때 지역시민단체가 성장하기 위해서는 조직의 구성원들 사이에 지식의 창출, 축적, 공유, 활용이 활발하게 이루어져야 한다. 이는 곧 지역시민단체를 조직 차원에서 하나의 학습하는 공동체로 변화시켜야 한다는 것이다. 이는 평생교육에서 중시되는 학습공동체 개념의 적용이라고 할 수 있다.

이런 점들을 종합해 볼 때 지역시민단체에 있어 평생교육의 의의는 거의 절대적이라고 할 수 있다. 따라서 지역시민단체를 통한 지역공동체 평생교육을 활성화시키기 위한 다각적인 노력이 이루어져야 한다.

2) 지역시민단체와 관련된 교육의 유형화

앞에서 지역시민단체에 있어 평생교육의 의의를 살펴보았다. 이를 바탕으로 지역시민단체와 평생교육과의 관계를 여러 가지 관점에서 유형화해 볼 수 있다. 그 중에서 특히 중시될 수 있는 준거는 시민단체에서 실시되는 평생교육의 목적이 무엇인가라는 측면이고, 다른 하나는 지역시민단체의 평생교육이 누구에 의해 주도되는가라는 점이다. 평생교육 목적의 측면이란 평생교육이 조직의 발전과 존속 자체를 위해 활용되느냐, 아니면 회원 또는 일반주민학습자의 일상생활 요구 충족을 위해 이루어지느냐와 관련된다. 조직목표 지향적 평생교육은 다분히 조직의 발전을 위해 평생교육을 주요한 수단으로 활용하는 것을 의미하며, 학습자 일상생활중심은 학습자의

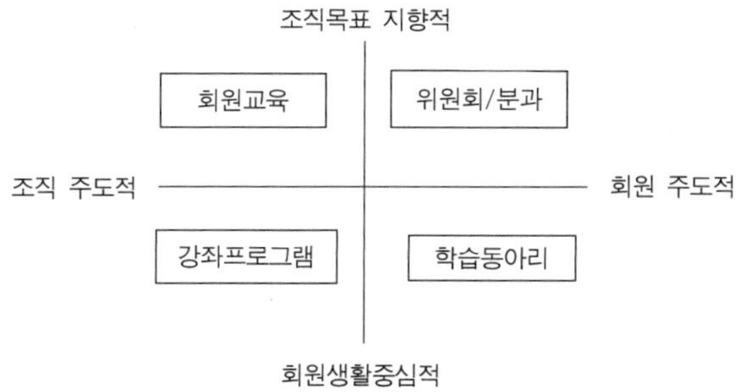

<그림 9-1> 지역시민단체에서 실시되는 교육/학습의 유형

삶의 질 향상을 목적으로 교육 및 학습활동이 이루어지는 것을 의미한다. 한편, 평생교육의 주도자가 누구인가라는 것은 평생교육활동이 지역시민단체 실무자중심으로 운영되는지, 아니면 그 기관의 일반회원 또는 주민학습자중심으로 이루어지는지를 의미한다. 이 두 가지 준거를 조합할 때 <그림 9-1>과 같이 네 가지의 유형을 생각해 볼 수 있다.[1)]

먼저, 회원교육은 조직의 존속과 발전을 위해 신입회원이나 기존회원을 대상으로 조직이 주도적으로 교육을 실시하는 경우를 의미한다. 이는 곧 회원을 대상으로 하는 사회화교육이라고 할 수 있다. 이 경우 주 내용은 그 기관의 목적, 가치, 주요 사업, 규칙 등이 된다. 주로 공식적·체계적인 프로그램을 통해 주기적으로 이루어지는 것이 일반적이다.

둘째, 위원회 및 분과모임이다. 위원회 및 분과모임은 조직의 발전을 위해 구성된 일반회원 주도의 학습모임이라고 할 수 있다. 이 모임은 주로 전문성을 갖춘 일반회원들이 함께 모여 조직의 발전과

---

1) 이하의 교육 유형화는 단지 지역시민단체에만 적용되는 것이 아니라 회원들을 중심으로 지역활동을 하는 모든 유형의 조직에 공동으로 해당된다. 예를 들면 교회 등과 같은 종교기관이나 생협 등과 같은 협동조합 등도 동일한 방식으로 유형화해 볼 수 있다.

관련된 내용을 연구하고 토론을 통해 주요 사항을 심의 또는 결정하며 더 나아가 실행하는 조직이라고 할 수 있다. 따라서 이 모임을 통해 이루어지는 모든 학습의 결과는 일차적으로 조직의 발전에 기여한다. 이 모임을 위해 조직의 지원을 받기도 하지만 주체가 조직이 아니라 일반 회원 스스로라는 점에서 의의가 있다.

셋째, 회원들을 위한 일반 강좌프로그램이다. 이는 조직이 주도적으로 회원들의 삶에 필요한 각종 교양, 취업, 시민교육강좌 등을 개설하는 경우이다. 강사 섭외, 프로그램 운영 등을 조직에서 주도적으로 운영하지만 교육의 내용이 회원 및 지역주민의 일상생활 요구중심이라는 점에서 회원교육과 차이가 있다. 많은 경우 이러한 프로그램에 참여한 회원들은 이후 그 조직의 핵심적인 구성원으로 변화된다.

넷째, 회원중심의 학습동아리 활동이다. 학습동아리활동은 조직에 속한 회원들이 자발적으로 모여 자유롭게 학습활동을 하는 경우이다. 주로 같은 분야에 관심을 가진 회원들로 구성되며, 지역적 근접성이 활성화의 요건이 된다. 주제는 그 조직의 목적과 직결되지 않는 회원들의 일상생활과 관련된다.

지역시민단체의 경우 주로 회원교육에 일차적인 관심을 기울이는 것이 일반적이다. 그러나 점차 회원들의 자발성과 일상생활에 대한 회원들의 관심이 중시됨에 따라 위원회 및 분과모임, 회원들을 위한 일반강좌, 더 나아가 회원중심의 학습동아리활동이 활성화되는 추세이다. 이와 같이 지역시민단체는 여러 가지 측면에서 평생교육과 매우 밀접한 관계를 맺고 있다. 따라서 지역시민단체와 관련된 다양한 유형의 평생교육활동들을 모두 지역공동체 평생교육의 관점에서 아우를 수 있는 통합적인 안목이 필요하다. 또한 각 유형의 교육활동들은 저마다의 독특한 특성과 운영 원리를 가지고 있다. 따라서 각 유형에 맞는 전문성을 갖춘 지역공동체 평생교육자가 요구된다. 지역시민단체에서 평생교육의 비중이 커질수록 지역공동체 평생교육에 대한 신념과 전문성을 갖춘 평생교육자의 필요성이 더욱 커진다고 할 수 있다.

3. 지역시민단체 교육관련 활동의 실제

1) 지역시민단체의 교육사업

지역시민운동을 실천하는 데 있어 점차 교육이 중요한 비중을

<표 9-3> 주요 지역시민단체의 교육사업

단체명	지 역	주요 내용
안양시민대학	경기도 안양시	지역주민들을 위한 문해교육, 시민교육
오이도 선사유적 보존을 위한 시민대책위원회	경기도 시흥	오이도 선사유적지의 보존을 위한 학습
광산시민센터	광주 광산구	동 사랑방 모임, 체험활동, 어린이도서관 운영
고양시민회	경기도 고양시	살기 좋은 아파트 만들기 시민학교 개설
희망연대	전북 익산시	공동체 시민아카데미, 주민자치활성화 리더십 강좌
태안참여자치시민연대	충남 태안군	주민자치실현을 위한 리더십 강좌
동북여성민우회	서울 강북구, 노원구	민우여성학교
기회의 학숙	부 산	지역사회 자원봉사활동 및 교양강좌 지역사회개발과 참여증진을 위한 지도자 훈련 및 지원사업
대구 KYC	대 구	역사기행을 통해 지역의 역사와 문화교육
마포청년회	서울 마포구	마포 청년문화강좌(역사기행강좌, 영화강좌, 라디오방송만들기강좌, 사진강좌 등)
수원환경운동센터	수원시	초중등교사환경연수, 생태안내자양성교육, 광교산생태학교, 어린이환경들살이학교, 어린이자연학교, 학교연계 환경교육사업, 하천스튜어드양성교육
군포시민의 모임	경기도 군포시	문화학교사업, 자녀교육을 위한 어머니교실
원주시민연대	강원도 원주	콩우유보내기운동, 한지문화도시만들기운동, 풀뿌리강좌, 문화유산 방문교육, 예산감시운동
정의교육시민연합	서울 강동구	현장 교육 개선 운동, 시민 교육 지도사 연수, 청소년 사회 참여 체험학습 프로그램 개발, 교육 정책 토론회, 학교 부적응 학생 자원 봉사 프로그램, 환경교육, 교육 정책 비판과 대안제시
국제화시대교육개혁운동 전국학부모연대	서울 영등포구	국제화 교육 개발집 발간, 조직책임자 리더십, 각종 세미나/토론회/공청회 개최, 시민대학 일반강좌 개설, 정당 시민단체와 연대 활동

차지함에 따라 다양한 유형과 내용의 평생교육 프로그램들이 운영되고 있다. 그 예들을 살펴보면 <표 9-3>과 같다.

> **사례: 지역문화 학습자원 조사 및 발굴**
>
> 시흥시 정왕동 옛 오이도섬 일대가 '시흥 오이도 유적'이라는 명칭의 국가 사적으로 지정되었다. 이로써 한국수자원공사의 시화지구개발공사로 인해 파괴될 위험에 처해 있던 오이도의 문화유적은 선사유적지로서 보존, 조성될 수 있었다.
>
> 이는 옛 오이도 섬에 거주했던 주민들이 적극적으로 참여한 운동이다. 주민들은 오이도 선사유적 보존을 위한 시민대책위원회를 구성하여 개발공사로부터 문화유적을 지키는 일상적인 감시자로, 때로는 지역구술자료를 모으고 현지를 답사하는 조사연구자로, 문화유적을 일반시민에게 알리고 교육하는 교육자로서의 역할을 충실히 수행하였다.

> **사례: 지역공동체 평생교육프로그램 사례(성남 YMCA)**
>
> · 새로운 문화 생명의 문화
> -생명의 아름다움, 조화로운 삶
> -풍성해지는 삶, 삶을 배우는 교육
> -생명 느끼는 연습, 몸으로의 여행
> -행복한 삶과 자율적인 교육에 대한 철학
> · 우리 지역 문화 알기
> -남한산성, 그 위대한 선조들의 정신
> -우리 지역의 살아 있는 역사알기
> -화성, 충효의 얼과 빛나는 실학사상
> · 우리가 꿈꾸는 지역사회
> -우리가 만드는 평화로운 동네문화
> -참여와 자치가 함께하는 마을 여행
> -살맛나는 동네, 꿈을 키우는 대안학교
> -건강한 지역, 사랑의 공동체 만들기

2) 지역교육 및 문화 발전을 주요 주제로 다루는 지역시민단체

지역의 시민사회가 성숙해짐에 따라 보다 지역시민단체의 활동영역이 점차 다양해지고 세분화되는 양상을 띠고 있다. 이런 맥락에서 교육과 문화가 일상생활에서 점차 중요한 위치를 차지하게 됨에 따라 교육과 문화자체를 전문적으로 다루는 지역시민단체들이 늘어나고 있다. 기존의 교육관련 시민단체가 주로 대학입시문제를 비롯한 교육제도 일반을 다룬 것에 비해 지역시민단체들은 지역과 관련된 교육의 현안을 직접 다루기 시작한다. 문화의 경우도 지역의 문화를 직접 기획하고 발전시키고자 하는 노력들이 이루어지고 있다. 그 예들을 살펴보면 <표 9-4>와 같다.

<표 9-4> 지역교육 및 문화를 주요 내용으로 하는 지역시민단체

단체명	지 역	주요 내용
서초강남교육시민모임	서울 서초 강남지역	지역의 교육문제 공론화, 바른 교육관 정립을 위한 의식개혁, 학교운영위원회 활성화 방안 마련, 학생과 학부모를 위한 고충 상담이나 교육 상담 및 각종 교육정보 제공
익산교육시민연대	전북 익산시	교육적 가치에 대한 동질성 확보, 청소년 문화관련 사업을 시민과 함께 추진, 시민중심의 교육 추진
군포시민의모임	경기도 군포시	교육자치, 고교 입시 평준화 대책위 결성, 새교육 공동체 발족, 학교간 연계사업 실시
대전아동보육공공성확대를 위한 시민연대	대 전	대전시의 보육환경 개선
전북문화개혁회의	전 북	바람직한 지역문화정책 개발, 문화정책과 행정에 대한 비판과 감시, 문화예술인의 발굴과 육성, 지역간 문화교류사업 등
문화우리	서 울	지역의 문화, 환경, 공간 연구, 문화적 도시 건설, 고유문화를 기반으로 한 미래문화 지향
열린사회동대문시민회	서 울	시민 인문학강좌, 공동체 시민 아카데미, 방과후교실, 어린이도서관
민중의 집	서울 마포구	마을공부방, 청소년 독서토론교실, 시민강좌, 생활강좌, 화요밥상, 다정한 시장
춘천지역사회교육협의회	춘천 효자동	부모교육, 저소득 및 한부모 가정 교육지원, 방과후 공부방, 좋은 시민문화 만들기, 지역사회학교 평생교육 프로그램 운영

3) 지역시민단체 회원들의 학습동아리

지역시민단체 회원들의 참여와 학습에 대한 관심증가로 인해 회원의 자발적인 학습모임들이 늘고 있다. 이러한 학습모임들은 기관 차원에서 '소모임' '회' '반' '작은 모임' '소그룹' 등의 다양한 이름으로 불리어지지만 통칭해서 지역시민단체의 학습동아리라고 할 수 있다. 지역시민단체의 경우에도 이러한 학습동아리들을 적극적으로 지원하는 경향이 나타나고 있다. 지역시민단체 회원들의 학습동아리 사례를 살펴보면 <표 9-5>와 같다.

지역시민단체는 이러한 학습동아리를 통해 주민들의 다양한 학습욕구를 수용함으로써 주민들의 자발적 관심과 참여를 유도할 수 있고, 지역주민들과의 일상적 교류를 통해 주민들의 공동체의식 형성에 이바지하고 있다.

<표 9-5> 지역시민단체 회원들의 학습동아리

단체명	학습동아리명
은평시민회	백인산악회, 자작나무숲, 저자거리-글쓰기, 독서토론, 박물관강좌, 향기요법 등 다양한 수업이 회원들에 의해 이루어짐
동북여성민우회	영상연구모임, 글쓰기 소모임, 여성학 소모임, 환경모임, 동화읽기 모임, 바른 의정을 위한 여성모임
반송을 사랑하는 사람들의 모임	좋아모, 풍물반, 인형극반, 나눔반
구로시민센터	풍물패 징소리, 사진사랑, 어울림, 미술반, 산악회
대구여성회	풍물패 신명, 문화모임, 여행모임, 산놀, 동화모임 책엄마, 사진모임 찍모 등
인천참여자치연대	온뫼산악회, 행복찾는 간호사회, 인천주민자치모임 등
대전참여자치 시민연대	깨아모-주부모임, 늘푸른-축구모임, 참산등산모임 등
민중의 집	합창모임, 자전거 마실모임, 라틴아메리카 소모임, 독립생활클럽

4. 지역시민단체 평생교육의 발전 과제

지금까지 지역공동체 평생교육의 차원에서 지역시민단체의 중요성과 그 현황에 대해서 살펴보았다. 지역시민단체는 평생교육을 통해 지역주민들로 하여금 단순한 비판의 주체일 뿐만 아니라 대안제시의 주체가 될 수 있도록 학습역량을 강화해야 할 과제를 안고 있다. 이를 위해서는 먼저 지역시민단체가 일종의 학습조직이 되어야 한다. 더 나아가 지역시민단체는 평생교육활동을 통해 지역학습공동체의 구현에 이바지해야 한다. 여기서는 이러한 목적을 달성하기 위해 지역시민단체가 추진해야 할 몇 가지 과제를 제시하고자 한다.

첫째, 지역시민단체의 평생교육은 지역주민들의 주민자치역량 강화를 위한 학습을 지원해야 한다. 이를 위해 주민소송제도, 주민소환제도, 주민감사청구제, 행정정보공개법개정 등 지방자치강화를 위한 활동이 회원들을 위한 교육이나 일반강좌 또는 학습동아리활동 등을 통해 중요하게 다루어져야 한다.

둘째, 교육자 또는 학습지원전문가로서의 실무자의 역량 강화가 필요하다. 일방적인 지시나 계몽을 통해서는 진정한 변화가 이루어질 수 없다. 실무자는 단지 어느 분야의 내용전문가일 뿐 아니라 능력 있는 지역주민들의 참여를 유도하거나 지역주민들로 하여금 스스로 그들의 역량을 강화하기 위한 학습에 참여할 수 있도록 도와주는 역할을 수행해야 한다. 이는 곧 지역공동체 평생교육자의 역할이라고 할 수 있다.

셋째, 지역시민단체들은 기관의 설립취지에 입각해서 보다 수준 높고 차별화된 프로그램을 개발해야 한다. 현재 지역시민단체들의 프로그램들은 나름대로 독특성이 있으나 점차 비슷한 성격의 프로그램들이 확산되고 있는 실정이다. 이는 비슷한 성격을 가진 단체들이 최근 들어 급속하게 확산되고 있기 때문이다. 그러므로 각 단체의 입장에서 볼 때 보다 성공적인 프로그램 운영을 위해서는 질적인 면에서나 내용적인 면에서 보다 차별화되고 세련된 프로그램을 개발하여야 할 것이다.

넷째, 지역시민단체들은 조직 강화와 시민운동 확산의 차원에서 학습동아리나 분과모임에 대한 지원을 아끼지 말아야 한다. 교육적인 면에서 주민을 대상으로 하는 강의식 교육도 필요하지만 궁극적으로 그 단체의 자원봉사자를 확보하고 지역주민들의 폭넓은 참여를 이끌어 내기 위해서는 학습동아리활동을 통한 자발적인 학습이 매우 효과적이다. 또한 기존 회원들은 분과모임에 참여함으로써 자신의 전문성도 향상시키고 조직의 발전에도 기여하게 된다. 그러므로 지역시민단체들은 학습동아리나 분과활동과 같은 회원중심 학습활동을 효과적으로 지원하기 위해 지속적으로 노력해야 한다.

다섯째, 지역시민단체는 교육개혁과 평생교육 발전을 위한 교육정책에도 관심을 가져야 한다. 즉, 지역사회를 보다 성숙한 학습공동체로 변화시키기 위해 교육정책적인 측면에도 활발하게 관여하여 대안을 제시해야 한다. 이를 위해 지역주민들이 주도적으로 지역의 교육문제를 해결하고 정책수립에 영향을 미칠 수 있도록 하기 위한 노력이 필요하다. 시민사회의 성숙과 더불어 정치, 경제, 환경 등의 분야에서는 자발적인 시민운동이 폭발적으로 성장해 왔으나 이에 비해 교육분야의 지역시민운동은 매우 미흡한 실정이다. 지방분권시대를 맞아 지역주민들이 스스로 노력하지 않으면 지역교육을 발전시켜 나갈 수 없다. 따라서 이제 교육시민운동이 지역 차원에서도 활발하게 추진되어야 하는 것이다.

제 10 장

생활협동조합과 평생교육

1. 생활협동조합의 기본 성격
2. 생활협동조합과 지역공동체 평생교육과의 관계
3. 생활협동조합을 통한 지역공동체 평생교육의 실태
4. 지역학습공동체 구현을 위한 생협의 지향점

제 10 장 생활협동조합과 평생교육

현대사회에서 생활협동조합은 생활 전반에서 지역공동체를 이루어 나가기 위한 효과적인 수단으로 부각되고 있다. 극심한 이윤추구와 개발로 인한 환경파괴 등을 제어하고 지역공동체를 회복하기 위한 구체적인 활동이 생활협동조합을 통해 구현되고 있는 것이다. 생활협동조합은 조합원들의 성숙을 기반으로 이루어지기에 다양한 평생교육활동을 수반하고 있다. 또한 교육 자체를 중요한 생활재로 하는 교육생활협동조합도 활성화되고 있다.

이 장에서는 지역공동체 평생교육의 관점에서 생활협동조합의 의의, 생활협동조합과 관련된 평생교육의 현황, 그리고 생활협동조합을 통한 지역공동체 평생교육의 발전과제를 살펴보고자 한다.

1. 생활협동조합의 기본 성격

1) 생활협동조합의 원리와 발전 과정

생활협동조합은 현대사회에서 소비활동과 관련된 새로운 형태의 협동조합이라고 할 수 있다. 여기서는 먼저 협동조합의 기본 개념과 성격을 살펴보고자 한다.

본래 협동조합은 필요를 느낀 사람들이 스스로 힘을 모아(출자자) 조합을 만들어, 민주적으로 함께 운영하고(운영자), 조합원들이

<표 10-1> 협동조합과 주식회사의 차이점

구 분	협동조합	주식회사(영리기업)
사업의 기초	조합원(사람)	자본
사업의 성격	비영리	영리추구
사업의 구성	이용자 = 출자자 = 운영자	일치하지 않음
자본원천과 소유	조합원이 출자 출자자에 의한 소유	주로 일반인이 투자 주주에 의한 소유
통제 및 운영	조합원에 의한 통제 사업방침은 조합원과 이들이 선출한 관리자에 의해 결정됨 1인 1표의 원칙	주주인 투자가에 의해 통제 사업방침은 주주와 관리자에 의해 결정됨 소유주식에 따른 투표권 행사
배 당	출자 및 이용고에 따른 배당	주식 소유에 따라 배당

조합의 사업을 이용함으로써(이용자) 생활의 질을 향상하고자 하는 조직이다. 따라서 불특정 다수를 주주로 하며 무한한 이익을 추구하는 주식회사와 달리 협동조합은 인적인 결합체로서 조합원들이 제한된 지역에 한정되어 생활하며, 조합원에 대한 서비스 향상을 추구하고, 잉여금은 조합원에게 재환원하는 것을 원칙으로 한다(Birchall, 2003). 이와 관련하여 협동조합과 주식회사의 차이를 비교하면 <표 10-1>과 같다.

세계 최초의 협동조합은 1884년 12월 영국의 공업도시 로치데일(Rochdale) 직물공장의 28명 노동자가 만든 조합이다. 이들은 1년에 1파운드씩의 출자금을 모아서 일상생활에 필요한 밀가루나 버터 등의 식료품을 공동구입하기 위한 점포를 만들려고 로치데일 공정개척자조합을 만들었다. 그 후 협동조합은 성공적인 운영을 통해 세계 여러 나라에 확산되었으며 1938년 국제협동조합연맹(ICA)이 설립되었다. 협동조합은 그 정체성을 유지하기 위해 기본 원칙들을 고수하고 있다. 그 원칙들은 국제협동조합연맹(ICA)에 의해 1938년에 공식적으로 채택되었으며 시대의 흐름을 반영하여 다소 변화하였다. 기본 원칙의 내용을 구체적으로 살펴보면 다음과 같다.

① 가입과 탈퇴 자유의 원칙

협동조합은 조합원들의 자발성과 자주적 의지에 의해 설립되는 조직으로 조합원의 가입과 탈퇴는 자유이며 이것을 강제하거나 제한할 수 없다.

② 1인 1표의 원칙

협동조합은 자본의 결합체가 아닌 인적인 결합체이므로 출자금의 다소에 관계없이 조합원은 평등하게 운영에 참가할 권리가 있다.

③ 출자금에 대한 이자 배당 제한의 원칙

출자금은 자본을 투자한 것이 아니라 스스로의 활동을 위한 기본 자금을 처지에 맞게 부담한 것이므로 출자에 대한 이자 배당은 일반 은행 금리를 넘지 않는 선에서 제한한다.

④ 잉여금 처분의 원칙

협동조합은 조합원에게 실비로 편익을 제공하는 것이 원칙이나 실비로 물자를 공급하거나 시설을 이용하는 것이 실제로 불가능하여 잉여금이나 손실금이 발생하는데 잉여금이 발생하였을 경우에는 조합원에게 환원한다.

⑤ 교육 촉진의 원칙

협동조합은 그 기본 설립 정신을 널리 알리고 실천할 수 있도록 교육사업에 주력해야 한다.

⑥ 협동조합간 협동의 원칙

협동조합이 발전하기 위해서는 협동조합간에도 협동이 필요하다.

이와 함께 우리나라에서도 협동조합 기본법이 2012년 제정된 이후 2014년 1월 21일에 개정, 2014년 7월 22일부터 시행되고 있다. 이 법은 협동조합의 설립·운영 등에 관한 기본적인 사항을 규정함으로써 자주적·자립적·자치적인 협동조합 활동을 촉진하고, 사회통합과 국민경제의 균형 있는 발전에 기여함을 목적으로 한다.

현대사회에서 점차 그 중요성이 부각되고 있는 생활협동조합(이하 생협)은 협동조합의 한 형태로서 인간생활에서 가장 기본이 되는 먹거리서부터 자녀교육, 가정, 환경, 경제적인 문제에까지 생활상의 여러 문제들을 조합원(회원, 주민)들이 자치적으로 협동하여 해결해 나가는 조직이다(한국청년연합회, 시민의신문 편, 2005: 36). 우리나라에서 생협은 법적으로 소비자생활협동조합법에 근거한다. 소비자생활협동조합법 제1조(목적)에 의하면 "이 법은 상부상조의 정신을 바탕으로 한 소비자들의 자발적인 생활협동조합활동을 촉진함으로써 소비자의 복지향상에 이바지함을 목적으로 한다"라고 기술되어 있으며, 제2조(정의)에 의하면 "소비자생활협동조합이라 함은 제1조의 목적을 달성하기 위하여 이 법에 의하여 설립된 비영리법인을 말한다"라고 규정되어 있다(생활협동조합전국연합회, 2002a).

우리나라에서는 1979년 최초의 생협(당시에는 소비자협동조합, 약칭 '소협')인 '평창신리소비자협동조합'이 창립되고, 원주지역소비자협동조합협의회도 구성되었다. 1991년에는 최초의 대학소협이 창립(현재의 조선대학교생협)되었다. 1993년 소비자협동조합(소협)에서 소비자생활협동조합(생협)으로의 명칭 개정은 이제까지의 '소비자/생산자'라는 협소한 이분법의 논리를 극복하고 '생활인'이라는 개념을 도입함으로써 생협운동의 사회적 위치와 역할을 생명운동과 대안사회운동의 영역으로 확장시켰음을 공식화한 것이라 할 수 있다. 이후 생협은 보다 결집된 조직력과 실천력을 바탕으로 사회문제 해결을 위한 대안운동 측면을 본격적으로 강조하기 시작했다.

1990년대 이후 생협운동은 생명·생태운동과 궤를 같이해 오고 있다. 안전한 먹을거리에 대한 소비자의 이해와 바른 농사를 추구하는 생산자의 이해가 접목되면서 유기농산물 직거래운동이 생협을 통해서 활성화되고 있다. 이후에는 보다 다양한 생활재를 중심으로 여러 유형의 생협이 설립되고 있다. 1994년 시작된 의료생협을 비롯하여 출판문화생협, 카센터협동조합, 교육생협 등이 설립되어 운영중에 있다. 이러한 생협들은 지역 내 주민자치활동과 환경친화적 활동에도 적극 나서고 있다. 대표적인 사례로 마포두레생협의 '성미산생태마을 만들기운동'이나 주민생협 등의 '마을 만들기운동' 등을 들 수 있다.

2) 생활협동조합의 성립 배경과 사업 내용

생협운동은 소비자들이 직접 협동조합을 만들어 생활에 필요한 물자를 공동구매하거나 자신들의 삶의 모습을 협동조합 정신에 맞게 변화시켜 나가는 생활공동체운동이라고 할 수 있다. 현대사회에는 물질적 풍요와 무절제한 편리 추구, 소비생활의 다양화 등으로 자연생태계와 생활공동체 문화가 급격히 파괴되고 있다. 경제적으로 본다면 공급자중심의 경제 운용, 유통구조 및 소득분배 왜곡, 불공정한 거래질서가 발생하고 있으며, 사회적으로는 불량·유해물자 범람, 공해·환경오염으로 인한 생활환경파괴, 경제성장과 부의 양극화로 인한 인간소외가 심화되고 있다. 이에 따라 현대사회에서는 시장경제체제의 장점과 효율성을 유지하면서도 현대 자본주의 사회가 가지고 있는 경제·사회적 문제를 해결하기 위한 새로운 대안이 필요하게 되었다. 그런 점에서 생협운동은 소비자들의 자발적

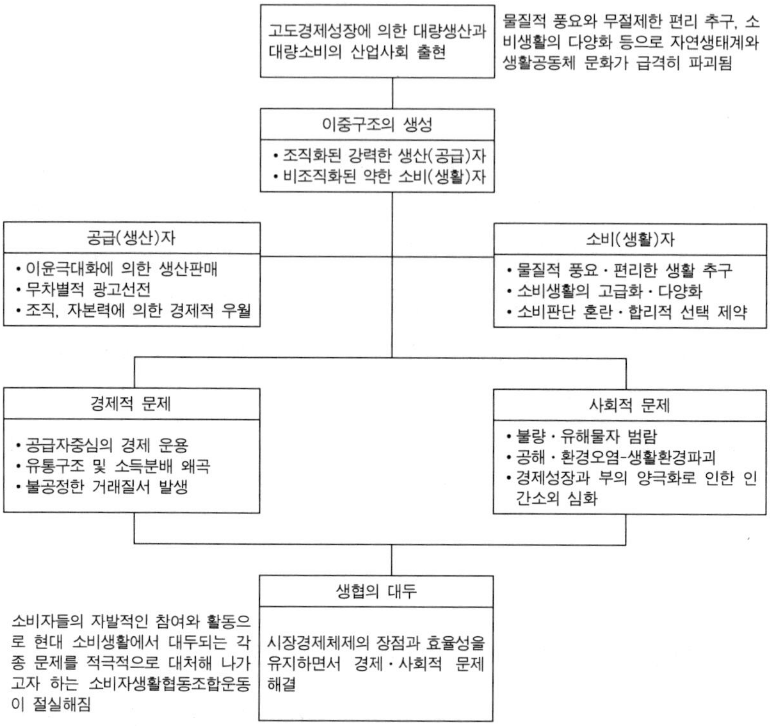

출처: 생활협동조합전국연합회(2002a), 『생활협동조합운동』 1.

<그림 10-1> 생활협동조합의 성립 배경

인 참여와 활동으로 현대 소비생활에서 대두되는 각종 문제를 적극적으로 대처해 나가고자 하는 새로운 대안운동이라고 할 수 있다. 이와 관련하여 생협의 성립배경을 표현하면 <그림 10-1>과 같다.

이와 같은 사회적 배경을 통해 생협은 점차 다양한 활동을 수행하게 되었다. 이를 구체적으로 살펴보면 다음과 같다.

① 공동구매공급사업

· 농수축임산물 등 조합원의 생활에 필요한 생활물자의 구입 및

서비스, 구입물자의 가공 및 생산, 운반보관과 공급
· 친환경농산물 등 고품질의 안전한 농산물 및 가공식품 직거래 사업

② 환경보전 및 자원보호활동
· 환경보호 및 자원재활용 물자의 개발 보급

③ 공동이용시설사업
· 조합원의 생활에 필요한 공동이용시설의 설치와 운영
· 공동육아(탁아), 보건의료시설, 기타 체력단련시설 등

④ 문화복지사업
· 조합원의 생활문화 향상, 환경보전, 자원보호 및 지역사회 발전을 위하여 필요한 활동과 시설 운용
· 각종 교양강좌 개설, 취미 및 레크리에이션활동 등

⑤ 소비자보호 및 지역사회활동
· 지역사회 발전과 소비자주권 강화를 위한 활동
· 소비자 문제 상담
· 각종 검사활동
· 지자체나 지역 내 각종 단체와의 연대활동

⑥ 기타 조합원 권익향상과 지역사회 발전에 필요한 사업

이와 같은 활동들을 통해 생협은 여러 측면에서 현대사회에 커다란 영향을 미치게 되었다. 이러한 효과를 보다 구체적으로 기술하면 다음과 같다(생활협동조합전국연합회, 2002a).

① 경제적 효과

- 합리적 소비생활에 의한 실질소득 증대 및 가계 안정
- 생활물자의 적정가 공급과 구매력 결집으로 기업의 부당이윤 견제와 물가안정
- 생산자-소비자간 직거래를 통한 유통구조 개선 및 건전한 생산자 발굴과 육성
- 고품질의 안전한 먹거리 소비확대로 농어민 소득보장과 농업생산기반 보호
- 물자절약과 자원재활용으로 환경보전 및 자원보호

② 사회적 효과

- 생활인들의 주체적 사고와 적극적 활동으로 참여민주시민의식 확산
- 민주적 조합운영으로 조합원의 시민의식 제고와 주민자치정신 함양
- 유해생활물자 배격과 그 대안물자의 개발과 보급, 생활과 자연환경보존으로 국민의 건강권 보호
- 조합 잉여의 지역 환원과 지역봉사 활성화로 지역사회의 건전한 발전 도모
- 더불어 살아가는 인간다운 생활공동체의 실현

이와 같이 생협은 자본주의와 세계화가 가져오는 사회적 양극화와 환경오염, 자원의 고갈 등의 문제를 지역주민의 주체적 참여와 협력, 공존을 바탕으로 극복하는 데 기여한다고 볼 수 있다.

2. 생활협동조합과 지역공동체 평생교육과의 관계

1) 지역공동체조직으로서의 생활협동조합의 의의

앞에서 살펴본 바와 같이 생협은 주로 경제문제를 중심으로 지역공동체를 형성해 가는 데 핵심적인 역할을 수행할 수 있는 기초를 가지고 있다. 이를 바탕으로 최근 생협운동에 있어서 지역공동체에 대한 관심이 더욱 높아지고 있다. 생협운동에 있어 지역은 단지 생산과 소비가 만나는 물리적인 공간으로서의 의미뿐만 아니라 생명존중과 지역의 경제적 자립, 지역문화의 다양성 등을 통해 지역공동체를 추구해야 할 장으로서의 의미를 갖게 된다.

이와 관련하여 박동무(2005)는 <표 10-2>에 나타난 바와 같이 생협운동이 소협운동-생협운동-지역생명운동의 순으로 진화해 오고 있다고 하였다.

소협운동이 '소비'의 영역을 최초로 협동운동의 소재로 끌어들인 운동으로서 '생산'과 '유통'에 의해 지배받아 온 '소비'를 변혁운동의 소재로 끌어올린 최초의 운동이었다는 점에서 의미가 있다면, 생협운동은 운동의 목적을 '교환가치의 회복' 혹은 '협소한 사용가치의 추구'가 아닌 소비재의 생태적 의미를 반영한 '진정한 사용가

<표 10-2> 생협운동의 발달 과정

	소협운동	생협운동	새로운 생협운동
화 두	소비	생활, 생태, 공동체	개체, 생명, 지역
주 체	여전히 남성	여성	포태적 모성, 어머니
가 치	교환가치의 회복 또는 협소한 사용가치	생태적, 진정한 사용가치	생명가치
관 계	소비자의 계층적 동질성	소비자와 생산자의 연결 (대면적 관계회복)	- 소비자와 생산자의 보다 긴밀한 소통과 사회적 안전성의 확보 - 지역적인 다양한 관계로의 확산

출처: 박동무(2005), "지역생명운동으로서의 생협의 주체에 대하여".

치의 추구'로 변화시킨 운동이었으며, 더 나아가 인간관계에 대한 관심을 '소비자들만의 계층적 동일성 정립'에서 벗어나 생산과 소비를 연결시키는 '새로운 관계성의 모색'으로 변화시킨 운동이었다는 것이다. 그러나 이제 새롭게 요구되는 생협운동은 '생명의 각성'을 바탕으로 지역사회에서 생협을 '생명'으로 바라보고, 관계를 '생명적 관계'로 바꾸자고 하는 지역생명운동으로 발전해야 하다고 하였다.

이런 맥락에서 최근에는 생협운동을 통해 지역의 자립과 환경, 공동체성을 증가시키려는 의식이 보다 강화되고 있다. 그 예를 들면 다음과 같다.

> Community는 근린성(近隣性)을 통해 사람들의 거주장소와 생활조건의 유지와 향상을 추구하는 조직이다. 따라서 살림장소의 중요한 구성요건인 환경의 보전에 커다란 힘을 발휘할 수 있다. 자조와 상부상조의 조직으로서의 협동조합이 Community 속에서 활동하는 것을 통해 조합원의 주체형성이 진행되고, 지역 협동조직으로서의 성격이 강화되어 가는 가능성은 점점 증대될 것이다. 또한 이 같은 협동조합의 Identity는 지역의 다양성을 반영하여 다양한 활동을 통해 관철되어야 할 것이다. 이 원칙의 확인은 21세기에 있어서 협동조합이 도전하지 않으면 안 될 의미 있는 숙제라고 할 수 있다(권영근, 2005).

지역의 다양성, 자조와 상부상조를 강조하는 것은 세계화에 대응하는 지역화의 경향과 맥을 같이한다. 이와 같이 생협은 세계화의 영향 속에서 위협받고 있는 생협구성원의 생명과 삶의 질을 향상시키기 위해 지역사회의 지속가능한 환경유지와 복지향상을 위한 과제에 관심을 기울이고 있다. 이에 따라 최근에는 다양한 사회활동과 생활 전반의 협동을 통해 사회경제적 주민복지공동체를 구현하고자 하는 노력을 기울이고 있다. 지역의 문제를 함께 풀어 나가거나 각종 교양강좌를 통해 평생교육의 장을 마련하는 등의 문화복지

활동과 공제사업, 소비자보호 및 정책제시, 연구 및 출판사업 등도 지역공동체와 관련하여 생협의 중요한 활동영역이 되고 있다. 이러한 움직임은 생협을 통한 마을 만들기 운동으로 나타나고 있다(생활협동조합전국연합회a, 2002: 17). 이는 이전까지 생협 사무실이나 관련시설중심의 활동에서 벗어나 지역주민들의 거주지중심으로 소모임을 형성함으로써 지역사회를 총체적으로 발전시켜 나가려는 움직임을 반영한다.

2) 생활협동조합의 본질 구현을 위한 평생교육의 역할과 의의

지역공동체 형성을 위한 생협의 이러한 의의에도 불구하고 현재의 생협활동에 대해 그 한계를 지적하는 소리도 높다. 그것은 생협의 지나친 농산물 직거래중심의 활동, 생협 고유의 공동체적인 생활개선운동 또는 복지프로그램의 빈곤, 생산자와 소비자의 공생을 추구하는 생협 특유의 공익성 퇴색, 생협과 생협 및 타단체 간의 연대 미흡 등이다(김은임, 2000: 10-11). 이와 같은 문제점은 지역공동체 형성을 위한 조직으로서의 생협의 역할과 가능성에 대한 위협으로 작용한다.

이러한 생협의 문제를 해결하기 위해서는 평생교육적 차원의 노력이 요구된다. 이와 관련하여 생협 내에서도 평생교육의 중요성이 인식되고 있다. 이와 관련된 글을 인용하면 다음과 같다.

> 생협운동이 지니고 있는 가장 두드러진 문제점은 제한된 구성원 내부의 자족적 운동에 머물 가능성이 크다는 것이다. 그렇기 때문에 끊임없이 자신을 사회화하면서 시민정치적 실천을 담보해 나가야 한다. 생협조직과 다양한 사회적 의제를 매개하는 연결고리를 마련하고 그것에 대한 자각과 각성, 의식화 작업을 통해 생협의 문제의식을 사회적 실천으로 이어지게 해야 한다.…또한 최근 두드러지고 있는 생협

> 의 문제점으로는 일반 시장과의 경쟁이 치열해지면서 사업의 효율성 제고와 규모의 경제라는 논리가 강세를 이루어 생협운동의 주체가 생산-유통-소비-폐기라는 생활과정을 담보하는 생활인들로부터 분리되어 유통면에 국한됨으로써 생협이 시민들의 자발적이고 주체적인 조직에서 벗어날 가능성이 생겨나고 있다는 점이다. 이 문제를 해결하는 길은 협동조합원칙에서 강조하듯이 자치의 주체를 형성하는 교육뿐이다. 다양한 민주시민교육의 경험이 절실한 이유도 이 때문이다. 다양한 교육의 경험을 길잡이 삼아 교육을 활성화함으로써 자발적으로 참여하여 생협조직에 대한 책임을 각성할 능동적 주체를 형성해야 하는 것이다(윤형근, 2002b).

이와 같이 현대사회에서 생협이 갖는 문제점을 극복하기 위해 교육과 학습이 강조되고 있다. 이는 신입조합원의 경우에는 물론 기존 회원들의 경우도 마찬가지이다. 생협에 대한 외부의 위협을 극복하는 길은 본질에 대한 끊임없는 각성과 더불어 변화하는 세계 속에서 그 본질을 구현하기 위한 효율적인 방법을 학습해야 하기 때문이다.

실제로 생협에서의 학습활동은 생협의 발전에 큰 영향을 미치고 있는 것으로 나타난다. 생협에서의 학습활동과 생협 발전과의 관계를 실증적으로 분석한 결과에 따르면 조합원 증가율 상위 조합의 경우에 지속적인 교육과 소규모 지역공동체운동이 활발하게 이루어지고 있는 것으로 나타났다. 이는 연간 공급고나 출자금 증가율을 기준으로 했을 때도 거의 같은 결과를 나타낸다(박상신, 2002a). 그만큼 생협의 신규조합원 교육을 포함한 교육사업, 소모임(동호회) 활동, 그리고 마을모임 등의 평생교육활동이 생협 발전에 크게 기여한다는 것이다. 이와 같이 생협의 외적 성장은 물론 생협의 본질을 지켜내기 위해서도 평생교육은 매우 큰 의의를 가지고 있다.

3) 생활협동조합에 있어서의 평생교육의 활용 유형

생협은 지역사회의 구성원들로 하여금 생활에 필요한 소비를 중심으로 서로 협력하며 공동체를 구현해 나가는 지역공동체 조직으로서의 충분한 가능성을 가지고 있다. 또한 앞에서 언급했듯이 생협활동에 있어 교육의 필요성은 이미 협동조합의 기본 원칙에도 포함되어 있다. 그런 의미에서 생협은 지역공동체 형성을 위한 평생교육과도 매우 밀접한 관계를 가지고 있다. 생협을 통해 이루어지는 평생교육의 예를 구체적으로 살펴보면 다음과 같다.

(1) 생활협동조합 발전을 위한 조합 주도의 공식적 교육

생협의 조합원들을 확보하고 이들을 적극적이고 의식이 투철한 회원으로 성장하도록 하기 위해 교육이 매우 중요한 역할을 차지한다. 이러한 교육은 조합이 주도하여 의도적으로 이루어지며 주요 교육내용은 조합의 목적, 주요 사업, 내규 등이다. 따라서 이러한 유형의 교육은 조합의 공식적 목적의 성취를 위해 구성원을 동화시키는 사회화의 성격을 가지고 있다고 볼 수 있다.

신규조합원을 대상으로 하는 교육은 신규조합원에게 생협에 대한 이해를 높이고 이용방법을 숙지시키기 위해 실시한다. 그 이외의 일반조합원을 대상으로 하는 다양한 교육은 조합원들의 삶의 질 향상을 위한 조합의 서비스 제공이라는 성격과 더불어 교육을 통해 조합에서 필요로 하는 위원회의 위원 및 조합원 활동가그룹을 양성할 수 있는 통로가 된다는 점에서 의의가 있다.

(2) 조합원 주도의 분과활동

생협의 사업영역이 다양해짐에 따라 보다 효과적인 사업수행을 위해서는 각 분야의 전문성을 갖춘 조합원들의 적극적인 참여가 더욱 중요해지게 되었다. 이에 따라 생협에서는 각 영역을 중심으로 전문성을 갖춘 조합원들의 자발적인 조직의 구성과 운영에 적극적인 지원을 하고 있는 실정이다. 이러한 조직들은 '위원회' '분과' 등의 이름으로 불리게 된다.

주민들의 다양한 학습욕구를 중심으로 비교적 조합과의 직접적인 관계없이 운영되는 조합원중심의 학습동아리와 달리 이러한 위원회는 생협의 발전과 직결되는 내용을 중심으로 보다 공식적인 성격을 가지고 있다는 점에서 차이가 있다. 즉, 목적의 측면에서는 조합의 공식적인 사업의 수립과 전개에 보다 직결되되, 운영은 각 위원회의 자발성을 중시하는 조직이라고 할 수 있다. 그런 면에서 이러한 조직들은 구성원들의 자발적인 참여를 지원하면서 조직의 발전을 동시에 추구한다는 점에서 일종의 학습조직과 같은 성격을 갖는다고 볼 수 있다.

(3) 회원들에 의한 자발적인 학습동아리 운영

생협회원들로 구성된 학습동아리들은 교육사업이 아닌 '조직사업'에 포함되어 있는 경우가 많지만, 지역학습공동체의 측면에서 보면 강좌중심의 공식적인 교육프로그램보다 더 의미가 있다. 이러한 학습동아리에서 다루는 주요 내용들은 공동체 구성원의 일상적인 삶과 욕구와 관련된 모든 것을 포함한다. 학습동아리활동은 단순한 학습뿐만 아니라 봉사, 친교활동을 포함하고 있는 경우가 많다. 이러한 학습동아리는 특정한 지역의 생협회원들이 학습을 매개로 공동체를 더욱 공고하게 형성해 간다는 점에서 매우 바람직한 지역공동체 평생교육의 한 형태라고 볼 수 있다.

(4) 생활재로서의 교육서비스 제공

교육 자체는 현대 평생학습사회에서 매우 중요한 생활재 중의 하나이다. 그리고 교육서비스의 제공은 지금까지 국가나 민간인, 영리기업 등 특정한 전문성을 갖춘 이들에 의해서만 이루어진 것이 사실이다. 이른바 교육의 전문성으로 인해 일반 지역주민들은 이를 평등하게 제공받는 것에 만족할 수밖에 없었다. 그러나 현실적으로 교육서비스는 결코 평등하게 이루어지지 않고 있는 것이 사실이다. 이러한 현실을 바탕으로 생협을 통해 지역주민들이 스스로 교육문제를 해결하기 위한 노력이 이루어지고 있다. 즉, 교육도 중요한 생활재로 인식함과 동시에 이를 주민들의 협력을 통해 공동구매 하려는 노력이 이루어지기 시작한 것이다. 이는 공동육아, 방과 후 교실 운영, 공부방 운영, 작은 도서관 만들기, 더 나아가 대안학교 설립에까지 이르고 있다.

3. 생활협동조합을 통한 지역공동체 평생교육의 실태

1) 조합 주도의 공식적 교육프로그램

조합 주도의 공식적 교육프로그램의 한 예로 경남 한살림생협의 경우를 살펴보면 다음과 같다.

> 첫째, 공동체활동을 활성화하기 위해 '공동체 전체 만남의 날'을 갖는다.
>
> 둘째, 친환경소비자교육, 월례강좌를 통해 조합원들에게 다양한 교육의 장을 연다.
>
> 셋째, 신규조합원 매장별 교육을 하여 조합원에게 왜 한살림활동을 해야 하는지, 한살림의 생명관, 가치관은 어떠한 것인지를 알려 새롭게 조합원임을 확인시킨다.
>
> 넷째, 아이들을 통한 생명운동이 지속적이어야 한다. 즉, 생명학교를 연다. 4번의 월례강좌, 공동체 만남의 날 행사, 4개 매장에서 신규조합원교육, 여름생명학교 등의 교육활동이 있었는데 참석률이 저조할 때도 있었지만 꾸준히 관심을 갖고 오는 조합원, 고개를 끄덕여 주는 조합원도 있었다. 일관되게 한살림생협이 지향해야 할 점에 대해 이야기를 나누고 실천해 나가는 조합원이 조금씩 늘어나면서 조합원이면서 활동가로 변해 가리라 생각하고 있다(윤신천, 2002).

위의 인용문에는 생협이 전개하는 교육활동의 유형이 매우 포괄적으로 제시되어 있다. 여기에는 조합원들 사이의 만남은 물론, 조합의 구성원에게 필요한 기본적인 지식에 대한 교육, 그리고 조합원들의 삶의 질 향상에 도움이 되는 교양교육, 그리고 조합원들의 자녀들을 위한 교육까지 망라되어 있다.

생협이 조직강화와 조직의 사업실천을 위해 실시하는 교육사업에는 신규조합원교육, 일반조합원교육, 실무자연수 등이 포함된다. 그 구체적인 예들을 주요 생협별로 살펴보면 <표 10-3>과 같다.

조합중심의 공식적 프로그램 중에는 신규조합원들을 위한 일종의 오리엔테이션과 더불어 일반조합원들을 대상으로 하는 교양강좌가 매우 큰 비중을 차지하고 있다. 조합원들을 위한 교양교육은 그들의 필요에 따라 매우 다양하게 다루어지고 있는 실정이다. 이와 관련하여 한 예를 들면 다음과 같다(김연순, 2000).

<표 10-3> 주요 생활협동조합의 공식적 교육사업

생협명	내 용
고양두레생협	월례강좌, 문화강좌, 박물관학교, 나눔강좌, 생협공급실무자 워크숍
부산YWCA생협	새내기 조합원교육, 생산지견학, 조합원 가족캠프, 민들레 운동, 생협 조직을 위한 YWCA 실무자 교육
바른생협	새내기조합원만남의 날, 더불어 사는 배움터, 어린이캠프, 생태탐사
세종대생협	신입생 오리엔테이션 참여
안성의료생협	신규조합원 교육, 생협학교, 직원 수련회
원주의료생협	보건학교, 예방운동교실
원주한살림생협	신규조합원 소개교육 및 초청강좌, 청소년 생태학교, 생명학교, 생산지기행, 가족 농사체험, 임직원 연수회
전주한울생협	한울생명학교, 어린이자연학교
주민생협	신규조합원 교육, 생산지 견학, 청소년 녹색 소비교육 '사이좋게 오가는 정이 있는' 사오정가족캠프, 월례강좌
푸른생협	월요강좌, 생산지견학, 환경캠프
푸른두레생협	ECO 가족만들기 교육, 어린이문화마당, 여름땀방울 학교, 생협월요포럼, 조합원 및 어린이문화교실
한살림경남생협	한살림생명강좌, 어린이생명학교, 초청강의, 직원수련회, 직원연수회
부산생협	부산생협 일꾼학교, 새내기조합원 교육, 자연체험학교, 여름자연학교

초기의 사회교육 내용은 주부들의 제1관심사인 자녀교육문제를 다루었고 점차 환경문제, 여성문제, 성교육문제, 지방자치문제 등으로 영역을 넓혀 나갔다. 환경이나 지방자치에 대한 관심도는 매우 적어 참여율이 저조했지만 성교육이나 여성학강좌는 매스컴의 영향을 받아서인지 큰 반향을 불러일으켰다.

사진, 도자기, 비디오촬영, 메이크업, 요리교실, 수지침, 영어, 일어, 한지공예, 퀼트 등 다양한 내용들이 시도되었고 부모역할훈련, 자녀글쓰기 지도, 자녀독서지도 등도 주부들의 교육문제에 대한 관심도와 아울러 상당히 좋은 반응을 보였다. 또한 근현대사중심의 역사교실과 문화사 특강, 명예교사를 위한 특강, 좋은 아버지가 되기 위한 특강 등 관심사에 따라 다양한 접근을 시도했다.

생협에 대해 전혀 모르는 사람들을 많이 만날 수 있었는데 이러한 다양한 강좌들을 통해 생협의 정신과 이념을 알려 나가면서 조합원으로 확보할 수 있었다. 또한 생협활동 이외에도 이러한 강좌들을 통해 만나는 횟수들이 늘어감에 따라 생협에 대한 이야기들을 나눌 수 있는 기회가 되었고 이는 조합원의 조직 강화와 유대, 홍보에 큰 도움이 되었다.

이와 같이 회원들을 대상으로 하는 교양교육은 생협의 저변을 확대하는 데는 물론 회원들로 하여금 보다 적극적이고 전문적인 조합원활동을 할 수 있도록 하기 위한 통로로서의 기능도 수행한다. 또한 일반시민을 대상으로 하는 교양강좌는 조합원을 확보하는 중요한 수단으로도 활용된다고 볼 수 있다.

한편, 생협에서 이루어지는 직원교육은 전문분야에 대한 기능적 훈련을 목적으로 하는 교육내용과 아울러 협동조합운동의 이념과 운영원리, 생태적 감수성에 대한 훈련도 중요한 교육과정으로 포함한다. 특히 조합원을 직접 대면하는 공급 직원은 생태적 감수성 회복을 위한 교육프로그램을 더욱 적극적으로 활용할 필요가 있다.

2) 조합원중심의 위원회활동

조합원중심으로 운영되는 위원회는 조합의 특징과 사업범위에 따라 여러 가지 명칭과 종류로 설치·운영되고 있지만 대개의 경우 '교육과 홍보사업관련 위원회' '생활재의 개발과 조사를 위한 위원회' '생협의 목적사업을 실현하기 위한 위원회' 등으로 구분된다. 이를 구체적으로 살펴보면 다음과 같다(박상신, 2002b).

① 교육·홍보위원회

조합이 필요로 하는 교육 및 홍보활동의 사업량에 따라 교육위원회와 홍보위원회로 나누어 설치·운영하기도 하는데, 교육위원회는 신규가입 조합원을 위한 교육과 조합원의 재교육활동을 위주로 한다. 최근에는 조합원교육을 위한 각종 프로그램이 많이 개발되어 있어서 교육에 필요한 일반적인 정형(매뉴얼)을 갖추고 있다. 대표적인 조합원 교육프로그램으로 '생산지 현장견학'이나, '생협 생활재 알아보기'(시식회 포함) 등이 있다. 이외에도 교육활동의 역사가 오래된 생협의 경우 조합원 대상 정기강좌를 개설하기도 한다.

홍보위원회는 '편집위원회' 또는 '소식지발행위원회' 등의 명칭으로 다양하게 활동중에 있다.

② 생활재위원회

생활재위원회는 생협이 취급하는 생활재의 선택, 새로운 생활재의 개발, 조합이 조합원에게 생활재를 공급하는 가격의 결정, 생활재에 대한 조합원 앙케이트, 생산자에 대한 생활재 생산과정 감독 및 조합의 물류과정 감독 등의 다양한 활동을 할 수 있다. 이 중에서 생활재의 개발이나 가격의 결정, 생산자에 대한 감독 등 관련분야에 대한 전문적 지식을 가지고 있어야 할 부분은 직원과 함께 진행하거나, 직원에게 위임하기도 한다. 생활재위원회는 조합원 스스로가 소비의 주체로서 생산을 관리하고, 유통을 통제한다는 점에서 의미가 크다.

③ 목적사업위원회

생협이 추구하는 목적사업에 따라 여러 가지 위원회를 설치 · 운영할 수 있으며, 대부분 임시(특별)위원회로 운영된다. 대표적인 목적사업위원회로는 '식품안전위원회' 'GMO(Genetically Modified Organism: 유전자 변형식품) 반대위원회' '안전한 학교급식 추진위원회' 등이 있다. 이외에도 '○○사업추진위원회'로 생협이 중장기적으로 지향하거나 실현하고자 하는 목적사업을 위하여 위원회를 설치 · 운영할 수 있다. 특히 식품안전위원회는 최근에 식품안전에

<표 10-4> 생활협동조합의 위원회 사례

생협명	위원회 종류
고양두레생협	생활재위원회, 환경위원회, 매장위원회, 편집위원회
주민생협	생활재위원회, 회보편집위원회, 안전한 먹거리와 환경위원회, 마을 만들기위원회, 교육위원회 등
부산YWCA생협	교육홍보위원회, 물품위원회
바른생협	생활재위원회, 홍보위원회
안성의료생협	보건위원회, 지역복지위원회, 경영위원회
원주의료생협	의료이용위원회, 교육홍보위원회, 보건위원회, 사회보장위원회
전주한울	기획위원회, 물품위원회, 홍보위원회, 교육위원회 등
푸른생협	생활재위원회, 환경위원회, 홍보위원회, 교육문화위원회, 자원활동위원회, 한일교류위원회
한살림경남	물품위원회, 교육위원회, 홍보위원회, 교육위원회, 생명학교위원회
부산생협	교육위원회, 물품위원회, 편집위원회, 생산자위원회

대한 조합원의 인식이 확대되면서 전국의 생협에 유행처럼 설치되고 있는 추세로서, 목적사업위원회가 대부분 임시위원회로 구성되어 있는 것과 다르게 상설위원회로 운영되고 있다.

각종 위원회는 마을모임, 각종 생협행사 등을 통해 알게 된 조합원을 개별 연락하여 구성하며, 정기적인 모임을 통해 함께 모여 학습과 회의를 진행하게 된다. 그 주제와 운영방식은 각 전문위원회별로 자율적으로 정하는 것이 일반적이다.

이러한 위원회의 활동을 통해 조합원들은 자신의 개인적인 성장은 물론 생협의 발전을 위한 활동에 참여한다는 보람과 조합원들 간의 긴밀한 공동체 형성의 즐거움을 얻을 수 있다. 한편, 생협의 입장에서는 각 분야의 전문가들의 적극적인 참여를 통해 조직발전에 도움을 얻을 수 있다는 점에서 유익하다고 할 수 있다. 이런 맥락에서 주요 생협의 위원회 사례를 제시하면 <표 10-4>와 같다.

3) 조합원이 만들고 참여하는 학습동아리활동

생협의 조합원들은 생활재의 공동구매라는 경제적인 필요를 초월하여 지역공동체 구성원으로서의 긴밀한 인간관계를 형성하게 된다. 이에 따라 지역을 기반으로 하는 다양한 지역모임들이 생겨나는 것이 일반적이다. 이러한 조직들은 학습의 중요성이 커지는 평생학습사회의 경향을 반영하여 점차 학습동아리로 발전하는 경우가 많다. 즉, 같은 지역의 조합원들은 자발적으로 모여 공동체를 형성함은 물론 저렴한 비용을 통해 개인적인 성장을 효율적으로 추구하고 있는 것이다. 이에 따라 조합원들이 구성한 학습동아리들은 지역사회에서 지역학습공동체의 성격을 가지게 된다.

이러한 학습동아리들은 생협의 조합원들을 생협과 보다 밀접한 네트워크로 연결하게 하는 기능을 수행하게 된다. 생협은 이러한 학습동아리활동을 지원함으로써 조합원들 사이의 긴밀한 상호작용의 증진은 물론 더 나아가 생협의 발전을 위한 조직 기반을 튼튼하게 하는 효과를 얻을 수 있다. 생협조합원을 중심으로 운영되고 있는 다양한 학습동아리의 예를 살펴보면 <표 10-5>와 같다.

이러한 학습동아리의 구체적인 예를 마포두레생협을 중심으로 제시하면 다음과 같다(생활협동조합전국연합회, 2002a).

- 택견모임: 조합원과 자녀들 약 50명 정도가 여러 모둠으로 나뉘어 택견을 하고 있고 공급실무자가 강사이다. 택견을 통해 생협을 접하게 되는 지역주민도 많다.
- 부모역할공부모임: 조합원이 강사여서 무료이고 8주 프로그램이다. 공부를 모두 마치고 자체적으로 후속 모임을 하기도 한다.
- 민요부르기모임: 2001년 지리산 산행을 함께했던 사람들이 발의하여 모임이 만들어졌고 외부 강사를 모시고 매주 저녁에 아이들과 함께 민요를 배운다.

<표 10-5> 조합원중심의 학습동아리 사례

생협명	학습동아리 사례
마포두레생협	택견모임, 부모역할모임, 민요부르기모임, 두레산악회, 농사모, 한방건강모임(살판), 명상모임, 멋진지렁이
광명YMCA	독서모임, 시정지기단, 생활재위원회, 쑥부쟁이 등
고양두레	풍물모임, 산야초모임, 민화강좌, 동화읽는모임
안성의료생협	요가, 체조, 일본어, 풍물, 포크댄스
원주의료생협	밝은요가교실, 웃기는사랑방, 쌈지모임, 재가간병사업단, 아이사랑, 거북이 산악회
원주한살림	생태기행모임, 손바느질모임
전주한울	낮은울타리, 산야초모임
주민생협	아토피모임, 매장준비모임, 어린이문화마당, 사진교실
푸른생협	아토피모임, 초록도깨비, 퀼트모임, 소리모임, 동화사랑방모임
한살림경남	민요풍물, 공부모임, 작은모임

- 두레산악회: 매월 셋째 주 일요일에 산행을 하고 1년에 두 번은 긴 산행을 한다.
- 농사모: 경기도 비봉에 있는 생협농장에서 300평 정도 농사를 짓는다. 12가족 정도가 조별로 돌아가며 농사일을 하고, 수확행사에는 일반 조합원들도 많이 참여한다.
- 한방건강공부모임(살판): 한의사인 조합원이 강사이고 주 1회 한의학의 이론과 실전을 함께 배운다.
- 명상모임: 에니어그램 워크숍, 아바타, 소리명상, 댄스세라피 등의 내용으로 7개월간 진행된다.
- 멋진지렁이: 성미산 생태마을 만들기를 위한 생협 소모임으로서 지렁이 화분을 통한 음식물 퇴비화, 이웃과 소통이 있는 행복한 골목길 만들기, 안전한 자전거 도로 만들기 사업 등을 추진한다.

4) 교육을 생활재로 하는 생활협동조합 운영

교육을 주 생활재로 다루는 생활협동조합은 일종의 교육생협이라고 할 수 있다. 교육생협은 일반 생협과 기본 구조는 같으나 주 생활재가 교육서비스 그 자체라는 점에서 차이가 난다. 생활재로 쓰이는 교육은 누구나 쉽게 제공할 수 없는 전문적인 것이고, 개인적으로 취득하기에는 부담되는 것이다. 예를 들어, 육아, 학교교육, 직업교육 등과 같은 체계적 · 장기적 · 공식적인 교육서비스 등이다.

일반생협에서의 평생교육이 주로 생협의 발전을 위한 수단으로 활용되고 있는 것에 비해, 교육생협은 교육을 위해 생협이 수단으로 활용된다는 점에서 의의가 있다. 그 사례들을 보다 자세히 살펴보면 <표 10-6>과 같다.

<표 10-6> 교육을 생활재로 하는 협동조합활동 사례

교육사업의 형태	생협 사례
공동육아	마포 육아협동조합
작은도서관 만들기	마포두레생협
방과 후 학교	마포두레생협의 꿈터
대안교육프로그램	주민생협의 창조학교
대안학교	성미산학교, 해오름 교육생협, 마리교육생협

(1) 작은도서관 만들기

주민이 자치적으로 운영하는 작은도서관은 부모들의 현실적인 고민과 어린이들의 요구를 잘 반영하고 있다. 이러한 작은도서관의 목적은 어린이들로 하여금 좋은 책에 쉽게 접근하고 바람직한 독서 습관을 기를 수 있도록 하며, 나아가 또래집단의 어린이들과 자유롭게 만나 창조적인 활동을 모색하고 계획할 수 있도록 돕는 것이다. 작은도서관은 독서와 관련한 다양한 프로그램을 제시하는 한편

어린이들이 자발적으로 활동할 수 있도록 적극 지원함으로써 어린이와 청소년들의 건전한 문화를 창조하는 데 기여한다.

(2) 대안학교

최근에는 아동과 청소년들을 대상으로 하는 조합형태의 대안학교가 설립되기 시작하였다. 그 예들을 살펴보면 다음과 같다.

① 주민생협의 창조학교(http://user.chollian.net/~jucoop)

생협조합원들이 일상생활에서 부딪치는 교육의 문제를 협동의 힘으로 건강하게 해결해 갈 수 있다는 가능성을 매년 여름 실시한 환경캠프와 조합원과 지역주민을 대상으로 실시한 어머니학교의 운영을 통하여 자신감을 갖게 되었다. 이 자신감으로 출발한 것이 '주민생협 창조학교'이다.

창조학교는 '더불어 살아가는 아이, 창의적인 아이, 주체적인 아이'를 교육이념으로 하고 있다. 이러한 이념을 토대로 1995년부터 시작한 창조학교는 조합원의 활동에 의해서 운영되는 주민생협의 교육생활재이다. 창조학교의 교육내용과 운영방식은 학부모 조합원과 조합원 교사의 공동계획과 실천에 의해서 운영되고 있다. 그 운영방식을 보다 자세히 살펴보면 다음과 같다.

- 조합원 조직구성 방법: 매년 참가할 아이들과 엄마들을 모은 후 자체운영단(학부모 대표, 반대표, 교육소위 등)을 구성
- 모임제목이나 주제: 아이들 교육
- 모임횟수: 아이들은 매일 혹은 주 1회, 엄마들은 필요시에 간담회 · 캠프 · 소위별로 모임
- 평균참가 인원: 덩더쿵 유치원 15명, 창조학교 30여 명
- 성과: 아이들과 함께 부모들이 성장하고 생협의 위원으로 활동

② 마포두레생협을 기반으로 한 성미산학교(http://www.sungmisan.net)

'성미산학교'는 서울 마포구 성산동, 망원동, 합정동, 연남동, 서교동 일대 주민들이 설립한 대안학교로서 2004년 9월에 개교했다. '성미산학교'는 1994년 공동육아어린이집을 시작으로 마포두레생협, 유기농 반찬가게 '동네부엌', 조합형 자동차 정비업체 '차병원' 등 다양한 공동체 활동을 벌여 온 이 지역주민들의 노력과 단합의 결실이기도 하다. 이들은 마을 전체를 캠퍼스로 사용하며, 교사와 학교와 동네의 경계가 없는 학교를 만들기로 계획한 후 돈을 모아 성미산 인근에 200여 평 가량의 교사 부지를 확보하여 이 학교를 설립했으며, 5-5-2(초등부, 중등부, 후기중등부), 총 12년제로 구성했다.

그들이 목표로 하는 것은 아이들이 마을공동체 의식을 바탕으로 도시생활의 모범을 가꾸기 위해 자기 주도적이고 자발적인 흥미를 학습의 원리로 삼아 체험중심의 학습모형을 바르게 세워 정보문화의 세기를 살아가야 할 미래의 세대에게 문화 창조적인 생활자로 살도록 돕는 것이다. 또한 학교에서 나오는 에너지가 마을 공동체

〈그림 10-2〉 성미산학교 내외부 모습

를 살찌우고 모두에게 즐거움을 주는 힘으로 작용하는 것으로서 진정한 의미의 지역학교를 만드는 것이다.

4. 지역학습공동체 구현을 위한 생협의 지향점

이상에서 살펴보았듯이 생협과 평생교육은 밀접한 관계를 갖고 있다. 생협은 지역공동체 평생교육의 차원에서 매우 큰 의미를 갖고 있다. 특히 생협이 지역학습공동체 형성에 이바지하기 위해서는 먼저 조합원들의 일상생활에서 평생교육활동이 더욱 활성화되어야 한다. 또한 지역주민들을 위해 평생교육을 생활재로 제공하는 생협활동도 더욱 확산되어야 한다. 여기서는 이러한 내용을 중심으로 지역학습공동체 구현을 위한 생협의 발전 과제를 구체적으로 살펴보고자 한다.

1) 마을모임을 통한 지역학습공동체 구축

생협은 그 자체의 존속을 위해서도 교육이 매우 중시된다. 그러나 생협이 더욱 지역공동체 속에서 견실하게 뿌리를 내리고 저변을 확대하기 위해서는 생협의 운영방식을 지역학습공동체화할 필요가 있다. 이와 같이 생협이 지역학습공동체로 발전되기 위해서는 생협 자체가 일종의 학습조직이 되어야 함은 물론 생협 내에 여러 가지 형태의 학습동아리들이 구성되어야 하며, 이들이 지역을 기반으로 서로 긴밀한 네트워크를 형성하여야 한다.

이를 위해 현재 일부 생협에서 실시되고 있는 마을모임을 평생교육 차원에서 활용하는 것도 바람직하다. 마을모임은 생협에서 일반화되고 있는 분과와는 다소 차이가 있다. 분과는 생협활동과 관

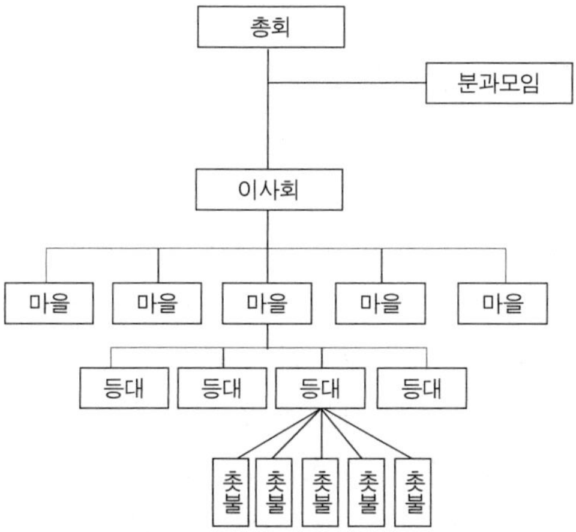

출처: 최선주(2005), “지역공동체운동의 학습네트워크적 특성에 관한 연구” p. 49.

<그림 10-3> 광명 YMCA 생협 조직도

련된 특정한 전문영역을 중심으로 연구하고 학습하는 소모임을 말한다. 많은 생협 내에 존재하는 일반 조합원중심의 위원회들도 여기에 해당된다고 볼 수 있다. 한편, 마을모임은 인근지역을 중심으로 관심 있는 조합원에 의해 구성되며 모임의 제목이나 주제는 주요 생활재와 관련된 것이거나 환경문제나 교육문제 등과 같은 사회문제 등이 될 수 있다.

분과와 마을모임의 연계를 통해 지역학습공동체를 만들어 가는 성공적인 사례로 광명 YMCA생협의 경우를 들면 다음과 같다(황주석, 1993; 최선주, 2005).

광명Y생협은 촛불(조합원)과 등대(공동체)로 구성된다. 촛불은 자신을 태워 세상을 밝힌다는 의미이고, 등대는 우리의 삶과 세상이 나아가야 할 길을 비춘다는 의미를 가지고 있다. 생협운동의 가장 기초 단위는 촛불 5-6명으로 이루어지는 등대이다. 촛불 5-6명이 모여 1개의 등대가 구성되며, 몇 개의 등대가 모여 하나의 마을을 이룬다.

등대는 일주일에 한 번씩 만나 정기모임을 갖는다. 등대가 새로 구성되면 등대 촛불들은 각자 관심분야별로 '지기'를 선정한다. 등대 구성원은 누구나 '지기'가 되어 한 달에 한 번은 2부 모임을 주도해 나가게 된다. 지기는 분과월례회에 참석하여 2부 모임을 진행할 내용을 배워 온다. 이러한 등대들의 연합을 통해 '마을'이 구성된다. 마을마다 마을지기를 선정하고 일정한 시기마다 마을의 등대 촛불들이 다 모이는 '연합등대'모임을 가지며, 각 개별 등대를 넘어 같은 마을 안에 있는 촛불들의 얼굴을 익히고, '2부 활동'을 함께하고 마을행사나 사업에 관한 이야기를 나눈다. 등대 외의 촛불들은 관심분야에 따라 도서소모임, 시정지기단, 생활재위원회, 쑥부쟁이 등 여러 소모임을 만들어 활동하고 있다. 정기적인 모임을 최소 한 달에 한 번 이상 갖는 것이 적절하며 평균참가인원은 10명 내외가 적정하다. 프로그램은 생활재 시식, 생활재 학습, 생태탐사, 생산지 견학, 강연회 등이 다양하게 운영된다.

한편, 분과는 생협운동의 가장 기본적인 단위인 '등대'와는 그 성격이 다르다. 기본적으로 등대가 가까운 거리에 살고 있는 촛불들 사이의 생활공동체 성격이 강하다면, 분과는 촛불들이 관심사별로 모여 연구하고 기획하는 일종의 참모조직이다(황주석, 1993: 93). 또한 분과는 관심주제에 따라 지리적 근접성과 크게 상관없이 자발적으로 모여 학습한다는 점에서 학습동아리라고 볼 수도 있다(최선주, 2005).

촛불들은 등대활동을 하면서 관심에 따라 하나 또는 그 이상의 분과에 가입하고 활동한다. 분과는 관심 있는 촛불들이 모여 자체적으로 학습계획을 세우고 모임을 진행해 나가는데 보통 일주일에 한 번 모임을 갖는다. 등대와 분과는 긴밀한 교류를 갖는데, 대개 분과가 기획안을 내놓으면 등대가 이를 실행하는 형태를 띠고 있다

(황주석, 1993: 93). 즉, 분과회원들의 학습이 등대 촛불들에게 전달·학습되는 것이다. 또한 지기는 지기월례회에 참석하여 해당 분과에서 생산한 지식을 미리 배워서 각 등대에 전달하고, 각 등대에서 나온 이야기를 다시 월례회에 가지고 와서 전 등대로 전달시키므로 등대 학습네트워크의 여러 학습단위를 매개시키는 '연결자' 역할을 한다(최선주, 2005). 학습공동체의 관점에서 볼 때 분과와 마을모임은 모두 학습동아리의 성격을 가진다고 볼 수 있다. 다만 생협의 분과가 특정한 전문영역을 중심으로 비교적 넓은 지역의 조합원들로 구성된 심화학습형 학습동아리라고 한다면, 마을모임은 매우 근접한 지역주민들을 중심으로 다양한 영역을 학습하는 포괄학습형 학습동아리라고 할 수 있을 것이다. 이 두 가지 유형의 학습동아리들이 적절히 연계됨으로써 생협을 통한 지역학습공동체의 구현이 이루어진다고 볼 수 있다.

이와 같이 마을모임과 분과활동의 연계를 통해 생협이 존재하는 지역을 지역학습공동체로 변화시킬 수 있다. 생협의 마을모임은 학습을 주요 매개로 하여 지역을 학습공동체로 변화시킬 수 있을 뿐만 아니라 생협 자체의 발전에도 크게 기여할 수 있다. 앞에서 살펴본 바와 같이 생협의 마을모임은 생협 분과와의 연계를 통해 사회의 다양한 활동을 함께하며 지역사회를 변화시킬 수 있는 가능성을 체험하는 곳이 될 수 있다. 또한 조합원들은 마을모임에 주체적으로 참여하여 생협의 원칙, 이념, 운영방법들을 알아가게 됨으로써 생협활동에 더욱 적극적인 회원이 될 수 있다. 따라서 마을모임과 분과모임을 활성화하기 위한 생협의 지속적인 노력이 있어야 한다. 아울러 생협이 갖는 지역공동체 평생교육조직으로서의 가치를 전문적·체계적으로 구현시킬 수 있는 교육전문인력의 확보도 필요하다.

2) 지역 평생교육조직의 교육생활협동조합화 추진

생협에 있어서의 평생교육의 중요성은 단지 생협의 발전을 위한 수단이나 조합원들을 위한 부가적 서비스의 차원을 넘어 평생교육 자체를 생활재로 한 교육생협의 탄생으로까지 이어지고 있다. 이것은 지역공동체 평생교육의 관점에서 매우 바람직한 것이라 볼 수 있다. 그동안 평생교육은 지역사회를 기반으로 지역주민들을 위한 봉사의 차원으로 인식되어 왔다. 그러나 최근 들어 신자유주의의 영향으로 점차 지역공동체성을 상실하고 평생교육의 기업화, 상업화현상이 두드러지고 있는 실정이다.

한편, 평생학습사회의 도래와 더불어 보다 첨단의 지식을 습득하기 위한 일반 지역주민들의 교육요구는 더욱 커지고 있다. 이러한 지역주민들의 교육요구를 공적인 지역 평생교육이 충분히 충족시켜 주지 못함에 따라 기업형 민간평생교육조직이 그 역할을 수행하고 있다. 그러나 이러한 영리적 평생교육기관의 확산은 경제적인 부담으로 인해 이러한 혜택을 받지 못하는 사람들에게 교육적 불평등의 원인이 되고 있다.

이러한 상황에서 지역 평생교육조직의 '생협화'는 지역공동체 평생교육의 관점에서 매우 의미가 있다. 그동안 교육생활협동조합은 그리 활성화되지 못했으며, 그 대상도 주로 대안학교 차원에서 아동들이 주류를 이루고 있다. 그러나 지역공동체 평생교육의 차원에서 볼 때 이러한 교육생활협동조합은 모든 지역에 확산될 필요가 있다. 또한 교육의 대상도 이전의 아동이나 청소년의 차원을 넘어 일반 성인들에게까지 확대되는 것이 바람직하다. 이때까지 성인을 대상으로 하는 생협의 교육활동은 주로 조합을 발전시키기 위한 수단이나 조합원 관리를 위한 서비스 차원에서 부수적으로 이루어졌으나 이제 평생학습시대를 맞아 교육의 기회 자체를 효과적으로 획득하기 위한 생협의 필요성이 더욱 커지고 있는 것이다. 특히 교육의 기회가 상대적으로 불리한 위치에 있는 지역의 경우 지역주민들이 스스로 힘을 모아 다양한 분야의 평생교육 관련 교육생활협동조합을 형성하는 것이 필요하다.

지역학습공동체의 효과적인 구현을 위해서는 지역사회에 존재하는 영세하지만 건전한 교육활동을 추진하는 민간비영리 평생교육 관련조직들과 기존의 생협들이 서로 연계하여 교육생활협동조합을 구성하는 방안을 적극적으로 모색할 필요가 있다. 이를 통해 생협의 생활재 확대는 물론 건전한 지역공동체 평생교육조직들의 존속과 발전에도 이바지할 수 있다. 즉, 지역의 평생교육기관과 조합원 학습자가 모두 혜택을 볼 수 있는 상생의 방안을 모색하는 것이 필요하다. 이러한 노력을 통해 교육을 본위로 하는 지역학습공동체의 형성이 보다 효과적으로 이루어질 수 있을 것이다.

제 11 장

지역축제와 평생교육

1. 지역축제의 개념과 성격
2. 지역축제의 현황과 문제점
3. 평생학습축제로서의 지역축제의 의의와 발전 과제

제 11 장 지역축제와 평생교육

지방자치의 발전과 여가의 증대로 인해 최근 지역축제가 크게 확산되고 있다. 전통적으로 지역축제는 지역의 전통을 계승하고 지역의 정체성과 공동체성을 확립하기 위한 중요한 기능을 수행하였다. 지역축제의 이러한 기능은 지역공동체 평생교육의 기본 원리와 맥을 같이한다. 지역공동체 평생교육의 관점에서 볼 때 지역축제는 현대사회에서 지역주민들의 학습 및 공동체 형성을 위한 매우 의미 있는 매체라고 할 수 있다.

이 장에서는 지역축제의 개념과 현황을 살펴보고, 지역공동체 평생교육의 관점에서 지역축제가 갖는 의의와 문제점을 구체적으로 살펴보고자 한다. 또한 지역축제가 지역공동체 평생교육의 장으로 발전하기 위한 지향점과 그 과제들을 살펴보고자 한다.

1. 지역축제의 개념과 성격

1) 지역축제의 의미와 종류

우리가 사용하는 '축제'라는 용어는 서양의 'festival'을 번역한 말이다. 'festival'은 예술적 요소가 가미된 제의를 뜻한다. 축제는 원래 고대의 종교적 제의에서 출발했으나 오늘날에는 점차 유희성이 강한 놀이문화의 현장으로 바뀌고 있다. 원시공동체시대에는 수호신에 대한 제의적 성격이 강했고 농경문화시대에는 제의적 성격과 공동체의식을 공유하려는 행사적 성격이 공존했다. 오늘날에는 축제가 종교적인 의미보다는 놀이나 휴식에 중점을 두고 자신들의 공동체 문화전통에 그 뿌리를 둔 경우가 많다(김병인, 2004: 34-40).

이와 같은 축제는 대부분 지역이라는 공간적인 제한을 바탕으로 이루어졌기에 지역축제의 성격을 띠는 경우가 많다. 이러한 지역축제는 좁은 의미로는 지역과의 역사적 상관성 속에서 생성 · 전승된 전통적인 문화유산을 축제화한 것이고, 넓은 의미로는 전통축제뿐만 아니라 문화제 · 예술제 · 전국민속예술 경연대회들을 비롯한 각 지역의 문화행사 전반이 포괄된다.

지역축제는 축제의 목적, 프로그램이나 행사 내용의 구성형식에 따라 여러 가지로 분류해 볼 수 있다(채용식 외, 2001: 181-188; 류정아, 2003: 71).

먼저, 축제의 목적에 따라서는 주민화합축제 · 관광축제 · 산업축제로 나누어 볼 수 있다. 주민화합축제는 주로 해당지역에서 전통적으로 개최되어 온 전통문화축제를 비롯하여 비교적 최근에 많이 개최되기 시작한 시 · 군 · 구민의 날을 기념하여 개최되는 축제이다. 관광축제란 지역의 관광산업 발전과 관광객 유치를 위해 개최하는 축제를 말한다. 한편, 산업축제란 농림축산업 · 어업 · 상업 등의 발전을 목적으로 개최하는 축제를 의미한다. 지역의 특산물을 중심으로 개최되는 축제가 여기에 포함된다.[1)]

한편, 축제의 프로그램이나 행사내용의 구성형식에 따라 분류해 보면 전통문화축제 · 예술축제 · 종합축제 · 기타축제 등으로 나눌 수 있다. 이를 자세히 살펴보면 다음과 같다.

1) 지역의 특산물을 중심으로 개최되는 대표적인 지역축제로는 하동야생차축제, 강진청자문화제, 풍기와 금산의 인삼축제, 양양의 송이축제, 기장의 멸치축제, 보령의 머드축제 등이 있다.

전통문화축제는 지역의 전승설화나 풍습에 유래하여 개최되는 축제로 전통적인 제례의식, 전통예술 및 민속놀이 위주로 구성된 축제를 가리킨다. 이러한 축제는 주로 지역의 정체성 강화라는 목적을 가진다.[2] 다만 이 전통문화축제와 종합축제는 서로 유사하거나 특성이 혼재되어 나타나기도 하지만 주요 프로그램의 구성 형식에서 전통 문화적 요소가 강하게 나타날 경우에는 이를 종합축제로 보지 않고 전통문화축제로 간주하여 이 분류에 포함한다.

예술축제는 축제의 프로그램 구성이 문학, 미술, 음악, 무용, 연극 등의 현대적인 전시예술 및 공연예술 위주로 구성된 축제와 서구문화적인 축제를 가리키며, 다른 프로그램과 혼합되어 있을 경우에도 축제의 명칭이나 주요 프로그램에 예술적 소재를 주로 활용하는 축제는 이 분류에 포함된다.

종합축제는 축제의 프로그램 구성이 전통문화축제형식, 예술축제형식, 체육행사 및 오락프로그램 등이 혼재된 축제이다. 종합축제는 주로 전야제(제사, 시가행진, 축등 행렬), 공개행사(주로 개막식 및 축하공연), 전통문화행사(민속예술공연 등), 현대적 문화예술행사, 체육행사, 부대행사(특산품 판매, 미인선발대회, 난장개설) 등이 다양하고 복합적으로 구성된 축제를 가리킨다. 이러한 종합축제는 오늘날 가장 보편적인 지역축제 형식으로 자리잡고 있다.

마지막으로 기타축제는 위에서 분류된 축제 이외에 체육행사를 비롯한 오락프로그램 위주의 축제, 선발대회 위주의 축제, 추모제사형식 및 이와 관련된 학술행사 등 주로 독창성이 있는 단일한 소재나 내용으로 구성된 축제 등을 의미한다.

---

2) 지역의 정체성 강화를 주 목적으로 하는 전통문화축제로는 영암왕인문화축제, 산성백제문화제, 수원화성문화제, 남원춘향제, 전주풍남제 등을 들 수 있다(류정아, 2003: 71).

2) 지역축제의 기능

축제는 일반적으로 갈등과 반목의 고리를 풀어 하나로 결집시키는 기능을 한다. 이를 보다 구체적으로 표현하면 억압된 인간의 감정과 행동 표현의 기회 제공, 인간 본연의 가치 발견, 사회비판, 사회적·종교적 목적의 활동수단, 문화교류의 가교역할, 놀이수단의 제공, 일상에서의 탈피 등의 기능을 가진다(채용식 외, 2001: 62-63; 류정아, 2003: 5-22).

이러한 일반적인 기능 외에 지역축제가 갖는 중요한 기능은 지역민들의 공동체 의식을 고양시키고 생산의 노동을 뒷받침하는 유희의 공간을 제공하는 데 있다. 이러한 기능 외에 관광이나 지역활성화의 측면에서 축제가 행해지기도 하고 정치적이거나 경제적인 측면에서 이용되는 경우도 없지 않다. 그 각각의 기능을 자세히 살펴보면 다음과 같다.

먼저, 지역전통문화의 보존기능이다. 지역축제를 통해 지역공동체는 역사적 가치가 있는 문화를 계승함으로써 전통문화와의 단절을 극복할 수 있다. 또한 전통을 새로 발굴함으로써 지역의 문화를 보다 풍부하게 할 수 있다. 일제강점기, 한국전쟁, 급격한 산업화로 인해 과거와의 단절이 심했지만 그 과정에서도 지역전통문화를 계승하려는 노력은 꾸준히 이루어져왔다. 최근에는 이를 보다 적극적으로 추진하려는 움직임이 강해지고 있다.

둘째, 사회적 기능이다. 지역축제는 지역주민들로 하여금 지역공동체 구성원으로서의 정체성과 공동체 의식을 갖도록 하는 기능을 가진다. 즉, 지역주민의 일체감을 형성하는 것이다. 이를 강조하는 글을 인용하면 다음과 같다.

> 지역축제는 궁극적으로 지방사람들끼리 서로의 존재를 확인하기 위

한 문화적 행위이다. 그런 점에서 지역축제는 그들이 함께 살고 있는 인간과 공간 그리고 시간을 통틀어 확인하는 통과의례의 하나이다. 여기에서 빠지면 이방인이 되어 버리고 만다. 왜냐하면 그 사람은 축제에 참여한 공동체험이 없는 존재, 즉, 그들의 공동생활 경험에서 빠졌기 때문에 정서적 유대감이 상실된 존재이기 때문이다(김병인, 2004: 54-55).

이와 같이 지역축제는 지역주민들을 하나로 통합하는 사회적 기능을 수행한다.

셋째, 경제적 기능이다. 최근 지역축제는 지역경제의 활성화를 위한 수단으로 활용되기 시작하고 있다. 특히 세계화시대에 부응하여 특색 있는 지역축제를 발전시켜 관광객을 유치할 수 있는 국제적인 축제로 발전시키려는 축제의 산업화·국제화 현상이 두드러지고 있다. 이를 위해 지역의 특성을 살린 개성 있는 지역축제를 만들기 위한 노력이 활발하게 이루어지고 있다.

3) 지역축제와 지역공동체 평생교육과의 관계

앞에서 다룬 기본적 기능 이외에 지역축제는 지역공동체 평생교육의 관점에서도 중요한 기능과 의의를 찾아볼 수 있다.

첫째, 지역축제는 바로 지역을 이해하고 지역정체성을 확립하는 중요한 학습기회가 된다. 지역축제는 지역공동체 차원에서 볼 때 지역주민들과 외지인들에게 지역의 역사와 가치, 문화를 가르치는 거대한 지역 평생교육프로그램이라고 할 수 있다. 특히 지역주민들은 형식적이고 강제적인 교육이 아니라 놀이가 포함된 자유로운 분위기 속에서의 자연스런 학습을 통해 지역을 알게 되고 스스로 지역정체성을 확립하게 된다.

둘째, 지역축제는 지역공동체 의식 형성에 이바지한다. 지역의 주민들은 지역축제에 참가하여 그 축제에 협력하는 과정을 통해 지역주민으로서의 정체성을 갖게 되고 이전에 무관심했던 지역문제에 대해 적극적인 자세를 취하게 된다.

셋째, 지역축제는 지역주민들의 학습공동체 구성을 위한 기반을 제공한다. 지역주민들은 함께 지역축제를 준비하고 참여하는 과정을 통해 자연스럽게 학습공동체를 형성하게 된다. 지역축제가 지속적으로 발전하기 위해서는 지역에 대한 새로운 지식의 발굴과 발전이 필요하다. 이를 위해서는 지역주민들의 지속적인 연구가 필요하다. 이러한 지역공동체의 주민들이 이러한 연구에 참여하는 과정은 곧 학습공동체의 형성과 직접적인 관련을 갖는다.

넷째, 지역축제는 지역주민들의 학습 성과를 발표하는 장이기도 하다. 지역축제는 일정한 기간 동안 지역주민들이 연구하고 준비한 내용을 축제의 형식을 빌려 공개적으로 발표할 수 있는 학습 성과 발표의 장이기도 하다. 이것은 동시에 축제에 참여하는 다른 사람들에게 새로운 학습을 할 수 있는 내용을 제공하는 것이기도 하다.

다섯째, 지역축제는 지역을 초월한 학습네트워크를 형성할 수 있는 기회를 제공한다. 지역간·국가간 관광객들의 교류를 통해 지역에 관한 지식을 함께 학습하고 공유하는 학습교류의 장을 마련할 수 있다.

이와 같이 지역축제는 지역공동체 평생교육의 관점에서 볼 때 그 자체로 지역정체성 확립과 공동체 의식 형성을 강화하기 위한 평생교육의 장이라고 볼 수 있다.

2. 지역축제의 현황과 문제점

1) 우리나라 지역축제의 현황

우리나라는 역사적으로 지역축제가 많이 존재해 왔으나 해방 후 거의 자취를 감추었다. 그 후 1970년대 초부터 점차 한국학 발전의 영향으로 그 당시에 120여 종의 지역축제가 발굴되었다(신찬균, 1994: 25). 특히 지방자치단체가 출범한 지난 1996년 이후 지방자치단체마다 지역의 특성화와 관광상품화를 내세운 지역축제들이 급증하고 있다. 2011년 현재 전국적으로 약 800여 개의 지역축제가 개최되는 것으로 추산된다. 이와 관련하여 전국 시·도별 축제개최 현황을 살펴보면 <표 11-1>과 같다.

한편, 문화체육관광부는 관광상품성이 있는 지역축제를 국제적 수준으로 육성하기 위해 1999년부터 상반기와 하반기로 나누어 미리 다음 해의 문화관광축제를 선정 발표하고 있다. 문화와 관광의 접목 차원에서 1995년 2개 축제를 시작으로 1996년 8개, 1997년 10개, 1998년 18개, 1999년 21개, 2000년 25개, 2001년 30개, 2002년 29개, 2003년 23개, 2004년 37개, 2005년 45개로 확대해 지정했다. 문화관광축제는 외래 관광객 유치 확대 및 지역경제 활성화를 위해 전국의 각 지역축제 중에 관광상품성이 높은 축제를 선정해 지원하는 사업이다. 2014년의 경우 그 선정 내역을 보면 <표 11-2>와 같다. 문화체육관광부에 의하면 2002년부터 2011년까지 10년간 조사된 항복별 만족도와 비교할 때, 2012년도의 평균값은 4.76으로 평균 만족도였던 전년(4.69)보다 상당히 높아졌다. 또한 2012년도 문화관광축제를 찾은 방문객의 소비지출 금액은 1인당 56,721원으로써 최근 3년 평균값에 비해 12% 증가하였으며, 외지 관광객 비율은 상주인구가 적은 농산어촌 지역일수록 점유율이 높

<표 11-1> 전국시도별 축제개최 현황(2011년 2월 현재)

지역 구분	축제 수	지역 구분	축제 수	지역 구분	축제 수	지역 구분	축제 수	합계
서울특별시	94	광주광역시	14	충청북도	48	경상북도	50	763
부산광역시	38	대전광역시	8	충청남도	68	경상남도	89	
대구광역시	30	울산광역시	11	전라북도	51	강원도	86	
인천광역시	30	경기도	76	전라남도	38	제주도	32	

출처: 문화통계포털(2011). 2011년 전국 시·도별 축제총괄표..

<표 11-2> 2014년 문화관광축제 선정 내역

축제등급	축제명	지원내역
대표축제 (2개)	김제지평선축제, 화천산천어축제	축제별 사업비 5억 원 지원
최우수축제 (8개)	광주7080충장축제, 강진청자축제, 강경젓갈축제, 무주반딧불축제, 문경찻사발축제, 이천쌀문화축제, 자라섬재주페스티벌, 진도신비의바닷길축제	축제별 사업비 2억5천만 원 지원
우수축제 (10개)	대구약령시한방축제, 담양대나무축제, 산청지리산한방약초축제, 순창장류축제, 창원가고파국화축제, 춘천국제마임축제, 통영한산대첩축제, 평창효석문화제, 포항불빛축제, 한산모시문화재	축제별 사업비 1억3천만 원 지원
유망축제 (20개)	광안리어방축제, 거창국제연극제, 고령대가야체험축제, 괴산고추축제, 목포해양문화축제, 동래읍성역사축제, 보성다향제 녹차대축제, 보여서동연꽃축제, 봉화은어축제, 수원화성문화제, 여주오곡나루축제, 울산고래축제, 인천펜타포트축제, 정남진장흥물축제, 정선아리랑제, 제주들불축제, 충주세계무술축제, 파주북소리축제, 한성백제문화제, 해미읍성역사체험축제	축제별 사업비 8천9백만 원 지원

출처: 문화체육관광부 보도자료(2013.12).

았다(문화체육관광부, 2012).

2) 지역공동체 평생교육 관점에서 본 지역축제의 문제점

앞에서 살펴본 외형적인 발전에도 불구하고 일부 지역축제는 여러 가지 측면에서 비판받을 점도 지적되고 있다. 그 내용은 주로 축제내용의 역사성과 향토색 부족, 축제기획의 전문성 및 차별화 부족, 축제의 향락화 및 오락화, 관 주도의 운영, 지방선거를 인식한 지방자치단체장의 선심성 축제 양산, 축제기간의 편중으로 인한 축제의 중복 등이다(주정화, 2004; 이상일, 1998: 165; 류정아, 2003: 82-83).

이러한 일반적인 문제점 외에도 지역공동체 평생교육의 관점에서 볼 때 지역축제는 몇 가지 문제점을 가지고 있다. 지역공동체 평생교육의 관점에서 지역축제는 지역주민들의 공동체성 강화, 지역주민들의 학습 및 발표기회 제공 등의 효과를 거두어야 한다. 그러나 현행 지역축제는 이러한 효과를 달성하는 데 미흡한 점이 있다. 이를 정리하면 다음과 같다.

(1) 관 주도에 따른 지역주민의 자발적 학습기회의 제한

지역축제는 전통계승과 함께 지역주민들의 창조적 역량의 발휘를 통해 발전한다. 즉, 지역축제의 발전을 위해서는 지역주민들의 축적된 경험과 학습의 결과가 축제의 기획·운영에 충분히 반영되어야 한다. 역사가 오래된 자생적 지역축제는 지역주민들의 역량이 자연스럽게 결집되고 분출된다.

> 향토축제, 더 나아가 보편적으로 축제는 축제를 즐기는 그 지역의 주민들이 펼치는 꿈의 잔치이다. 그러므로 향토축제라면 지역성과 함께 지역공동체의 구성원인 민중과 그들의 상상력으로 이루어진다. 향토라는 흙의 관념이 없는 축제는 존재하지 않는다. 축제를 즐기는 주체로서의 민중이 없는 축제는 없다(이상일, 1998: 165).

그러나 현재 실제로 행해지고 있는 지역축제는 대부분 지역주민

주도가 아닌 관 주도로 운영된다는 점에서 문제가 있다. 우리나라의 지역축제는 90% 이상이 관에서 개입하여 이루어지고 있는 것으로 나타나고 있다(김병인, 2004: 65). 그 까닭은 지방자치제도의 실시로 인해 지역축제를 통한 지역발전의 필요성이 커졌기 때문이라고 볼 수 있다. 때로는 지방자치단체장의 선심성 행사가 되는 경우도 있다. 이처럼 지역축제가 관 주도로 진행되어 온 결과 축제의 형식적 측면이 강조되는 경우가 많다. 그런데 이러한 관 주도적 지역축제는 지역주민들의 적극적인 참여와 학습의욕을 감소시키는 결과를 가져온다. 따라서 지역축제의 참여를 통한 지역주민들의 학습 성과는 그만큼 떨어지게 된다.

사례: 관주도 선심성 지역축제에 대한 비판

지역축제는 지역주민의 삶과 지역의 전통 그리고 자연환경과 산업이 조화되는 축제로서 종교적, 사회적, 예술적, 경제적인 축제로 거듭나야 함에도 불구하고 정치적인 색채만 가득하다. 대부분의 지역축제는 정치색이 짙은 지자체장의 선심성 또는 전시성 축제로 전락했다. 한마디로 차별화된 축제가 전무하다. 관주도형의 상부하달 식의 진행은 물론 축제운영의 비전문성, 시민참여 부족, 지역 정체성이나 고유성 부재 등 축제다운 축제가 전무하다. 특히, 국내에서 개최되는 축제의 대부분은 국가나 지방자치단체로부터 지원을 받는 의존수입(Unearned Income)의 비중이 높으며, 참가인원의 규모에만 집착하는 전시성 축제로 전락한 축제가 전부라고 해도 과언이 아니다.

출처: MBC 이코노미 뉴스, 2012.10.

(2) 지역축제프로그램의 지속적인 개발 부족으로 인한 학습의 만족 감소

지역축제의 프로그램은 곧 참여자들을 위한 학습내용으로서의 의미가 있다. 원래 축제는 지역주민들의 삶과 문화의 질을 향상시키고 주민들 사이의 일체감과 지역에 대한 자긍심을 갖게 한다. 그런데 일부 지역축제들은 매년 유사한 내용으로 진행되며 다른 지역의 축제와도 차별화가 되지 않는 경우가 있다. 지역축제가 관 주도로 실시되면 될수록 연례행사성, 실적위주의 형식을 뛰어넘기 어렵다. 문화관광부의 지역축제 성과분석 보고에 의하면 축제행사의 '다양성'과 '재미' 그리고 '체험프로그램'에 대한 만족도는 이전에 비해 더 이상 높아지지 않는 약보합상태를 나타내고 있는 것으로 나타나고 있다(문화관광부, 2005). 이러한 결과는 지역축제가 보다 새롭고 질적으로 성장하고 있지 못함을 반증한다. 이러한 현상은 다양하고 수준 높은 학습내용을 접하고 싶은 학습자의 입장에서는 불행한 일이 아닐 수 없다.

사례: 지역축제 옥석 가린다

올해부터 전북의 각 지역에서 열리는 주요 축제에 전문기관이 참여해 옥석을 가리는 평가가 실시된다.

전북도는 6일부터 5일간 열리고 있는 14개 시·군 대표 축제에 대해 전문기관 참관 평가를 실시한다. 이는 지역축제가 지자체의 홍보·선심성 행사로 변질하는 탓에 예산낭비가 크다는 지적에 따른 것이다. 도는 지난 3월 축제 평가 전문기관 공모를 통해 선정된 전주대 산학협력단이 각 시·군의 대표적인 14개 축제에 참관, 공정하고 객관적인 평가를 하기로 했다. 산학협력단은 앞으로 문광부 문화관광축제 평가기준에 맞춰 축제의 특성과 내용, 운영, 발전성, 성과 등 전반적인 부분을 평가할 예정이다. 특히 내·외국인 관광객을 대상으로 한 설문조사를 실시, 방문객 만족도와 소비지출 부문 등 실질적인 내용도 조사할 방침이다.

출처: 국민일보, 2011.5.8

(3) 경제적 가치 추구로 인한 지역축제의 교육적 본질 훼손

최근에는 지역축제의 경제적 가치가 많이 강조되고 있다. 특히 지방자치제 실시 이후 지역축제는 지역발전을 위한 관광자원 개발 차원에서 실시되는 경우가 많다. 이러한 경향은 지역발전을 위해 불가피한 측면도 있지만 이러한 점이 지나치게 강조될 때 지역축제가 갖는 본래의 고유한 성격이 훼손될 염려가 있다. 즉, 지역축제의 문화적·공동체적·교육적 측면보다는 외형성, 경제성이 더욱 부각되는 것이다. 이렇게 본말이 전도된 상황에서 지역축제는 건전하게 발전할 수 없으며, 지역축제를 통해 지역정체성을 확립하고 지역공동체를 형성하는 학습효과는 기대하기 어렵다. 즉, 지역공동체 평생교육의 관점에서 볼 때 이러한 양상은 오히려 지역공동체의 붕괴를 가져오는 부정적인 학습을 경험하게 한다.

3. 평생학습축제로서의 지역축제의 의의와 발전 과제

1) 지역평생학습축제의 성격

앞에서 지역축제의 의의와 현재의 문제점을 지역공동체 평생교육의 관점에서 살펴보았다. 이러한 지역축제의 한계를 극복하고 그 본질을 회복하는 길은 곧 지역공동체 평생교육프로그램으로서의 지역축제의 의미를 되살리는 것이라고 볼 수 있다. 왜냐하면 지역축제가 갖고 있는 본질적인 기능인 문화 및 전통의 계승, 지역정체성의 확립, 지역주민 사이의 공동체의식의 확립은 곧 지역공동체 평생교육이 지향하는 바와 일치하기 때문이다. 그런 면에서 지역축제의 본질을 회복하는 길은 지역공동체 평생교육으로서의 지역축

제를 발전시키는 것이라고 볼 수 있다.

지역공동체 평생교육 관점에서의 지역축제의 성패는 외부 방문객의 증가로 인한 관광수입의 정도보다는 오히려 지역축제의 개최를 통한 지역주민들의 지역정체성과 공동체성의 학습 정도라고 볼 수 있다. 그런데 이러한 학습의 효과 없이는 지역축제가 지속적으로 발전할 수가 없다. 따라서 관광수입의 증대라는 부수적 효과를 위해서라도 지역축제가 갖는 평생교육적 가치가 훼손되어서는 안 된다.

그런 의미에서 지역축제가 지향할 바는 곧 '지역축제의 평생학습축제화'라고 할 수 있다. 현재 우리나라에서는 평생학습에 대한 시민의 이해를 증진시키고 스스로 학습하는 의욕을 환기시키기 위해 평생학습축제가 개최되고 있다. 평생학습축제는 평생교육 관련 기관과 단체 간의 교류를 통해 평생학습문화를 진흥시키고 평생학습사회의 실현을 도모하는 학습, 문화, 스포츠, 복지 등이 복합된 종합축제의 성격을 가진다(교육인적자원부, 2004: 167). 전국적인 차원에서는 2001년부터 전국평생학습축제가 개최되고 있으며, 평생학습도시와 지역평생교육정보센터를 중심으로 지역평생학습축제도 개최되고 있다.[3] 특히 지역평생학습축제는 '지역 학습문화 진흥을 통한 평생학습의 지역화'라는 의의를 갖고 있다. 따라서 지역주민의 참여, 학습결과의 발표기회, 학습체험기회, 지역정체성과 관련된 학습이 중요한 의미를 갖는다. 이와 아울러 지역평생학습축제를 통해 얻을 수 있는 효과는 다음과 같다(한국교육개발원, 2002b: 20-21).

첫째, 학습의 본질 회복이다. 평생학습은 학교교육의 연장으로서가 아니라 내재된 학습 본능을 되살림으로써 학습은 즐거운 것, 삶

---

3) 전국평생학습축제의 경우 제1회가 2001년도에 충청남도 천안, 제2회는 2003년도 대전 유성구, 제3회는 2004년도 제주시, 2005년도에는 경기도 광명시에서 개최되었고, 2006년에는 부산 해운대구에서 개최될 예정이다.

의 에너지를 충전해 주는 것, 자연적인 것, 평생에 걸쳐 계속되는 것, 그리고 즐거움의 원천이 되는 것으로 인식하게 하여 학습의 본질을 회복시킨다.

둘째, 학습문화·학습사회의 진작이다. 평생학습축제는 일반 학습자와 평생교육시설이 하나로 어우러져 학습자들과 평생교육기관에 평생학습의 장과 성과발표의 장을 제공함으로써 학습자들의 평생학습의욕 고취, 평생학습에 대한 참여 촉진, 평생학습에 대한 사회적 인식 확산, 평생학습의 성과 축하 및 공유 등을 통해 궁극적으로 평생학습문화 진흥과 평생학습사회를 구현한다.

셋째, 자발적 학습동아리 생성의 활력소 제공이다. 학습축제에서 특기할 만한 것은 자발적 학습동아리의 학습성과를 발표하고 홍보하는 데 있다. 자발적 학습동아리의 형성이 평생학습사회를 건설하는 데 있어서 그 기반을 조성한다고 할 때 이와 같은 지속적이고 정기적인 행사는 학습동아리의 생성과 유지에 큰 활력소로 작용할 수 있다.

넷째, 생산적 지역축제 모형 제시이다. 평생학습축제는 학습동아리의 적극적 참여를 통해 지역축제가 갖고 있는 시민의 비자발적 참여의 한계를 극복하고, 시민들이 적극적으로 참여하는 지역축제 모형을 만들어 갈 수 있다.

2) 현행 지역평생학습축제의 한계

지역축제는 이와 같은 평생학습축제의 원리를 추구해야 한다. 그러나 현재의 지역평생학습축제가 바람직한 지역축제의 전형을 보여 주고 있는가에 대해서는 의심의 여지가 많다. 지역평생학습축제의 본질적인 의의에도 불구하고 현재 지역평생학습축제의 실태는 지역공동체 평생교육의 관점에서 볼 때 미흡한 점이 많기 때문이다.

먼저, 지역평생학습축제는 아직 일반 지역주민들이 주체가 되기보다는 지자체나 교육청, 지역평생교육정보센터, 학교, 주민자치센터, 도서관, 사회복지관 등 주로 공공기관에 의해 주도되고 있는 실정이다. 반면, 자생적인 풀뿌리 주민조직이나 지역시민단체 등의 참여는 미흡한 실정이다. 그런 의미에서 지역평생학습축제도 또 하나의 관 주도적 축제라는 비판을 면하기 어렵다.

또한 지역평생학습축제의 경우는 축제의 장이 지역과 관련이 있을 뿐 축제의 목적이나 내용이 지역과 밀접한 관련을 맺고 있는 것이 아니다. 즉, 지역평생학습축제는 지역정체성이나 지역공동체성의 확립 자체가 주 목적은 아니며, 주요 내용도 지역의 문화와 역사, 자연 등을 우선적으로 다루는 것은 아니다. 기존의 지역축제를 발전시켜 지자체가 지원해 주는 경우와는 달리 지역평생학습축제는 행정구역상의 지자체에 의해 만들어진 새로운 축제이다. 따라서 현재의 지역평생학습축제는 특정한 문화와 생활권을 바탕으로 한 독특한 지역정체성을 갖게 하지 못하며 모든 참가자들이 수용할 수 있는 역사성을 갖고 있지도 못하다. 또한 공동의 지역문제 해결과 관련된 내용도 주로 다루지 못한다. 다만, 다양하고 보편적인 내용의 학습결과를 발표하고 공유하는 '평생학습' 그 자체가 지역평생학습축제의 핵심이 된다. 이러한 점이 앞에서 평생학습축제의 효과 중 하나로 제시된 학습의 본질 회복과 관련된다. 그러나 보편적인 학습체험과 공유는 평생학습 자체의 가치를 부각시킨다는 점에서는 의미가 있으나 지역의 전통문화전승, 지역의 정체성 및 공동체성 추구라는 지역축제가 갖는 본래의 의미와는 거리가 멀다. 단지 학습하고 공유하고 체험하기 위한 축제는 학예회의 지역사회 확대판에 불과하다. 지역평생학습축제가 진정한 지역축제가 되기 위해서는 가르침과 배움 그 자체도 중요하지만 지역공동체의 구체적인 삶과 연관되어야 한다.

이런 맥락에서 볼 때 '지역축제의 지역평생학습축제화'는 현재 지자체와 교육청을 중심으로 실시되고 있는 지역평생학습축제를 모델로 해야 함을 의미하는 것은 아니다. 다만, 지역축제 자체가 평생교육의 원리에 입각해서 수행되어야 함을 의미한다. 즉, 지역축제를 통해 주체적이고 즐거운 학습의 체험・발표・공유・활용이 이루어져야 한다는 것이다. 그러나 그 학습의 목적과 내용, 방법은 지역공동체와 밀접한 관련을 가지고 있어야 한다. 즉, 축제를 통한 학습이 지역공동체의 맥락 속에서 이루어져야 한다는 것이다. 그런 의미에서 볼 때 현재의 지역평생학습축제는 이전보다 지역축제로서의 성격을 강화해야 하는 반면에, 현재의 지역축제는 이전보다 평생학습축제의 성격을 강화해야 한다고 볼 수 있다.

사례: 참가자의 역사 체험 기회를 확대한 지역축제

동래읍성 역사축제

동래읍성역사축제는 1592년 임진왜란 당시 송상현 동래부사와 읍성민들이 동래성을 지키기 위해 결사항전 하였던 역사적 사실을 바탕으로 당시 생활상을 재현하는 역사교육형 체험축제이다. 매년 동래문화회관, 읍성광장, 온천천 일원에서 개최되며 동래부사행차 및 길놀이, 동래성전투와 동래장터, 참여체험행사, 부대행사 등의 부스가 마련되며 시민, 단체원, 자원봉사자, 학생 등이 참여한다. 이러한 부스 운영을 통해 체험학생에게 역사여행 수료증 발급과 교육적 계기와 함께 동래를 부산의 역사·문화·전통의 중심 지역으로 부각시키고 동래 관광 브랜드 탄생의 계기를 마련하여 지역경제의 부가적 가치를 창출하고자 한다.

출처: 동래읍성역사축제(festival.dongnae.go.kr)

3) 평생학습축제로서의 지역축제의 발전 과제

지역축제가 지역공동체 평생교육의 의미를 갖는 평생학습축제가 되기 위해서는 지역공동체 평생교육의 원리에 의해 실시되어야 할 것이다. 즉, 지역을 내용으로 하며, 지역주민에 의해 주도되며, 지역의 자원을 활용하며, 지역주민과 지역공동체 전체의 발전을 위해 활용되어야 한다. 이는 일반적으로 지역축제의 발전을 위한 과제로 제시되는 축제요소의 발굴, 지역주민의 광범위한 참여와 관 주도적 이미지 청산, 문화 전문인력의 양성, 축제 참여자들간에 지역적·문화적 공감대 마련, 마을문화의 정착, 지자체의 지원 등의 요소와 일맥상통한다(김병인, 2004: 149-150; 류정아, 2003: 84-86). 이런 맥락에서 지역공동체 평생교육의 한 형태로서 지역축제를 발전시키기 위한 과제들을 제시하면 다음과 같다.

(1) 학습내용으로서의 지역축제요소의 조사 및 발굴

지역축제의 일차적인 의의는 지역 고유의 문화계승과 발전이라고 할 수 있다. 그런 면에서 그 지역의 역사, 자연환경, 풍습, 문화예술, 특산물 등 인적·물적 자원이 모두 지역정체성 강화를 위한 축제요소가 될 수 있다(류정아, 2003: 71). 예를 들어, 탈춤이 전승되고 있는 안동의 하회별신 굿탈놀이, 역사적인 인물이 존재했던 강릉의 이율곡, 남원의 춘향, 또 제천행사를 부활시킨 태백의 천신제, 신화나 전설이 깃든 제주의 삼성혈, 울산의 처용전설, 충주의 달래내전설 등은 그 지역의 각종 자원을 지역축제의 요소로 활용한 것이다. 이와 같이 지역축제의 요소는 그 지역이 아니면 접할 수 없는 고유하고 차별적인 것이어야 한다. 이와 관련하여 이상일(1998: 166)은 그 지역의 향토문화의 발생과 상관도 없고 그 지역의 역사성과 거의 관계가 없는 행사들은 세속화된 축제를 더욱 세속화시켜 향토축제를 현대 오락산업의 시녀로 타락시킬 가능성이 크다고 지적하였다.

따라서 지역축제의 발전을 위해서는 그 지역만의 고유하고 차별화된 축제요소를 발굴해야 한다. 또한 지역축제가 지속적인 발전을 하기 위해서는 지역축제의 내용과 과정이 끊임없이 개선되어야 한다. 매년 축제프로그램이나 내용에 큰 변화가 없으면 그만큼 축제의 질이 떨어지게 된다. 따라서 지역축제가 개최될 때마다 새로운 내용이 추가되고 새로운 의미가 부여되어야 한다. 또한 그 지역의 전통문화와 현대문화가 잘 통합된 독창적이고 참신한 축제프로그램이 개발되어야 한다.[4)]

이러한 과제들을 수행하기 위해서는 지역에 묻혀 있는 고유한 역사와 전래문화 등의 자원들을 조사·발굴하기 위한 전문적인 연구모임이 필요하다. 또한 분야별 역사, 문화, 예술전문가의 자문을 얻기 위한 체계적인 네트워크가 구축되어야 한다. 또한 지역문화프로그램을 운영하고 있는 전문교육기관이나 조직에 대한 현황자료 수집과 네트워크도 필요하다.

사례: 역사적 사실에 기초한 지역축제

진주 남강 유등축제

진주에서 남강에 띄우는 유등놀이는 우리 겨레의 회대 수난기였던 임진왜란의 진주성 전투에 기원하고 있다.

---

4) 이와 관련하여 최근 지역역사를 결합한 축제들이 '독특한 역사 재현'을 통해 큰 성황을 이루고 있는 것으로 나타나고 있다. 특히 이들 축제들은 지역 특산물을 알리는 데 집중된 지방자치단체의 일반적인 축제에서 벗어나 역사와 문화를 가미하면서 새로운 지역축제의 모델이 되고 있다. 그 대표적인 예로 진주 남강 유등축제와 김해의 가야문화축제를 들 수 있다(문화일보, 2005. 11. 29: 41).

1592년 10월 충무공 김시민(金時敏) 장군이 3,800여 명에 지나지 않은 적은 병력으로, 진주성을 침공한 2만 왜군을 크게 무찔러 민족의 자존을 드높인 '진주대첩'을 거둘 때 성 밖의 의병(義兵) 등 지원군과의 군사신호로 풍등(風登)을 하늘에 올리며 횃불과 함께 남강에 등불을 띄워 남강을 건너려는 왜군을 저지하는 군사전술로 쓰였으며, 진주성 내에 있는 병사들과 사민들이 멀리 두고 온 가족에게 안부를 전하는 통신수단으로 이용한 것에서 비롯되었다.

출처: 진주 남강 유등축제 홈페이지(http://www.lanternfestival.org)

(2) 지역주민의 참여를 통한 학습성과 공유 기회의 확대

지역축제가 지역공동체 평생교육의 차원에서 일종의 평생학습축제가 되기 위해서는 지역축제를 통해 가르치고 배우기 위한 기회가 확대되어야 한다. 이를 위해 지역축제의 내용 중에 그동안 지역주민들이 지역문화와 관련하여 학습한 내용들을 각종 전시, 공연 및 자료집 발간 등의 방법을 통해 다른 주민들과 공유할 수 있는 기회가 마련되어야 한다. 이러한 지역문화학습 성과의 공유는 지역주민

들이 일방적으로 구경하고 체험하는 것에 그치는 것이 아니라 자신의 경험과 학습성과를 지역주민들에게 교육할 수 있는 기회를 가질 수 있다는 점에서 의의가 있다. 이는 다른 참여자들의 입장에서는 지역에 대해 더욱 다양하고 심도 있는 학습체험을 할 수 있는 기회를 제공하는 것이기도 하다. 즉, 지역축제의 프로그램을 매개로 가르침과 배움이 활발하게 이루어지는 것이다.

이러한 공유가 활성화되기 위해서는 축제의 기획과 진행, 그리고 프로그램 발표 등에 지역내 다양한 학습집단의 참여를 극대화해야 한다. 또한 지역문화학습성과를 축제에 참가한 지역주민 및 일반인들이 쉽게 접하고 홍미 있게 학습할 수 있도록 인터넷, 컴퓨터 CD 등을 활용한 멀티미디어 교육자료로 개발하여 보급하는 것도 필요하다.

사례: 주민들이 직접 꾸미는 마을축제

산복도로 마을축제

주민참여형 '산복도로 마을만들기' 사업을 의욕적으로 추진 중인 부산시는 오는 29일 산복도로 마을축제를 개최한다.
'이웃과 소통하는 살기 좋은 우리마을 축제'를 주제로 한 이번 축제는 산복도로 마을 만들기 활동가의 단체인 '산복비행단'이 주최하고, 산복도로 마을 만들기 동구 주민협의회가 주관한다. 동구 동일중앙초등학교에서 열린 이번 축제는 주민들과 마을만들기 활동가들이 직접 기획하고 준비한다.

축제의 시작을 알리는 퍼레이드는 예비 사회적기업인 부산 YMCA 브라스밴드가 맡았으며 산복도로의 과거·현재·미래를 보여주는 영상 '우리가 꿈꾸는 마을'을 상영한다. 축제의 하이라이트는 '초량 갓 탤런트'로 이름 붙인 주민 장기자랑 대회이다. 좌천지역 아동센터 '드림비트'의 난타공연을 시작으로 모두 12개 팀이 끼 대결을 펼친다. 또한 산복도로 주민들이 참여하는 예비사회적기업과 동아리들은 이날

서중학교에서 페이스 페인팅 그려주기, 그림 전시, 재활용비누 판매 등 다양한 전시·체험행사를 연다.

출처: 부산일보, 2011.10.10.; 내일신문, 2011.10.21. 정리

(3) 지역주민에 의한 지역문화 학습활동의 활성화

전통적인 의미의 지역축제는 지역의 주민들에 의해 주도되었다. 최근 지역축제가 지방자치제도에 의해 관 주도적인 성격을 많이 갖게 되었지만 진정한 의미의 지역축제가 되기 위해서는 지역주민이 스스로 학습하고 공유하는 주민 주도적 축제가 되어야 한다. 이를 위해 지역주민들이 축제의 기획과 운영에 지자체와 평등하게 참여해야 한다.

또한 지역축제가 지역공동체 평생교육의 의미를 충분히 가지기 위해서는 평상시에 지역문화를 학습하고 발전시키기 위한 활동이 이루어져야 한다. 즉, 지역문화와 관련된 프로그램을 전문적으로 교육하는 조직들과 지역문화를 다루는 자생적인 학습동아리의 활성화가 필요하다. 이러한 학습활동은 자연스럽게 지역축제를 위한 자원의 발굴과 발전에 기여함은 물론, 다른 사람들과 공유하기 위한 학습내용 개발의 기초가 된다. 이를 위해 지역주민의 자발적인 지역문화학습 모임의 결성과 상호간의 교류를 활성화하기 위한 행·재정적 지원도 필요하다.

(4) 지역공동체 평생교육의 안목과 능력을 갖춘 축제 운영자의 양성

현대사회에서 지역축제는 단순히 유희의 장이 아니라 지역문화의 계승과 발전, 지역정체성 및 공동체의식의 확립을 위한 학습의 장이 되고 있다. 또한 외지인들에게도 유익한 교양으로서 그 지역의 문화를 배울 수 있는 의미 있는 학습체험의 장이기도 하다. 따

라서 지역축제를 더욱 발전시키기 위해서는 지역축제를 지역공동체 평생교육의 관점에서 운영할 수 있는 안목과 능력을 갖춘 전문가가 필요하다. 이러한 전문가는 지역축제가 갖는 지역공동체적 가치를 분명히 인식해야 함은 물론, 이를 평생교육의 차원에서 효과적으로 구현할 수 있는 교육학적 지식과 기법이 필요하다. 예를 들면, 축제에 대한 지역주민들의 요구분석, 유의미한 축제프로그램의 개발, 축제프로그램의 효과적인 운영, 이벤트 능력, 지역사회 지역문화 교육기관 및 학습동아리와의 네트워크 구축 및 관리 등의 능력을 갖추어야 한다.

제 12 장

평생학습도시와 평생교육

1. 평생학습도시의 일반적 성격
2. 우리나라 평생학습도시의 성격과 교육적 의의
3. 우리나라 평생학습도시 조성사업의 실제
4. 지역학습공동체로서의 평생학습도시의 의의와 발전 과제

제 12 장 평생학습도시와 평생교육

현대사회에서 평생학습도시는 가장 높은 차원의 학습공동체인 지역학습공동체의 구현을 지향한다고 할 수 있다. 지방자치와 평생학습의 만남이라고 할 수 있는 평생학습도시는 최근 교육부의 지원으로 인해 크게 확산되고 있다. 지역주민들을 위한 교육복지의 차원에서 볼 때 평생학습도시의 의의는 매우 크다고 할 수 있다. 그러나 평생학습도시사업이 관련 지역공동체 평생교육의 관점에서 이상적인 형태로 구현되고 있는가에 대해서는 검토의 여지가 있다. 평생학습도시사업이 지역공동체 평생교육의 본질이 훼손되지 않은 채 주민들의 학습욕구 충족과 지역공동체의 성숙과 발전을 위해서는 정부와 지역주민들의 노력이 필요하다.

이 장에서는 지역공동체 평생교육의 관점에서 평생학습도시의 개념과 의의 및 현황을 살펴보고 지역공동체 평생교육의 본질을 구현하기 위한 평생학습도시의 발전 과제를 살펴보고자 한다.

1. 평생학습도시의 일반적 성격

1) 평생학습도시 개념의 태동과 전개

'평생학습도시'라는 개념의 모태는 1968년 허친스(Hitchins)가 학습사회론을 주창하던 때로 거슬러 올라간다. 허친스는 인문교육이

사회 곳곳에 편재하는 사회를 학습사회라고 부르면서 모든 사람이 언제, 어디서나 학습할 수 있는 사회를 꿈꿨다(Hutchins, 1968; 한숭희, 2004). 평생학습도시는 이와 같은 학습사회 이념, 그 중에서도 지역학습공동체를 구현코자 하는 이념이 '정책적'으로 구체화된 형태라고 할 수 있다. 이 점에서 '평생학습도시'는 이론적 개념보다는 정책적 개념이라고 볼 수 있다. 이는 평생학습도시라는 개념이 통용되어 온 과정을 통해 엿볼 수 있다.

평생교육도시를 처음 선언한 곳은 일본의 작은 도시인 가케가와였다. 가케가와시는 1979년 세계 최초로 평생학습도시를 선언하였다. 당시 신무라 시장은 가케가와시의 미래상에 대한 새로운 비전으로서 '평생학습도시 선언'을 하여 일종의 지역혁신 차원에서 주민들의 학습을 촉진하고 지원하는 사업(예: 평생학습 18항목테마사업)을 펼쳐 나갔다(양흥권, 2004). 이와 관련하여 1979년 4월 1일에 발표된 가케가와시의 평생학습도시 선언문을 살펴보면 다음과 같다.

> 가케가와시민은 적은 것에서 많은 행복을 느끼기 위하여, 건강하고 생기 있고 활발하고 활기차게 살기 위하여, 서로 어떻게 할 것인가에 관하여 언제나 질문을 갖고 함께 모여, 일생 동안 학습을 계속하고자 시 창립 25주년을 기념하면서 가케가와시를 '평생학습도시'로 만들 것을 선언한다(양홍권, 2004: 112에서 재인용)

이처럼 주민들의 학습활성화와 지역혁신의 맥락에서 출발한 평생학습도시는 이후 OECD 등 여러 국제기구들이 평생학습도시를 주요한 사업으로 추진하면서 전 세계적으로 확산되었다. 특히 1992년 Gothenburg시에서 개최한 OECD 회의 이후 OECD는 평생학습도시 확산에 결정적인 역할을 하였다.

OECD는 경제적으로 성공할 수 있는 도시의 조건을 다양한 경제, 지식기반경제, 잘 교육받은 노동력, 모든 시민들을 위한 학습기회의 확대에 두고 오늘날까지 세계 각국에 학습도시 조성사업을 권고하며, 지역혁신을 통한 경제성장과 사회응집력 제고에 성공한 사례를 전파하고 있다. 뿐만 아니라 EU에서도 1997년 학습도시국가연합체(ELLI, Europe Lifelong Learning Initiative)를 구성하여 학습전략을 정책수립에 반영하는 등 평생학습도시는 주요 선진국들을 중심으로 21세기 새로운 도시개혁 및 교육개혁정책으로 각광받고 있다. 예를 들어 독일의 경우 평생학습도시 프로젝트를 통해 2003년 전국에 22개 지역을 평생학습도시로 선정하여 5년 동안 한 지역에 2,500만 마르크를 지원하고 있으며 일본의 경우에도 가케가와시의 평생학습도시 선언 이후 문부과학성 조성사업으로 일본의 140여개 지역이 평생학습도시를 선언하였고 그 이후 지방자치단체의 독자적인 학습도시 선언이 이어지고 있다.

2) 평생학습도시 개념의 다양성

허친스의 학습사회는 사회구성원들이 자유롭고 즐겁게 인문학습을 누릴 수 있는 사회를 의미하는 것이었다. 하지만 앞서 언급했던 것처럼 평생학습도시는 일종의 정책적 개념으로 도입되면서 그 안에 다양한 요소를 담게 되었다. 1998년 영국 Southampton에서 개최된 '유럽 학습도시회의'(The European Conference on Lifelong Learning Cities)에서는 다음과 같이 다양한 속성이 포함된 평생학습도시의 정의를 제시하였다.

① 지역공동체의 비전제공자로서의 학습도시

② 경제발전 정책입안자로서의 학습도시

③ 지역공동체 학습요구파악자로서의 학습도시

④ 학습성과와 수월성을 인정하여 주는 자로서의 학습도시

⑤ 시민들의 학습동기유발자로서의 학습도시

여기에서 볼 수 있는 것처럼 평생학습도시는 정치적 목적, 경제적 목적, 공동체적 목적, 교육적 목적을 모두 가지고 있다. 지역공동체 비전제공자로서의 학습도시는 정치 및 공동체적 목적을, 경제발전 정책입안자로서의 학습도시는 경제적 목적으로서의 학습도시를, 학습요구의 파악·학습성과의 인정·시민들의 학습동기유발자로서의 평생학습도시는 교육적 목적으로서의 평생학습도시를 의미하는 것이기 때문이다. 물론, 평생학습도시가 지역에서 작동하고 맥락화되는 과정에서 특정 목적이 보다 부각될 수 있다. 지역사회가 어떠한 구체적인 문제를 안고 있는가에 따라서 평생학습도시를 이해하는 방식은 달라질 것이라는 점에서 평생학습도시는 매우 다양한 방식으로 수용되고 전개될 수밖에 없는 운명을 타고났다고 할 수 있다. 이 때문에 평생학습을 미래의 준비를 위한 중요한 디딤돌로 삼고자 하는 지역사회에서는 지역사회가 안고 있는 문제를 평생학습도시의 어떤 비전과 연결시켜야 하는가를 고민하는 것이 중요하다. 이 때문에 '평생학습도시'라는 정책적 개념이 갖고 있는 속성에 대한 파악은 지역사회가 평생학습도시사업을 추진하기에 앞서서 해야 할 중요한 과제라고 할 수 있다.

이와 관련하여 일차적으로 전 세계적 평생학습도시 모델 확산에 가장 큰 영향력을 행사하고 있는 OECD의 평생학습도시 개념을 검토해 보는 일이 필요하다. 더 나아가 우리나라에서 평생학습도시 사업이 확대되는 과정에서 평생학습도시가 어떤 개념으로 활용되고 있는지를 검토하는 일도 필요하다.

3) OECD의 평생학습도시 개념

OECD는 다양하고 급변하는 현대사회에 적응하기 위한 도시 혁신 기제로서 평생학습이라는 개념을 적극적으로 도입한다. 이 때문에 OECD에서 말하는 평생학습도시는 다분히 '경제적으로 성공할 수 있는' 도시로서의 이미지를 갖는다. 이때 경제적으로 성공할 수 있는 요인은 바로 그 도시(지역)가 발휘할 수 있는 학습역량에 좌우된다는 것을 전제로 한다.

이것은 바로 새로운 가치(이윤)를 창출할 수 있는 핵심적인 경제 요소로서 '지식'을 중시하는 후기자본주의 사회의 시대상을 반영한 것이라고 할 수 있다. 이른바 지식기반사회(knowledge based society)의 도래는 경제적 가치를 창출하는 토대로서 지식의 위상을 한층 높여 놓았다. 이 때문에 지식을 습득하고 활용하고 확산시켜 또 다른 새로운 지식을 창출하는 학습활동이 각광받는 것은 당연한 일이다.

이런 맥락에서 지역은 지식기반사회에서 지식의 생산, 습득, 활용이 효율적으로 이루어지는 학습지역(learning region)이 되어야 한다. OECD는 이러한 학습지역 모델이 갖는 개념적인 관계를 <그림 12-1>과 같은 해석틀로 분석하고 있다.

여기에서 개인학습과 조직학습은 지역 혁신을 위한 핵심적인 투입요소로 간주된다. 그러나 이 분석틀에 따르면 이 두 가지 투입요

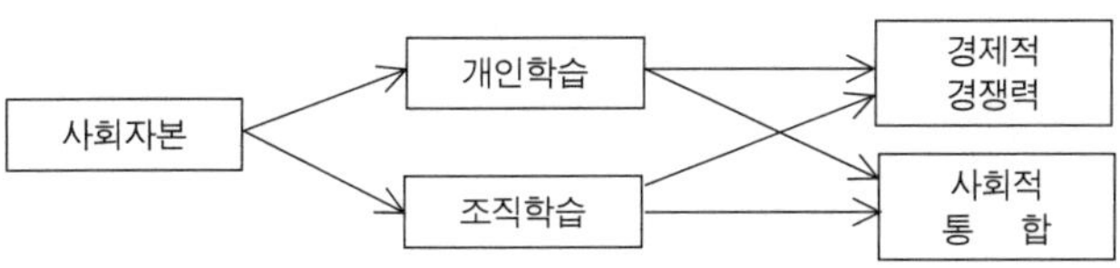

출처: OECD(2001), *Cities and Regions in the New Learning Economy*, p. 31.

<그림 12-1> 학습지역 모델의 개념적 관계 분석을 위한 해석틀

소는 독립적으로 기능하는 것이 아니라 사회자본(social capital)에 의존적이다(OECD, 2001). 사회자본이란 '지속적인 네트워크 혹은 상호 면식이나 인정이 제도화된 관계 즉 특정한 집단의 구성원이 됨으로써 실제적인 혹은 잠재적인 자원의 총합'(Bourdieu, 1986: 3)을 의미한다. 이는 전통적인 자본의 개념을 확장한 것으로 직접적으로 생산과정에 투입되지는 않더라도 경제활동에 영향을 미치는 다양한 사회적 요소를 적극적으로 자본의 범주 안에 포괄하는 개념이다. 이로써 경제의 장(場)은 금융, 산업, 상업영역이라는 전통적인 경제영역을 넘어 일상 영역을 포괄하는 전 사회영역으로 확대되며, 도시 또는 지역은 경제성장을 위한 중요한 단위로 등장한다. 이와 같은 사회자본에 대한 논의는 기존에 경제주의라는 비판을 면하는 동시에 비경제적 요소를 적극적으로 통합해 가기 위한 노력 하에서 이루진 것이라고 볼 수 있다. 이 점에서 유럽평생학습추진위원회(ELLI)가 학습도시를 학습공동체(learning community)로 표현하면서 내린 다음과 같은 정의는 시사하는 바가 크다(Longworth, 1999: 109).

> 평생학습도시는 개인의 성장을 촉진하고, 사회통합을 유지하며, 경제적으로 번영하기 위해 시민 모두의 잠재력을 풍부히 개발하는 사업에 자체의 모든 자원들을 동원하는 도시, 마을, 지역이다.

한편, 지역사회의 경제성장은 안정된 사회통합하에서 보장될 수 있다. 이 점에서 학습활동은 경제성장뿐만 아니라 지역간, 계층간, 남녀간 차별을 최소화하는 사회통합에 기여할 수 있어야 한다는 점도 분명히 한다. 이와 관련하여 OECD의 학습도시조성 10대 정책원리를 제시하면 다음과 같다(OECD, 2001: 130). 이러한 원리들은 OECD가 각 회원국에 권고하고 있는 평생학습도시가 갖는 기본적인 특성들을 잘 보여 준다.

[투입요건]

① 효과적인 개인학습이 가능하도록 양질의 교육자원을 갖춘 교육시스템을 구축하라.

② 개인학습과 조직학습이 잘 연동될 수 있도록 지식노동자의 수요와 공급을 잘 맞추어라.

③ 상호네트워크를 통한 조직학습 개선에 힘쓰고 이것의 효과성을 입증하라.

④ 지역경제 내 모든 산업과 서비스에서 조직학습을 촉진시켜라.

⑤ 지역 내 가용자원(산업시설, 교육시설, 연구시설, 호혜적 사회자본)의 강점과 약점을 분석하라.

⑥ 부적절한 인습과 지식을 적극적으로 폐기학습(unlearn)하라.

[학습 과정 메커니즘]

⑦ 영역/부문별(산업개발, 연구개발, 과학기술, 교육훈련 등), 통치 수준별(지역 수준, 국가 수준, 초국가 수준) 정책들을 포괄할 수 있는 통합적 메커니즘을 모색하라.

⑧ 효과적 조직학습을 위한 적절한 사회자본 조성 전략을 개발하라.

⑨ 개별학습과 노동시장의 변화, 특히 소외계층들 사이의 관련성을 지속적으로 평가하라.

⑩ 지역학습 및 혁신전략으로부터 변화를 겪게 될 지역주민에게 정당성을 확보하라.

이러한 정책원리에는 경제발전과 사회통합을 위한 지역혁신의 차원에서 평생학습도시를 적극적으로 활용하기 위한 지침들이 포함되어 있다. 요컨대, OECD에서 평생학습도시는 학습활동의 촉진을 통해 지역사회의 경제성장과 사회통합을 추구하는 지역혁신 모델이라고 할 수 있다.

2. 우리나라 평생학습도시의 성격과 교육적 의의

1) 우리나라 평생학습도시의 개념적 성격

1994년 경상남도 창원시가 평생학습관련 조례를 지정하고, 1999년 경기도 광명시가 평생학습도시를 선언하고 2001년 교육인적자원부가 평생학습도시 조성사업을 추진하기 시작한 이래 우리나라 '평생학습도시'의 역사도 10년이 훨씬 넘었다. 그동안 100여 개의 도시가 평생학습도시사업을 추진하면서 그 내용 또한 다양해졌다.

우선 정부가 주도하는 평생학습 관련사업을 총괄하고 있는 '평생교육센터'에서 평생학습도시를 정의내리는 방식을 통해 우리나라 평생학습도시의 특성을 가늠해 보면 다음과 같다. 평생학습도시에 관한 정의를 제시하면 다음과 같다.

> 개인의 자아실현, 사회적 통합 증진, 경제적 경쟁력을 제고하여 궁극적으로 개인의 삶의 질 제고와 도시 전체의 경쟁력을 향상시킬 수 있도록 언제, 어디서, 누구나 원하는 학습을 즐길 수 있는 학습공동체 건설을 도모하는 총체적 도시 재구조화(Restructuring) 운동이자 지역사회의 모든 교육자원을 기관간 연계, 지역사회간 연계, 국가간 연계시킴으로써 네트워킹 학습공동체를 형성하려는 지역시민에 의한, 시민을 위한, 시민의 지역사회교육운동(http://lll.or.kr, 평생교육 용어사전 중).

이와 같은 정의 속에는 평생학습도시에 대한 다양한 관점들이 들어 있다.

첫째 평생학습도시 건설을 시민참여를 통해 이루어지는 일종의 전통적인 지역사회교육운동으로 본다. 이는 평생학습도시사업은 관(官) 주도의 캠페인성 이벤트가 아니라 시민들의 주체적인 참여를 통해 지역사회를 구성하는 시스템뿐만 아니라 일상의 영역에서의 근본적인 변화를 이끌어 내는 하나의 사회운동이어야 함을 천명하는 것이다. 이 점에서 평생학습도시는 지방자치시대의 민주주의 실현이라는 중요한 정치적 가치와 밀접한 관계를 맺을 수밖에 없다.

둘째, OECD가 권고하는 평생학습도시에 대한 경제주의적 관점도 포함한다. 지역 차원의 개인 및 조직의 학습 활성화를 통한 사회통합 및 경제적 경쟁력 제고라는 OECD가 제시하는 주요 정책 과제는 '도시 전체의 경쟁력 제고'라는 정의 속에 고스란히 녹아있다.

셋째, 학습공동체 형성이라는 공동체 지향적인 교육적 관점도 포함한다. 여기에서 중요한 것은 공동체 구성원으로서 지역주민들이 학습을 통해 자아를 실현함과 동시에 이를 통해 공동체 성장을 도모하는 것이다. 학습공동체로서 정의되는 평생학습도시에서 학습은 개인의 성장과 공동체의 성장을 매개하는 역할을 담당하게 된다.

이렇듯 평생교육센터가 정의내린 평생학습도시는 다양한 관점의 교차점이라고 할 수 있다. 이 때문에 지역사회의 어떤 필요와 이 평생학습도시사업이 만나는가에 따라 나타나는 평생학습도시의 양상은 달라질 수밖에 없을 것이다. 우리나라 최초의 평생학습도시인 경기도 광명의 경우 "배움과 참여로 정주의식을 함양하고 품격 높은 복지·문화생활을 향유하며 자연과 인간이 공존하는 평생학습도시 구현"을 평생학습도시의 궁극적인 목적으로 내세우고 있다.

이 점에서 광명시의 평생학습도시 선언은 지역사회가 안고 있는 정치, 경제, 사회, 문화적인 문제, 그 중에서도 정주의식으로 대표되는 일종의 지역공동체성의 문제를 해결하기 위한 돌파구를 '학습'에서 찾은 것이라고 할 수 있다.

사례: 광명시 평생학습도시 선언문

우리는
진정 자유롭고 가치 있는 행복을 추구하기 위하여
이웃과 더불어 사는 공동체적 삶을 위하여
배움의 시작과 끝이 따로 없음을 깨닫고
평생토록 배워 나가고자 한다.

광명시민은
사람에 대한 사랑과 어울려 사는 기본을 배우는 가정에서
변화에 대응하는 창의력과 지식을 배우는 학교에서
이웃과 더불어 살아가며 함께 만들어 가는 지역사회에서
우리 모두가 평생학습의 주체임을 알고 배워 나간다.

광명시는
평생 배우며 살아갈 수 있는 자랑스러운 도시가 되도록
푸른 녹지와 편리한 생활공간이 함께 있는 환경도시로
지역의 일터에서 삶을 꾸리고 능력을 펼칠 수 있는 경제자립도시로
우리의 자연과 역사가 함께 숨쉬는 특색 있는 문화도시로
공동의 선을 실현하는 철학이 담긴 도시로 만들어 나간다.

광명시민과 광명시는
누구든지 언제 어디서나 필요한 것을 배울 수 있도록
광명시 전역을 평생교육장화하여
한 사람 한 사람 주인이 되는 마음으로
여럿이 함께 하는 마음으로
평생토록 배워 나가자.

우리는 이와 같은 일이
행복한 삶을 이루기 위해
평생 품격 있는 삶을 살아가기 위해
진실로 필요한 일이라 믿으며
광명시를 평생학습도시로 선언한다.

1999년 3월 9일 광명시

2) 평생교육체제 구축을 위한 평생학습도시의 의의

평생학습도시는 지금까지 살펴보았던 것처럼 지방자치단체 수준에서 이루어지는 정책 또는 제도라고 할 수 있다. 이 점에서 평생학습도시는 지역주민들에게는 '주어진' 시스템일 수 있다. 다시 말해, 정책 및 제도로서의 평생학습도시는 시작부터 지역주민들이 자발적으로 만들어 낸 일종의 평생학습문화는 아니라는 점이다. 따라서 평생학습도시의 조성을 바로 평생학습사회의 실현과 등치시키는 우를 범하지는 말아야 한다. 평생교육이 형식적 교육의 틀이라는 한계를 벗어나 무형식 장에서의 다양한 학습경험들에 대한 관심을 포함한 것이라고 할 때(Finger, 2001), 평생교육의 중요한 토대는 여전히 체제의 영역이 아닌 지역주민들이 주도적으로 만들어 가고 있는 지역공동체 내의 생활세계에 있기 때문이다. 따라서 평생학습도시가 갖는 평생교육적 의의는 철저히 '평생교육제도'의 틀 내에서 평가될 수 있다.

이러한 맥락에서 현행 평생학습도시가 갖는 평생교육적 의의는 지자체가 주도하는 교육체제 구축에서 찾을 수 있다. 기존의 교육행정은 교육청을 중심으로 이루어졌으며, 이 또한 학교 행정에 권한과 역할이 한정되었다. 이 때문에 지방자치단체 입장에서는 다양하게 존재하는 주민들의 학습활동을 지원하고 관리할 수 있는 새로운 교육체제가 요청될 수밖에 없었다. 이 점에서 평생학습도시 모델은 학교의 틀을 넘어 지역공동체를 하나의 교육체제로 재편할 수 있는 비전과 전략을 제시해 줄 수 있다. 이를 주민들의 배울 권리를 보장하고 다양한 학습을 촉진할 수 있는 '학습지원체제 구축' 과정으로 보기도 한다(김신일, 2004).

이 점에서 평생학습도시는 <그림 12-2>에 나타난 바와 같이 새로운 패러다임의 교육제도로 이양해 나가는 데 있어서 거치게 되는

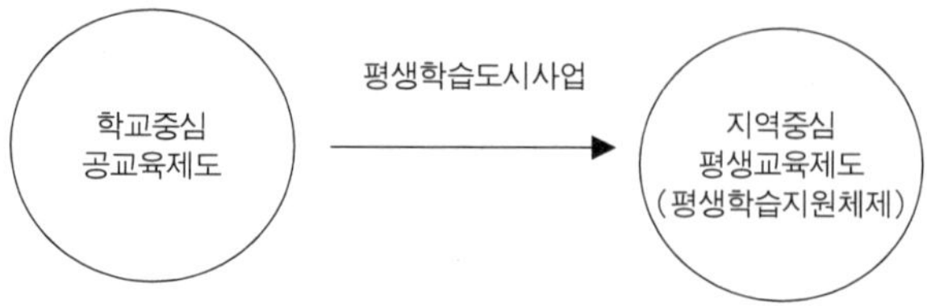

<그림 12-2> 평생학습도시사업의 평생교육적 의의

과도기적 형태라고 할 수 있다. 즉, 평생학습도시사업은 기존의 학교중심의 교육체제가 지역중심의 평생교육체제로 전환되는 과도기적 상황에서 일종의 '견인차'(牽引車) 역할을 한다고 할 수 있다.

물론 교육패러다임의 전환이 평생학습도시사업만을 통해서 이루어지는 것은 아닐 것이다. 즉, 평생학습도시는 패러다임 전환의 충분조건이지 필요조건일 수는 없다. 하지만 평생학습도시가 미래의 교육체제를 예시할 수 있는 그 첫발을 내딛었다는 점에서, 그리고 지역 차원에서 이루어지는 핵심적인 평생교육사업이라는 점에서 중요한 의의를 갖는다는 점은 부정할 수 없다.

3. 우리나라 평생학습도시 조성사업의 실제

1) 우리나라 평생학습도시사업의 전개 과정

우리나라의 경우 국가가 주도적으로 평생학습도시사업을 시작한 시기는 2001년으로서 다른 선진국들에 비하면 후발주자에 속한다. 하지만 몇몇 지방자치단체에서는 1990년대 초부터 평생학습진흥을 위한 의미 있는 움직임을 보여 왔다. 교육인적자원부의 평생학습도시 조성사업과는 무관하게 지역주민들을 위한 학습지원체제를 구축한 사례들도 찾아볼 수 있다(김신일, 2004). 대표적인 경우가 경남의 창원시·김해시·마산시·함안군과 경기도의 군포시를 들 수 있다. 이 지방자치단체들은 독자적으로 평생학습진흥과 관련된 조례를 제정하고 관련 사업을 진행했다. 예를 들어 창원시의 경우 1994년에 '창원시 평생교육원 설치운영 조례'를 제정하였다

우리나라 평생학습도시 선언도 교육인적자원부의 평생학습도시 조성 사업을 시작하기 이전인 1999년에 이루어졌다. 경기도 광명시는 1999년 3월 9일에 우리나라 최초의 평생학습도시 선언을 하였다. 이후 광명시는 2001년 교육인적자원부에 의해 평생학습도시로 지정받기도 하였지만 지방자치단체 스스로가 평생학습 진흥을 지역공동체 활성화를 위한 핵심 정책으로 삼았다는 점에서 의의를 갖는다.

우리나라는 2001년 경기도 광명시, 대전광역시 유성구, 전북 진안군이 처음으로 교육인적자원부가 주관하는 평생학습도시로 지정된 이후 매년 새로운 평생학습도시가 지정되고 있다. 평생학습도시를 지정 연도별로 정리하면 <표 12-1>과 같다.

우리나라에서는 2001년 수립된 「평생학습진흥종합계획」에 따라 교육인적자원부가 주관하는 '평생학습도시 조성'사업이 실시되고 있다. 교육인적자원부는 '① 지방자치단체 및 지역교육청의 인적·물적 평생학습자원을 공동으로 활용하는 지역학습공동체 구축과 ② 지역사회의 평생교육시설 및 단체간의 협력을 도모하여 지역주민의 평생학습기회를 확대하고 교육서비스 질 향상을 위한 평생학습인프라 구축 및 붐 조성'을 목적으로 향후 2017년까지 총 150개의 평생학습도시를 조성할 계획을 갖고 있다(국가평생교육진흥원 보도자료, 2014.1.12). 참여정부 출범 이후 지역분권에 대한 관심의 고조와 맞물려 본 사업은 교육인적자원부가 추진하고 있는 핵심 평생교육사업으로 부각되고 있다는 점에서 주목해 볼 만하다. 요컨대 정부는 명목상 지역학습공동체의 형성과 지역주민을 위한 평생학

<표 12-1> 평생학습도시(2013년 현재)

연 도	선정도시
2001	경기 광명시, 대전 유성구, 전북 진안군
2002	경기 부천시, 제주 제주시, 부산 해운대구
2003	경남 거창군, 제주 서귀포시, 전남 순천시, 경북 안동시, 인천 연수구
2004	서울 관악구, 충남 금산군, 전남 목포시, 경기 이천시, 전북 전주시, 경남 창원시, 충북 청주시, 경북 칠곡군
2005	서울 양천구, 성북구, 대구 동구, 달서구, 인천 부평구, 광주 남구, 경기 수원시, 구리시, 충북 단양군, 제천시, 충남 부여군, 전북 익산시, 경남 남해군, 김해시
2006	서울 영등포구, 부산 연제구, 인천 남구, 광주 동구, 광산구, 울산 울주군, 경기 안산시, 용인시, 시흥시, 평택시, 강원 삼척시, 화천군, 충북 진천군, 충남 태안군, 아산시, 서산시, 전북 김제시, 남원시, 정읍시, 전남 여수시, 광양시, 곡정군, 경남 양산시, 하동군
2007	서울 강동구, 강서구, 마포구, 부산 사상구, 대전 대덕구, 울산 중구, 경기 과천시, 안양시, 강원 강릉시, 횡성군, 충남 천안시, 서천군, 전북 군산시, 전남 강진군, 영암군, 경북 구미시, 경산시, 경남 진주시, 통영시
2011	부산 영도구, 대구 수성구, 인천 남동구, 광주 북구, 경기 남양주, 전북 완주군
2012	서울 은평구, 부산 진구, 대전 동구, 울산 북구, 경기 포천시, 강원 동해시, 충남 당진시, 경북 포항시
2013	서울 금천구, 서대문구, 강남구, 노원구, 도봉구, 송파구, 부산 남구, 사하구, 서구, 금정구, 대구 북구, 대전 서구, 경기 군포시, 의정부시, 김포시, 성남시, 화성시, 양주시, 의왕시, 가평군, 강원 평창군, 인제군, 충북 음성군, 옥천군, 충남 홍성군, 경북 경주시, 영주시, 경남 창녕군

※ '08~'10년에는 신규 평생학습도시 지정이 이루어지지 않았음.
출처: 국가평생교육진흥원. 2013년 평생학습도시 지정 현황.

습기회 확충, 평생학습을 위한 인프라 구축 지원을 목적으로 이 사업을 추진하고 있다. 이 점에서 '평생학습도시 조성사업'은 지역공동체 평생교육을 지향하는 대표적인 국책사업이라고 할 수 있다.

2) 평생학습도시 사업 내용 및 현황

평생학습도시로 지정된 지방자치단체들이 추진하고 있는 주요 사업은 크게 ① 행·재정적 추진체제의 구축, ② 평생학습지원 인프라 구축, ③ 평생학습지원사업 등으로 구분할 수 있다.

첫째, 행·재정적 추진체제의 구축은 주로 조례제정, 지방자치단체 내의 전담부서 설립, 시도교육청 등 유관기관과의 네트워크 구축 등을 통해 이루어진다. 특히 조례제정 및 전담부서의 설립은 안정적인 사업 추진과 지방자치단체를 중심으로 한 지역자원의 동원을 가능케 하는 제도적 기반으로서 중요한 의미를 갖는다.

사례: 이천시의 행·재정적 추진체제 구축

이천의 '평생학습과'는 평생학습도시사업 전담부서 설치의 모범사례로 꼽힌다. 2004년 평생학습도시로 지정된 이천시는 평생교육업무와 주민자치업무를 총괄하는 평생학습과를 자치행정국하에 신설하여 평생학습도시사업-교육지원사업-주민자치사업을 총괄하도록 하고 있다. 다른 지방자치단체가 대부분 기존의 부서에 평생학습도시 업무를 전담케 하는 형식을 취하고 있다는 점에서 이천시의 새로운 시도는 눈여겨볼 만하다.

경기 이천시의 경우 평생학습도시에 대한 주민 인지도가 82.5%에 달하며 총 15명의 평생교육사를 배치하는 등 학습을 통해 지역정체성을 회복하고 있다. 또한 문화적 혜택을 받지 못하던 읍·면의 수준을 끌어올리기 위해 평생학습센터 7곳, 주민자치학습센터 14곳을 세웠다. 또한 각종 주민복지프로그램을 가르칠 수 있도록 시민으로 '강사 은행'도 운영한다.

출처: 이천시청 홈페이지(http://www.icheonlll.go.kr),
국정브리핑(http://www.news.go.kr. 2006-02-22)

둘째, 평생학습지원을 위한 인프라 구축은 평생학습도시사업의 원활한 추진뿐만 아니라 지역주민들의 학습생활에 기여할 수 있는 다양한 학습지원체제 구축을 목표로 이루어진다. 평생학습센터 설립 및 지정, 평생학습정보지원시스템 구축, 마을단위 교육기관 성비 등이 여기에 해당된다고 할 수 있다.

사례: 칠곡군 평생학습대학

2000년부터 칠곡군 자치사업으로 시작한 칠곡군 주민의 평생학습은 2013년 현재 '마을로 찾아가는 현장교육'만 50강좌, 청소년과 어른을 위한 인문학과 평생학습까지 모두 150여 개에 이르는 강좌를 운영하고 있다. 2004년 9월 평생학습도시로 선정된 이후 칠곡군은 2005년 국내 최초로 지방자치단체가 운영하는 학점은행제 대학인 '칠곡평생학습대학'을 도입했다. 현재 마을 10개소에서 학점을 통장처럼 모아 학위를 취득할 수 있는 제도인 인문학 사업을 하고 있다. 농영경영, 사회복지, 아동학, 청년복지학, 외국어로서의 한국어 등 네 개의 전공 수업을 개설하였으며 지금까지 289명의 졸업생을 배출했다.

또한 '칠곡 미래구상교육'과 '생각밥상'이라는 주민주도형 사업토론과 마을협의체를 통한 마을별 마을별 신문기자도 육성하고 있다. 이를 통해 마을 인문학 월간 신문인 <두루두루>와 칠곡마을 이야기를 풀어나간 <칠곡, 사람을 만나다>와 <칠곡, 인문학 고수를 만나다>를 발간했다. 칠곡군은 인문학교육으로 마을마다 활기가 돌고 있으며 남녀노소 배움을 나누고 있어 지역주민들의 호응도가 매우 높다.

출처: 정책브리핑(2013.12.27.)

셋째, 지역주민을 위한 평생학습 지원사업을 들 수 있다. 앞에서 제시한 행·재정체제 마련 및 평생학습 인프라 구축이 평생학습 활성화를 위한 제도적 기반 및 다양한 하드웨어적 인프라 구축에 초점을 맞춘 것이라면 주민들에 대한 평생학습지원사업은 지역주민들의 평생학습 참여 촉진을 목적으로 한다고 볼 수 있다. 지역의 특성에 따라 다양한 방식의 평생학습 지원사업이 이루어지고 있다. 우수프로그램 지원사업, 학습동아리 지원사업, 교육통화 등이 여기에 해당한다.

사례: 광명시의 교육통화

광명시 평생학습원은 광명시에 이루어지고 있는 지역통화운동 '지역품앗이 광명그루'에 평생교육부문을 연결시켜 '교육통화'라는 특색 사업을 추진하고 있다. 교육통화는 '광명시평생학습원'의 수강생과 동아리회원을 중심으로 지역통화운동에 가입하도록 하여 물품이나 서비스 교환뿐만 아니라 서로가 서로에게 배움을 주고받을 수 있도록 하는 사업이다. 내가 누군가를 가르치거나 자원봉사를 하게 되면 지역(교육)통화를 받게 되고 이 통화를 이용하여 원하는 교육 프로그램을 수강하거나 하는 방식이다. 이는 서로 주고받는 품앗이문화를 토대로 하고 있다는 점에서 전통적인 지역공동체 문화에 기반을 둔 새로운 시도라고 할 수 있다.

출처: 광명시 평생학습원 지역통화 광명그루 페이지(http://www.gmlets.or.kr)

4. 지역학습공동체로서의 평생학습도시의 의의와 발전 과제

1) 지역학습공동체로서의 평생학습도시의 의의와 한계

평생교육의 관점에서 볼 때 평생학습도시는 바로 지역 차원에서의 학습공동체를 지향한다고 볼 수 있다. 평생교육의 제도 차원에서 볼 때 평생학습도시의 의의는 지역학습공동체를 공식적으로 지향하는 본격적인 공공 평생교육사업이라는 점이다. 그동안 지역공동체를 지향하는 평생교육, 또는 지역학습공동체 지향의 활동은 주로 민간 차원에서 산발적으로 이루어진 것이 사실이다. 역사적으로 보면 국가의 지원이 거의 이루어지지 못한 상황에서 비영리적 성격의 민간 지역평생교육조직들이 지역공동체 평생교육을 실시해 왔다. 각종 야학, 공부방, 문해교실 등이 그 예이다. 최근에는 지역공동체를 지향하는 일단의 민간조직들의 활동 속에서 평생교육이 주요한 매개역할을 해 왔다. 앞의 장에서 살펴본 바와 같이 생활협동조합, 지역기반 주민조직 등이 그 예이다. 또한 학습을 주 목적으로 하는 학습공동체의 관점에서 몇몇 학습동아리들이 지역을 기반으로 활동해 오고 있다. 그러나 이러한 활동들은 대체로 그 규모가 작고 영세하며 산발적으로 이루어진 것이 사실이다. 이러한 활동들도 지역공동체 평생교육의 관점에서 매우 큰 의의를 가지고 있지만 인적, 재정적인 인프라의 부족으로 인해 범지역사회 차원에서 포괄적이고 체계적인 지역학습공동체를 구현하는 데는 한계를 가질 수밖에 없었다. 이렇게 범지역사회 차원에서 지역학습공동체의 구현은 정부나 지방자치단체의 행·재정적 지원 없이는 불가능하다고 볼 수 있다.

이런 맥락에서 평생학습도시사업의 활성화는 정부와 지방자치단체가 지역학습공동체의 구현이라는 사업에 본격적으로 나서게 되었다는 점에서 매우 의미가 크다. 이제 드디어 정부가 범지역사회 차원, 더 나아가 전 국가적 차원에서 지역학습공동체를 구현할 수 있는 행·재정적인 뒷받침을 하기 시작한 것이다. 이를 통해 범지역사회 차원의 학습공동체가 구현될 수 있는 제도적 환경이 마련되었다고 볼 수 있다. 다시 말해 그동안 주로 일부 민간조직을 통해 부분적·산발적으로 실시되었던 지역공동체 평생교육이 평생학습도시라는 공적인 매개를 통해 보다 체계적·포괄적으로 실시될 수 있는 단초를 마련했다고 할 수 있다.

그러나 이러한 의의에도 불구하고 평생학습도시사업은 실제적인 측면에서 여러 가지 한계도 드러내고 있다. 일반적으로 현행 평생학습도시의 현황에 대해 다음과 같은 문제점들이 지적되고 있다(변종임 외, 2005: 170).

첫째, 각 지역의 특성 및 지역주민의 요구를 반영한 특색 있는 사업을 전개하지 못하고 유사한 평생학습프로그램들이 제공된다.

둘째, 지역의 모든 주체가 파트너십을 통하여 사업을 추진하여야 함에도 불구하고 교육청과 지자체 간의 협력체제나 민관의 파트너십을 이끌어 내지 못하고 있다.

셋째, 평생학습도시로 선정된 도시의 경우 조성 초기의 열기가 지속적으로 유지되지 않고 있다.

넷째, 주민학습을 통한 지역발전이라는 목표에 맞는 구체적인 성과를 만들어 내지 못하고 있다.

다섯째, 평생학습 조성에 대한 사업결산이나 평가기제가 미약하여 평생학습도시사업의 효율성이 떨어지고 성과의 전파가 미비하다.

이와 같은 문제점들은 평생학습도시사업이 그리 쉽게 구현될 수 없는 성격의 것임을 반증한다. 이러한 문제점들이 발생하게 된 원인으로는 평생학습도시에 대한 인식 부족, 행·재정적인 지원 부족, 구체적인 전략과 경험의 미숙 등과 같은 기술적인 점도 포함될 수 있다. 그러나 이러한 문제점들이 발생하게 된 더 큰 원인은 이러한 사업들이 순수한 지역학습공동체의 원리에 따라 이루어지지 못하고 있기 때문이라는 점을 지적할 수 있다. 다시 말해 평생학습도시 사업이 지역주민의 자발성과 공동체 지향성, 지역주민의 학습권 존중이라는 지역공동체 평생교육의 원칙에 의해 추진되는 것이 아니라 국가와 지자체의 필요에 의해 관 주도적으로 추진되고 있는 것과 무관하지 않다. 이러한 관 주도성의 문제가 발생하는 상황은 두 가지 경우로 분류해서 생각해 볼 수 있다. 첫째는 지역주민의 자발적인 지역학습공동체운동이 성숙되지 못한 상황에서 지역 혁신, 인적자원개발, 선심성 행정 등과 같은 경제적·정치적 이유들로 인해 관 주도의 평생학습도시사업이 진행되는 경우이다. 둘째는 이미 지역주민들의 평생학습 요구와 지역학습공동체 구현을 위한 열의가 충분함에도 불구하고 국가와 지자체의 이해관계와 맞지 않아 충분한 지원이 이루어지지 않는 경우이다. 이 두 가지 경우 모두 결국 지역주민들의 교육적 요구와 국가나 지자체의 필요가 일치하지 않는 경우에 해당된다.

이러한 양상은 지역학습공동체라는 교육적 가치를 '평생학습도시'라는 제도화를 통해 구현하는 과정에서 발생하는 필연적인 결과라고 할 수 있다. 즉, 교육적 가치의 제도와 과정에서 필연적으로 발생하는 정치화, 관료화, 형식화, 행정편의주의 등이 지역공동체 평생교육을 지향하는 순수한 의도와 갈등을 빚거나 왜곡시킬 여지가 있는 것이다. 이와 같이 지역학습공동체의 구현을 지향하지 못할 때 평생학습도시사업은 지자체와 주민들의 사적인 이익만을 추구하기 위한 수단으로 전락하게 된다. 즉, 평생학습도시가 인간에 대한 배려와 사랑, 구성원간의 강한 유대감과 응집성을 기반으로 하지 못할 때 단지 지역행정가는 행정의 효율성을 추구하거나 정치적인 이익을 얻으려는 수단으로 평생학습도시를 활용하며, 지역주민들의 입장에서는 각각 자신들의 개인적인 학습욕구를 채우기 위한 수단으로 서비스를 활용하게 되는 것이다. 그저 보다 고도화된 행정기법과 아울러 보다 다양해진 개인학습만 존재할 뿐이다. 이러한 상황은 학습공동체의 관점에서 볼 때 결코 바람직하지 못하다. 이러한 양상은 현대 학교중심의 공교육에서 부정적으로 나타나고 있는 국가에 의한 교육의 통치수단화, 경쟁위주의 개인주의적 교육이 공공 평생교육의 차원까지 확대되는 것을 의미한다. 이는 평생교육의 제도화 과정에서 나타나는 가장 우려스러운 측면의 하나이다.

2) 지역학습공동체 구현을 위한 평생학습도시의 과제

앞에서 지역학습공동체로서의 평생학습도시의 의의와 한계를 살펴보았다. 평생학습도시는 지역학습공동체를 구현할 수 있는 제도적 기반을 갖고 있음과 동시에 전통적인 공교육제도에서 나타날 수 있는 역기능을 발휘할 수도 있는 이중적 잠재성을 가지고 있다. 평생학습도시가 지역학습공동체로서의 의의를 제대로 실현하기 위해서는 다음의 사항을 유의해야 한다.

먼저, 평생학습도시가 갖는 공공 평생교육서비스기관으로서의 성격을 잃지 않는 것이다. 정부와 지방자치단체가 평생학습도시사업을 실시한다는 것은 곧 '공적인 차원'에서 지역학습공동체의 형성을 위해 노력한다는 것을 의미한다. 현대 지식기반사회, 정보화사회에서 각 개인은 어차피 '평생학습'을 할 수밖에 없다. 또한 그러한 개인들이 모여 사는 도시나 마을은 그 자체로 평생학습도시나 마을이 될 수밖에 없다. 그러나 학습공동체로서의 평생학습도시는 단순히 평생학습이 이루어지는 도시일 뿐만 아니라 평생학습이 공동체적으로 이루어지는 도시라고 할 수 있다. 이는 지역주민들이 교육적으로 소외당하지 않으며 학습을 통해 공동의 이익을 추구하는 것이다. 그것이 곧 지역학습공동체의 구현인 것이다. 이와 같은 공동체적 평생학습이 효과적으로 이루어질 수 있도록 하기 위해 공적인 지원이 필요한 것이다. 그런 의미에서 평생학습도시는 지역학습공동체의 구현이라는 공적인 목적을 핵심적인 과제로 삼아야 한다.

둘째, 정부나 지방자치단체가 평생학습도시사업을 실시한다는 것이 곧 주민주도적 평생교육을 배제하는 것이 아니라는 점을 인식하는 것이다. 오히려 평생학습도시가 진정한 지역학습공동체가 되기 위해서는 주민주도적 평생교육이 실현되어야 한다. 즉, 평생학습도시사업에 있어 지역주민, 교육관련 지역시민단체 등의 주체적인 참여를 보장해야 한다.

셋째, 평생학습도시가 갖는 경제적, 사회적, 정치적 가치에 앞서 교육적 가치를 더욱 중시하는 것이다. 평생학습도시는 분명 현대사회에서 지역혁신이나 사회통합 또는 국가 및 지자체의 홍보 등과 같은 여러 가지 성과를 가져올 수 있다. 특히 인적자원개발을 위한 평생학습도시사업의 활용, 학습성과를 활용한 지역혁신, 평생학습도시사업을 통한 지역경제 활성화 등이 성공적인 평생학습도시사업을 위한 발전방안으로 많이 강조되고 있다(변종임 외, 2005: 203-204). 이와 같이 평생학습도시사업이 여러 면에서 활용될 수 있다는 것 자체는 매우 의미 있는 일이다. 그러나 이러한 점이 지나쳐서 평생학습도시사업이 갖는 교육 본연의 가치를 잃지 않도록 주의해야 한다.

이와 관련하여 바람직한 지역학습공동체 구현을 위한 평생학습도시의 발전 과제를 구체적으로 제시하면 다음과 같다.

(1) 지역주민들을 위한 적극적인 학습기회 제공

먼저 평생학습도시를 통해 지역학습공동체를 형성하기 위해서는 우선적으로 지역주민들의 학습기회가 보장되어야 한다. 특히 소외계층에게 학습기회가 공평하게 제공되어야 한다. 시간과 돈이 없어 학습할 기회를 갖지 못하는 사람들에게 학습할 시간을 충분히 갖도록 보장해 주어야 한다. 학교교육에서 소외된 이들이 평생교육에서마저 소외될 때 평생학습도시는 결코 학습공동체가 될 수 없기 때문이다. 이 점에서 평생학습도시를 평생학습 지원시스템으로 보는 관점이 요구된다(김신일, 2004). 주민들은 지역으로부터 자신들의 학습활동에 대해 지원받을 권리를 갖는다. 지방자치단체를 포함해 지역 안에 있는 관련공공기관들은 이러한 주민들의 요구에 대해 응답할 의무를 갖는다.

(2) 공익적 성격의 지역공동체 평생교육조직에 대한 집중적인 지원

평생학습도시를 통해 건전한 지역공동체를 형성하기 위해서는 공익적 성격이 강한 지역공동체 평생교육조직들에 대한 지원이 필요하다. 특히 민주시민의식과 관련된 조직, 소외된 계층을 위한 조직, 지역사회의 역사와 문화 등 공동체의식 형성에 도움이 될 만한 조직 등이 그 예이다. 지역사회 내에 존재하고 있는 자생적인 지역공동체 지향적 평생교육관련 조직들을 발굴하여 지원해야 한다. 지역 내의 생활협동조합, 지역시민운동조직, 복지 관련기관, 야학이나 공부방 등의 소외계층 지원조직, 향토연구기관 등이 우선적으로 지원받아야 한다.

(3) 자생적인 지역학습동아리들에 대한 적극적인 지원

평생학습도시정책은 아래에서 위로의 방향이어야 한다. 위에서 틀을 만들면 주민들이 따라올 것이라고 생각하는 것은 계몽적인 발상이다. 오히려 일반 주민들이, 특히 학습동아리활동을 하는 주민이 늘어나고 그들이 필요성을 느껴 주장하게 될 때 가장 바람직하다. 이러한 밑받침이 있을 때 평생학습도시사업은 중앙정부의 지원이 중단된 이후에도 계속될 수 있으며, 지자체 행정의 수반이 바뀐 이후에도 지속적으로 이어질 수 있는 것이다. 따라서 진정한 학습공동체로서의 평생학습도시가 이루어지기 위해서는 시간이 오래 걸리더라도 그 지역의 가장 기초단위 학습공동체라고 할 수 있는 풀뿌리 학습동아리들이 보다 튼튼한 뿌리를 내리고 서로 강한 연계를 형성할 수 있도록 지원하는 것이 필요하다. 그리고 이러한 풀뿌리 학습동아리들이 평생학습도시의 사업을 모니터링하고 함께 기획할 수 있도록 참여의 폭을 넓히는 것도 매우 필요하다.

(4) 평생학습도시사업 추진 과정에 주민 참여 확대

평생학습도시사업은 근본적으로 주민들의 자발적인 학습문화를 토대로 맺어진 결실이라고 볼 수만은 없다. 물론, 지역주민들의 요구에 대한 지방자치단체의 응답인 경우도 있지만 기본적으로 제도의 형태로 추진된다는 점에서 주민은 여전히 타자화될 위험성을 안고 있다. 이 점에서 평생학습도시사업의 주민참여 통로를 넓히는 일은 매우 중요하다. 평생학습도시사업의 비전 설정, 전략수립 및 사업기획 등의 과정에 주민들이 직접 참여토록 함으로써 저변을 확대함과 동시에 지역공동체 주민들의 자치능력 향상에도 기여해야 한다.

(5) '개방형' 평생학습 인프라의 구축

평생학습원의 설립, 정보시스템의 구축과 같은 하드웨어적 인프라 구축은 주민들의 실제적인 학습참여를 가능하게 할 수 있다는 점에서 중요하다. 그러나 이와 같은 인프라 구축의 과정도 주민과 주민을 잇는 방식, 즉 공동체 실현이라는 맥락에서 이루어질 필요가 있다. 이것은 바로 주민들의 생활 터전을 중심으로 주위에 이미 존재하는 다양한 교육자원들에 쉽게 접근할 수 있도록 함으로써 실현될 수 있다. 예를 들면 교육청과의 연계를 통해 지역의 초등학교를 주민들의 학습의 장으로 개방할 수 있다. 주민자치센터의 유휴공간은 학습동아리 공간으로 활용하도록 개방할 수 있다. 지역에 있는 기업체가 주민들을 위해 자신들이 가진 교육자원을 개방할 수도 있다. 주민(시민단체)-공공기관-기업 사이에 있는 벽을 최대한 낮추고 '학습'활동을 통한 서로서로의 네트워킹을 촉진시키는 일은 바로 지역공동체 성장의 중요한 동력이 될 것이다.

(6) 지역화교육의 자료의 개발과 공유

또한 평생학습도시는 지역화 교육을 촉진해야 한다(경상대학교 교육연구원, 2005: 210-211). 즉, 평생학습도시는 평생교육의 차원에서 교육의 지방분권화, 지역정체성이 있는 교육, 교육을 통한 지역주민의 자립과 성장을 위해 핵심적인 역할을 해야 하는 것이다.

이러한 지역화 교육을 추진하기 위해 평생학습도시는 학생 및 주민을 대상으로 지역의 특수한 교육 요구에 대한 기초조사를 실시해야 하며, 지역의 인적·물적 자원을 활용하여 지역주민들을 위한 지역화 학습자료를 개발해야 한다. 이렇게 개발한 지역화 학습자료는 지역의 각종 평생교육기관에 배포하는 것은 물론 각종 연수 및 세미나, 발표회 등을 통해 전 지역 차원에서 공유해야 한다.

이상에서 살펴본 바와 같이 지역공동체 평생교육이 평생학습도시사업을 통해 온전하게 실천될 수 있도록 하기 위해서는 지역주민들의 주도적인 참여와 정부의 지원이 필요하다. 이러한 노력들을 통해 평생학습도시사업은 단지 지역혁신의 차원에서 경제 발전과 인적자원개발을 위한 수단이 아니라 진정으로 지역학습공동체를 구현하기 위한 사업이 되어야 한다. 지역공동체 평생교육의 관점에서 볼 때 평생학습도시사업의 궁극적이고 본질적인 가치는 지역학습공동체의 구현에 있다. 즉, 지역주민들이 학습을 통해 공동체를 이루고 지역공동체를 학습하는 것이다. 지역학습공동체의 구현을 통해 얻는 경제적, 사회적, 정치적 효과들은 일종의 부산물이라고 할 수 있다. 경제적, 사회적, 정치적 효과들은 다른 정책수단들을 통해서도 얻을 수 있지만 지역정체성 및 지역공동체성의 정립, 지역공동체에 대한 이해는 지역학습공동체를 통해서만 얻을 수 있는 교육적 가치이다. 교육적 가치는 우선적으로 교육자들에 의해 존중되어야 한다. 다른 가치들은 이러한 교육적 가치가 충족되는 가운데 자연스럽게 병행해서 충족되도록 해야 한다. 물론 다른 가치들도 그 자체로 중요한 것이지만 적어도 교육 본연의 가치를 인식하고 있는 평생교육자의 입장에서는 교육적 가치를 우선적으로 추구하는 것이 당연하다고 할 수 있다. 다만 이러한 교육적 가치를 훼손함이 없이 교육 외적 가치를 같이 충족할 수 있는 묘책을 찾는 것이 현실 속의 여러 도전들 속에서 평생교육의 가치를 지켜 낼 수밖에 없는 평생교육자의 고민이자 과제라고 할 수 있다.

참고문헌

가나안복민연구소 편(1997). 『가나안복민운동』. 경기: 가나안농군학교.

강대기(2001). 현대사회에서 공동체는 가능한가. 서울: 아카넷.

강순원(1997). "대학평가와 대학사회교육원 활동의 상관성", 『사회교육학연구』 3(2). 한국사회교육학회. pp. 129-149.

경상대학교 교육연구원(2005a). 『한국교육의 지역화 연구 Ⅰ: 지역화 교육의 일반이론과 외국의 사례』. 서울: 교육과학사.

경상대학교 교육연구원(2005b). 『한국교육의 지역화 연구 Ⅱ: 교과교육의 지역화 이론』. 서울: 교육과학사.

고순철(1994). "공동체 문화운동의 의의와 필요성", 『공동체 문화형성과 시민의식』. 서울대학교 사회교육과 시민교육연구실.

곽삼근(2005). 『한국 평생교육의 사회철학적 과제』. 서울: 집문당.

권영근(2005). "왜 새로운 시민운동이 요구되는가? 왜 협동조합운동이 요구되는가?", http://cafe.naver.com/woori02/913.

교육부(2014). 교육부 소관 예산 및 기금운영계획 개요. 교육부

교육인적자원부(2002a). 『2002 평생교육백서』.

________(2002b). 『평생학습진흥종합계획』. 교육인적자원부.

________(2004). 『평생교육백서』.

________(2005). 『'05 평생학습도시 선정』 · 지원계획.

국회도서관자료국(1983). 『협동조합운동의 발전과정: 덴마크를 중심으로』. 국회도서관.

김경준(1998). "지역사회 주민의 공동체 의식에 관한 연구". 서울대학교 박사학위논문.

김기석(2005). 『남강 이승훈』. 한국학술정보.

김남선(2003). 『지역사회교육론』. 서울: 형설.

김동춘 외(2000). 『NGO란 무엇인가』. 서울: 아르케.

김득영(2004). "일본 농촌지역 평생학습도시사업의 전개", 『학습공동체형성을 위한 지역사회의 기능활성화』. 2004년도 한국평생교육총연합회 춘계연차대회 자료집.

김문환(2005). “지역사회형성과 사회교육”, 『평생교육과 심포니사회 그리고 평생교육 네트워크 구축』. 평생학습심포지엄 및 평생교육관계관 직무연수 자료집. 한국교육개발원.

김민호(2004). “학습공동체를 통한 지역혁신”, 『지역학습력 향상, 평생교육이 해법이다』. 2004년 제3차 평생교육포럼자료집. 한국교육개발원 평생교육센터.

김병인(2004). 『역사의 지역축제적 재해석』. 서울: 민속원.

김수원·주용국(2004). “기업의 학습공동체 구축을 위한 국내 사례 분석”. 『기업교육연구』 6(1). 한국기업교육학회. pp. 5-39.

김수중 외(2002). 『공동체란 무엇인가』. 서울: 이학사.

김승주(1999). “성인학습의 관점에서 본 학습조직론 분석”. 『평생교육연구』 5(1). 서울대학교 교육연구소. pp. 77-97.

김신일 외(1994). “지역공동체 형성운동을 통한 국민의식 대전환 방안에 관한 연구”. 서울대학교 교육연구소.

김신일(2000). “평생학습사회 실현의 방향과 과제”, 『21세기 평생학습사회 도래와 새로운 학습체제 구상』. 2000년도 평생교육정책세미나 자료집. 한국교육개발원 평생교육센터.

______(2004). “평생학습도시 조성을 위한 추진모형 연구”. 『평생교육연구』 10(2): 3-23

김신일, 박부권 편저(2005). 『학습사회의 교육학』. 서울: 학지사.

김신일 외(2003). “평생학습지원체제 구축방안연구”. 한국교육개발원 평생교육센터.

김연순(2000). “생활협동조합과 지역운동: 서울 동북여성민우회 사례.” 『협동조합 리뷰』 38호. 협동조합연구소.

김영식(2002). “평생학습사회로 가는 길, 평생학습도시 만들기로부터.” 『패러다임의 대전환 학습도시로 가는 길』. 제1차 평생학습도시 연찬회 자료집. 한국교육개발원.

김영정(2004). “RIS 구축과 지역혁신협의체”. 『제1회 대한민국지역혁신박람회 연합학술대회논문집』. 국가균형발전위원회. pp. 21-39.

김용기(1998). 『가나안으로 가는 길』. 서울: 규장.

______(1975). 『참 살 길 여기있다』. 서울: 창조사.

김용일(2002). 『교육의 미래: 시장화에서 민주화로』. 서울: 문음사.

김은임(2000). “지역사회 주민공동체 활성화 방안에 관한 연구: 부천 생활협동조합을 중심으로". 중앙대학교 석사학위논문.
김정환(1986). 『페스탈로치의 생애와 사상』. 서울: 박영사.
김조년(1998). 『지역이 학교요, 학교가 지역이다』. 서울: 내일을여는책.
김종서 외(2000). 『평생교육개론』. 서울: 교육과학사』.
김종철(1999). 『간디의 물레: 에콜로지와 문화에 관한 에세이』. 대구: 녹색평론사.
김주성(2002). "공동체주의와 세계주의: 세계공동체의 성격". 『세계화과정에서의 공동체주의』. 이용필 편. 서울: 신유.
김진규(1996). "향약의 사회교육적 의의". 『사회교육학연구』 제2권 제1호: 145-173.
김진홍(2002). 『두레공동체의 정신과 비전』. 서울: 두레시대.
김찬호(2001). "지역이 배움터가 될 때". 『이웃과 함께 하는 학습공동체 만들기』. 한국YMCA.
______(2004). 『도시는 미디어다』. 서울: 책세상.
김칠준(1999). "도시공동체운동으로서의 아파트공동체운동의 전망". 아파트공동체운동 전국 활동가 워크숍 자료집.
김형기(2004a). "지방분권시대, 민주화운동의 새로운 패러다임". 민주연구단체협의모임 학술심포지엄 자료집.
______(2004b). "국가균형발전정책의 평가와 과제". 제1회 대한민국지역혁신박람회 연합학술대회논문집. 국가균형발전위원회.
김호기(2001). 『한국의 시민사회, 현실과 유토피아 사이에서』. 서울: 아르케.
김홍우(2004). 『한국의 놀이와 축제』. 1・2. 서울: 집문당.
류정아(20003). 『축제인류학』. 서울: 살림출판사.
문화관광부(2005). 『2004 문화관광축제 종합평가보고서』. 서울: 문화관광부.
문화연대(2005). 『2004 지역축제 전수조사』. 문화연대.
문화체육관광부(2012). 『2012 문화관광축제 종합평가 보고서』. 서울: 문화체육관광부
박덕병(2002). "지역사회개발과 사회교육의 연구방법으로서 참여연구법". 『지역사회개발과 사회교육』(정지웅 편. 서울: 교육과학사.
박동무(2005). "지역생명운동으로서의 생협의 주체에 대하여", http://cafe.naver.com/woori02.cafe
박번순・전영재(2001). 『세계화와 지역화』. 서울: 삼성경제연구소.
박상신(2002a). "생활협동운동의 현황과 희망있는 미래를 위한 제안". 부

산・경남 생활협동조합활동가 워크숍 자료집.
______(2002b). 『생협의 조직운영과 조합원 참여』. 생활협동조합 전국연합회. 전주지역 생활협동조합 활동가교육 자료집.
박성열(2005). 『지식기반사회의 평생교육 이해와 평생교육 프로그램 개발』. 서울: 집문당.
박성정(2005). "학습주의적 성인교육방법 사례: 참여연구". 『학습사회의 교육학』(김신일・박부권 편저). 서울: 학지사.
박진환(2001). "일가 선생의 삶과 사상에 있어서의 농촌개발: 가나안농군학교와 새마을교육을 중심으로". 제2회 일가사상세미나자료집. 일가기념사업재단.
박홍순(2004). "평생학습과 주민자치센터: 지역혁신을 위한 기반". 『지역학습력 향상, 평생교육이 해법이다』. 2004년 제3차 평생교육포럼자료집. 한국교육개발원 평생교육센터.
방일영 문화재단 편(1994). 『향토축제의 가능성과 미래』. 서울: 방일영 문화재단.
백남천(2001). 『축제로의 여행』. 서울: 성하출판.
백승종(2002). 『그 나라의 역사와 말』. 서울: 궁리출판사.
변종임 외(2005). "한국의 평생학습도시 발전 방안". 『국가 평생학습의 총체적 진단과 개선방향』. 서울: 한국교육개발원.
생활협동조합전국연합회(2003). 『생활협동조합 조직교육실무자 교육: 꽃잎세상으로 피어나다』. 생활협동조합친환경농업교육 자료집.
________(2002a). 『생활협동조합운동』. 생활협동조합 소개자료.
________(2002b). 『생활협동조합 조직』・교육활동가 워크숍 자료집.
서연호 편(1987). 『한국의 축제』. 서울: 한국문화예술진흥원.
성경륭(2004). "국가균형발전과 지역의 학습력". 2004년 제3차 평생교육포럼자료집. 한국교육개발원 평생교육센터.
송병순・이영호(2000). 『평생교육의 이론과 실제』. 서울: 원미사.
송재룡(2001). 『포스트모던시대와 공동체주의』. 서울: 철학과현실사.
숭실대학교 기독교사회연구소(1990). 『도시 주민 지역운동』. 서울: 한울.
신용하 편(1987). 『공동체이론』. 서울: 문학과지성사.
신현종(1999). "세계화의 본질과 특징". 『사회과학연구』 18(2). 영남대 사회과학연구소.
안상헌(1999). "한국 평생교육체제의 사회적 기능". 사회교육학연구 5(1). 한국사회교육학회. pp. 245-269.
양홍권(2004). "지역혁신형 학습도시시스템 구축과정에 관한 연구: 일본 카케가와시의 평생학습도시 사례를 중심으로". 서울대학교 박사학위논문.
여진구(2005). "지속가능한 세계를 위한 환경교육과 지방의제21의 역할". 제7회 지방의제21 전국대회 자료집. 지방의제21 전국협의회.
오혁진(2003a). "학습동아리의 개념과 성격에 관한 재고찰". 『동의대학교 동의논집』 제38권. 동의대학교.
______(2003b). 『평생교육경영학』. 서울: 학지사.
______(2005). "학습공동체의 다차원적 성격과 구현 원리에 관한 연구". 『평생교육학연구』. 제11권 제1호. 한국평생교육학회. pp. 23-41.
______(2007). "일제하 이상촌 운동을 통해 본 평생학습도시 사업의 실천 원리". 『평생교육학연구』. 제13권 제2호. 한국평생교육학회. pp. 23-47.
______(2008). "그룬트비히 교육사상에 기초한 한국 사회교육의 전개과정과 의의". 『평생교육학연구』. 제14권 제4호. 한국평생교육학회. pp. 1-28.
______(2009). "개념 정의 분석을 통한 평생교육학과 사회교육학의 학문적 정체성 탐색". 『평생교육학연구』. 제15권 제4호. 한국평생교육학회. pp. 275-297.
우석균(2004). "공공서비스 사유화-시장화와 사회적 기본권 박탈", 한국사회포럼 2005 자료집.
유재현(1998). 『생명을 풀무질하는 농부』. 서울: 한길사.
유팔무 · 김호기 편(1995). 『시민사회와 시민운동』. 서울: 한울.
유석춘 외 편역(2003). 『사회자본: 이론과 쟁점』. 서울: 도서출판 그린.
윤난실(2004), 『지방분권, 주도권 탈환을 위하여』. 진보정치.
윤복남(1990). "평생교육이념과 한국문해교육의 과제", 『지역사회와 한국문해교육진흥』. 영남사회교육협회 제3회 학술세미나 자료집.
윤신천(2002). "생활협동 활동가 무엇을 할까?" 부산 · 경남생활협동조합활동가 워크숍자료집.
윤여각 · 이희수 · 양병찬(2004). 『지역사회교육론』. 서울: 한국방송통신대학교 출판부.
윤창국(2002). "학습공동체논의의 유형과 특성에 관한 연구". 서울대학교 석사학위논문.

윤형근(2002a). "한국 생명운동의 뿌리와 공동체". 생활협동조합전국연합회 조직 · 교육활동가 워크숍 자료집.

______(2002b). "생협운동과 민주시민교육". http://www.co-op.or.kr/.

원융희(2003). 『세계의 축제문화』. 서울: 백산출판사.

이규환 · 최정숙(2003). 『지역사회와 교육』. 서울: 한국방송대학교 출판부.

이근행(2004). "대안의 길, 공동체운동: 지역민주화를 위한 공동체운동의 모색". 민주연구단체협의모임 학술심포지엄 자료집.

이상일(1998). 『축제의 정신』. 서울: 성균관대학교 출판부.

이상일 편저(1988). 『놀이문화와 축제』. 서울: 성균관대학교 출판부.

이선경(2005). "유엔 지속가능발전교육 10년을 위한 국가추진전략 요약". 제7회 지방의제21 전국대회 자료집. 지방의제21 전국협의회.

이순형 편저(1989). 『교육적 사회론』. 서울: 양서원.

이정연(2003). "구한말 통속교육 및 사회교육개념의 도입과 그 실태에 관한 연구". 『평생교육학연구』 제9권 제1호. 한국평생교육학회. pp. 83-116.

이정훈(2003). "학습공동체로서의 작은 학교 운동에 관한 연구 분석". 『초등교육연구』 16(1). 한국초등교육학회. pp. 23-43.

이지헌 · 김선구 편저(1997). 『개인, 공동체, 교육』. 서울: 교육과학사.

이지혜 외(2001). "성인여성의 학습동아리 활동 시범 지원방안에 관한 연구". 교육인적자원부 정책연구과제.

이지혜(1994). "학습공동체를 통한 학습권의 실현". 『사회교육연구』 제19권. 한국사회교육협회.

이찬갑(1983). 『산 믿음의 새 생활』. 시골문화사.

이희수(2001). "학습사회에서 학습경제로의 전환 논리와 그 의미". 『평생교육학연구』 제7권 1호: 211-238.

______(2002a). "평생교육의 진화와 지역사회교육의 갈림길". 『한국교육문제연구소 논문집』 제18호.

______(2002b). "평생학습도시/마을 조성 정책 동향과 과제". 『패러다임의 대전환 학습도시로 가는 길』. 제1차 평생학습도시 연찬회 자료집. 한국교육개발원.

______(2004). "지역혁신체제구축을 위한 평생학습의 발전전략". 『지역학습력 향상, 평생교육이 해법이다』. 2004년 제3차 평생교육포럼자료집. 한국교육개발원 평생교육센터.

인주승 편(1992). 『상록수와 최용신의 생애』. 서울: 홍익재.

임영철(1993). 『역사로 본 한국민족정신교육』. 경기도: 가나안문화사.
전국공부방협의회(2004). 『공부방 운동의 역사』. 전국공부방협의회 자료집.
정광섭(2003). 『지역사회개발과 국제화』. 서울: 우용출판사.
정두용(2005). "지속가능한 발전교육, 국제이해교육, 평생학습". 평생학습사회 구축을 위한 실천전략: 유네스코 평생학습 정책 및 학술세미나 자료집. 유네스코 한국위원회, 한국교육개발원 외.
정득진(2002). "지역사회개발과 사회교육의 공통점과 차이점". 『지역사회개발과 사회교육』(정지웅 편). 서울: 교육과학사.
정민승(1997). "'학습공동체' 개념 구안을 위한 시론". 『평생교육연구』 제3권 제1호. 서울대학교 사범대학 교육연구소.
______(1999). "학습집단의 두 경향". 『평생교육연구』 5(1). 서울대학교 사범대학 교육연구소.
정선애(2003). "시민사회단체의 평생학습운동", 『국가·지자체·시민단체가 함께 하는 우리 평생학습사회 만들기』. 2003년도 한국평생교육연합회 연차대회 자료집.
정지웅·김지자(1986). 『사회교육학개론』. 서울: 서울대학교 출판부.
정지웅 외(2000). 『지역사회학』. 서울: 서울대학교 출판부.
정지웅(2001). "지역주민자치와 성인학습동아리". 한국지역사회교육협의회 제19차 평생교육심포지엄 자료집. 한국지역사회교육협의회.
정지웅 편(2002). 『지역사회개발과 사회교육. 서울: 교육과학사.
정호경(1992), "생활공동체 운동". 『공동체 신학의 모색』(크리스찬 아카데미 편). 서울: 전망사.
조명래(2004). "자치시대 지역주의의 양상과 쟁점: 신지역주의와 지역민주주의의 문제를 중심으로". 민주연구단체협의모임 학술심포지엄 자료집.
조승수(2004). "신자유주의 지방분권 아닌 민주적 지역자치로". 『진보정치』 제194호.
조연현(2002). 『세계 어디에도 내 집이 있다』. 서울: 한겨레신문사.
______(2001). 『나를 찾아 떠나는 17일간의 여행』. 서울: 한겨레신문사.
주정화(2004). 『음악이 있는 지역문화축제』. 부산: 국제신문.
지방의제21 전국협의회(2004). 『지속가능한 발전과 지방의제21(Local Agenda 21)』. 지방의제21 교육자료집.
진보정치(2005). "외국교육기관특별법 교육위 통과, 독소조항 일부 수정이 아닌 폐지되어야". 『진보정치』 222호.
채용식 외 저(2001). 『관광축제 이벤트론』. 서울: 학문사.
청와대(2005). "미국사회의 불평등 심화", 『불평등을 완화하는 교육정책』. 『청와대 정책소식지』 제23호.
최상호(2004). 『지방시대 지역사회개발론』. 서울: 박영사.
최선주(2005). "지역공동체운동의 학습네트워크적 특성에 관한 연구". 서울대학교 석사학위논문.
최숙자(2003). "도시공동체와 지역주민운동에 관한 연구-'반송을 사랑하는 사람들'을 중심으로". 부산대학교 석사학위논문.
최승호(2005). "독일 생태공동체에서의 노동과 생계보장". 『새로운 눈으로 보는 독일 생태공동체』(국중광 · 박설호 편). 서울: 월인.
최옥채 외(2003). 『좋은 지역사회 만들기』. 서울: 현학사.
최협 외(2001). 『공동체론의 전개와 지향』, 서울: 선인.
하승수(2004). "시민자치실현을 위한 지역시민운동의 현황과 과제". 민주연구단체협의모임 학술심포지엄 자료집.
한국교육개발원(2002a). "지역평생학습사회의 실현방안 연구". 한국교육개발원 평생교육센터.
________(2002b). "우리가 본 나의 변화 평생학습축제". 한국교육개발원 평생교육센터.
________(2003). 주요국의 평생교육체제 분석. 한국교육개발원 평생교육센터.
________(2004). 『지역학습력 향상, 평생교육이 해법이다』. 2004년 제3차 평생교육포럼자료집.
한국교육개발원 · 부산지역평생교육정보센터(2005). 『중앙 · 지역의 평생교육 정책현안과 사업계획』. 평생교육관계관 연수자료집.
한국교육개발원(2005). 『평생학습도시 길잡이』. 한국교육개발원 평생교육센터.
한국도시연구소 편(2003). 『도시공동체론』. 서울: 한울아카데미.
한국청년연합회, 시민의신문 편(2005). 『도시 속 희망공동체11곳』. 서울: 시금치.
한국현상학회 편(1982), 『생활세계의 현상학과 해석학』, 서울: 서광사.
한상진(1999). 『도시와 공동체』. 서울: 한울아카데미.
한숭희(2001). 『평생학습과 학습생태계』. 서울: 학지사.
______(2004). 『평생교육론』. 서울: 학지사.

______(2005). 『포스트모던 시대의 평생교육학』. 서울: 집문당.
한숭희 · 강현주 · 허준(2005). "관악구 평생학습도시 조성을 위한 기초 연구". 관악구청.
한영혜(1993). "지역연대와 사회교육: 새로운 지역연대 형성운동과 지역주민조직의 위상변화". 『지역연구』 2(3). 서울대학교 지역연구소.
______(2004). 『일본의 지역사회와 시민운동』. 서울: 한울아카데미.
한준상 외(2003). 『지역공동체 문화발전론』. 서울: 원미사.
홍숙희(2001). "학습동아리의 활성화 방안에 관한 연구". 연세대학교 석사학위논문.
홍순명(1998). 『더불어 사는 평민을 기르는 풀무학교 이야기』. 서울: 내일을여는책.
황우갑(2001). 『성찰적 지역사회와 시민운동. 서울: 봉명.
황종건 외(1966). "한국의 사회교육". 『조사연구』 제43편. 중앙교육연구소.
황종건(2001). "사회교육자로서의 김용기". 『평생교육연구』 7(1). 서울대학교 교육연구소. pp. 1-18.
황주석(1993). "YMCA를 통한 소공동체운동의 교훈", 『한국사회운동의 혁신을 위하여』(나라정책연구회 편). 서울: 백산서당.

梅根悟. 김정환 · 심성보 역(1990). 『세계교육사』. 서울: 풀빛.
福留强. 김득영 역(2003). 『평생학습마을 만들기론』. 대전: 대전지역평생교육정보센터.

Allen, J.(1998). *The Local and Community Organization of Learning Opportunities*. UNESCO.
Balatti, J. and Falk, I.(2002). "Socioeconomic contributions of adult learning to community: a social capital perspective", *Adult Education Quarterly*, Vol. 52. No. 4.
Barlw, M. and Robertson(2001). "교육의 획일화", 『위대한 전환: 다시 세계화에서 지역화로』(H. Mander, J., Goldsmith, E. edit., 윤길순 · 김승욱 역). 서울: 동아일보사.
Barrett, M. H.(2001). *Organizing Community-wide Dialogue for Action and Change: A Step-by-step Guide*. SCRC.
Berridge, R. I.(1973). *The Community Education Handbook*. Pendel Publishing Company.

Birchall, J., 장종익 역(2003). 『21세기의 대안 협동조합운동』. 서울: 들녘.

Bloesch, D. G., 김현진 역(1992). 『세계의 예수공동체』. 서울: 무실

Bourdieu, P., 유석춘 · 장미혜 · 정병은 · 배영 역(2003). 『사회자본 이론과 쟁점』. 서울: 그린.

Chomsky, N., 강주헌 역(2001). 『실패한 교육과 거짓말』. 서울: 아침이슬.

DEMOS and Learning and Skills Development Agency(2001). *Learning Communities: Strengthening Lifelong Learning through Practice*. London: Learning and Skills Development Agency.

Drennon, C.(2002). "Negotiating power and politics in practitioner inquiry communities", In D. S. Stein(ed.), *Adult Learning in Community*. New Direction for Adult and Continuing Education, No. 95. San Francisco: Jossey-Bass.

Drucker, P. etc. 이재규 역(2001). 『미래의 공동체』. 서울: 21세기북스.

Falk, I., Golding, B. and Balatti, J.(2000). *Building Communities: ACE, Lifelong Learning and Social Capital*. Victoria: Adult, Community and Further Education Board.

Finger, M. & Asun, J. M.(2001). *Adult Education at the Crossroad, Learning our Way out*. London & New-York: Zed Books.

Frazee, R., 차성구 역(2003). 『21세기 교회연구: 공동체』. 서울: 좋은 씨앗.

Freire, P., 성찬성 역(1986). 『페다고지』. 광주: 도서출판 광주.

Freire, P., 교육문화연구회 역(2002). 『희망의 교육학』. 서울: 아침이슬.

Galbraith. M. W. edit.(1991). *Adult Learning Method: A Guide for Effective Instruction*. Florida: Krieger Publishing Company.

Gastil, J. and Dillard, J. P.(1999). "The aims, methods, and effects of deliberative civic education through the National Issues Forums". *Communication Education*.

Hugo, J. M.(2002). "Learning community history", In D. S. Stein(ed.), *Adult Learning in Community*. New Direction for Adult and Continuing Education, No. 95. San Francisco: Jossey-Bass.

IFG., 이주명 역(2002). 『더 나은 세계는 가능하다: 세계화 비판을 넘어 대안으로』. 서울: 필맥.

Isaak, R. A., 강정민 역(2006). 『세계화의 두 얼굴』. 서울: 이른아침.

Jarvis, P.(1987). *Twentieth Century Thinkers in Adult Education*. New York: Croomhelm.

Keller, J.(2002). "Education for regional sustainable development", in J. Hautecoeur(ed.), *Ecological Education in Everyday Life: ALPHA2000*. Toronto: University of Toronto Press.

Kingsnorth, P., 김정아 역(2004). 『세계화와 싸운다』. 서울: 창비.

Lindeman, E. C.(1961). *The Meaning of Adult Education*. Norman, Oklahoma.

Long, H. B.(1991). *Early Innovators in Adult Education*. London and New York: Routledge.

Longworth, N.(1999). *Making Lifelong Learning Work: Learning Cities for a Learning Century*. London: Kogan Page.

Lovett, T., Clarke, C. and Kilmurray, A.(1983). *Adult Education and Community Action*. London: Croom Helm.

Lovett, T.(1991). "Community adult education", In S. Westwood and J.E. Thomas(ed.), Radical Agendas?: The Politics of Adult Education, Leicester: NIACE.

Mander, J., Goldsmith, E. edit. 윤길순 · 김승욱 역(2001). 『위대한 전환: 다시 세계화에서 지역화로』. 서울: 동아일보사.

Martin, L. G., Rogers, E. E. edit.(2004). *Adult Education in an Urban Context*. New Direction for Adult and Continuing Education, No. 101. San Francisco: Jossey-Bass.

Niebuhr, R., 이한우 역(1992), 『도덕적 인간과 비도덕적 사회』, 서울: 문예출판사.

Norberg-Hodge, H. and ISEC., 이민아 역(2004). 『허울뿐인 세계화』. 서울: 도서출판 따님.

Nicholas, R. etc., 신재구 역(2000). 『소그룹 운동과 교회성장』. 서울: IVP.

OECD(2001). *Cities and Regions in the New Learning Economy*. Paris: OECD.

Oliver, L. P.(1987). *Study Circles*. Maryland: Seven Locks Press.

Owenby, P. H.(2002). "Organizational learning communities and the dark side of the learning organization", In D. S. Stein(ed.), *Adult Learning in Community*. New Direction for Adult and Continuing Education, No. 95. San Francisco: Jossey-Bass.

Palmer, P., 이종태 역(2000). 『가르침과 배움의 영성』. 서울: IVP.

Pink, D., 석기용 역(2001). 『프리에이전트의 시대가 오고 있다』. 서울: 에코리브르.

Poster, C. and Krüger A. edit.(1990). *Community Education in the Western World*. London: Routledge.

Putnam, R. G., 안청시 외 역(2000). 『사회적 자본과 민주주의』. 서울: 박영사.

Salamon, L. M., 이형진 역(2000). 『NPO란 무엇인가』. 서울: 아르케.

Sergiovanni, T. J., 주철안 역(2004). 『학교공동체 만들기』. 서울: 에듀케어.

Smith, M. K.(1994). *Local education: Community, Conversation, Praxis*, Buckingham: Open University Press.

Stanley G., Jaya G.(1993). *Community Empowerment*. NIU.

Stein, D. S.(2002). "Creating local knowledge through learning community: a case study", In D. S. Stein(ed.), *Adult Learning in Community*. New Direction for Adult and Continuing Education, No. 95. San Francisco: Jossey-Bass.

Thomson, J. L. edit.(1980). *Adult education for a Change*. London: Hutchinson.

Thomson, J. L.(2001). *Rerooting Lifelong Learning: Resourcing Neighbourhood Renewal*. NIACE.

Thomson, J. L.(2002). *Community Education and Neighbourhood Renewal*. NIACE.

Titmus, C.(1981). *Strategies for Adult Education*, Milton Keynes: The Open University Press.

Turner, C. edit.(2003). *Learning for the Future: Neighbourhood Renewal through Adult and Community Learning*. NIACE.

찾아보기

ㅂ

ㅅ